U0450030

本书是国家社会科学基金重大项目"后疫情时代的全球化演变研究"(项目批准号：22&ZD174）资助的阶段性成果。

多面全球化

国际发展的新格局

郑宇 / 著

MULTIFACETED GLOBALIZATION:
A NEW PARADIGM OF
INTERNATIONAL
DEVELOPMENT

中国社会科学出版社

图书在版编目（CIP）数据

多面全球化：国际发展的新格局/郑宇著 . —北京：中国社会科学出版社，2023.9

ISBN 978-7-5227-2591-8

Ⅰ.①多⋯ Ⅱ.①郑⋯ Ⅲ.①国际合作—研究 Ⅳ.①D812

中国国家版本馆 CIP 数据核字（2023）第 169950 号

出 版 人	赵剑英
责任编辑	白天舒
责任校对	师敏革
责任印制	王 超

出　　版	中国社会科学出版社
社　　址	北京鼓楼西大街甲 158 号
邮　　编	100720
网　　址	http://www.csspw.cn
发 行 部	010-84083685
门 市 部	010-84029450
经　　销	新华书店及其他书店

印刷装订	北京君升印刷有限公司
版　　次	2023 年 9 月第 1 版
印　　次	2023 年 9 月第 1 次印刷

开　　本	650×960 1/16
印　　张	26.25
字　　数	354 千字
定　　价	109.00 元

凡购买中国社会科学出版社图书，如有质量问题请与本社营销中心联系调换
电话：010-84083683
版权所有　侵权必究

目　　录

序言　多面全球化 ……………………………………………… 1

第一章　全球化的历史和现实 ………………………………… 11
　　第一节　先发国家的早期全球化 ………………………… 14
　　第二节　后发国家的早期全球化 ………………………… 26
　　第三节　全球化的倒退与重启 …………………………… 39

第二章　全球化的赢家和输家 ………………………………… 45
　　第一节　大分流还是大趋同？ …………………………… 48
　　第二节　制度解释的局限 ………………………………… 56
　　第三节　全球价值链上的利益分配 ……………………… 66
　　第四节　国际经贸规则对中等收入国家的影响 ………… 71

第三章　全球化与工业化 ……………………………………… 83
　　第一节　产业政策的演变 ………………………………… 86
　　第二节　全球化与去工业化 ……………………………… 92
　　第三节　中国因素对非洲工业化的影响 ………………… 99
　　第四节　发展中国家的多元工业化战略 ………………… 106

· 1 ·

第四章　全球化下的中印发展比较 ········· 119
    第一节　印度的经济改革道路 ················· 121
    第二节　印度经济改革的启示 ················· 135
    第三节　中印经济发展模式比较 ··············· 139
    第四节　中印国内制度比较 ···················· 149

第五章　全球化与贫困治理 ····················· 159
    第一节　贫困概念和指标的演变 ··············· 162
    第二节　影响贫困治理的政治经济因素 ········ 166
    第三节　贫困治理的渐进平衡模式 ············ 173
    第四节　以非洲国家为例的理论检验 ·········· 180

第六章　全球化与不平等 ························ 193
    第一节　不平等趋势 ···························· 196
    第二节　不平等的平衡器和放大器 ············ 205
    第三节　超级企业与不平等 ···················· 212
    第四节　经济不平等与政治分化 ··············· 221

第七章　全球化与福利社会 ····················· 227
    第一节　世界贸易政策变化趋势 ··············· 230
    第二节　国家应对经济危机的政策选择 ········ 233
    第三节　发达国家的社会福利制度变化 ········ 239
    第四节　发展中国家的社会福利制度变化 ····· 249

第八章　全球化与国际援助 ····················· 257
    第一节　发达国家援助政策变化及效果 ········ 259
    第二节　援助失效的宏观和微观原因 ·········· 265
    第三节　现行援助模式的困境 ················· 268

第四节　新型发展合作模式 …………………………… 276

第九章　全球化与新型发展合作 …………………………… 285
　　第一节　传统发展援助体系和南南合作 ………………… 287
　　第二节　新型发展合作的特征 …………………………… 294
　　第三节　新型发展合作的实施效果 ……………………… 305
　　第四节　新型发展合作的挑战 …………………………… 310

第十章　全球化与多边主义 ………………………………… 315
　　第一节　危机与等级化多边主义体系 …………………… 318
　　第二节　21 世纪多边主义的去等级化转型 ……………… 326
　　第三节　新多边主义的基础架构 ………………………… 329
　　第四节　多边主义转型下的全球治理挑战 ……………… 343

第十一章　反全球化与新全球化 …………………………… 353
　　第一节　"双向运动"和"三元悖论" …………………… 356
　　第二节　全球化的福祉分配 ……………………………… 367
　　第三节　通往新全球化之路 ……………………………… 371

参考文献 ……………………………………………………… 375

后　记 ………………………………………………………… 410

图 目 录

图2-1　1980—2008年发展中国家人均GDP相当于发达国家的比例变化 …… 54
图2-2　2011年全球价值链参与度比较 …… 68
图3-1　拉丁美洲的去工业化趋势 …… 96
图3-2　全球制造业劳动力占总就业人口比例 …… 100
图3-3　2000—2018年非洲国家制造业与中国贸易的关系 …… 105
图4-1　1980—2011年经济发展与产业结构的关系 …… 141
图4-2　制度影响经济增长模式的因果链 …… 146
图5-1　1981—2018年全球贫困人口变化趋势 …… 163
图5-2　贫困治理渐进平衡模式 …… 177
图5-3　1999—2019年撒哈拉以南非洲国家绝对贫困率变化 …… 182
图6-1　前工业化时代的不平等水平 …… 197
图6-2　2020年全球收入和财富不平等 …… 202
图6-3　1980—2018年全球成人收入分布变化趋势 …… 203
图6-4　1980—2018年主要国家（地区）不平等程度上升趋势 …… 204
图7-1　2009—2018年全球贸易干预措施实施数量 …… 232
图7-2　1980—2015年三种类型福利国家收入差距水平比较 …… 246

图 8-1　OECD 国家官方发展援助领域变化 ················· 263
图 8-2　援助与经济增长的关系 ························· 264
图 8-3　发展中国家的资本流入情况 ····················· 270
图 9-1　传统的发展援助与南南合作关系 ················· 294
图 9-2　新型发展合作关系 ····························· 299
图 9-3　参与国际发展合作的主要新兴经济国家 ··········· 301
图 10-1　新旧多边主义基本架构 ······················· 319
图 10-2　1990—2018 年主要发达国家和发展中国家平均
　　　　关税水平 ··································· 332
图 10-3　1990—2020 年全球执行中的自由贸易协定 ······ 336
图 10-4　全球治理体系的三元悖论 ····················· 344
图 11-1　1970—2019 年 KOF 全球化指数变化情况 ······· 356
图 11-2　1870 年以来全球贸易开放度变化 ·············· 362
图 11-3　全球贸易的金德尔伯格螺旋 ··················· 362

表 目 录

表号	标题	页码
表1-1	1820—1950年主要国家地区的人均GDP相对于英国的变化	40
表1-2	1985年发展中地区的进口保护水平	41
表2-1	发展中国家人均GDP相当于美国的比例	50
表2-2	各地区人均GDP增长幅度	52
表2-3	"中等收入陷阱"中国家的制度与治理变化情况	60
表2-4	全球价值链参与度与经济增长的关系	70
表3-1	中国对发展中国家工业化的可能影响	103
表3-2	2000—2017年非洲对主要贸易伙伴的出口构成及变化趋势	104
表4-1	中印制造业就业结构	148
表5-1	1981—2018年各地区绝对贫困人口数量和贫困率	164
表5-2	埃塞俄比亚、加纳、尼日利亚基本发展指标比较	184
表6-1	包容性繁荣矩阵	225
表7-1	2009—2018年实施贸易干预措施的主要国家	232
表7-2	金融危机后国家社会保障支出变化情况	251
表8-1	援助有效性的假说、机制解释和政策实践	262
表8-2	新兴国家在国际资本输出中的份额	273
表9-1	发展援助、传统南南合作与新型发展合作方式比较	300

表9-2 2000—2016年非洲对发达国家和中国的出口年均
　　　 增长率对比 ·· 306
表10-1 新旧多边主义架构的基本组成要素 ···················· 329
表10-2 2015年各区域价值链对主要制造业国家的进口
　　　 依赖程度 ·· 339

序言　多面全球化

我在为国际学生开的《国际政治经济学》的第一堂讨论课时做了一个小调查。我问学生：你们认为全球化对你的生活有什么影响？我们班像个小联合国，学生的回答五花八门。美国学生提到了社会贫富分化的加剧；意大利学生抱怨移民让社会治安变得糟糕；阿根廷学生担心经济危机会再次爆发；加纳的学生看到了经济发展的希望；中国学生则认为全球化带来了前所未有的便利和机会。

这个在教室里进行的"民意调查"，似乎正好契合了公众对全球化的复杂情绪。全球化是一个充满矛盾和悖论的概念。它描绘了自由贸易的美好景象，而自由贸易在历史上持续的时间却很短。许多国家担心全球化的冲击，但也为被全球化抛弃而忧心忡忡。全球化能让国家间联系更紧密，但也让国家间的矛盾越来越突出。全球化造成了许多社会经济问题，但却获得了广泛的追捧。全球化到底是一个事实还是一个构建？

"Globalization"这个在今天耳熟能详的概念早在20世纪20年代就被使用过。不过，这个源自法语的词语的最初语义和现在相去甚远。比利时教育心理学家德克罗利（Ovide Decroly）使用该词来指儿童的注意力开始从对自身扩展到周围世界的发育阶段。[1] 直到半个多世纪后的1983年，哈佛商学院的西奥多·列维（Theodore

---

[1] Mark Levinson, *Outside the Box: How Globalization Changed from Moving Stuff and Spreading Ideas*, Princeton: Princeton University Press, 2020, p. 3.

Levitt）教授发表了《全球化市场》一文，全球化才被赋予了经济学上的含义而逐渐流行起来。① 20 世纪 90 年代之后，全球化更一度成为西方主流文化和意识形态的代表性面孔。

然而，在不同的国家和不同的社会眼里，这个面孔却是长得不一样的。印度裔经济学家贾格迪什·巴格瓦蒂（Jagdish Bhagwati）在《捍卫全球化》一书中指出，"全球化有一张人性化的面孔，但我们可以让这张面孔更有亲和力"。②

发达国家是全球化的倡导者和引领者，但也是全球化的激烈反对者。发展中国家是全球化的跟随者和被动参与者，但却更积极地支持全球化。在 2002 年的世界经济论坛（WEF）年会上，加拿大的舆论调查机构就展示了这个看似匪夷所思的发现。③ 随着全球化的深入，各国民众对全球化的态度也在发生变化。2007 年，调查机构皮尤（Pew）的全球态度调查显示，在 47 个受调查的国家中，大多数的民众支持全球化，但发展中国家的支持度远高于发达国家。在 10 个非洲国家，超过 80% 的民众认为全球化将带来积极效果。而在美国，支持全球化的民众不到 60%。④ 不过，尽管对全球化的前景存疑，发达国家民众对于国际贸易重要性的认识还是不断上升的。盖乐普的调查显示，1992 年，44% 的美国民众认为国际贸易是经济增长的机会，而 48% 的民众认为国际贸易是对经济的威胁。到了 2020 年，支持"机会"观点的民众比例上升到了 79%，而支持"威胁"观点的民众比例则下降到了 18%。⑤

---

① Theodore Levitt, "The Globalization of Markets", *Harvard Business Review*, May 1983.
② Jagdish Bhagwati, *In Defense of Globalization*, New York: Oxford University Press, 2007, p. 8.
③ Ibid.
④ Andrew Kohut and Richard Wike, "Assessing Globalization: Benefits and Drawbacks of Trade and Integration", *Harvard International Review*, Vol. 30, No. 1, 2008, pp. 70-74.
⑤ Mohamed Younis, "Sharply Fewer in U. S. View Foreign Trade As Opportunity", *Gallup*, March 31, 2021, https://news.gallup.com/poll/342419/sharply-fewer-view-foreign-trade-opportunity.aspx.

为什么全球化的概念这么深入人心,而自由贸易在历史上持续的时间却很短?为什么国家对全球化的态度经常反复?为什么全球化造成了许多社会经济问题,支持全球化的人还这么多?全球化到底是一个事实还是一个构建?

2008年国际金融危机以来,经济全球化的推动力和阻力却发生了逆转。贸易保护主义在发达国家日趋高涨,发展中国家却成为推动贸易自由化的主力。为什么金融危机后发达国家和发展中国家在贸易政策上存在如此大的差异?

1989年6月23日,《华尔街时报》预测了今后25年全球经济发展中可能的成功和失败国家。孟加拉国、泰国和津巴布韦被认为是最有希望的发展中国家,中国则被归入了可能失败国家的行列。毫无疑问,30年后重温这个预测,《华尔街时报》的预测可谓错得离谱,不过这也说明经济发展的成功和失败是多么的不确定。

对于全球化的影响,一直以来存在着推广者和批评者的两派主要观点。两位记者——《纽约时报》的托马斯·弗里德曼(Thomas L. Friedman)和《金融时报》的马丁·沃尔夫(Martin Wolf)——是全球化概念的坚定推广者。弗里德曼在1999年出版的《凌志车与橄榄树:理解全球化》中,认为凌志车代表的全球化力量最终会压倒橄榄树所象征的传统认同,而自由市场资本主义就是推动全球化系统的根本理念。他提出了"金拱门理论",认为两个有麦当劳连锁店的国家之间是不会发生战争的,因为麦当劳代表着拥有庞大中产阶级的国家。这样的国家是不会有动机发动战争的。随后,他又在《世界是平的》一书中更明确地提出全球化的游戏规则将使国家间的价值观和政策趋同,最终成为统一的大市场。马丁·沃尔夫则在《全球化为什么可行》一书中针对反全球化的批评进行了辩护。他认为,贫困人口之所以贫困,不是因为他们被剥削,而是因为他们还没有机会被剥削。只有依靠市场经济体系并给予跨国公司更大的合法性，全球化才能更成功地提升民众生活水平。①

与此同时，一些激烈的批评者［如加拿大学者娜奥米·克莱因（Naomi Klein）］则认为全球化助长了跨国公司对发展中国家劳工的压榨，同时筑起了篱笆，将欠发达国家和贫困人口排斥于全球体系之外，尤其是把整个非洲大陆都流放到了全球影子世界。②

也有学者认为，全球化本身并不是非黑即白的力量，而全球化是否能帮助发展中国家解决发展问题取决于发达国家的意愿和政治。历史学家伊万·贝伦德（Ivan Berend）认为，20世纪世界经济的一个基本特征就是各种差异巨大甚至背道而驰的体制的逐渐融合过程。自由市场和计划体制、民主市场和专制集权体制曾经水火不容，但逐渐开始相互学习、取长补短，最终形成了结合自由放任和管制、公有制和私有制、计划和干预等特征的混合体制。③ 曾经担任世界银行首席经济学家的斯蒂格里茨（Joseph Stiglitz）认为，发达国家和跨国公司主要是利用全球化谋取自身利益最大化。其结果就是发展中国家的大部分人口被进一步推向贫困。这种结果并非全球化的必然结果，因此要想使全球化真正运转起来，最根本的变化应该从国际机构的治理改革入手。④

尽管有这些批评和质疑全球化的声音，但在2008年之前，西方国家的主流看法是全球化会产生水涨船高的效应，让所有国家都能从中受益。全球化趋势也是不可逆转的。但是，这种对全球化的乐观预测和对新自由主义的极度自信很快就遭受了挫败。2008年国际金融危机的爆发，暴露出全球化华袍下的虱子。资本力量的无限扩张反噬了控制资本的金融巨头。欧美国家在危机中遭受了重创，而一些发展中国家却因谨慎的开放市场而躲过了灾难，反而在危机后

---

① Martin Wolf, *Why Globalization Works*, New Haven: Yale University Press, 2004.
② Naomi Klein, *No Logo: Taking Aims at the Brand Bullies*, Knopf Canada, 2000.
③ Ivan Berend, *An Economic History of Twentieth-Century Europe: Economic Regimes from Laissez-Faire to Globalization*, New York: Cambridge University Press, 2006.
④ Joseph Stiglitz, *Making Globalization Work*, New York: W. W. Norton, 2006.

迅速复苏，缩小了同发达国家的差距。意大利学者乔万尼·阿里吉在《亚当·斯密在北京：二十一世纪的谱系》一书中大胆预测，随着美国势力的相对下降和中国实力的上升，21世纪人类社会将见证了亚当斯密在300年前提出的设想——全球将成为一个真正的世界市场社会（world-market society），让世界上不同的文明地位更平等。[①]

2016年是全球化进程中的另一个重要时刻。西方国家的民众用自己的选票表示了对全球化的不满。英国居民一夜醒来后发现自己的国家已经在全民公投后脱离了欧盟，而几个月后，美国民众则把鼓吹"美国优先"的民粹主义者特朗普选进了白宫。这两个标志性事件反映了西方国家民众对全球化的态度已经发生了根本性变化。他们不再相信"世界是平的"这样不切实际的乐观判断，而是认为全球化是导致了他们生活水平下降的根本原因。

如此看来，全球化是个筐，所有来自他国的有形和无形的存在都被看作是全球化的一部分。而反全球化也是一个大杂烩。所有对现实的不满都被归咎于全球化的影响。无论是全球化的乐观论者还是悲观论者，大多从发达国家的视角来讨论全球化的影响。即使对现有的国际制度和规则的批评，也主要是来自对发达国家内部的贫富差距扩大和民粹主义上升的担忧。而对于发展中国家更关心的贫困和可持续发展问题，却长期没有受到足够的重视。

"这是最好的时代，也是最坏的时代"，习近平主席在世界经济论坛2017年年会开幕式上引用了英国文学家狄更斯的名言。他指出，经济全球化确实带来了新问题，但不能就此把经济全球化一棍子打死。"面对经济全球化带来的机遇和挑战，正确的选择是，充分

[①] Giovanni Arrighi, *Adam Smith in Beijing: Lineages of the Twenty-first Century*, London and New York: Verso, 2007

利用一切机遇,合作应对一切挑战,引导好经济全球化走向。"① 的确,每一个时期的逆全球化思潮都是全球化不平衡发展的必然产物。逆全球化风潮给全球化带来的阻力,也可以被转化成全球化转型发展的动力。②

长期以来,关于全球化的理论大多是基于西方国家的理念和实践而形成和发展的,缺乏对非西方世界应有的关注,也较少从非西方世界视角来认识全球化的本质。本书试图从发展中国家的视角来看待全球化的影响,探讨全球化背景下的重要国际发展议题。这些议题包括贫困、不平等、工业化、社会福利、国际援助、发展合作等。

核心观点

本书的核心观点是:全球化并没有让世界变平,也没有让国家发展趋同,而是推动了多样化发展模式。发展中国家在全球化中存在巨大的发展差异。这些差异并非都是外部环境造成的,而在很大程度上是国家战略和政策选择的结果。全球化并不意味着市场替代了政府占据了经济主导,反而是给政府的治理能力提出了更高的要求。一个国家对全球化的支持或反对,既取决于其发展阶段,也受其政策选择的影响。具体而言,全球化的多面性体现在以下方面。

第一,全球化不只是由少数领先国家的自由贸易理念所推动的。无论是老牌的发达国家还是崛起中的新兴国家,在历史上的大部分时候,都反对自由贸易,并且利用各种政策来保护国内市场。几乎所有国家都是天然的重商主义者,而只有部分国家最终转向了支持自由贸易。19 世纪 70 年代开始的第一轮全球化,主要的推动力在于

---

① 习近平:《共担时代责任,共促全球发展》,《人民日报》2017 年 1 月 18 日,第 3 版。
② 徐步:《逆全球化风潮与全球化的转型发展》,《国际问题研究》2017 年第 3 期,第 1—15 页。

技术进步带来的交通和通信成本的大幅下降。而作为主要推动国家的英国，则是长期奉行重商主义的理念，对外大举争夺资源并扩张海外市场，对内则限制进口，严格保护国内市场。正是得益于实施自由贸易的殖民地的开放市场，英国才得以形成遍布全球的贸易网络，转而支持自由贸易。同样，尽管美国成为第二次世界大战（以下简称"二战"）后全球化的引领国，保护主义长期却是其贸易政策的主要特征。因此，自由贸易理念既非全球化的前提条件，也不是全球化的必然结果。

第二，全球化没有固定的赢家和输家，大分流和大追赶的情况在历史上都曾经出现。在第一波全球化中，西方国家得益于工业革命的红利，拉大了与世界其他地区的差距，这个差距到二战结束后达到最大。西方国家占全球经济总量的73%。[①] 在二战后的两波全球化中，发展中国家的经济增长速度开始逐渐赶上并超过西方国家。与此同时，发展中国家之间的差距也在拉大。亚洲国家实现了持续高增长的发展奇迹，从发展中国家中脱颖而出；拉美国家在20世纪80年代实施了新自由主义改革后陷入了频繁的经济动荡和危机；非洲国家独立后经历了长期的经济停滞，进入21世纪以后从参与全球价值链中获得了增长动力。然而，从总体上看，现行国际经贸规则限制了发展中国家的政策空间，导致它们难以实现产业升级，摆脱中等收入陷阱。在早期发达国家的现代化过程中，工业化是实现经济追赶的必经之路。20世纪90年代以来，许多发展中国家出现了过早的去工业化现象，工业在创造就业和推动经济增长方面的作用都呈现下降趋势。国际经济结构变化和技术进步使传统的工业化道路在全球化时代变得更困难，但也给发展中国家带来了新的机会，特别是中国的经济崛起对发展中国家的工业化过程和模式都产生了重要影响。参与全球价值链有利于提升低收入和中低收入发展中国家

---

① Deepak Nayyar, *Catch up: Developing Countries in the World Economy*, New York: Oxford University Press, 2013, p. 15.

的经济增长，但对中高收入国家的经济增长则没有显著影响。

第三，全球化加剧了国家间的竞争压力，也催生了不同的应对模式。全球化发展到超级全球化阶段，发达国家和发展中国家都面临极大的压力。发达国家的压力来自社会保护扩大的需求，发展中国家的压力主要是发展追赶的政策空间变小。自20世纪90年代开始，发展中国家对国际资本的追捧引起了国家间"逐底竞争"和"登顶竞争"的争论。一方面，国际资本的高流动性增大了其议价能力，迫使发展中国家通过降低税收和放松国内政策管制来吸引国际资本；另一方面，市场开放引起的动荡加大了国内民众的不安全感，对社会福利保障提出了更高的要求。发达国家和发展中国家在贸易政策上的巨大反差源于国内社会保护能力的此消彼长。发达国家固化的社会福利体系难以为危机后的社会提供充分保护，因此更多地选择贸易保护主义手段，导致"嵌入式自由主义"框架的破裂。新兴经济国家根据自身社会经济结构的特点，可以用更灵活的方式提供社会保护和推进贸易自由化，这将对世界经济秩序和全球化的走向产生深远影响。

第四，全球化产生了显著的减贫效果，也拉大了贫富差距。自1980年以来，世界贫困人口总数呈现持续下降的趋势，绝对贫困人口数量在40年期间减少了11亿，但发展中国家的减贫成效却差别很大。中国曾经是世界上贫困人口最多的国家，在这40年中实现了全面脱贫。然而，许多发展中国家尽管实施了各种减贫战略，却始终走不出贫困陷阱。与此同时，全球化拉大了贫富差距。然而，这个贫富差距不仅表现在国家内部，也出现在国家之间。事实上，全球化同不平等的关系远比看起来更复杂，而且取决于不同的观察角度和测试方法。

第五，全球化引起了不同国际援助和发展合作模式的竞争与合作。发达国家主导的发展援助和发展中国家倡导的南南合作范式深刻影响了20世纪中后期国际发展的态势。进入21世纪以来，随着中国和其他新兴经济国家的崛起并积极参与发展合作，国际发展合作的新范式逐渐呈现，在国家间关系、国内外市场关系、公私关系方面都同传统的发展援助和南南合作存在明显区别。

历史经验显示，全球化逆转是可能的，甚至可以说是必然会发生的。那么历史会是简单的重复吗？当今世界是否已经出现了全球化逆转的迹象呢？尽管全球化的现实的和新自由主义的预期相距甚远，但全球化并没有逆转。发达国家的低迷走势和发展中国家的分化趋势减弱了全球化持续扩张的动力。与此同时，各国都应该对其国内政策重新审视和评估，并制定更合理的全球治理的游戏规则，让全球化的分配更公平合理。

本书的章节安排如下。第一章介绍全球化的历史和现实，对不同国家贸易政策的转变进行梳理。第二章讨论全球化的赢家和输家，探寻支持和反对全球化的背后逻辑。第三章讨论工业化与经济发展的关系。第四章比较中国和印度的经济改革和发展道路。第五章讨论全球化背景下的贫困与减贫，寻求贫困治理的一般性逻辑。第六章分析全球化与不平等的关系演变，分析导致不平等加剧的原因。第七章介绍全球化对国家福利制度的影响，讨论发达国家和发展中国家应对日益强大的市场力量的不同模式。第八章梳理援助理念的变化，分析全球化背景下的国际援助和发展合作的有效性。第九章进一步检验新型发展合作的实施效果。第十章分析全球化时代多边主义模式的演变，讨论多边主义转型对全球治理带来的新挑战。第十一章总结反全球化的趋势，展望新全球化的走向。

第一章
全球化的历史和现实

2018年的国庆黄金周,我到英国爱丁堡大学参加会议。午间闲暇,我在校园旁边的皇家大道(Royal Mile)散步。这一著名的旅游景点吸引我的不是琳琅满目的商品,而是两尊雕像——英国工业革命时代最著名的两位思想家——亚当·斯密(Adam Smith)和大卫·休谟(David Hume)在游人的喧嚣中静默地对望着。

第一章　全球化的历史和现实

通常认为，亚当·斯密的《国富论》是现代经济学的奠基之作，但事实上，现代经济学在《国富论》出版之前几年就开始启蒙了。尽管斯密的两部作品——《道德情操论》和《国富论》都没有提到休谟的名字，但他的观点无可否认地受到了休谟的影响，而这个影响可能还相当大。两位大师的关系有多密切，我们从他们的通信中可以窥见一斑。从两人相识到休谟去世前的 27 年间（1749—1776 年），休谟和斯密之间一共通信 56 封，其中休谟写了 41 封。斯密只写了 15 封信给休谟，但这已经是他写信最多的对象。[①]

在斯密和休谟生活的时代，"全球化"这个词还不为人知，但全球化却是这个时代的一个特征。在《国富论》发表之前，欧洲社会对贸易的主流观点是重商主义。贸易往来被当成国家竞争的一个战场。国家只有从出口中才能获利，而进口则意味着财富外流。换言之，贸易同战争一样，是一场零和游戏，只有出口多的一方可以获益。休谟在 1752 年出版的《贸易嫉妒论》（*Of the Jealousy of Trade*）一书中，反对了当时主流的重商主义观点。休谟认为，国家不应该把他们的贸易伙伴当成对手。当你的贸易伙伴经济繁荣时，他们会进口更多的东西，从而对国家有利。他在文章的结尾写道："不仅作为个人，而且作为英国人，也要为德国、西班牙、意大利甚至法国的经济繁荣叫好。"休谟认为自由贸易可以让参与国都受益。法国从双边贸易中获益并不代表英国会损失。重商主义的观点不过是"孩子气似的国家偏见和厌恶"（childish national prejudice and animosity），

[①] Dennis Rasmussen, *The Infidel and the Professors: David Hume, Adam Smith, and the Friendship that Shaped Modern Thought*, Princeton: Princeton University Press, 2017, p.4.

然后再被商人的私利放大。①

亚当·斯密显然受到了休谟对自由贸易观点的影响。他从道德正义的角度更为犀利地批评了重商主义,因为重商主义强调为了本国的利益伤害其他国家是必要的。他认为,在重商主义的假设中,"各国国民被教导说,他们的利益在于使所有的邻国变穷(beggaring all their neighbors)。每个国家都变得用嫉妒的目光去看待和自己有商业往来的一切国家的繁荣,认为他们的利得就是自己的损失。在国家之间也像在个人之间一样,商业本来自然应当成为联合和友谊的纽带,但是现在却变成了争论和仇恨最容易产生的源泉"。② 他基于理性自利的假设,提出了更具有道德正义的自由贸易观点。国际贸易是一种正和游戏,所有贸易的参与国都可以因分工程度和劳动生产力的提高而获得贸易收益,不需要以邻为壑,通过掠夺和剥削其他国家来增加本国财富。

第一节 先发国家的早期全球化

尽管亚当·斯密和大卫·休谟对于现代西方经济学和哲学的发展有巨大的推动作用,但在他们生活的时代却鲜有政策影响力。亚当·斯密批评欧洲在重商主义驱使下对美洲的殖民是"野蛮的不正义行为",而工业革命的萌发使欧洲对外扩张中的重商主义色彩更加浓厚,主要表现在奴隶贸易和殖民统治上。

一 英国

为什么工业革命率先在英国爆发?科技进步是一个主要的驱动轮。英国最早发明了蒸汽机、纺织机、焦炭炼钢等先进技术,显著

---

① Dennis Rasmussen, *The Infidel and the Professors: David Hume, Adam Smith, and the Friendship that Shaped Modern Thought*, Princeton: Princeton University Press, 2017, p. 166.
② [英]亚当·斯密:《国富论》,杨敬年译,陕西人民出版社2006年版,第542页。

第一章　全球化的历史和现实

提高了工业生产的效率，从而推动了大规模的工业化生产。但是，人类的发明成千上万，为什么只有英国能够迅速地将这些发明创造用于大规模生产？历史学家罗伯特·艾伦（Robert Allen）认为，这是因为在工业革命之前，英国的劳动力工资比其他欧洲国家高，而能源价格却远低于其他国家。① 人力成本高、能源成本低这两个因素使英国资本家会有更强的动力去降低人力成本。新技术的应用由此铺开，工业革命由此启动。借助蒸汽动力和煤炭的广泛使用，到19世纪末，英国已率先完成工业革命，并把贸易范围扩展到全球。1750年，英国仅占世界工业生产总值的1.9%，到了1880年，英国的工业产值达到了世界的22.9%，成为世界工厂。②

工业革命的另一个驱动轮则是奴隶贸易和殖民主义。奴隶贸易开始于16世纪初，在18世纪达到顶峰，19世纪逐渐减少。从16世纪初到19世纪末，共有1100万奴隶被从非洲运到了美洲大陆。葡萄牙是最大的奴隶贸易国家，贩卖了500万奴隶。③ 讽刺的是，奴隶贸易连接了欧洲、北美洲、南美洲和非洲四个大陆，开启了全球贸易的"大西洋系统"（the Atlantic System）：美洲出产白银、棉花、甘蔗等资源和原材料，非洲提供奴隶劳动力，欧洲则进行生产和运输，从而形成了跨大西洋的全球贸易系统。当然，这一时期全球贸易的主导理念是"零和"，而不是"共赢"。一方面，殖民者们依靠武力优势攫取殖民地的资源，同时向殖民地倾销工业产品；另一方面，殖民者之间为争夺对市场和资源的垄断权经常发生冲突。这一时期的国际贸易不是推动和平的渠道，而是武力竞争的第二战场。

历史学家埃里克·霍布斯鲍恩（Eric Hobsbawn）认为，英国工

---

① Robert Allen, *The British Industrial Revolution from a Global Perspective*, London: Cambridge University Press, 2009.

② Paul Bairoch, "International Industrialization Levels from 1750 to 1980", *Journal of European Economic History*, Vol. 11, 1982, pp. 269–333.

③ Ronald Findlay and Kevin O'Rourke, *Power and Plenty: Trade, War, and the World Economy in the Second Millennium*, Princeton: Princeton University Press, 2007, p. 228.

业化发轫于对外贸易，特别是同印度等殖民地的贸易。①英国的全球化之路始于 1600 年 12 月 31 日成立的英属东印度公司。东印度公司的初始资本为 68373 英镑（大致相对于 2011 年的 1000 万英镑）。这些钱来自 200 个左右的私人投资者。这些钱被用于购进了 4 艘大船和 1 艘小补给船，雇了约 500 名员工。② 这个从 5 艘商船起家的东印度公司对于英国的贸易扩张和全球商业市场的形成举足轻重，成为欧亚贸易的重要纽带。孟买、加尔各答、马德拉斯等城市都是最主要的贸易港口。东印度公司是英国出口的主要市场，食品、劳工和原料的主要来源，以及资本输出的主要目的地。③

东印度公司成立的初衷是染指暴利的胡椒、肉桂、豆蔻等香料贸易，但随着时间的推移，东印度公司的业务范围逐渐扩大，在棉纺织品、丝绸、茶叶、染料上做得更成功。到了 18 世纪初，东印度公司的进口量占全英国进口总量的 13%。④ 而且，东印度公司不仅仅是一家跨国贸易公司，其海外业务已经对英国的国内社会产生了重大影响。棉纺织品是东印度公司早期最主要的出口产品。从 19 世纪开始，由于纺织品出口下降，东印度公司的出口转向了鸦片、染料、棉花。从中国的主要进口则包括茶叶、丝绸、瓷器等。

业务的扩大带来了东印度公司股票价格的飙升。1664 年，面值 100 英镑的东印度公司股票仅值 70 英镑。到了 1681 年以后，同样面值的股票已经涨到了 500 英镑。⑤ 垄断亚洲贸易带来的丰厚收益使东

---

① Eric Hobsbawm, *Industry and Empire: the Making of Modern English Society*, New York: Pantheon Books, 1968.

② Emily Erikson, *Between Monopoly and Free Trade: the English East India Company, 1600-1757*, Princeton: Princeton University Press, 2014, p. 4.

③ Tirthankar Roy, *India in the World Economy: From Antiquity to the Present*, Cambridge: Cambridge University Press, 2012.

④ Emily Erikson, *Between Monopoly and Free Trade: the English East India Company, 1600-1757*, Princeton: Princeton University Press, 2014, p. X.

⑤ Thomas Babington Macaulay and Hugh Trevor-Roper, *The History of England from the Accession of James the Second*, London: Penguin Classics, 1979, Chapter XVIII, p. 938.

印度公司在英国国内陷入争议。来自约克郡的实业家憎恨东印度公司，因为大量进口亚洲的丝绸影响了英国纺织行业的发展，让本土生产的布料在仓库里遭受虫蛀。他们想唤醒公众的怀旧情绪。英国历史学家托马斯·麦考莱（Thomas Macaulay）在《自詹姆斯二世即位以来的英国史》一书中写道："所有的英国居民，无论是在田间还是在工厂，他们的每件礼服、每件外套、每件床上用品都是用我们自己的纱锭在我们自己的织机上纺出的布料做成的。那曾经是多么美好的时光"。[①]

不过，公众们并不想回到过去，因为他们体会到了进口商品带来的好处。他们的不满更多的是针对东印度公司的垄断利润。来自布里斯托的贸易商认为，应该允许英国商人同亚洲自由贸易，如同他们同欧洲国家的贸易一样，而不是由东印度公司来垄断。这种自由贸易的主张，在今天看来再正常不过了，但在当时却显得离经叛道。

当时的主流观点认为，任何越过好望角的国际贸易必须靠联合股份公司来承担。这是因为，英国和欧洲国家的贸易往来是受到政府保护的。一旦英国商人遭遇了危险，英国政府可以马上出兵保护商业利益。而在万里之外的亚洲，英国政府的保护鞭长莫及，商人们只能依靠自救。他们因此建立军队、购买武器、修筑工事来保护投资。而这种保护是任何一家贸易商无法单独负担的。因此，贸易商们必须联合起来，共同成立股份公司，才能实现风险分担。[②]

1691年，经过漫长的辩论，英国议会决定把东印度公司的股份增加到150万英镑。为了防止个人持股人权力过大，规定最大持股者的持股量为5000英镑。英国王室将继续给予东印度公司垄断亚洲贸易的特权。作为回报，东印度公司每年必须将500吨的硝盐以最

[①] Thomas Babington Macaulay and Hugh Trevor-Roper, *The History of England from the Accession of James the Second*, London: Penguin Classics, 1979, Chapter XVIII, p. 941.

[②] Ibid, p. 942.

低价卖给王室，同时负责出口20万英镑的英国工业品。①

尽管英国王室特许英属东印度公司垄断经营亚洲业务，但在很长一段时期内，它面临着更大的一个竞争对手——荷属东印度公司。尽管荷属东印度公司比英属东印度公司晚两年成立，但其初始资本为英属东印度公司的10倍，并在长达近两个世纪的时间里领先于英属东印度公司。直到1780年，英属东印度公司才首次在商船数量上超过了荷属东印度公司。② 1799年，荷属东印度公司解体了。而英属东印度公司在18世纪的大部分时候的年回报率稳定在8%左右。③

英属东印度公司的历史对于理解英国贸易观念和政策的变化非常重要。英属东印度公司从一个从事香料贸易的私人企业，成为具有垄断亚洲贸易的特许企业，再到成为代表英国王室统治印度的政治组织，最后失去了垄断贸易的特权，被迫解体。1813—1833年，东印度公司逐渐失去了垄断亚洲贸易的特权。不少学者认为，这个变化反映了主流思想的变化，主流的重商主义逐渐让位于自由贸易的支持者。

东印度公司的发展史体现了英国在贸易政策上的模棱两可。一方面，尽管东印度公司被英国皇室赋予了垄断贸易权力，但其影响力遍布亚洲且能持续两个多世纪更多是来自其高度的自治性和极强的适应能力；另一方面，东印度公司并非一个控制严格的等级化机构，而是形成了相对松散的社会网络，允许员工自主地开拓新市场，进行自由贸易。这些自主开拓的新市场又逐渐被整合进东印度公司的经营网络，进一步扩大了其影响范围。因此，东印度公司的历史既不是完全依赖垄断权力，也不是完全依赖自由贸易，而是在垄断经营和自由贸易之间摇摆。

---

① Thomas Babington Macaulay and Hugh Trevor-Roper, *The History of England from the Accession of James the Second*, London: Penguin Classics, 1979, Chapter XVIII, p. 943.

② Emily Erikson, *Between Monopoly and Free Trade: the English East India Company, 1600-1757*, Princeton: Princeton University Press, 2014, p. 4.

③ Ibid.

工业革命带来的技术革命助推了棉纺织业的飞速发展，成为英国经济的核心。1770年，棉纺织业仅占整个经济增加值的2.6%。1801年，这一比例为17%，到1831年，这一数字增长到22.4%。相比之下，同期钢铁工业仅占6.7%，煤炭工业为7%，毛纺织业为14.1%。在1795年，英国有34万人从事纺纱业。到1830年，英国每6个工人中就有1个受雇于棉纺织业。同时，棉纺织业开始集中于不列颠诸岛的一小部分——兰开夏郡。最终70%的英国棉纺织工人在此处工作，80.3%的棉纺织工厂所有者来自兰开夏郡。① 从1780年到1800年，英国的棉纺织品出口增长了16倍，几乎消灭了所有的竞争对手。

1815年颁布的《谷物法》(The Corn Law)是英国重商主义的典型表现。《谷物法》由政府设置进口谷物的目标价格。低于这个目标价格，就禁止进口或征收高额的关税。这个象征着保护主义的法律直到1846年才被取消。而促成这个转型的是发生在1845年的饥荒，迫使英国议会经过激辩后同意废除《谷物法》，放开粮食进口。《谷物法》的废除标志着英国自由贸易时代的开始。而这个政策转变是在英国进入工业革命近百年后，在工业发展水平方面领先了其他欧洲大陆40—60年后才发生的。②

尽管英国率先完成工业革命并开启了全球扩张之路，但其经济增长却在很长时期没有给社会带来广泛收益。恩格斯在《英国工人阶级状况》一书中提出了一个重要问题：为什么工业革命带来了经济增长而工人阶级的收入却没有变化？对于恩格斯的这个问题，李嘉图、马尔萨斯、马克思都意识到了，但他们的解释却不一样。李嘉图和马尔萨斯认为人口增长速度抑制了工资水平的上升，马克思

---

① [美]斯文·贝克特：《棉花帝国：一本资本主义全球史》，徐轶杰、杨燕译，民主与建设出版社2019年版。
② Paul Bairoch, "European Trade Policy, 1815-1914", in Peter Mathias and Sidney Pollard (eds.). *The Cambridge Economic History of Europe*, Ⅷ, Cambridge, Cambridge University Press, 1989, pp. 1-160.

则认为是技术水平的提升降低了资本家对劳动力的依赖,从而抑制了工资上涨的压力。罗伯特·艾伦（Robert Allen）发现,产量和工资增长不同步的情况主要出现在工业革命前期（1780—1840年）。在这段时期,人均产值增加了46%,而人均工资仅增加了12%。而在接下来的60年（1840—1900年）中,人均工资的增长速度（123%）却超过了人均产值（90%）。① 为什么工业革命引起的发展势头有这么大的反差呢?在工业革命早期,技术革命带来的生产效率提高只是集中在纺织、运输等行业,扩大再生产对资本的需求量很大,提高了资本的利润率,而暂时抑制了工人收入的增长,从而导致了贫富差距扩大。当技术革命的影响扩大到整个经济后,工人的生产效率迅速提升,带动了工资水平的上升,甚至超过了资本利润率的增长速度,从而导致了贫富差距的下降。

可以看出,作为最早启动全球化的国家,英国在长达3个多世纪的时间里奉行重商主义的理念,对外大举争夺资源并扩张海外市场,甚至不惜使用武力,对内则限制进口,严格保护国内市场,避免财富的流出。直到工业革命全面铺开后,英国才逐渐放弃了保护主义的理念,转而支持自由贸易。波兰尼在《巨变:当代政治与经济的起源》一书中也指出,"自由放任绝非自然产生的。如果任由事物自然发展,绝不会产生自由市场。即使如同纺织业这样被认为是主要的自由贸易产业,也是由保护性的关税、外销补贴,以及间接工资补助等扶助手段创造出来的。自由放任本身就是由国家强行实施的"。②

---

① Robert Allen, "Engels' Pause: Technical Change, Capital Accumulation, and Inequality in the British Industrial Revolution", *Explorations in Economic History*, Vol. 46, 2009, pp. 418-435.
② ［匈］卡尔·波兰尼:《巨变:当代政治与经济的起源》,黄树民译,社会科学文献出版社2013年版,第250页。

二　美国

当亚当·斯密出版《国富论》时，他关于自由贸易的思想在其祖国没有引起太大的关注，却在万里之外的新大陆产生了很大影响。美国的开国元勋们，深受斯密的影响，在建国之初就讨论了自由贸易的问题。更准确地说，他们所讨论的是开放贸易，即政府可以征收关税，但不能用其他手段限制贸易，而不是没有关税的自由贸易。当然，美国的贸易政策并不只是受这些开国元勋的思想影响，也反映了美国当时的经济发展状况。

关于贸易政策的政治纷争贯穿了整个美国历史。在《联邦党人文集》中，詹姆斯·麦迪逊写道："土地利益、产业利益、商业利益、金融利益和其他不那么起眼的利益一道，成为这个文明国家必不可少的组成部分，同时又分成了不同的阶级，形成了多样的情绪和观点。"达特茅斯大学的道格拉斯·艾尔文（Douglas Irwin）在《商业利益的冲突：美国贸易政策史》一书中总结：美国贸易政策的演变可以用三个字母 R 开头的单词来概括，即收入（Revenue）、限制（Restriction）和互惠（Reciprocity），分别代表了美国三个阶段贸易政策的主要特点。第一阶段是从美国建国到南北战争，主要是通过征收关税来增加国家收入；第二阶段是从南北战争到 20 世纪 30 年代的经济"大萧条"，主要是通过关税来进口商品对国内市场的冲击；第三阶段是从经济"大萧条"之后，主要是通过互惠安排来扩大美国产品的海外市场。[①]

征收关税是美国贸易政策中最重要的组成部分。征收关税通常有三个目的。第一是作为政府财政收入来源；第二是保护部分国内产业；第三是同其他国家进行贸易互惠谈判的工具。这三个目的分别体现在美国三个时期贸易政策中。收入目的在早期的美国贸易政

[①] Douglas Irwin, *Clashing Over Commerce: A History of US Trade Policy*, Chicago: University of Chicago Press, 2017.

策中最为重要。从1790年到1860年，美国联邦政府收入的90%来自进口关税。在这一时期，美国的平均关税率波动幅度很大，1830年前后一度高达60%。之后，南方各州因关税过高反而导致收入减少为由强烈要求降低关税，到南北战争前，平均关税率已降到20%以下。①南北战争改变了美国国内的政治平衡。支持高关税的北方共和党的政治影响力超过了支持低关税的南方民主党，贸易政策也因此发生了重大变化。美国因此奉行了长时期的重商主义贸易政策，对大部分制造业产品进口征收高额关税，以保护美国国内的制造行业。

在整个19世纪，美国的人均GNP年均增长1.5%。长期持续的增长使美国在全球经济中的地位逐渐提升。20世纪以前，美国处于大英帝国辐射区的边缘。1900年后开始成为世界经济的核心。直到1890年，美国一直是一个农业为主的贸易赤字国，农产品出口占总出口的三分之二，制造业出口仅占总出口的20%左右。从1890年开始，美国的贸易结构发生了显著变化，变成了制造业出口大国。1890年，美国在全球制造业出口中的份额仅占4%，到第一次世界大战（以下简称"一战"）前的1913年达到了11%。而到了"大萧条"前的1929年更达到了18%。1870年，美国的制造业产值占全球的份额的23%。到了1913年，这个份额已经提高到36%。②

当美国逐渐成为制造业出口大国时，美国国内对贸易互惠（reciprocity）的支持越来越强。互惠政策的主要推动人是曾经担任众议院议长和国务卿的詹姆斯·布莱恩（James Blaine）。布莱恩曾经也支持贸易保护主义，但随着美国贸易地位的变化，他的立场逐渐改变了。他认为，贸易互惠比贸易保护有几个主要优势。第一，贸易互惠可以在不增加外国竞争的情况下扩大美国的制造业出口。第二，

---

① Douglas Irwin, *Clashing Over Commerce: A History of US Trade Policy*, Chicago: University of Chicago Press, p. 7.
② Ibid., p. 299.

贸易互惠可以降低某些商品的进口关税，从而让其他保护性关税更容易征收，满足贸易保护主义者的需求。换而言之，"贸易互惠是贸易保护的安全阀"。第三，贸易互惠可以加强美国同拉美国家的经济联系，服务于美国在拉美地区的外交政策。① 1881 年，当布莱恩成为国务卿后，他提出了贸易互惠的倡议。在当时，工业革命在美国进行得如火如荼，对原材料进口需求很大。拉美是美国原材料进口的主要地区，但拉美进口的工业制成品却大多来自欧洲。布莱恩认为，美国可以利用贸易互惠安排取代欧洲成为拉美工业制成品进口的主要来源。只要美国对没有造成竞争压力的拉美进口农产品降低关税，拉美就可以降低进口美国工业制成品的关税，从而可以达到互惠互利的效果。

但是，布莱恩的主张并没有在美国国内得到广泛支持。许多国会议员不愿把贸易谈判和制定关税的权力交给总统，而且，拉美出口到美国的 90% 的产品已经享受到各种贸易协定免除关税的待遇，贸易互惠没有什么实施空间了。支持布莱恩主张的本杰明·哈里森（Benjamin Harrison）总统提出了一个变通方案，在 1890 年通过的《麦金利关税法案》（*McKinley Tariff Act*）中加入了一个互惠条款，规定糖、锡、茶叶、咖啡、牛皮等产品可以免税进入美国，但如果这些商品的出口国没有对美国出口的产品给予同等待遇的话，美国总统有权加征惩罚性关税。显然，这项条款的主要对象是拉美国家。布莱恩代表美国总统同拉美国家进行谈判。经过一番讨价还价，美国签订了 10 个贸易互惠协定，其中 8 个是同拉美国家签订的。通过这些附带惩罚条件的互惠安排，美国对拉美国家的出口迅速增加，一举成为拉美最大的贸易伙伴。

但是，民主党人对这样的贸易互惠安排不满意，认为关税法案提升了关税水平，助长了国内的保护主义，限制了美国制造业的出

---

① Douglas Irwin, *Clashing Over Commerce: A History of US Trade Policy*, Chicago: University of Chicago Press, p. 303.

口能力。因此在 1892 年克利夫兰总统重新当选上台后，1894 年通过了《威尔逊-戈尔曼关税法案》（*Wilson-Gorman Tariff Act*），废除了贸易互惠条款，降低了美国的整体关税水平。然而，美国模棱两可的贸易开放态度很快又发生了变化。1893—1897 年的经济萧条，使保护主义力量再次占了上风。1897 年通过的《丁利关税法》（*Dingley Tariff Act*）把关税提高到空前的水平，平均税率达到 57%。与此同时，法案又授权总统同外国谈判签署贸易互惠协定，以惩罚性手段迫使其他国家对美国产品降低关税，以推动出口。

在 19 世纪末期，尽管美国已经成为世界最大的贸易国，但其仍然觉得本国商品在国际市场上受到了歧视。英联邦国家互相之间给予优惠关税待遇，却把美国排除在外。德法两国也没有同美国签订贸易协定给予最惠国待遇。美国对欧洲国家的这些保护政策很不满，于是在八国联军入侵中国后，美国要求欧洲国家实行"门户开放"政策，表面上是维护中国的领土完整，实质上是希望美国在新开辟的国际市场中受到优惠待遇。

进入 20 世纪，美国的经济实力进一步增强，工业生产总值在 1900 年已经占到世界的 23.6%，成为制造业的净出口国，但其贸易政策仍然在保护和开放上摇摆不定。1901 年，麦金利总统呼吁美国放弃保护主义的贸易政策，因为美国的"制造能力已经极大提升，产品成倍增长，亟需更多的市场"。但是，仅仅在他发表演讲一天后，麦金利总统就遇刺身亡。继任的西奥多·罗斯福深知保护主义势力的强大，因此他在任时也避免陷入关税改革的政治雷区。直到 1913 年民主党总统伍德罗·威尔逊上台后，通过了《安德伍德关税法》（*Underwood Tariff Act*），才将美国的平均关税降低三分之一到 27%，甚至对美国具有竞争优势的工业品进口实施免税。这是自南北战争以来最大的关税降幅。与此同时，美国也开始推行个人所得税制度，用于弥补关税降低带来的财政损失。当时的税法规定，家庭年收入超过 4000 美元或个人年收入超过 3000 美元的部分需缴纳

1%的所得税。所得税的实施使美国政府减少了对关税收入的依赖。关税占联邦政府财政收入的比例从1913年的45%迅速下降到1916年的28%。"一战"后,关税占联邦财政收入的比例进一步下降到5%以下。①

尽管美国在"一战"后确立了世界经济霸主的地位,但战后的全球经济萧条让美国的贸易政策重新回到保护主义的轨道上去。在经历了长达20个月的辩论后,1922年美国通过了《福特尼—麦坎伯关税法》(Fordney-McCumber Tariffx Act),将平均关税水平从1920年16.4%大幅提升到36.2%。不过,该法案也授予了总统根据具体情况灵活调整关税的权力,算是给正在扩张的贸易保护网留出了一个缺口。

经济危机的加深加剧了美国的贸易收支失衡。贸易保护网因此越收越紧。中西部农业州对保护的需求特别强烈,他们不满意农产品较低的进口关税(22%),要求获得同工业品同等的关税保护(45%)。1930年,在国内保护主义情绪高涨的情况下,美国国会通过了《斯姆特—霍利关税法》(Smoot-Hawley Tariff Act),大幅提高了上千种进口商品的关税,由此引发了各国之间的贸易战。尽管这个法律不是大萧条的直接导火线,但却起到了煽风点火的作用,给全球贸易带来了灾难性的后果。

1931年9月,英国率先放弃了金本位,英镑贬值,其他国家纷纷效仿,通过贬值本国货币和提高关税的方式来维持贸易平衡。在英国脱离金本位一个月后,法国宣布对从英国进口的货物加征15%的关税,以抵消英镑贬值对法国市场造成的冲击。贸易保护主义的恶性循环形成了。一直到罗斯福上台后的1934年,美国国会通过了《互惠贸易协定法》(Reciprocal Trade Agreements Act,RTAA),把签订贸易协定的权力从国会转到总统手里,重新举起自由贸易的大旗,

---

① Douglas Irwin, *Clashing Over Commerce: A History of US Trade Policy*, Chicago: University of Chicago Press, 2017, p.339.

才阻止了这个严苛的贸易保护政策继续作恶。

由此可见,在19世纪后期的经济快速发展时期,美国并未实施自由贸易的政策,而是基本沿袭了重商主义的政策思路,对大部分进口商品征收较高关税。这既是出于保护国内产业的需要,也是增加政府收入的重要来源。直到成为世界最大的经济体和制造业的净出口国后,美国才开始逐渐推广自由贸易的理念,力图通过互惠的贸易协定打开其他国家的市场。美国成为19世纪末全球化时代最大的受益者,其人均GDP在1870年仅相当于英国的80%,到了"二战"结束后已比英国高出近40%,从而为二战后美国影响力的全球扩张铺平了道路。

第二节　后发国家的早期全球化

在工业革命开始之前,欧洲同世界其他地区的差距并不明显。1820年前后,工业革命开始从英国逐渐扩展到西欧和美国。与此同时,拉丁美洲开始脱离了西班牙和葡萄牙的殖民统治,诞生了一批独立国家。在中国,道光皇帝即位,清王朝开始由盛转衰。在印度,莫卧儿帝国的统治已经摇摇欲坠。在之后的130年中,欧美国家完成了工业革命,经历了"黄金时代"的全球化,也遭受了两次世界大战和数次经济危机。在这段时期,大多数的发展中地区还未取得民族独立,但已成为全球贸易体系中的重要组成部分。

在伦敦大英博物馆里,中国与南亚馆长达115米,是整个博物馆最长的展厅。左边是印度和南亚地区,以湖蓝为基调,右边是中国,以朱红为基调。两边的第一件展品都是青铜器。中国展品是清朝乾隆时期的香炉,南亚展品是公元12世纪前后印度南方的朱罗王朝(Chola period)的舞神湿婆(Shiva Nataraja)。与其说这是对两大文明古国丰富历史的展示,倒不如说这是对大英帝国辉煌过去的纪念。

在欧洲人眼里，这两个历史漫长的文明古国是全球化的后来者。他们参与全球化的过程比欧美国家显然更为曲折，也更痛苦。中国和印度的命运，也通过国际贸易联系在了一起。两个国家早期都是被迫参与全球化，以不平等的方式被纳入了同西方国家的贸易关系中。当他们有能力进行自己选择的时候，都选择了以退出或部分退出全球化的方式来寻求自我保护。随着时间的推移，对国际市场的需求逐渐取代了被压榨剥削的担心，这两个国家又重新寻求进入全球化。而这一次，他们对自身的优势有了更清楚的认识，选择了自己最擅长的领域进行融入，同时尽力保护国内脆弱的市场。

在15世纪开始的"大西洋体系"全球化中，亚洲只是一个配角。它既没有欧洲需要的大宗资源和原料，也没有大量的剩余劳动力。在17世纪上半叶，香料是亚洲出口欧洲最主要的商品。到了18世纪中叶，来自印度的棉织品和硝石（制作火药的重要成分），以及来自中国的丝绸和瓷器成为欧洲市场上的主力亚洲产品。到了18世纪后半叶，产自中国的茶叶则成为欧洲进口量最大的亚洲产品。[1]

一　中国

尽管中国早在唐代就开始对外贸易，但国际贸易在中国经济中的地位一直是微不足道的。在清代，中国的对外贸易政策更是经历了过山车式的变化，从主动的闭关锁国到有限的门户开放再到被动的全方位开放。

"闭关锁国"是贴在中国近代史上的一个重要标签。这主要是受明清两代的海禁政策的影响。但自由贸易的主张在中国古代思想中也能找到痕迹。《淮南子·齐俗训》和司马迁的《史记·货殖列传》

---

[1] Tirthankar Roy, *India in the World Economy: From Antiquity to the Present*, Cambridge: Cambridge University Press, 2012, p. 93.

都提出了经济增长的根本源泉之一来自贸易。"以所多易所鲜""以所有易所无""以所工易所拙",可谓中国古代贸易思想的精髓。经济学家张宇燕称这些说法为"淮南子—司马迁定理",凝练了同绝对优势理论、比较优势理论、禀赋论等现代国际贸易理论相似的观点。①

顺治十二年(1655年)实行严厉海禁,"无许片帆入海",直至康熙二十三年(1684年)平定台湾后才开海。开海后,指定广州、漳州、宁波、云台山(今江苏连云港)四地作为对外通商口岸,称为"四口通商";康熙五十六年再度部分海禁,禁止与南洋贸易,然后雍正五年开禁放洋;这段时间的海禁,主要是由于康熙担心米谷的大量出境会造成不良后果;乾隆二十二年,关闭漳州、宁波、云台山(今江苏连云港)三口,只允许广州一地为通商口岸,称为"一口通商",并严格控制出海贸易,直到道光二十二年(1842年),对外贸易一直被限制在广州进行,并由十三行垄断经营。不过,"一口通商"并非限制贸易的政策,而是把以前其他三关的西洋业务,全部划归到粤海关,进行统一管理。可以说,这是一个旨在精简机构、提高效率的改革措施。的确,"一口通商"实施后,清朝的西洋贸易大幅度增加了。从1757年到鸦片战争前,粤海关的年均关税收入从42.6万两增加到136.5万两。②

在海禁时期,东印度公司成为中英贸易的主要纽带。据美国人马士统计,1700—1753年,英国东印度公司赴华船只数量超过168艘,其中前往浙江14艘、福建9艘,其余均前往广东地区。③清王朝在同西洋各国有限的商业活动中一直处于贸易顺差的地位。据统计,自康熙三十九年至乾隆十六年(1700—1752年)的半个世纪

---

① 张宇燕:《中国对外开放的逻辑》,《中国社会科学报》2018年11月30日。
② 宋念申:《发现东亚》,新星出版社2018年版,第159页。
③ [美]马士:《东印度公司对华贸易编年史》第一卷,区宗华译,广东人民出版社2016年版,第354—366页。

中，西洋各国流入中国的白银高达 6800 万两，平均每年为 13 万两。[1] 从 1780 年到 1833 年，东印度公司每年从中国进口的茶叶金额就超过 100 万英镑，而中国仅从印度进口少量的白银和羊毛。贸易顺差持续扩大。

明清两代的海禁之所以能维持很长时间，也和国内对河运的高度依赖有关。京杭大运河作为连接中国南北方的唯一枢纽，是明朝的财政经济命脉。黄仁宇指出，明朝对大运河的依赖远远超过历代王朝，以至于即使当漕运体系因水源枯竭、运输成本高、官员腐败严重等原因已经难以维持时，强大的利益集团仍极力阻止用海运来替代漕运。[2]

不过，也有学者认为，近代中国参与全球化的程度可能被低估了。旅美历史学家赵刚认为，在晚清政府被迫打开国门之前，清朝政府对待国际贸易的态度并非闭关锁国。中国在对外贸易中的盈余地位促成了海外白银的流入。白银内流为中国经济生活提供了更为便捷的货币交换媒介，促使税收制度向白银本位转变，但同时也使白银匮乏的中国货币制度建立在外来资源的基础上。海外白银的流入一旦出现问题，不仅经济受损，就是关乎帝国秩序之基础的税收制度也受严重影响。海外贸易是当时唯一的大宗白银入口的通道，要保证白银供应不绝，唯一的途径就是发展海外贸易。康熙和此后的清朝皇帝都清楚这一点，因而对贸易的重视程度远高于朝贡关系。[3] 换言之，近代中国并没有拒绝全球化，而是用不同的方式来应对全球化。在开放海禁之后，中国同西方世界的贸易往来主要依靠中国的民间商人，而不是西方商人。

---

[1] 余捷琼：《1700—1937 年中国银货输出入的一个估计》，商务印书馆 1940 年版，第 32—34 页。转引自王华峰《乾隆朝一口通商政策出台原委析论》，《华南师范大学学报（社会科学版）》2018 年第 4 期，169—177 页。

[2] 黄仁宇：《明代的漕运》，九州出版社 2019 年版。

[3] Gang Zhao, *The Qing Opening to the Ocean: Chinese Maritime Policies, 1684-1757*, Honolulu: University of Hawaii Press, 2013.

第一次鸦片战争后,《南京条约》的签订和五口通商口岸的开辟,强力打破了清朝以前对外商的种种束缚,中国大门开始为列强打开。在之后几年,英国出口到中国的洋货数量大增。尤其是工业化棉纺织产品对中国土布造成极大冲击,16年间英国对华棉布出口增加50%。尽管如此,英国仍然对中国有贸易逆差,不得不通过鸦片贸易来弥补对华贸易的逆差。① 茶叶贸易和鸦片贸易伴随中国近代化的全过程,但无论是中国茶叶走向世界市场还是鸦片进入中国市场,都是受到外来因素的冲击。茶叶贸易由盛而衰而鸦片贸易由小而大也是清政府无力控制的。②

在经历了清朝被迫开放的屈辱后,民国时期的中国开始寻求主动开放的策略。1919年,孙中山发表了《实业计划》("The International Development of China")的文章,后收入专著《建国方略》,提出了通过振兴实业来实现国民经济近代化的目标,规划了发展实业的六大战略计划,主要目标是在10年到20年内,修建具有世界水平的三大海港(北方大港、东方大港和南方大港)和许多商埠,修建长达10万英里的五大铁路系统,把沿海、腹地和边疆连成一片,并修建全国公路网,来促进商业繁荣,开导和整修运河和各地内河航道。孙中山在书中憧憬,"倘吾国人民能举国一致,欢迎外资,欢迎外才,以发展我之生产事业,则十年之内吾实业之发达必能并驾欧美矣"。③ 然而,《实业计划》在当时既没有引起关于实业兴国的大讨论,也没有从国家层面带动一场实业建设。中国真正意义上的主动对外开放,则要等到半个多世纪后才拉开帷幕。

---

① 吴松弟:《近代中国进出口贸易和主要贸易港的变化》,《史学集刊》2015年第3期,第11—21页。
② 仲伟民,《茶叶与鸦片:十九世纪经济全球化中的中国》,中华书局2021年版。
③ 孙中山著,牧之、方欣、守义选注:《建国方略》,辽宁人民出版社1994年版,第80页。

二 印度

从17世纪初到20世纪中期,印度一直深嵌入全球化之中,是东西方贸易的重要枢纽。17世纪初,莫卧儿帝国第三代皇帝阿克巴(Akbar)统治下的印度并非统一的国家,而是一个地理上的南亚次大陆和一群四分五裂的部族。但这一时期却是印度近400年历史上经济发展水平的高点。按照英国经济史学家安格斯·麦迪逊的估算,1600年的印度人均GDP达到了接近700美元(1990年不变价),远高于400美元的最低生存线,相当于英国人均GDP的60%。而印度的谷物工资水平(以谷物形式表示的工资)更相当于英国的80%。[①]

1612年,英属东印度公司取得了莫卧儿帝国的贸易许可,建立了英国同印度的贸易往来。其他欧洲国家也随后加入。在工业革命开始之前,印度的优质棉布大量出口到欧洲,而印度对欧洲的商品需求却很小,因此造成了欧洲国家长期的贸易逆差,本地的棉毛纺织业面临很大的竞争压力。这一局面直到英国开始对印度的殖民统治才得以扭转。1757年,英属东印度公司的雇佣军在"普拉西战役"中获胜,成为孟加拉的实际统治者,开始了殖民印度的第一步。在之后的一个世纪,东印度公司继续扩张在南亚的控制属地。1865年,印度正式成为英国的殖民地。英属印度控制了印度次大陆大约60%的土地,其余地区则居住着500多个部族。这些部族在名义上是独立的,但在军事上依赖英国。

在英国殖民统治时期,印度在英国工业革命中扮演了重要角色。印度既是英国工业品的出口市场,也是英国工业生产需要的原材料和廉价劳动力的供应者,还是英国资本的重要流向地。随着工业革命的推进,印度作为欧洲贸易中转站的地位也在加强。其国际贸易占国内总产值的比重从1800年的2%左右猛增到1860年的10%。随着苏伊士

[①] Bishnupriya Gupta, "Falling Behind and Catching Up: India's Transition from a Colonial Economy", *Economic History Review*, Vol. 72, No. 3, 2019, pp. 803-827.

运河的开通和航运技术的提升，三分之二的印度出口商品经由苏伊士运河，海运费用在 20 年中下降了三分之二，进一步助推印度参与全球化。国际贸易总额继续快速增长，到 1914 年已占国内总产值的 20%。① 纺织和钢铁工业成为英属印度的重要产业。到了 20 世纪 30 年代，印度拥有欧美日以外的发展中地区近半数的棉纺机和钢产量。②

但是，国际贸易的迅速增长并没有给印度带来相应的经济发展，反而是陷入了经济停滞。在长达 90 年的英国殖民统治时期（1858—1947 年），印度的人均收入增长了 14%，而英国则增长了 347%。印度的经济发展可以分为两个阶段。在 1860—1914 年的战前阶段，印度的人均收入年均增长超过 1%，属于正常水平；但在 1914—1947 年的两次世界大战期间，印度的人均收入增长停滞。③ 尽管历史学家尼尔·弗格森（Niall Ferguson）认为，如果印度仍处于莫卧儿帝国时期，印度的经济发展可能会更糟糕，④ 但印度经济学家普遍认为全球化和殖民主义是印度经济落后的主要原因，尤其是同英国的贸易摧毁了印度的手工业，使财富外流，导致印度陷入了贫困。到了印度独立的 1947 年，印度的识字率仅为 17%，是世界上最贫困的国家之一。⑤

殖民时代的全球化经历对印度独立后的经济政策制定有很大影响。开国总理尼赫鲁深受社会主义理念的影响，制定了政府主导的工业化战略，以摆脱对欧洲宗主国的经济依附。在独立后的 15 年中，印度将三分之二的政府补贴用于推动石油和钢铁等重工业发展，

---

① Tirthankar Roy, *The Economic History of India, 1857-2010*, New Delhi: Oxford University Press, 2020, p. 78.
② Ibid, p. 15.
③ Ibid., p. 5.
④ Niall Ferguson. *Empire: The Rise and Demise of the British World Order and the Lessons for Global Power*, New York: Basic Books, 2004, p. 182.
⑤ Bishnupriya Gupta, "Falling Behind and Catching up: India's Transition from a Colonial Economy", *Economic History Review*, Vol. 72, No. 3, 2019, pp. 803-827.

剩余的则投向了基础设施。① 在强烈的民族主义情绪影响下，印度采取了进口替代工业化战略，对进口工业制成品征收高额关税，并限制外资流入，棉纺和茶叶等传统的优势产业也逐渐失去了国际竞争力，出口份额大幅下降。从1950年到1980年的30年期间，印度的年均经济增长率为3.7%，扣除人口增长率后，人均GDP年均增长仅为1.5%。②这个被戏称为"印度式平衡"（Hindu equilibrium）的增长速度和同时期的东亚新兴经济体相比的确逊色不少。然而，从更长的历史视角看，1950年却是印度经济发展的分水岭。印度和英国之间在"自由贸易"时期持续拉大的差距从此发生了扭转。在1991年重新实施开放政策以后，印度经济在20年中保持了7%的增长速度。人均GDP在30年中从360美元增加到2100美元，在中等收入国家中站稳了脚跟。然而，在开放政策实施30年后，印度国内对于全面开放仍有很大疑虑。在开放政策的批评者看来，印度的开放政策是在经济危机下的被迫之举，尽管30年来经济发展水平取得了显著提升，但贫困和不平等仍是困扰印度社会的主要问题。③

三 拉丁美洲

拉丁美洲包括墨西哥及其以南、主要以拉丁语族语言为官方语言的33个美洲国家和若干未独立地区。尽管许多拉美国家早在19世纪初就取得了政治独立并融入了全球市场，但在两个世纪后，绝大多数拉美国家仍然在中等收入国家行列中徘徊，对外开放程度反而低于发展中国家的平均水平。

---

① Tirthankar Roy, *India in the World Economy: From Antiquity to the Present: From Antiquity to the Present*, New York: Cambridge University Press, 2012, p. 225.
② Bradford DeLong, "India Since Independence: An Analytic Growth Narrative", in *In Search for Prosperity: Analytic Narratives of Economic Growth*, edited by Dani Rodrik, Princeton: Princeton University Press, 2003, p. 185.
③ Sa Aiyar, "1991 Reforms Fave Us Miracle Growth, But Now Is Fading", *The Times of India*, July 24, 2021.

在殖民地时代，位于伊比利亚半岛的西班牙和葡萄牙是拉美地区的主要宗主国。他们奉行重商主义的贸易政策，即通过武力强迫拉美只能进口西班牙、葡萄牙两国的商品，也只能按照指定价格出口蔗糖、烟草等产品到伊比利亚半岛。由此产生的巨大贸易赤字再由拉美生产的金银来支付。直到18世纪后期，西班牙和葡萄牙才逐渐放松了对拉美贸易的垄断，允许拉美同欧洲其他国家发展贸易关系。贸易关系的扩展让资源丰富的拉美成为最富裕的第三世界地区。到了19世纪初，拉美的人均GNP达到了245美元（按1960年的价格估算），甚至超过了北美的水平（239美元）。[1] 1820年前后，大部分拉美国家摆脱了殖民统治，建立了独立国家。独立为拉美国家带来最大的红利就是同宗主国的不平等贸易关系得到了极大改善。而且，欧洲的资本市场也为这些新独立国家提供了融资的机会。

但是，独立给拉美国家带来的挑战也很大。由于政局不稳，大部分拉美国家的传统农业和矿产出口在独立后都出现了下降，陷入了财政困难。在独立后的半个世纪中，拉美国家陷入了经济低迷。1820—1870年，独立后的拉美国家的经济年均增长仅为0.07%，而西方国家的平均增长为1%。拉美同西方国家的发展差距持续拉大。[2]拉美国家不得不靠提高关税税率来增加财政收入，但提高关税又不可避免地影响了出口增长，这让拉美国家陷入了两难境地。但有两个国家例外。古巴独立后，蔗糖出口快速增长，使古巴成为最富的拉美国家之一。1838年，古巴建成了拉美的第一条铁路。另一个国家是秘鲁。由于美国农业的迅速发展，鸟粪（guano）作为天然肥料的需求大增。盛产鸟粪的秘鲁因此成为最主要的受益国。鸟粪出口从无到有，到1850年已

---

[1] Victor Bulmer-Thomas, *The Economic History of Latin America Since Independence*, New York: Cambridge University Press, 2003, p. 27.

[2] Robert H. Bates, John H. Coatsworth, and Jeffrey G. Williamson, "Lost Decades: Post-independence Performance in Latin America and Africa", *The Journal of Economic History*, Vol. 67, No. 4, 2007, p. 925.

占秘鲁总出口的60%。① 到了19世纪中期，拉美国家政局稳定后，出口才逐渐恢复并超过了独立前的水平。拉美国家也基本形成了共识，采用了出口导向的经济模式。从1850年到"一战"前的半个多世纪中，拉美经济以前所未有的速度和规模融入全球经济，经济增长速度同后发的欧洲国家持平，缩小了同领先的英国的差距。拉美的年均出口增长率更是达到了3.5%。1850年，拉美国家出口总额相当于GDP的10%。到了1912年，这个比例上升到了25%。②

值得注意的是，出口增长并不等同于出口带动的经济增长，而是取决于出口行业同国内其他行业之间的联系。19世纪末的大多数拉美国家，尽管出口增长很快，却并没有带动其他行业发展，经济反而呈现出明显的依赖性特征，经济结构变得更加单一和脆弱。首先，出口商品和市场都过于单一。单一产品出口占总出口的比例高达53.6%。如果再加上排名第二的出口产品，就占到总出口的70%。③ 尽管拉美国家的资源禀赋各不相同，他们对初级产品出口的依赖却是相似的。比如，玻利维亚的锡、古巴的糖、巴拿马的香蕉、厄瓜多尔的可可都在本国出口中占据三分之二以上的份额。咖啡豆的重要性就更高了，在巴西、萨尔瓦多、危地马拉、海地、尼加拉瓜等国都超过了其总出口的一半。只有在阿根廷和智利等少数国家，出口商品和国内的其他行业形成了关联，不仅增加了税收，也提高了国内工资水平，从而带动了整体经济的增长。

拉美出口的主要市场是正在进行工业革命的欧美国家。大规模工业化对原材料有很大需求，资源丰富的拉美自然就成为最大的原

---

① Victor Bulmer-Thomas, *The Economic History of Latin America Since Independence*, New York: Cambridge University Press, 2003.

② Luis B'ertola and Jeffrey G. Williamson, "Globalization in Latin America before 1940", in *The Cambridge Economic History of Latin America Volume II: The Long Twentieth Century*, edited by Victor Bulmer-Thomas, John Coatsworth, and Roberto Cortes Conde, New York: Cambridge University Press, 2008, p. 19.

③ Victor Bulmer-Thomas, *The Economic History of Latin America Since Independence*, New York: Cambridge University Press, 2003, p. 58.

料提供地。在19世纪中期，处于工业革命中心的英国仍是大多数拉美国家的主要出口市场。到了1913年，新的工业霸主美国已经成为11个拉美国家的主要出口市场。美、英、德、法四国占据了拉美国家70%的出口份额。[1] 此外，拉美的价格贸易条件（NBTT）[2] 没有明显提升，意味着拉美国家的出口增长没有带动贸易条件的改善，反而对初级产品出口更加依赖。

最后，奴隶的大量使用推动了拉美国家的原料出口增长，但也破坏了整体经济的发展。在哥伦布发现新大陆100年后，拉美的人口结构发生了剧烈变化。欧洲殖民者带来的病菌迅速蔓延，导致当地人口大量死亡，摧毁了拉美原生的制度和文化。而奴隶贸易补充的人口远远赶不上本地人口减少的速度，而且，增加的人口大多聚集在热带的甘蔗园里，而减少的人口则是原先人口密集的高地。[3]在巴西和古巴，大量使用廉价的奴隶推动了蔗糖和烟草行业的发展，出口迅速增长，但是由于劳动力工资水平极低，国内市场无法产生足够的消费需求，导致拉美国家无法走上大规模的工业化之路。

在20世纪初，拉美经济得益于国际大宗商品市场的强劲需求而增长加速，缩小了同发达国家的差距，但单一的贸易结构使拉美经济更加依赖于欧美发达国家市场。当20世纪30年代欧美国家集体陷入经济大萧条时，依赖初级产品出口的拉美国家遭受了大宗商品价格暴跌和欧美国家提高关税的双重打击。"二战"后，随着民族主义情绪的上升，拉美国家开始对外国企业进行国有化收购，耗费了大量的外汇储备。与此同时，初级产品价格的持续下降使拉美国家

---

[1] Victor Bulmer-Thomas, *The Economic History of Latin America Since Independence*, New York: Cambridge University Press, 2003, pp.73-74.

[2] 价格贸易条件（Net Barter Terms of Trade）是用商品的出口价格指数与进口价格指数之比来衡量。这个指标通常反映国家间贸易关系的依附性和对称性。

[3] Robert H. Bates, John H. Coatsworth and Jeffrey G. Williamson, "Lost Decades: Post-independence Performance in Latin America and Africa", *The Journal of Economic History*, Vol.67, No.4, 2007.

普遍对出口前景的看法悲观,因此放弃了出口导向的外向型经济战略,转向了强调保护的进口替代工业化战略。

四 非洲

非洲的经济发展在历史上一直落后吗?关于非洲发展落后的原因,殖民历史和奴隶贸易被认为是重要因素。尽管非洲的殖民历史早在15世纪初就开始了,但由于开拓殖民地的成本太高,投资价值有限,欧洲殖民者长期只控制了一些非洲沿海地区以便于进行奴隶贸易,并没有向非洲内陆扩张的迫切需求。1870年,仅有英国、葡萄牙、荷兰在非洲建立了小块殖民地。事实上,在工业革命前的一个世纪中(1680—1780年),英国同非洲和北美的贸易增长速度大体差不多。[1] 在此期间,尽管非洲和欧洲之间存在商品和易货贸易,但非洲的出口商品无法给欧洲工业革命中的制造业等提供任何关键元素或能源。[2] 1780年以后,跨大西洋的奴隶贸易达到高峰,而欧洲同非洲的商品贸易却慢下来了。从16世纪初到19世纪末,非洲大约有1200万人口被当成奴隶贩卖到美洲。如果再加上抢劫过程中的抗争和贩奴过程中死亡的黑人,非洲1850年的人口可能减少了一半。[3] 大规模的奴隶贸易发生在18世纪,占从非洲贩出的奴隶总数的一半以上。[4]

直到19世纪80年代,跨大西洋的奴隶贸易结束后,欧洲在经历工业革命后生产力大幅提升,对资源原材料的需求大增,矿产资源丰富的非洲才重新引起了欧洲殖民者的兴趣。当然,在非洲扩张

---

[1] David Eltis and Lawrence Jennings, "Trade between West Africa and the Atlantic World in the Pre-colonial Era", *The American Historic Review*, Vol. 93, No. 4, 1988, pp. 936-959.

[2] [美] 拉尔夫·奥斯丁:《非洲经济史:内部发展与外部依赖》,赵亮宇、檀森译,上海社会科学院出版社2019年版,第181页。

[3] Nathan Nunn, "The Long-term Effects of Africa's Slave Trade", *Quarterly Journal of Economics*, Vol. 123, 2008, pp. 139-176.

[4] 参见 Paul Lovejoy, "The Volume of the Atlantic Slave: A Synthesis", *Journal of African History*, Vol. 23, 1982, pp. 473-501.

从贸易角度看仍是不划算的，完成工业革命后的欧洲国家技术能力大幅提升，降低了拓展殖民地的成本，也更多地考虑在非洲的长期战略利益而非短期经济利益。而且，一些经济富足的欧洲探险家也把非洲当成了"探索"的目标。[①] 因此，欧洲国家通过政府、商人和传教士三管齐下的方式对非洲大陆进行全面殖民，掀起了瓜分非洲的狂潮。到了1914年，90%的非洲大陆土地都已被欧洲殖民者瓜分。其中，英国和法国的殖民野心最大。英国试图形成修建一条纵向的"开普到开罗"的泛非铁路，以连接从南非到埃及的所有英属殖民地。而法国则企图建立横跨撒哈拉的北非大帝国，修建从西非的塞内加尔到东非的索马里的"大穿越线"。

1870年前后开始的全球化给欧美国家的发展创造了机会，但却成了非洲发展的噩梦。工业革命带来的乐观情绪使欧洲和美国出现了巨大的投资泡沫。1873年，欧洲和美国的股票市场发生暴跌。9月18日，美国的杰伊-库克金融公司（Jay Cooke）宣布破产，开启了席卷欧美的金融恐慌。这场金融危机一直持续到1896年，被称为"长期萧条"，是1929年"大萧条"前最严重的一次危机。

为了摆脱欧洲内部激烈竞争造成的经济困境，英国、法国、德国和荷兰等国都选择了对外扩张，希望通过进口廉价的资源和原料来扭转贸易赤字，增加财富。非洲因此被卷入了全球化，成为西方工业社会的外围。然而，欧洲殖民者只把非洲殖民地纳入各自的生产市场体系，作为其工业化的原材料来源地，并因此修建了殖民铁路以降低原材料出口运输的成本，并没有打通非洲大陆区域内的联系。这种殖民贸易关系固化了非洲的资源出口型经济结构。同西方国家在全球化中的快速增长形成鲜明对比的是，非洲在同欧洲的贸易联系加强后，经济增长却更缓慢，对欧洲的经济重要性也越来越小。因此，非洲在世界经济中的角色成为一个悖论：非洲卷入世界

[①] ［美］拉尔夫·奥斯丁：《非洲经济史：内部发展与外部依赖》，赵亮宇、檀森译，上海社会科学院出版社2019年版，第182页。

经济越深,它就越被边缘化。①

第三节　全球化的倒退与重启

始于1870年前后的第一轮全球化持续了40多年。在此期间,全球贸易额增长了3倍,占全球经济总量的比例从18%上升到29%。②这轮被称为"黄金时代"的全球化终结于第一次世界大战。一般认为,西方国家之间的经济冲突和政治矛盾是导致全球化倒退的直接原因。当贸易、资本、人员的跨境流动在19世纪末达到高峰之时,正是西方国家保护主义和民族主义情绪高涨之际。比如,1887年,英国通过了《商标法》(*Merchandize Marks Act*),要求所有的进口商品必须标明出产地,以保护和鼓励使用本国产品。许多欧美国家也随即跟进,出台了各国的商标法。尽管这些法律没有依靠关税来保护本国市场,但事实上是更隐蔽的非关税壁垒。德国、美国、澳大利亚都出台了反移民的政策。比如,美国1882年通过了《排华法案》,德国加强了对波兰移民的控制,澳大利亚1901年开始推行排斥亚洲移民的"白澳政策"(White Australia Policy)。这些举措,都在很大程度上激化了民族矛盾。

然而,一个容易被忽略的事实是:在第一轮全球化中,完全开放的亚非拉地区为西方国家的工业发展提供了必不可少的原料和市场,但这些地区在全球市场中的地位却更加边缘化。尤其是从20世纪20年代开始,国际市场的原材料价格持续下降,导致资源依赖型的发展中国家的贸易条件进一步恶化,同领先的发达国家的发展差距越来越大。表1—1显示,从1820年到1950年的

---

① [美]拉尔夫·奥斯丁:《非洲经济史:内部发展与外部依赖》,赵亮宇、檀森译,上海社会科学院出版社2019年版。
② Esteban Ortiz-Ospina and Diana Beltekian, *Trade and Globalization*, Published online at OurWorldInData.org, 2018.

130年期间，中国和印度与最发达国家英国的差距持续拉大。人均GDP从英国的近30%下降到10%以下。非洲在被殖民瓜分后，同英国的差距也在持续拉大。1950年，非洲人均GDP下降到了英国的12%。只有拉美同英国的差距略有缩小，从1820年的29%上升到1950年的34%。

表1-1　1820—1950年主要国家地区的人均GDP相对于英国的变化　（单位:%）

年份	英国人均GDP（美元）	美国	中国	印度	拉美	非洲
1820	3306	81	27	28	29	24
1850	4332	84	20	22	25	18
1870	5829	82	16	15	23	14
1900	7594	106	13	13	23	11
1920	7017	145	-	14	33	14
1930	8673	123	12	13	31	-
1950	11061	138	7	9	34	12

资料来源：Maddison Project Database 2020, https://www.rug.nl/ggdc/historicaldevelopment/maddison/releases/maddison-project-database-2020.

被动参与全球化的经历没有让发展中国家普遍认同自由贸易原则，保护主义的愿望反而更强烈。20世纪50年代以后，许多独立后的发展中国家渴望摆脱对前宗主国的经济依赖，选择进口替代的工业化发展战略，尤其是非洲和拉美。然而，独立后的非洲国家非但没有开启追赶之路，反而同发达国家的差距越拉越大。1960—1992年，非洲经济的年均增长仅为0.89%，而这一时期的发达国家的增长速度是它们的3倍。[①]

许多学者认为全球化为发展中国家带来了福利，而封闭的经济政

[①] Robert H. Bates, John H. Coatsworth, and Jeffrey G. Williamson, "Lost Decades: Post-independence Performance in Latin America and Africa." *The Journal of Economic History*, Vol. 67, No. 4, 2007.

策则是发展中国家落后的重要因素。的确，1870年，拉美的平均关税水平是发达国家平均水平的4倍。非洲独立后，几乎每个国家都发行自己的货币，同属法国殖民地的国家相互征收高额关税，导致非洲国家之间的贸易往来很困难。直到20世纪80年代，拉美和非洲的贸易保护政策仍然很严格。如表1-2所示，南美洲国家的平均关税税率高达51%，非关税壁垒覆盖了60%的进口商品。而撒哈拉以南非洲尽管平均关税税率略低（36%），但非关税壁垒覆盖了高达86%的商品。与此同时，亚洲的平均关税税率和非关税覆盖范围都远远低于拉美和非洲。

表1-2　　　　　　　　1985年发展中地区的进口保护水平

	关税税率（%）	非关税覆盖范围（%）
南美洲	51	60
中美洲	66	100
加勒比	17	23
非洲北部	39	85
撒哈拉以南非洲	36	86
西亚	5	11
亚洲其他地区	25	21

资源来源：Sabastian Edward, "Trade and Industrial Policy Reform in Latin America", NBER Working Paper, No. 4772, 1994.

20世纪70年代末，在全球化历史上是浓墨重彩的时期。在中国，1978年底召开的中共十一届三中全会，拉开了改革开放的帷幕，开启了40年的高速增长通道。在英国，1979年5月，玛格丽特·撒切尔夫人当选首相，开始推行削弱工会、回归市场的经济政策。在美国，1979年7月，保罗·沃克尔成为美联储主席，开始对货币政策进行大幅调整以控制通货膨胀。1980年1月，罗纳德·里根当选总统，提出了极富煽动力的口号："政府不是解决问题的办法，而是问题本身。"这几个看似孤立的事件成为新一轮全球化启动的标志。

这一轮的全球化被冠以"新自由主义"（Neoliberalism）的标签。新自由主义这个词出自 1938 年在巴黎举行的研讨会，讨论美国新闻记者沃特·李普曼（Walter Lippman）出版的《良好社会原则探究》一书中的自由主义理念。①参会的 26 位自由知识分子达成了共识，要建立一个新的自由主义倡议，反对集体主义。但这个概念真正流行起来却是在 40 多年后。1982 年，《华盛顿月刊》的编辑查理·彼得斯（Charles Peters）在《华盛顿邮报》上发表了名为《新自由主义宣言》（"A Neo-Liberal's Manifesto"）的文章，宣言明确提出了对政府干预经济的批评。"我们不是反对政府本身，而是反对臃肿、迟缓、傲慢的官僚主义。"在宣言的结尾，彼得斯提出警告，凯恩斯经济学这种旧的经济法则已不再适用于全球化的新环境，修补其漏洞也无济于事。只有彻底的改弦更张，才可能拯救正在下沉的大船。②

"新自由主义宣言"原本是欧美知识分子为解决国内政治经济问题而提出的改革思路，但新自由主义改革的首批试验品却是拉美和非洲的发展中国家。宣言出台之际，许多拉美和非洲国家陷入了债务危机，被迫向发达国家求援。负责安排救援的主要机构——国际货币基金组织（IMF）、世界银行和美国财政部——给陷入危机的国家提供纾困贷款的同时，也从远在华盛顿的办公室里给它们开出了药方。这个被俗称为"华盛顿共识"的结构调整方案有三个核心政策主张：自由化、市场化、私有化。"华盛顿共识"的推行让新自由主义理念在发展中国家迅速传播，也让他们放下对国际资本的戒备，转而改变国内政策以追捧跨国公司。全球化的大幕由此徐徐拉开。殊不知，这些新自由主义的改革药方并没有解决发展中国家面临的问题，反而成为多年后引发全球金融海啸的重要因素。

---

① Michael Peters, "The Early Origins of Neoliberalism: Colloque Walter Lippman (1938) and Mt Perelin Society (1947)", *Educational Philosophy and Theory*, 2021. DOI: 10.1080/00131857.2021.1951704.

② Charles Peters, "A Neo-Liberal's Manifesto", *The Washington Post*, September 5, 1982.

第一章　全球化的历史和现实

托马斯·麦考莱曾经指出："自由贸易可能是政府能够提供给公众最好的祝福之一，但几乎在任何国家都不受欢迎"。[1]纵观几个世纪的国际贸易史，无论是18世纪启动全球化的英国、19世纪末开始引领全球化的美国还是20世纪末参与全球化的中国和印度，在融入全球化之前，都经历了长时间的贸易政策调整。从主张保护国内市场、限制进口的重商主义一步步转向开放市场、倡导贸易自由化。这个过程可能长达数十年，甚至上百年，而即使转型完成后也可能发生反弹和逆转，重新回到保护主义。今天出现的反全球化浪潮并非偶然。而全球化仍然在推进，无论主流是自由贸易还是保护主义。换而言之，自由贸易在历史上是例外，而不是主流。尤其是在19世纪后期，欧洲国家要求亚洲和非洲的殖民地实施自由贸易，而他们自己则维持着实施贸易保护的权力。[2] 即使是对于同属发达国家的欧洲大国，自由贸易带来的效果也不一样。在19世纪的欧洲，对于发达的英国，实施自由贸易政策促进了经济增长和技术创新，而对于相对落后的德、法、意等国，自由贸易政策却拖了经济增长的后腿。直到这些国家重启贸易保护政策，经济增长和技术进步才开始加速。[3]历史经验告诉我们，自由贸易并非全球化时代的主旋律，先发国家对自由贸易的态度并不坚决，而后发国家也不只是闭关锁国。开放市场也不是所有早期国家经济发展的决定因素，而在恰当的时间和合适的方式开放才是影响国家经济成败的关键。

---

[1] Thomas Macaulay, *Essay on Mitford's History of Greece*, 1824.
[2] Ronald Findlay and Kevin O'Rourke, *Power and Plenty: Trade, War, and the World Economy in the Second Millennium*, Princeton: Princeton University Press, 2007, pp. 488-489.
[3] Paul Bairoch, "Free Trade and European Economic Development in the 19th Century", *European Economic Review*, Vol. 3, No. 3, 1972, pp. 211-245.

第二章
全球化的赢家和输家

1997年9月，我第一次走出国门，搭乘印度尼西亚鹰航的飞机来到了雅加达。自政治强人苏哈托1966年开始执政以后，印度尼西亚经历了30年的高速增长，GDP年均增长速度达6.7%。人均GDP从50美元左右增长到1000美元以上，已经进入中等收入国家行列，贫困率也从1975年的40%下降到1996年的11%。获得了世界银行"亚洲奇迹"的赞誉。而当时中国的人均GDP仅为780美元。对于初出国门的我来说，雅加达的市政建设和生活水平明显高于北京。

然而，我们访问的时间正好赶上了亚洲金融危机。从泰国开始的金融危机已经波及到印尼，印尼盾的汇率正在下跌。作为匆匆访客，手中的美元突然变得值钱的感觉是很好的。但是对于生活在这里的当地人来说，噩梦才刚刚开始。从1997年9月到1998年1月，印尼盾的汇率暴跌了80%，从3000盾兑1美元到15000盾兑1美元。

第二章　全球化的赢家和输家

印尼是亚洲金融危机中受创最严重的国家。1998年，印尼经济下跌13.1%，贫困人口暴增，贫困率达到23.5%，比危机前高出1倍多。[①] 执政了32年的苏哈托总统黯然下台，发展奇迹似乎在这个人口最多的东南亚国家消失了。然而，在短暂的经济下跌后，印尼经济逐渐从危机中复苏，重新进入了快速增长的轨道。2018年印尼盾的汇率一度跌至历史最低点，但并未重演金融危机。2019年，印尼的人均收入超过了4000美元，进入了中高收入国家行列。

不过，在太平洋的另一边，同属新兴经济体的阿根廷就没有那么幸运。2018年的前8个月，阿根廷比索的汇率下跌了50%，物价飞涨，再次陷入了债务危机的泥潭，被迫向IMF求助500亿美元紧急贷款以稳定经济。这是阿根廷自1816年独立以来第9次主权债务违约。

阿根廷的经济危机史可以追溯到19世纪末。当时，丰腴的潘帕斯草原是最受欧洲移民青睐的新大陆。他们在这里大兴土木，重新打造欧洲式的宫殿和道路。而基建的资金大多来自欧洲银行的贷款。然而到了1898年，阿根廷的经济增长开始放慢，欧洲银行变得谨慎起来。当英国的巴林银行（Baring），在英国为布宜诺斯艾利斯的自来水公司发行债券失败，巴林银行被迫宣布濒临破产。淘金者嗅到了危机的味道，迅速把阿根廷比索换成黄金，比索迅速贬值，1891年阿根廷经济下降了11%，引发了第一次金融危机。[②] 从那

[①] Kian Wie Thee, *Indonesia's Economy Since Independence*, Institute of Southeast Asian Studies, Singapore: ISEAS Publishing, 2012, p. 75.

[②] Paolera, Gerardo della, and Alan Taylor, "A Monetary and Financial Wreck: The Baring Crisis, 1890–91", In *The Straining at the Anchor: The Argentine Currency Board and the Search for Macroeconomic Stability, 1880–1935*, Chicago: University of Chicago Press, 2001, pp. 67–79.

以后，阿根廷就像被施了魔咒，陷入了周期性经济危机的怪圈。

对于绝大多数的发展中国家来说，20世纪是一个努力通往现代化的世纪。尽管只有少数国家最终进入高收入国家的行列，发展中国家的整体发展水平在逐步提升。阿根廷的经历却是国家发展的另类典型。自1950年以来，阿根廷有三分之一的时间不是在经历经济危机就是在通往经济危机的路上。①阿根廷的经济地位也一路下滑。20世纪初，阿根廷的人均GDP排在世界前十位，高于法国、瑞典和奥地利等发达国家。到了21世纪初，阿根廷的人均GDP下滑到欧盟国家平均水平的40%左右。2020年，阿根廷的人均GDP仅为欧盟国家的四分之一左右进一步下降到欧盟国家的四分之一左右，已经低于世界平均水平。

为什么同样遭受了金融危机的发展中国家发展差异会如此巨大？印尼从世界最穷的国家之一发展成为最具活力的新兴经济体之一，而阿根廷则从发达国家的行列中掉出，始终在金融危机的边缘徘徊。本章将对1950年以来发展中国家的经济发展轨迹进行重点考察，探究其发展差异背后的原因。

第一节　大分流还是大趋同？

在全球化背景下，国家间经济发展会出现大分流（great divergence）还是大趋同（great convergence）是一个重要议题，而工业化是这个议题的核心变量。在早期发达国家的经济起飞过程中，工业化扮演了举足轻重的角色。第一次工业革命开启了西方国家的工业化道路，也拉开了西方国家同世界其他地区国家的发展差距。从1820年到1950年，拉美国家的人均GDP从相当于西方国家的五分之三下降到五分之二，非洲国家从相当于西方国家的三分之一下降

---

① The Bloomberg, "Argentina Cannot Escape Its Economic Curse", August 1, 2019.

到七分之一，而亚洲国家的下降幅度最大，从相当于西方国家的一半下降到十分之一。①

但是，自工业革命以来，发展趋同不是常态，而是例外。经济追赶只发生在少数人力资源条件较好的后发国家中，并没有在全球范围内出现。②一方面，后发国家的追赶速度加快了。19世纪中的后发国家（美、日、德、俄）的人均GDP增长率为1.4%—1.9%，比领先的英国高接近1倍。20世纪50年代后，后发国家的人均GDP增长率在5%—9%，比领先的美国高出2倍左右。③但另一方面，20世纪50年代以来，只有不到10%的国家和经济体从中低收入水平成功进入高收入水平。④2008年世界银行发布的《增长报告》发现，1950—2005年，仅有13个国家实现了连续25年经济平均增长在5%以上。除了拉美的巴西、非洲的博茨瓦纳、欧洲的马耳他、中东的阿曼外，其他全是创造了增长奇迹的东亚经济体。⑤

借用安格斯·麦迪逊的历史比较数据，我们可以把近70年的经济发展分成三个阶段，如表2-1所示。

---

① Deepak Nayyar, *Catch up: Developing Countries in the World Economy*, New York: Oxford University Press, 2015, p. 20.
② Robert Barro, "Economic Growth in a Cross Section of Countries", *Quarterly Journal of Economics*, Vol. 106, 1991, pp. 407–443; William Baumol, "Productivity Growth, Convergence and Welfare: What the Long Run Data Show?", *American Economic Review*, Vol. 76, 1988, pp. 1072–1085.
③ Adam Szirmai, "Industrialization as an Engine of Growth in Developing Countries, 1950-2005", *Structural Change and Economic Dynamics*, Vol. 23, No. 4, 2012, pp. 406–420.
④ Justin Yifu Lin and David Rosenblatt, "Shifting Patterns of Economic Growth and Rethinking Development", *Journal of Economic Policy Reform*, Vol. 15, No. 3, 2012, pp. 171–194.
⑤ The Commission on Growth and Development, *The Growth Report: Strategies for Accelerating and Sustaining High Growth*, Washington, D. C.: World Bank Publications, 2008.

表 2-1　　　　发展中国家人均 GDP 相当于美国的比例　　　（单位：%）

阶段	时期	中国地区	非洲地区	东亚地区	拉美地区	东欧地区
大推动工业化	1950—1954	5.8	10.1	9.2	19.2	30.3
	1955—1959	6.1	10.3	9.4	19.9	35.3
	1960—1964	4.8	10.4	9.9	20.2	39.8
	1965—1969	5.0	10.1	9.4	19.6	41.9
	1970—1974	5.3	12.5	10.7	22.5	46.9
	1975—1979	5.3	13.2	11.2	24.3	49.1
新自由主义全球化	1980—1984	6.1	12.3	11.0	24.0	48.9
	1985—1989	7.1	9.6	10.3	20.1	47.1
	1990—1994	7.4	8.0	12.2	19.8	36.6
	1995—1999	8.4	6.9	12.4	20.5	20.8
可持续发展全球化	2000—2004	10.2	6.0	11.8	18.6	20.8
	2005—2009	14.8	7.5	13.4	21.9	29.1
	2010—2016	21.6	9.0	16.5	27.1	36.2

注：非洲包括 52 个国家；东亚包括除中国外的 21 个国家（地区）；东欧包括 8 个国家；拉美包括 26 个国家。

资料来源：根据麦迪逊项目的 2018 年数据计算，Maddison Project Database, version 2018. Jutta Bolt, Robert Inklaar, Herman de Jong and Jan Luiten van Zanden, "Rebasing 'Maddison': New Income Comparisons and the Shape of Long-run Economic Development", 2018。

第一阶段是 1950—1980 年，是政府主导并直接介入的大推动工业化（big push）时期。发展中国家在全球经济中的份额从 27%上升到 32%，在全球人口的份额则从 67%上升到 74%。尽管发展中国家的追赶幅度不大，但同之前的 130 年（1820—1950 年）相比，发达国家同发展中国家的差距不断拉大的趋势被逆转了。大部分发展中国家同发达国家的收入差距有所缩小，非洲、东亚、东欧、拉美地区的人均 GDP 相当于美国的比例总体都上升了。中国在这阶段的表现逊色于大部分发展中国家，人均 GDP 从相当于美国的 5.8%下降到 5.3%。

第二阶段是 1980 年到 20 世纪末，是政府作用弱化的新自由主义全球化时期。发展中国家和转型国家经历了迥异的发展态势：亚洲新兴经济体的人均 GDP 增长超过了发达国家，缩小了同发达国家的差距；非洲和拉美的增长速度却落后于发达国家，拉大了同发达国家的差距。东欧国家在经历了转型后，经济发展水平断崖式下降，人均 GDP 从 20 世纪 80 年代初接近美国的一半下降到 20 世纪末的 20%。中国的经济增长速度在改革开放后迅速起步，但因起点低，人均 GDP 到 20 世纪末为美国的 8.4%，仅略高于非洲地区。

第三阶段是 2000 年至今，是可持续发展全球化时期。进入 21 世纪以来，联合国千年发展目标（MDGs）和可持续发展目标（SDGs）相继推出，发展成为全球化的基本主题。发展中国家的整体经济增长加速。与此同时，2008 年国际金融危机后，发达国家的经济增长显著放慢，发展中国家的人均 GDP 同美国的差距明显缩小。中国的追赶速度最快，2016 年人均 GDP 已超过了美国的 20%。

尽管亚非拉地区的发展中国家都缩小了同领先发达国家的差距，但它们的增长态势和质量是不同的。拉美和非洲的经济增长主要依靠结构转型，即劳动力从农业部门转到非农业部门，而不是非农业部门劳动生产率本身的提升。尤其是在非洲，工业部门的劳动生产率甚至出现了下降，引起了其对经济增长是否可持续的担心。中国和其他东亚经济体的经济增长则不仅体现在从农业部门向非农业部门的转型，也反映在非农业部门劳动生产率的提高。[1]换而言之，东亚经济体的经济增长主要是靠制造业的扩张和效率提升的双轮驱动，而非洲和拉美的经济增长则主要是靠外部需求的单轮驱动。

经济史学家杰弗里·威廉姆森（Jeffrey Williamson）认为，全球化通常会导致经济增长出现趋同趋势。贸易加速流动和技术进步带

---

[1] Xinshen Diao, Margaret Mcmillan, and Dani Rodrik, "The Recent Growth in Developing Economies: A Structural Change Perspective", NBER Working Paper 23132, 2017.

来的全球化红利会从发达国家广泛扩散到发展中国家①。因此，20世纪80年代开始的新一轮全球化被认为是对发展中国家来说充满机遇的时代。中国和印度的突出经济表现更让人觉得积极参与全球化是发展中国家实现经济持续发展的不二选择。

但是这个预期的增长趋同趋势并没有出现。如果把发展中国家和发达国家在"二战"后的经济增长速度做比较，就可以发现1980年是一个分水岭。1950—1980年，发展中国家的GDP年平均增长速度为5%，而在1980年以后，除中国和印度外的发展中国家的GDP平均增长速度仅为3%。② 发达国家自1960年以来的GDP年平均增长速度一直为2%左右。③ 如果从人均GDP来看，无论是发达国家还是发展中国家，增长速度在1980年以后都显著降低。但排除中国和印度等少数国家后，发展中国家的平均下降幅度甚至超过了发达国家。如表2-2所示，1950—1979年的30年间，拉美地区的人均GDP的增加幅度为110%，1980—2008年则下降到28%。非洲地区从68%下降到18%，东欧从174%下降到48%，苏联从128%下降到23%。

表2-2　　　　　　各地区人均GDP增长幅度

	1950—1979 年	1980—2008 年
发达国家	159%	67%
发展中国家	119%	104%

---

① 关于全球化与经济增长趋同的讨论，参见 Jeffrey Williamson, "Globalization, Convergence, and History", *Journal of Economic History*, Vol. 56, No. 2, 1996, pp. 227-306; Steve Dowrick and J. Bradford DeLong, "Globalization and Convergence", In *Globalization in Historical Perspective*, edited by Michael D. Bordo, Alan M. Taylor and Jeffrey G. Williamson, Chicago: University of Chicago Press, 2003.

② Alice Amsden, *Escape from Empire: The Developing World's Journey Through Heaven and Hell*, Cambridge: MIT Press, 2007.

③ Fernando Gabriel Im, "Middle-Income Traps: a Conceptual and Empirical Survey", World Banking Policy Working Paper, September 2013.

续表

国家/地区	1950—1979 年	1980—2008 年
中国	**132%**	**534%**
印度	**45%**	**217%**
其他亚洲国家	169%	108%
拉美	110%	28%
非洲	68%	18%
东欧	174%	48%
苏联	128%	23%

资料来源：根据 Maddison（2010）中的统计数据计算。

让我们换个角度来比较发达国家和发展中国家的差距，用发展中国家人均 GDP 相当于发达国家的比例来衡量收入差距。图 2-1 显示 1980—2008 年发展中国家的人均 GDP 相当于发达国家的比例变化。在近 40 年的时间里，15 个亚洲新兴经济体同发达国家的收入差距明显缩小了，拉美和非洲发展中国家同发达国家的收入差距却拉大了[1]。由此可见，全球化并没有明显缩小发达国家和发展中国家之间的收入差距，反而让发展中国家之间的表现更趋分化。

为什么拉美和非洲地区的发展中国家在全球化期间经济表现不尽如人意。巴罗认为经济增长趋同是有条件的，取决于国家的内部制度环境及其他因素。[2] 发展中国家只有建立良好的制度，有效保护私有产权、鼓励创新，才能实现经济持续增长。尽管不少实证检验发现制度和经济增长之间的确存在一定的相关性，但好的制度并非是经济增长的充分条件。而且也很难厘清两者之间的因果关系：良好的国内制

---

[1] 根据安格斯·麦迪逊的地区分类，15 个亚洲经济体包括：中国（大陆）、印度、印尼、菲律宾、韩国、泰国、中国台湾、孟加拉国、缅甸、中国香港、马来西亚、尼泊尔、巴基斯坦、新加坡、斯里兰卡。参见 Angus Maddison, "Statistics on World Population, GDP, and Per Capita GDP", 1-2008 AD, 2010, http://www.ggdc.net/maddison/oriindex.htm.

[2] Robert Barro, *Determinants of Economic Growth*, Cambridge: MIT Press, 1996.

度安排可能是经济增长的结果,而不是其原因。① 更关键的问题是,如果国内制度的改善能提升国家的经济表现,为什么 20 世纪 80 年代以来大部分发展中国家的经济增长速度都明显放慢了? 国内制度环境显然无法充分解释发达国家和发展中国家持续存在的发展差距。

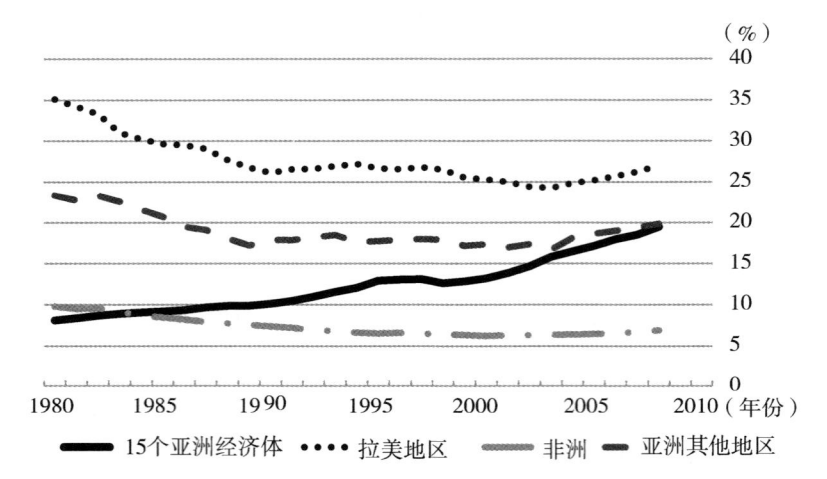

图 2-1　1980—2008 年发展中国家人均 GDP 相当于发达国家的比例变化

资料来源:Angus Maddison, "Statistics on World Population, GDP, and Per Capita GDP, 1-2008 AD", 2010, http://www.ggdc.net/maddison/oriindex.htm。

本章将探讨国际制度环境对发展中国家经济增长的影响,特别是国际经贸规则对中等收入国家的影响。1980 年以前的国际经贸规则为部分发展中国家提供了有利的制度环境,使它们可以充分利用政策空间,发挥后发优势,实现经济起飞和赶超。但 1980 年后,国际经贸规则发生了重大变化,限制了发展中国家经济增长的潜力。具体而言,国际贸易的现行规则推动了发展中国家进一步开放,但

---

① 关于经济增长与制度内生性的讨论,参见 Adam Prezworski, "Institutions Matter?", *Government and Opposition*, Vol. 39, No. 4, 2004, pp. 527-540, Daron Acemoglu, Simon Johnson, and James Robinson, "Institutions As a Fundamental Cause of Long-run Growth", in *Handbook of Economic Growth*, Volume 1A, edited by Philippe Aghion and Steven N. North Houand, Publishing, 2006.

也限制了它们的执行产业政策的空间和效果，尤其是对处于中等收入水平的新兴国家限制最大。随着全球价值链的不断延伸，发展中国家参与全球化程度更深，但全球价值链对不同发展程度的国家影响不同：对低收入国家和中低收入国家的人均 GDP 有明显拉升作用，中上等收入的国家则没有明显受益于全球价值链。这也导致它们经济结构也更趋固化，难以推动经济持续快速增长。

而这一期间发展中国家的最大亮点是中国和印度。它们的发展似乎没有受到国际经贸规则的限制。一个重要的原因在于这两国庞大的人口资源形成了足够的规模效应，部分改变了他们在全球生产价值链中的地位，从而突破了发展的陷阱。但他们的发展道路是其他发展中国家难以复制的。因此，对于广大的发展中国家来说，要想摆脱"中等收入陷阱"，不仅需要改进国内治理水平，也要推动国际经贸规则的改革，建立一个有利于发展中国家有效利用产业政策发展经济的良好国际环境。

从理论贡献上说，这个研究对传统的依附理论进行了修正和发展。依附理论是建立在商品贸易的国际分工基础上的，认为参与国际贸易和投资会让发展中国家变得更加依附于发达国家而难以发展，因此建议发展中国家利用贸易壁垒保护本国经济。本章则是从全球生产价值链的分布的角度来探讨发展中国家陷入发展陷阱的原因，指出国际贸易和投资本身并不是发展中国家经济增长缓慢的原因，而是参与国际经贸活动的方式对他们的发展影响更大。从实证贡献上来说，这个研究有助于我们重新理解全球化对发展中国家的影响。单纯融入或抵制全球化并不会给发展中国家带来经济利益。国际规则才是影响发展中国家是否能从全球化中获益的重要外部因素。从政策贡献上说，这个研究为中国在国际规制和治理方面的改革诉求提供了有力的证据。尽管之前已有不少研究认为发展中国家的政策空间在持续缩小，但它们都没有提供系统的实证证据支持缩小的政策空间导致了发展差距拉大。中国是全球化最大的受益国之一，但这并不是因为国际规制对中国发展有利,而是中国特有的资源配置特点突破了国际规制的阻碍。因此,改革国际规制并非放弃有利于中国的国际游戏规则,而是让游戏规则对发展中国家更公平,更有利于世界的均衡发展,从而让中国改革国际治理结构的诉求更易获得国际认同。

第二节 制度解释的局限

一 国内制度解释

研究影响经济发展的制度因素的文献汗牛充栋,但通常是从一个基本假设衍生出来的,即产权保护是经济增长最核心的因素,而政府滥权是对市场有效运作的最大威胁。因此,诺斯等学者认为政府是否能对投资者进行"可信承诺"(credible commitment)是经济增长的关键问题。[①] 好的制度通过保护私有产权来激励投资,从而实现经济增长。这个基于产权保护的制度解释有广泛的影响,从宏观的政治制度逐步延伸到对合同制度、司法体系、金融体制等微观制度的研究。[②] 但这些研究过于强调限制政府权力,而忽视了市场体制缺陷。实质上是个单维度的制度解释。

近年来,国家能力的重要性越来越受到重视,成为影响经济发展的第二个制度维度,但国际学术界对于如何评估制度和国家能力的关系却存在较大分歧。阿西莫格鲁和罗宾逊在《国家为什么会失

[①] Douglass North, *Institutions, Institutional Change, and Economic Performance*, New York: Cambridge University Press, 1990; Douglass North and Barry Weingast, "Constitutions and commitment: The Evolution of Institutions Governing Public Choice in Seventeenth Century England", *Journal of Economic History*, Vol. 49, No. 4, 1989, pp. 808–832.

[②] Daron Acemoglu and Simon Johnson, "Unbundling Institutions", *Journal of Political Economy*, Vol. 113, No. 5, 2005, pp. 949–995; Rafael La Porta, Florencio Lopez-de-Silanes and Andrei Shleifer, "The Economic Consequences of Legal Origins", *Journal of Economic Literature*, Vol. 46, No. 2, 2008, pp. 285–332; Ross Levine, "Finance and Growth: Theory and Evidence", in Philippe Aghion and Steven Durlauf, eds., *Handbook of Economic Growth*, 2006, The Netherlands: Elsevier Science.

败》一书中指出，一国经济能否持续发展的关键因素是制度。包容性的制度环境促进经济增长，而攫取性的制度环境阻碍经济增长。尽管他们认为政府能力对经济增长也很重要，但制度环境仍是根本的决定因素。① 另外一些学者则认为制度和国家能力之间并没有必然的优先性。在1965年发表的《政治发展与政治衰败》一文中，亨廷顿认为政治制度和经济发展之间没有直接关系。当传统政治制度很弱的情况下，强有力的政党组织往往是经济发展的先决条件。② 半个世纪后，福山在《政治秩序与政治衰败：从工业革命到民主全球化》一书中，把制度和国家能力作为平行的变量来考察。如果这两个维度能在最优状态下结合，对国家的经济发展就最有利。在政府能力弱的情况下，限制官僚权力更重要。在政府能力强的情况下，官僚权力大更有利于治理。在经济起飞阶段，经济发展重点依赖强政府能力来突破制度僵局，有效执行产业政策，最大限度地发挥资源配置的比较优势。在经济持续发展阶段，实现善治则需要政府、法治和民主这"三驾马车"并驾齐驱。③

也有学者认为，国家能力对经济发展至关重要，但并不意味着国家能力越强对经济发展越有利。温格斯特提出了国家能力的经典悖论："有能力保护投资者权利的政府也有能力剥夺投资者的权利"。④ 国家能力越强，政府的税收和投资能力就越强，投入生产的资源就可能越多。但是国家能力过强会抑制社会能力的发展。罗伯特·贝茨在《热带非洲的市场与国家：农业政策的政治基础》一书中指出，非洲

---

① Daron Acemoglu and James Robinson, *Why Nations Fail: the Origins of Power, Prosperity, and Poverty*, New York: Crown Publishing Group, 2012.
② Samuel Huntington, "Political Development and Political Decay", *World Politics*, Vol. 17, No. 3, 1965, pp. 386-473.
③ Francis Fukuyama, *Political Order and Political Decay: From the Industrial Revolution to the Globalization of Democracy*, New York: Farrar Straus Giroux, 2014.
④ Barry Weingast, "The Economic Role of Political Institutions: Market-preserving Federalism and Economic Development", *Journal of Law, Economics, and Organization*, Vol. 11, No. 1, 1995, pp. 1-31.

国家依靠政府控制的市场委员会对农民高额征税，但税收并没有用于投资和改善民生，而是进了统治精英的个人腰包。①

尽管侧重点不同，这些研究都强调了国内政治制度和国家能力在经济发展中的重要性。一个基本共识是：良好的政治制度和充分的国家能力是经济增长的必要制度条件。政治制度越健全，国家能力越强，国家的经济表现就越好。因此，政治制度和国家能力的提升应该对经济增长有正面影响。但从中等收入的发展中国家近几十年的经济表现来看，这个结论似乎很难得出。

"中等收入陷阱"是近年来一个激发热烈讨论的话题。在亚洲开发银行估计的52个中等收入国家中，有35个已陷入"中等收入陷阱"，即在中低收入水平徘徊了至少28年或在中高收入水平停留了至少14年的时间。② 在剩下的17个国家中，8个也很有可能要陷入这个陷阱。换句话说，仅有不到20%的中等收入国家跳出了或可能跳出这个陷阱。而且更让人吃惊的是，1980年以来，发展中国家跳出这个陷阱变得异常困难。在1980—2001年，低收入国家和中等收入国家的数量几乎没有发生变化。③

2008年，在国际金融危机即将爆发之际，世界银行发布了《增长报告》，由两位诺贝尔奖获得者经济学家斯宾塞和索罗牵头组成的增长委员会，对1950年以来发展中国家的经济发展情况进行了回顾和总结。在半个多世纪的时间里，仅有13个国家实现了连续25年

---

① Robert Bates, *Market and States in Tropical Africa: the Political Basis of Agricultural Policies*, Berkeley: University of California Press, 2005.

② Jesus Felipe, "Tracking the Middle-Income Trap: What is It, Who is in It, and Why?", ADB Economics Working Paper Series, No. 306, 2012.

③ 关于中等收入国家的界定，并没有一个统一的标准。亚洲开发银行的收入分类标准同世界银行的标准不同。亚洲开发银行是以1990年的购买力平价的人均GDP为基准，中低收入水平为人均收入在2000—7250美元，中高收入水平为人均收入在7250—11750美元。而世界银行是以人均国民收入（GNI）为基准的。世界银行2010年的标准是：低收入国家为人均收入为1005美元以下，中低收入国家为1006—3975美元，中高收入国家为3976—12275美元，高收入国家为人均收入12275美元以上。但依据人均GNI分类的数据只有1987年后才开始，而依据人均GDP的数据可以延伸到1950年。

经济平均增长在5%以上。除了拉美的巴西、非洲的博茨瓦纳、欧洲的马耳他、中东的阿曼外，其他国家全分布在东亚地区。

的确，任何国家的经济高速增长到一定阶段都会慢下来的。这是经济增长的必然结果。艾肯格林等发现：在一国的人均收入达到1.7万美元左右时（按2005年的购买力平价计算），经济增长会显著放慢。生产率（TFP）增长放慢是经济增长放慢的最直接原因。85%的增长放慢的经济体出现了明显的生产率增长下降。因为劳动力优势会下降，资本折旧会加快，技术进步会放慢。[1]但是，这个解释显然不适用于陷入中等收入陷阱的国家，因为它们的人均收入还不够高，距离经济增长的自然减速点还相去甚远。

表2-3列出了到2010年为止处于中等收入陷阱中的34个国家（除中国和印度外），其中包括30个中低收入国家，4个中高收入国家。这些国家在中等收入集团停留的时间最短的为28年，最长的为61年。表中也列出了这些国家政治制度和国家治理水平的变化情况。我们用最通用的政体指数（Polity）的指标来表示一国民主化程度，用世界银行的治理指数（Governance）来表示国家的治理能力[2]。在长达30年的时间里，这些国家的政治制度和治理能力都发生了较大变化。26个国家的民主化程度提高了，其中13个国家实现了民主转型（政体指数由负转正）。13个国家的治理水平也有所改善了。发展中国家要想跳出中

---

[1] Barry Eichengreen, Donghyun Park, and Kwanho Shin, "When Fast Economies Slow Down: International Experience and Implications for the People's Republic of China", ADB Economics Working Paper Series, June 2011.

[2] 学术界对于国家治理能力的界定和测算并无共识，通常包括财政能力（fiscal capacity）、法治能力（legal capacity）、行政能力（administrative capacity）。财政能力反映政府攫取资源用于提供公共物品和投资的能力。法治能力反映国家的生产能力，即决定政府是否能保障产权，营造安全的投资环境以激励投资者的投资生产行为。行政能力决定了政府是否能有效执行政策和合同。参见Timothy Besley and Torsten Persson, *Pillars of Prosperity: The Political Economics of Development Clusters*, Princeton: Princeton University Press, 2011, Cullen Hendrix, "Measuring State Capacity: Theoretical and Empirical Implications for the Study of Civil Conflict", *Journal of Peace Research*, Vol.47, No.3, 2010, pp.273-285; Jonathan Hanson, "Forging Then Taming Leviathan: State Capacity, Constraints on Rulers, and Development", *International Studies Quarterly*, Vol.58, No.2, 2014, pp.380-392.

等收入陷阱，就必须在经济增长速度上持续超过发达国家，但制度和治理水平的提高显然没有对它们的经济增长有显著的影响。与之相反，中国和印度的政治制度在30年中几乎没有变化，按照世界银行标准衡量的国家治理水平甚至下降了。但它们却是经济增长最快的国家，都从低收入国家行列进入了中等收入国家行列，在短期内没有落入发展陷阱之虞。

表2-3　"中等收入陷阱"中国家的制度与治理变化情况

国家	中等收入持续时间	政体指数1980	政体指数2010	国家治理指数1996	国家治理指数2010	国家治理指数变化
阿尔巴尼亚	37	−9	9	−4.4	−1.0	3.4
阿尔及利亚	42	−9	2	−6.5	−5.3	1.3
玻利维亚	45	−7	7	−1.4	−3.3	−1.9
博茨瓦纳	28	6	8	4.1	4.0	−0.1
巴西	53	−4	8	−0.3	0.9	1.2
哥伦比亚	61	8	7	−3.7	−2.0	1.7
刚果（金）	33	−8	−4	−7.3	−6.1	1.2
多米尼加	38	6	8	−1.4	−2.3	−1.0
厄瓜多尔	58	9	5	−3.2	−4.8	−1.6
埃及	31	−6	−3	−1.6	−3.4	−1.8
萨尔瓦多	47	−88	8	−3.0	−0.6	2.4
加蓬	56	−9	3	−2.3	−3.4	−1.1
危地马拉	60	−5	8	−4.1	−3.6	0.5
伊朗	52	−88	−7	−4.9	−7.2	−2.3
牙买加	56	10	9	0.4	−0.4	−0.7
约旦	55	−10	−3	0.0	−0.5	−0.5
黎巴嫩	58	−77	6	−2.3	−3.7	−1.4
利比亚	43	−7	−7	−7.0	−6.5	0.5
马来西亚*	42	4	6	3.0	2.0	−1.0
摩洛哥	34	−8	−6	−0.3	−1.8	−1.5
纳米比亚	61	—	6	3.1	1.8	−1.3

续表

国家	中等收入持续时间	政体指数 1980	政体指数 2010	国家治理指数 1996	国家治理指数 2010	国家治理指数变化
巴拿马	56	−6	9	0.0	0.5	0.5
巴拉圭	38	−8	8	−3.8	−4.0	−0.2
秘鲁	61	7	9	−1.8	−1.4	0.4
菲律宾	34	−9	8	−0.4	−3.3	−3.0
罗马尼亚	49	−8	9	0.1	1.0	1.0
南非共和国	61	4	8	2.4	1.5	−0.9
斯里兰卡	28	6	3	−2.3	−2.2	0.1
斯威士兰	41	−10	−9	−3.0	−3.1	−0.1
叙利亚*	61	−9	−7	−4.8	−5.4	−0.6
突尼斯	39	−9	−4	−0.3	−1.1	−0.8
乌拉圭*	61	−7	10	3.8	5.0	1.2
委内瑞拉*	61	9	−3	−3.6	−7.8	−4.2
也门	35	−8	−2	−4.8	−7.4	−2.6
中国	**17**	**−7**	**−7**	**−2.5**	**−3.4**	**−0.9**
印度	**9**	**8**	**9**	**−1.2**	**−1.9**	**−0.7**

注*：中上等收入国家。沙特阿拉伯在亚洲开发银行的分类中为中上等收入国家，但在世界银行的分类为高收入国家。所以本表将其排除在外。

资料来源：中等收入陷阱中国家是按照亚洲开发银行的标准估计的。中下等收入水平介于 2000—7250 美元，中上等收入水平介于 7250-11750 美元（以 1990 年的购买力平价的人均 GDP 为基准）。政体指数的赋值来自 Polity Ⅳ。国家治理指数来自世界银行的 World Governance Indicators（只有 1996 年以后的数据）。[1]

经济增长放慢的并非只是这些已经陷入中等收入陷阱的国家。事实上，除了中国和印度等少数国家外，绝大多数发展中国家同发达国家的收入差距在 20 世纪 80 年代后继续拉大。伊斯特里检验了许多可能影响发展中国家经济增长的因素，包括国内制度、基础设

---

[1] Daniel Kaufmann, Aart Kraay, and Massimo Mastruzzi, "The World Governance Indicators: Methodology and Analytical Issues", World Bank Policy Research Working Paper, No. 5430, 2010.

施、财政状况、收入分配、外部经济危机等。除了发达国家的经济危机外,所有的国内因素都无法解释发展中国家的经济增长为什么放慢。这意味着内部制度环境的改善并不必然带来经济增长加快。① 罗德里格的研究也得出了相似的结论。② 由此可见,至少在国内层面,并不存在一个广泛适用于发展中国家的"增长战略"。

二 国际制度解释

显然,国内制度和国家能力这两个制度维度都无法充分解释为什么在全球化下发展中国家没有缩小同发达国家的差距。好的国内制度和国家能力必须要在一个有利的国际环境中才能发挥出作用。什么样的国际环境有利于发展中国家的经济增长呢?

经济学家赫希曼曾经提出了经济发展中"多方共谋"(multidimensional conspiracy)的概念。他认为发展中国家在某些行业中应该把企业家、利益集团和对其他行业的正外部性结合在一起,形成发展联盟。③ 产业政策正是实现"多方共谋"的工具。经济起飞成功的新兴国家在追赶过程中都普遍采取过不同形式的产业政策,形成了政府与企业的互动。但是,埃文斯指出,"多方共谋"是否有效还得看国际市场环境和游戏规则。第一次工业革命时期的纺织业和第二次工业革命时期的汽车和钢铁业,在英美两国的经济起飞中起了至关重要的作用。但对于后发国家来说,在国际大环境发生变化以后,它们在纺织和汽车行业中的"多方共谋"不再可能在经济增长方面发挥到关键作用。④ 与之相似,发展型政府在"二战"后的东

---

① William Easterly, "The Lost Decades: Developing Countries' in Spite of Policy Reform Stagnation", *Journal of Economic Growth*, Vol. 6, No. 2, 2001, pp. 135-157.

② Dani Rodrik, *One Economics, Many Recipes: Globalization, Institutions, and Economic Growth*, Princeton: Princeton University Press, 2007.

③ Albert Hirschman, *The Passions and the Interests: Political Arguments for Capitalism before Its Triumph*, Princeton: Princeton University Press, 1977.

④ Peter Evans, *Embedded Autonomy: States and Industrial Transformation*, Princeton: Princeton University Press, 1995.

亚经济奇迹中起了重要作用，但同样的国内要素配置在外部环境改变后却起不到同样的效果。最典型的例子是日本和中国台湾。日本经济在创造了20世纪50—70年代的增长奇迹后，1990年开始陷入长期衰退。而中国台湾，60—90年代是经济高速增长时期，同时也实现了政治转型。到了90年代后期以后，台湾地区经济发展已明显放慢。日本和台湾地区的经济放缓或许是因为它们经过了经济高速增长的阶段后进入自然减速阶段，但一些仍处于经济发展早期的发展中国家增长速度也放慢了。

传统的依附理论从国际体系的角度提供了一个解释。早期依附理论的代表学者普雷维什和辛格认为，在基于比较优势形成的国际贸易中，发展中国家只能靠出口初级产品以换取发达国家的工业品。但这种贸易关系对发展中国家长期不利。因为相对于工业品来说，初级产品的国际市场价格会持续下降，导致发展中国家必须不断增加初级产品出口才能维持贸易平衡。而且，由于初级产品生产占用了大量劳动力，工业生产无法获得充足的劳动力和利润用以提升劳动生产率，从而缺乏支撑经济持续增长的动力。提高劳动生产率是经济增长的主要动力，而单靠出口初级产品进口工业品是很难提高劳动生产率的。同发达国家的贸易关系越密切，发展中国家就越难实现经济现代化。因此，发展中国家要想实现经济现代化，就必须限制同发达国家的贸易关系。普雷维什建议，"如果拉美国家能刻意地降低国际贸易的水平，牺牲一点出口以换取替代进口的工业生产"，劳动生产率就可能提高，就可能摆脱依附发展的陷阱，从而实现持续经济增长。[1]辛格也指出，"从欠发达国家的角度来说，国际投资和国际贸易应该逐渐改变现有的比较优势和比较禀赋结构，而

---

[1] Raul Prebisch, "The Economic Development of Latin America and its Principal Problems", *Economic Commission for Latin America*, Vol. 7, 1950, pp. 1-59.

不是基于现有的比较优势和禀赋差异建立全球贸易体系"。①

这个理论有三个重要假设。第一，国际劳动分工是根据比较优势形成的。发展中国家的贸易模式是出口初级产品，进口工业产品。第二，初级产品的国际市场价格相对制成品而言呈现长期下降趋势。这是因为工业部门容易吸收新技术提高生产率，增加要素收入，并使制成品价格较高。而且发达国家垄断了工业生产的资本和劳动力，因此掌握了充分的国际市场定价权，出口产品的附加值高。初级产品部门技术落后，劳动生产率低，投入要素的边际收益递减，从而使初级产品的价格较低。这些商品差异性小，在国际市场上竞争激烈，使得发展中国家无法掌握定价权，出口产品的附加值低。发展中国家只能靠出口更多的低附加值产品才能满足进口高附加值产品的需求，对发达国家的依附程度更高。第三，对初级产品出口的依赖使发展中国家的劳动力无法转移到生产率高的制造业中，从而阻碍了技术进步。在保持贸易平衡的情况下提高生产率，发展中国家只能靠限制进口，不能靠增加出口。

依附理论在"二战"后独立的发展中国家中产生了深远的影响。基于这一理论的进口替代工业化政策应运而生，在20世纪50—70年代成为发展中国家广泛采用的政策②。这一时期也是发展中国家经济发展的黄金时期，年平均增长速度达到了5%。但进口替代却造成了80年代初拉美债务危机的爆发，奉行进口替代的各国经济陷入低迷。而与此同时，推行出口导向战略的东亚经济持续高速增长。产业政策作为进口替代战略的核心政策，被认为是扭曲市场信号的行为而不再受欢迎。但事实上，东亚国家政府的出口导向战略同样是依靠产业政策对工业生产进行引导。

---

① Hans Singer, "The Distribution of Gains between Investing and Borrowing Countries", *The American Economic Review*, Vol. 40, No. 2, 1950, pp. 473-485.

② 对进口替代政策的讨论，参见 Stephan Haggard, *Pathways from the Periphery: The Politics of Growth in the Newly Industrializing Countries*, Ithaca: Cornell University Press, 1990。

在限制进口的同时，通过政府补贴等手段创造了新的比较优势，实现了产业升级，在部分资本和技术密集型产业同发达国家形成竞争，最终改变了国际分工的格局。

依附理论因此受到强烈批评。理论的三个假设在发展中国家"二战"后的发展实践中都被证明是不成立的。首先，大部分发展中国家已经实现了工业化，工业产品成为它们的主要出口产品。其次，初级产品相对于工业产品的价格并非持续下跌，而是呈现出周期性的特点：生产率提高会降低农产品价格，价格降低会导致减产，减产则会引发粮食危机，从而推高农产品价格。① 最后，东亚国家的发展模式说明了增加出口才是发展中国家提升劳动生产率、实现持续增长的有效手段。②

尽管存在这些假设错误，依附理论所阐述的发达国家和发展中国家的贸易不平衡关系仍然存在，而且在全球化背景下体现得更明显。正如莱克所指出，"尽管依附理论在1980年代已经殆尽，但它所涉及的国际贫富差距、不平衡增长、国家控制国际经济力量等仍是当下全球化争论的中心议题"。③从全球贸易结构上来看，在20世纪80年代之前，国际贸易是建立在商品贸易模式上的。发达国家的跨国公司在大部分资本和技术密集型产业上占据绝对优势。80年代以后，发达国家进入后工业化时代，竞争优势逐渐转向服务业，并将制造业的部分生产环节向发展中国家转移。全球分工逐渐从产品和行业的国际分工转向成生产过程的国际分工。国际贸易的全球价值链逐渐形成并不断延伸。在这一过程中，发

---

① Peter Timmer, "Reflections on Food Crises Past", *Food Policy*, Vol. 35, No. 1, 2010, pp. 1-11.

② World Bank, *The East Asian Miracle: Economic Growth and Public Policy*, New York: Oxford University Press, 1993.

③ David Lake, "International Political Economy: A Maturing Interdiscipline", In *The Oxford Handbook of Political Economy*, edited by Barry Weingast and Donald Wittman, New York: Oxford University Press, 2007, p. 761.

达国家的跨国公司，凭借技术优势和市场规模，占据了全球价值链的高端，而发展中国家的生产商大多位于低端。换句话说，尽管发达国家和发展中国家不再是纯粹的单向依附关系，但依附理论的核心部分仍有很强的现实意义。全球价值链上利益分配的不平衡一直存在。由于国际规制对产业政策空间的限制，发展中国家突破全球价值链天花板的可能性越来越小，它们可能被困在价值链低端，无法进行技术转移，实现产业升级，陷入发展陷阱的可能性也越来越大。

第三节　全球价值链上的利益分配

全球价值链起源于亚洲。"二战"后以日本为首的雁阵模式形成了区域价值链，并逐步被其他发达国家的跨国公司效仿，最终形成了遍及全球的生产网络。联合国贸易与发展会议（UNCTAD）发现，基于全球价值链的国际贸易已经占到全球总贸易额的60%。总体来看，发展中国家参与全球化的程度提高很快，经济增长对贸易的依赖比发达国家更大。附加值贸易占发展中国家GDP的28%，但仅占发达国家GDP的18%。1990—2010年，全球价值链参与度最高的30个发展中国家的年平均增长速度为3.3%，而参与程度最低的30个国家的年平均增速仅为0.7%。[1] 这个结果显示参与全球价值链能为发展中国家带来显著收益。但是，全球价值链的参与程度并不能完全说明国家在全球贸易中的地位和收益情况。罗长远和张军就发现全球价值链的参与度和经济发展水平不存在单调关系。[2] 对于处于不同发展水平的国家，全球价值链带来的影响也未必相同。

---

[1] UNCTAD, *World Investment Report 2013: Global Value Chains: Investment and Trade for Development*, 2013, Chapter 4.
[2] 罗长远、张军：《附加值贸易：基于中国的实证分析》，《经济研究》2014年第6期，第4—17页。

各国在全球价值链中的参与度是根据前向（forward linkage）链接和后向链接（backward linkage）两个指标来衡量的。① 前向链接表示本国附加值在其他国家出口中的份额，后向链接表示外国附加值在本国出口中的份额。两者之和反映了一国的全球价值链参与度。由图2-2可见，全球价值链参与度最高的地区是欧洲和东南亚。除南亚外，各地区发展中国家参与全球价值链的程度相差不大。但是价值链参与度相似的国家可能在出口结构上差异很大。通常来说，制造业出口位于生产链下游，后向链接度较高，而前向链接度较低。而初级产品和服务业出口位于生产链下游，前向链接度高，而后向链接度低②。经济增长速度最快的东亚和最慢的非洲在参与全球价值链的程度相差无几，但参与方式大相径庭。东亚以出口导向的制造业为主，后向链接程度高。非洲以初级产品出口为主，前向链接程度高。

参与全球价值链是否有助于经济增长呢？许多研究显示，前向链接和后向链接对一国的经济结构有不同的影响。前者容易导致经济结构单一，而后者则可能增大经济结构的多样性。依附理论认为依靠初级产品出口会对发展中国家的长期经济发展不利。而依赖初级产品出口的国家的前向链接度通常较高。对于经济发展水平较低的国家，经济结构的多样性对经济增长有积极作用。非洲开发银行的数据显示：后向链接程度高的非洲国家生产率更高，经济结构也更好③。

---

① 前向链接和后向链接这两个词是赫希曼（Albert Hirschman）在1958年出版的《经济发展的战略》一书中首次用到。后向链接原本是指下游产业的需求催生了上游产业的建立，前向链接原本是指上游产业对下游产业生产成本的影响，都反映了规模经济的外部性。参见 Albert Hirschman, *The Strategy of Economic Development*, New Haven: Yale University Press, 1958.

② 2013年世界投资报告发现：第一产业的平均进口附加值份额为9.4%，第二产业为29.4%，第三产业为14.2%。参见 UNCTAD, *World Investment Report 2013: Global Value Chains: Investment and Trade for Development*, 2013, p. 128。

③ African Development Bank, *African Economic Outlook 2014*, 2014, pp. 144-145.

多面全球化——国际发展的新格局

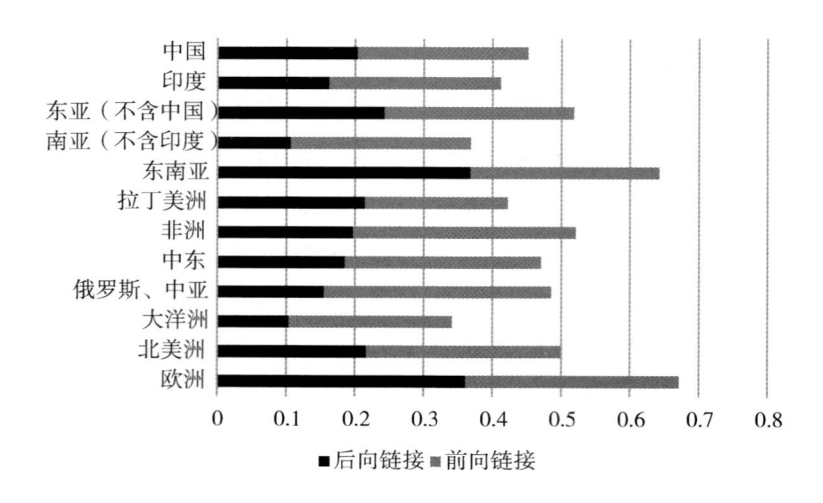

```
中国
印度
东亚（不含中国）
南亚（不含印度）
东南亚
拉丁美洲
非洲
中东
俄罗斯、中亚
大洋洲
北美洲
欧洲
        0    0.1   0.2   0.3   0.4   0.5   0.6   0.7   0.8
          ■ 后向链接  ■ 前向链接
```

图 2-2　2011 年全球价值链参与度比较

资料来源："African Economic Outlook 2014", calculations based on UNCTAD-EORA GVC database。

为了更准确地检验全球价值链对不同发展中水平的发展中国家的影响，我们使用了 UNCTAD 的统计附加值贸易的数据库。这个数据库涵盖了 187 个经济体从 1990 年到 2012 年的数据①。其他机构（如 OECD 和 WTO）也联合推出了类似的数据库，也是利用国际投入产出数据表形成的，不过在样本的覆盖范围和时间跨度上 UNCTAD 的数据更有优势②。

我们用两个指标来分别表示前向链接和后向链接的影响。一是后向链接度，用出口产品中的外国附加值比例来表示。另一个是前

---

① UNCTAD-Eora GVC Database, http://worldmrio.com/，这个数据利用各国的投入产出表来估计出口产品中的进口成分比例。
② 关于不同价值链数据库的比较，参见 UNCTAD, *World Investment Report 2013: Global Value Chains: Investment and Trade for Development*, 2013, p. 124。关于如何度量全球价值链，参见王直、魏尚进、祝坤福：《总贸易核算法：官方贸易统计与全球价值链的度量》，《中国社会科学》2015 年第 9 期，第 108—127 页。

向链接度，用出口的国内附加值在 GDP 中的比重来表示①。这两个指标之和就可以大致反映一个国家的全球价值链参与度（GVC ratio）。表 2-4 用一个回归模型来检验全球价值链参与度对经济增长的影响。我们把发展中国家根据人均 GDP 水平划分为中高收入（人均 GDP 介于 4000—12000 美元）、中低收入（人均 GDP 介于 1000—4000 美元）和低收入国家（人均 GDP 在 1000 美元以下）。这个模型控制了国家的制度差异和发展水平。

结果显示，政治制度对发展中国家的经济增长有显著影响，尤其是对中高收入国家的影响最大②。但是，即使是在控制了政治制度差异的情况下，全球价值链参与度仍对发展中国家的经济增长有显著影响，但对处于不同发展阶段的发展中国家的影响却差别很大。对于低收入国家和中低收入国家，参与全球价值链有助于提高它们的经济增长速度。而对于处于中上等收入水平的发展中国家，全球价值链参与度和经济增长的关系却没有统计显著性。③ 这个发现可以部分解释为什么中等收入的发展中国家经济并没有随着全球化的深入而缩小与发达国家之间的差距，同时也印证了 UNCTAD 的结论：单纯开放贸易和投资市场并不能保证发展中国家从全球价值链中获益。④ 此外，经济规模和人口规模也同经济增

---

① 前向链接度通常的测算方式是本国附加值出口占其他国家出口的比例，但这一指标的测算需要较复杂的假设条件，因此准确性难以保障。严格地说，我们还应该区分本国附加值的不同类别，才能更准确地估算附加值贸易对经济增长的作用。第一类是直接附加值，是指行业自身在生产过程中创造的附加值。另一类是间接附加值，是指国内上游行业（如农业和资源行业）创造的附加值。但现有的数据尚未对这两种附加值的构成情况进行区分。

② 我们也考虑用治理指数 WGI 作为另一个制度变量，但这个指数从 2002 年以后才开始每年发布，同本章研究的时间跨度差别很大，观察样本因此会减少很多。由于国内治理本身受政治制度影响很大，且对发展中国家经济增长的影响并不持续显著。

③ 我们也用前向链接度和后向链接度分别作为自变量，结果基本相似：前向链接度和后向链接度均对发展中国家整体经济增长有显著的正相关性，对低收入和中低收入国家都有显著影响，但对中高收入国家的影响则没有统计显著性。

④ UNCTAD，"Trade and Development Report 2014: Global Governance and Policy Space for Development," 2014.

长有显著的相关性，但它们的影响却完全相反。经济规模大有助于经济增长，而人口规模大则可能阻碍经济增长。这是一个需要进一步检验的发现。①

表2-4　　　　　　全球价值链参与度与经济增长的关系

	发展中国家	中高收入国家	中低收入国家	低收入国家
价值链参与度 GVC ratio	10.083*** (1.944)	6.274 (3.907)	21.304*** (3.131)	10.662*** (3.402)
政体 Polity	0.063*** (0.009)	0.135*** (0.021)	0.015 (0.017)	0.069*** (0.013)
经济规模 GDP (log)	1.733*** (0.313)	2.834*** (0.931)	2.185*** (0.611)	2.910*** (0.837)
人口规模 Pop (ln)	-3.189*** (1.424)	-26.747*** (4.069)	-15.292*** (2.762)	-0.846 (2.663)
截距	11.557 (18.575)	356.754*** (55.271)	190.804*** (36.228)	-50.183* (30.014)
样本数量	2693	548	958	1187
区间	1990—2012	1990—2012	1990—2012	1990—2012
R^2	0.164	0.291	0.340	0.249

注：使用国家固定效应的回归方法。因变量为GDP增长率。自变量为全球价值链参与度GVC ratio，表示为后向链接fva_ ratio（外国附加值在本国出口中的比例）和前向链接dva_ ratio（本国附加值出口在GDP总量中的比例）之和。控制变量为政体（用Polity表示）、经济规模（用GDP的对数表示）和人口规模（用人口总数的自然对数表示）。国家收入水平划分界限和世界银行的标准大致相同。括号中为t值；* $p<0.1$，** $p<0.05$，*** $p<0.01$。

资料来源：UNCTAD - EORA GVC database 2015；World Development Indicators 2015.

---

① 我们也用人均GDP的自然对数来代替经济规模和人口规模做为控制变量，结果发现同经济增长有显著的正相关性。

第四节　国际经贸规则对中等收入国家的影响

什么原因导致中等收入国家更难从全球化中获益呢？一个可能的解释是：融入全球价值链容易让发展中国家的工业生产过早集中化，容易被限制在价值链的低端而无法摆脱。让·英布斯和罗曼·瓦兹格发现经济发展和产业多样化程度呈现出 U 形：在经济发展早期阶段，资本积累会推动工业生产多样化，在经济发展后期阶段，资本积累则会推动工业生产集中化。① 这一发现意味着：工业生产集中化并不一定对发展中国家的经济发展有利。但是这一说法难以解释为什么低收入国家比中等收入国家更容易从参与全球价值链中获益。

发展中国家需要有效使用产业政策来提升自身的竞争力，才能从全球价值链中获得更大的收益。而是否具备使用产业政策的空间，则和国际经贸规则是紧密联系。总体而言，发展中国家在国际经贸规则中的话语权，并未随着其经济份额的迅速增加而相应提高，反而在全球化时代受到了更多限制。正是出于对这一状况的不满，发展中国家强烈要求在 2004 年 UNCTAD 通过的《圣保罗共识》中提出"政策空间"的概念，以引起国际社会关注。《共识》认为，全球化时代的国际规制对发展中国家造成了一个政策两难：一方面，遵守国际规则可能为发展中国家带来更多的经济利益；另一方面，国际规则也会让发展中国家损失经济发展的政策空间，尤其对中等收入的新兴国家更为突出。②

新兴国家在 1980 年以前的经济快速增长，一定程度上是因为当时的国际经贸规则为它们的经济赶超提供了充足的政策空间。东亚

---

① Jean Imbs and Romain Wacziarg, "Stages of Diversification," *American Economic Review*, Vol. 93, No. 1, 2003, pp. 63-86.

② UNCTAD, "San Paulo Consensus", June 16, 2004, http://unctad.org/en/docs/tdl380_en.pdf.

经济奇迹产生的一个大背景是美国巨大的消费市场和相对温和的贸易保护措施。东亚经济体可以通过扶持重点企业、保护国内市场、加强技术模仿和转移等产业政策来故意"把价格搞错",从而摆脱了传统的国际分工体制,在增加出口的同时也推动了本国的工业化建设。① 韩国和台湾地区都是在 20 世纪 80 年代前通过产业政策实现了产业升级带来的经济起飞,从而摆脱了中等收入陷阱。拉美国家也是产业政策的践行者。产业政策曾经对拉美 60、70 年代的经济高速增长有明显的促进作用。

但这个相对宽松的国际环境在 80 年代以后逐步收紧。首先是美国国内市场的需求增长下降,贸易保护趋势加剧,要求发展中国家放弃产业政策,"把价格搞对"。这为发展中国家继续实施出口导向政策设置了障碍。拉美债务危机后,美国政府和 IMF 向危机国家提供紧急救援贷款。但作为提供贷款偿还的保障条件,美国政府和 IMF 提出了一揽子结构改革的要求,强调贸易和投资自由化,减少政府补贴和保护,强化知识产权保护,等等。这些政策清单就是我们熟知的"华盛顿共识"。这些措施旨在全球范围内建立自由市场竞争的游戏规则,但对于市场机制尚不完善的发展中国家来说,却限制了它们的产业政策空间和提升技术水平的能力,相当于抽掉了他们通往经济繁荣的"梯子"。②

其次,WTO 的成立在全球范围建立了有利于发达国家的游戏规则。其中最大的一个制度变化就是贸易争端解决机制。从 1995 年到 2010 年期间,WTO 一共受理了 419 起贸易纠纷案件,远远超过了

---

① Alice Amsden, *Asia's Next Giant: South Korea and Late Industrialization*, New York and Oxford: Oxford University Press, 1989.
② Ha-joon Chang, *Kicking Away the Ladder: Development Strategy in Historical Perspective*, London: Anthem Press, 2002, Alice Amsden, *Escape from Empire: The Developing World's Journey Through Heaven and Hell*, Cambridge: The MIT Press, 2007.

WTO 成立之前近50年的贸易纠纷案件数量。① 其中发达国家作为原告方发起了63%的案件，中等收入国家发起了35%的案件，而低收入国家仅作为原告发起了一次案件。发达国家也作为被告方出现在63%的案件中。② 单从数字上来看，发展中国家并不是这些贸易纠纷的主要目标。他们甚至可以受到WTO的例外条款和特殊或差别待遇（SDT）规定的保护。但事实上，这些国际规制对中等收入国家的威慑作用远远大于实际惩罚。而且，在WTO修改争端解决机制后，立案的效率大大提高，对参与争端解决国家的资源和专业能力都提出了更高的要求。争端解决并不是通过第三方机构对违反WTO规则的国家进行惩罚，而是允许受害国有权对违反国进行报复。但发展中国家市场影响力小，即使进行报复也很难对伤害国造成大的影响。因此，国际争端解决机制事实上放大了国际治理中的不平等格局。由于缺乏应对国际争端解决的经验和专业能力，发展中国家往往在一开始就尽量避免被卷入争端解决机制，造成了半数以上的国际争端在早期阶段中就撤销了。③ 因此，这个争端解决机制极大地限制了中等收入国家的政策空间。

限制中等收入国家的发展空间的国际规制主要包括WTO的三大协议（即与贸易相关的投资协定（TRIMs）、与贸易相关的知识产权协定（TRIPs）、补贴与反补贴协定（SCMs））以及不断升级的区域性自由贸易协定。

一　与贸易相关的投资协定（TRIMs）

在WTO成立之前，发展中国家通常都会对进行直接投资的跨国

---

① Chad Brown, "Trade Disputes and the Implementation of Protection under the GATT: an Empirical Assessment", *Journal of International Economics*, Vol. 62, 2004.
② Keun Lee, Wonhyu Shin, and Hochul Shin, "How Large or Small Is the Policy Space? WTO Regime and Industrial Policy", *Seoul Journal of Economics*, Vol. 27, No. 3, 2014, pp. 307-348.
③ Marc Busch and Eric Reinhardt, "The Evolution of GATT/WTO Dispute Settlement", *Trade Policy Research*, 2003, pp. 143-83.

企业提出业绩要求，包括本地内容要求（跨国企业必须使用一定比例的本地原材料或中间产品）、贸易平衡要求（跨国公司必须平衡进口和国内采购的比例）、出口要求（制成品必须全部或大部分用于出口）、技术转让要求、研发投资要求等。WTO成立以后，TRIMs以违反国民待遇原则为由要求发展中国家取消这些业绩要求，否则将会被纳入WTO的冲突解决机制进行裁决。而一旦卷入冲突解决机制，发展中国家通常会采取妥协政策放弃保护国内产业的做法，否则将遭受发达国家的报复手段。同时，TRIMs对跨国企业的保护更全面，限制了发展中国家产品本地化和技术转让的要求。发展中国家获得技术转让的可能性变得更小。

二 与贸易相关的知识产权协定（TRIPs）

模仿和引进技术是发展中国家实现技术升级的重要手段，但TRIPs对知识产权的严格保护让发展中国家通过模仿技术来实现技术升级的产业政策很难实施。尽管TRIPs允许欠发达国家可以在一定时期内不受TRIPs的限制，但对绝大多数发展中国家都不适用。例如，许多发达国家在人均GDP达到2万美元时才开始执行药品专利保护，而TRIPs要求发展中国家在人均GDP达到500美元时就执行药品专利保护。因此，博德塞尔等经济学家认为，TRIPs是"发达国家利用国际规则对穷国强加国际义务的典型例子"。[①] 联合国贸发会议报告也认为TRIPs造成了"发展赤字"。[②]

三 补贴与反补贴协定（SCMs）

补贴是最常用的产业政策手段之一，在历史上有不少成功的例

[①] Nancy Birdsall, Dani Rodrik and Subramanian, "How to Help Poor Countries", *Foreign Affairs*, July/August, 2005.

[②] UNCTAD, *Intellectual Property in the World Trade Organization: Turning it into Developing Countries' Real Property*, New York and Geneva: United Nations, 2010, pp. 7-9.

子。20世纪60—70年代，巴西曾长期以补贴的方式来推动汽车生产本土化。巴西汽车配件产业由此发展起来了。到了90年代，泰国和马来西亚等国对国内汽车生产厂商提出同样本土化的要求则不再合法。① 这是因为SCMs先是明确禁止了出口补贴和进口替代补贴的使用，到了90年代末，又将所有生产补贴（包括研发、贫困地区与环境补贴）都纳入可诉讼的范围内。造成的结果是以贸易公平的理由大大增加了发展中国家保护本国产业的法律风险和成本。

四 自由贸易协定（FTAs）

WTO多哈谈判陷入僵局以后，双边和多边自由贸易协定（FTA）作为国际贸易规制载体的地位越来越重要。早期的自由贸易协定通常在经济发展水平相近的发达国家间达成。由于谈判过程相对容易和高效，自由贸易协定通常可以达成比WTO更为开放的条款。随着全球化的进一步深入，发达国家和新兴国家之间的自由贸易协定也在不断地谈判和签订，而且往往包含了比WTO规则要求更高的市场开放条款，有的甚至超过了发达国家之间签订的自由贸易协定。② 例如，美国主导的"泛太平洋经济伙伴关系协定"（TPP）就被称为"加强版WTO"，因其在知识产权、投资、劳工和环境保护方面都要求发展中成员国承诺执行更高的标准。而且，如果考虑到TPP可能扩大到更多的成员国，以及正在谈判的"跨大西洋贸易与投资伙伴关系协定"（TTIP），这些地区性规则将来很可能发展为全球规则，对新兴国家的影响将更复杂。

原则上说，发展中成员国在WTO中可以享受特殊和差别待遇（SDT），在执行某些协定上具有一定的灵活性。但是WTO并没有对

---

① Robert Wade, "What Strategies Are Viable for Developing Countries Today? The World Trade Organization and the Shrinking of 'Development Space'", *Review of International Political Economy*, Vol. 10, No. 4, 2003, pp. 621-644.

② UNCTAD, *Trade and Development Report 2014: Global Governance and Policy Space for Development*, 2014.

发展中国家身份做出清晰界定，而是以个案谈判的方式对这个问题进行模糊处理。同时，特殊与差别待遇本质上是发达国家的权利，而不是向发展中国家承担的义务。① 这就导致特殊和差别待遇的授予存在不确定性，并易于产生争议。在新兴国家经济迅速发展的背景下，发达国家往往对其发展中国家资格提出质疑，并要求同其他发展中国家区别对待。比如，在中国加入WTO谈判中，是否授予中国发展中国家身份就成了发达国家最主要的谈判筹码。同样，在自由贸易协定中，低收入国家通常可以享受优惠待遇，不必遵循同发达国家对等的开放时间表。而且，在资本严重缺乏的情况下，外资和贸易的增长对推动经济发展有很高的边际效应。比如，孟加拉国的经济在近20年中保持了稳定高速的增长，其中主要的贡献来自劳动密集型的服装行业。正是由于得到了优惠的欧美市场准入待遇，服装行业成为孟加拉国的经济支柱，就业人数占总制造业的40%。② 但是，对于中等收入国家来说，融入全球化带来的收益不会对经济发展有如此的推动作用。

这些国际经贸规则对中等收入国家的影响主要体现在三个方面。第一，降低了经济发展的后发优势。引进技术是发展中国家发展经济的重要手段。林毅夫和张鹏飞指出，落后国家的后发优势就是可以通过引进技术来实现比发达国家更快的经济增长。③ 现有的发达国家在其经济起飞时期，也通过技术模仿和仿制来提高自身的技术能力，最终实现了技术升级换代。但是，知识产权保护是发达国家最关心的领域。尽管它们强调加强保护知识产权将促进发达国家对

---

① 廖凡：《构建更加公平的国际贸易体制——对WTO互惠原则的再思考》，《国际贸易》2007年第6期。

② Mustafizur Rahman, "Trade Benefits for Least Developed Countries: The Bangladesh Case Market Access Initiatives, Limitations and Policy Recommendations", *CDP Background Paper*, No. 18. United Nations, 2014.

③ 林毅夫、张鹏飞：《后发优势、技术引进和落后国家的经济增长》，《经济学季刊》2005年第5卷第1期。

发展中国家的技术转移。但事实上，发达国家和发展中国家之间的技术差距反而不断拉大。① 例如，作为新兴国家的马来西亚，尽管在20世纪80年代以来效仿了韩国和台湾地区的出口导向战略，而且有相似的出口结构和教育水平，但却因为难以通过引进技术来实现产业升级，无法实现持续高速增长，最终落入了中等收入陷阱。②

第二，价值链低端生产带来的附加值增加得更慢，难以完成足够的资本积累以实现产业升级换代。南非是一个典型的例子。1994年南非结束了种族隔离政策，实现了民主转型。和其他获得独立的发展中国家不同，南非的制度基础和经济发展水平在民主转型前就处于较高的水平。经济稳定、政治民主、使南非成为国际市场的宠儿。但南非经济在转型后一直处于增长乏力。一个很大的原因是，出口导向型的制造业萎缩，利润率很低，无法创造大量的就业机会，也无法实现产业升级。80年代中期，南非制造业就业占全国总就业的12%。而到了2000年，制造业仅占全国总就业的7%。③在很大程度上，南非制造业的低利润率是因为其位处全球价值链的低端，无法生产和出口高附加值的产品。墨西哥的情况也类似。墨西哥从80年代开始放松对外资的管制，靠近美墨边境的出口加工区（Maquiladora）迅速发展起来，成为美国制造业的海外工厂。墨西哥出口成倍增长，但对经济增长的拉动却很小，一个重要原因就是出口附加值太低。每一美元的出口产值中有66%是来自国外进口的中间产品。④

第三，中等收入国家的经济结构更加脆弱，更易受金融危机冲

---

① UNCTAD, *World Investment Report 2005*, Geneva, 2005.
② Reda Cherif and Fuad Hasanov, "The Leap of the Tiger: How Malaysia Can Escape the Middle-income Gap", IMF Working Paper, June 2015.
③ Dani Rodrik, "Understanding South Africa's Economic Puzzles", *Economics of Transition*, Vol. 16, 2008, pp. 769-797.
④ Justino De La Cruz, Robert Koopman, Zhi Wang, and Shangjin Wei, "Estimating Foreign Value-added in Mexico's Manufacturing Exports", U. S. International Trade Commission, Office of Economics Working Paper, No. 2011-04A, 2011.

击。实现经济起飞的发展中国家并非只靠廉价劳动力的天然比较优势，而是靠产业政策"搞错了价格"，摆脱了传统的国际分工，人为创造了新的优势产业。这些产业往往更能在经济衰退或危机中存活下来。比如，在拉美债务危机爆发后，遭受重创的产业并不是进口替代保护的产业，而是那些最具比较优势的劳动密集型产业。① 在"华盛顿共识"的影响下，发展中国家从80年代开始开放金融市场，希望通过提高金融效率来促进经济增长。但就发展中国家而言，金融开放和经济增长间没有显著的相关性。② 资本加速跨国流动加剧了全球财富分配的不平等，③ 也让发展中国家面临更大的金融危机的危险。雷哈德和罗格夫对金融危机的历史数据显示，金融危机的发生和资本流动性之间呈现出很强的相关性。而金融危机对发展中国家的影响往往大于对发达国家的影响。④

五 中国和印度的"例外"经历

为什么有些中等收入国家在现有的国际经贸规则下仍然能持续发展？显然，摆脱中等收入陷阱是发展中国家的例外而不是常态。从为数不多的成功经验来看，完成产业转型升级是摆脱中等收入陷阱的关键因素之一。韩国就是一个典型的例子。政府通过实施产业政策，确定产业发展目标，从单一化生产转向多样化生产，从低附加值产业转向高附加值产业。但是，尽管韩国是在20世纪80年代以后才成为高收入国家，它的产业转型升级主要是得益于80年代之

---

① Alice Amsden, *Escape from Empire: The Developing World's Journey Through Heaven and Hell*, Cambridge: The MIT Press, 2007, p. 82.
② Charles Wyplosz, "How Risky is Financial Liberalization in the Developing Countries?", *G-24 Discussion Paper Series 14*, UNCTAD, 2001.
③ 美国在"二战"后的财富积累在很大程度上得益于其作为全球金融中心的"光环效应"。参见李辉、唐世平、金洪《帝国的光环：美国金融危机的历史制度解释》，《世界经济与政治》2014年第3期，第129—154页。
④ Carmen Reinhart and Kenneth Rogoff, *This Time is Different*, Princeton: Princeton University Press, 2009.

前相对宽松的国际制度环境。

中国和印度,这两个80年代以来增长最快的发展中国家,都是在近年才进入中等收入国家的行列。为什么它们的经济起飞和产业转型没有受到现有的国际经贸规则限制？一个可能的解释是规模效应。两国都有巨大的廉价劳动力资源和国内市场。一方面,需求规模推动了产品升级。国内企业尽管技术水平不如跨国公司,但它们在国内市场上有更强的竞争力,因为它们的产品和技术更能满足国内低端市场的需求。在完成足够资本积累后,它们开始进行技术创新以实现产品升级,开始同跨国公司在中端市场竞争。[1] 另一方面,生产规模推动了价值链升级。在一个主要由买方主导的全球价值链中,作为供方的中国和印度一直处于价值链低端。但它们依靠巨大的国内市场规模形成了完整的供应商集群,增强了国际定价谈判能力,提升了它们在全球价值链中的地位,逐渐改变了利益分配严重不均的局面。[2]

尽管中国在改革开放初期也是依靠出口加工来换取外汇和吸引投资,但中国加工企业强大的规模效应奠定了贸易持续顺差的基础。中国出口加工区创造的出口产值占中国总出口的一半左右。[3] 贸易顺差带来的财富让中国政府可以通过产业政策加大对国内优势企业的扶持和补贴,提升了企业的国际竞争力。同时,由于中国国内逐渐形成一条完整的生产供应链,位于全球价值链中端的生产环节逐步向中国转移,在很大程度上帮助中国实现了产业升级。魏尚进等发现中国出口中的国内增值部分在加入WTO以前占50%左右,而在

---

[1] Loren Brandt and Eric Thun, "The Fight for the Middle: Upgrading, Competition, and Industrial Development in China", *World Development*, Vol. 38, No. 11, 2010, pp. 1555-1574.

[2] Gary Gereffi, "Global Value Chain in a Post-Washington Consensus World", *Review of International Political Economy*, Vol. 21, No. 1, 2014, pp. 9-37.

[3] IDE-JETRO and WTO, *Trade Patterns and Global Value Chains in East Asia: From Trade in Goods to Trade in Tasks*, World Trade Organization, 2011.

加入WTO后就升到了60%。[1] 一些学者的研究发现，中国的制造业已经非常深入地融入了全球价值链，并且正在由价值链低端向中高端攀升。[2]

印度有着和中国相似的劳动力资源和国内市场规模，但分割的劳动力市场结构削弱了低技能劳动力资源的成本和规模优势，使印度没有同中国一样成为世界工厂。但印度在高技术劳动力资源上的比较优势显著，吸引了大量金融和信息等现代服务业投资，成为经济增长的主要推动力。尤其是在软件外包行业里，修读工程学位的大学生数量从1997年的11万猛增到2007年的65万。[3] 这种培养优质低价技术人才的强大能力是印度增加产业附加值、提升价值链地位的重要手段。

市场规模给中国和印度带来的另一个优势是：它们可以更有效地利用争端解决机制来继续实施产业政策。印度一方面不断出台新的产业政策，以吸引外资，推动出口；另一方面，印度频繁利用WTO规则对国内产业进行保护。WTO成立以来，印度启动了世界上近20%的反倾销诉讼。[4] 中国是受到WTO反倾销诉讼最多的国家。但随着进口规模的扩大，中国也开始利用国际规则积极使用反倾销手段。与发达国家的反倾销的保护目标不同，中国的反倾销贯彻了

---

[1] Robert Koopman, Zhi Wang, and Shang-Jin Wei, "How Much of Chinese Exports Is Really Made in China? Assessing Domestic Value-added When Processing Trade Is Pervasive", NBER Working Paper, No. 14109, 2011.

[2] 樊茂清、黄薇：《基于全球价值链分解的中国贸易产业结构演进研究》，《世界经济》2014年第2期，第50—70页；程大钟：《中国参与全球价值链分工的程度及演变趋势：基于跨国投入产出分析》，《经济研究》2015年第9期，第4—16页；尹伟华：《中国制造业参与全球价值链的程度与方式——基于世界投入产出表的分析》，《经济与管理研究》2015年第8期。

[3] Manimegalai Vijayabaskar and M. Suresh Babu, "Building Capabilities in the Software Service Industry in India: Skill Formation and Learning of Domestic Enterprises in Value Chains", in "Transforming Economies: Making Industrial Policy Work for Growth, Jobs and Development", International Labor Organization, 2014, p. 250.

[4] WTO, "Antidumping Initiations: Reporting Members vs. Exporters", 2016, https://www.wto.org/english/tratop_e/adp_e/adp_e.htm.

扶持强者的产业政策目标，从而对国内行业的生产率起到了正面的激励效果①。

自20世纪80年代以来，除了中国、印度等少数亚洲新兴国家外，发展中国家整体同发达国家的收入差距并没有减少，没有出现预期中的发展趋同现象。本章以全球价值链为重点分析了全球化对发展中国家经济增长的影响。主要的发现是：参与全球价值链推动了低收入国家的经济增长，但并未对中等收入国家带来明显的利益。这个发现既不同于传统的依附理论所认为的基于比较优势形成的国际分工必然导致发达国家和发展中国家之间的贸易关系恶化，也有异于经典贸易理论所认为的参与全球化会给发展中国家带来显著的经济利益。

在全球价值链不断扩张的情况下，发展中国家选择外向型的经济模式变得更容易，参与全球价值链的程度也不断加深，但收益分配不平等关系也在放大。尽管低收入的发展中国家可以靠出口加工分享到全球化的红利，但却可能被锁定在全球价值链的低端。尤其是处于中等收入水平的新兴国家，尽管参与全球价值链程度很深，但受到国际经贸规则的限制也更大，使它们难以利用产业政策来实现产业升级，摆脱中等收入陷阱。因此，对中等收入国家来说，实现经济持续增长不仅需要内部制度和治理改革，也需要对现行国际经济规则进行改革，以争取足够的产业政策空间。

当然，强调产业政策的重要性并不意味着应该重回计划时代，给予政府更多的干预市场的权力。恰恰相反，发展中国家需要对传统产业政策的做法进行调整，依赖有独立性、专业能力强的机构来制定产业政策。产业政策不应该仅仅停留在给某些行业提供补贴或退税，而是应该通过政府和企业的战略合作来清除市场运作的障碍，同时建立更具操作性的产业政策评价标准。

---

① 李春顶、石晓军、费太安：《主动反倾销的生产率促进效应：中国证据及其解释》，《财贸经济》2013年第7期。

中国在过去 30 年中的高速增长似乎可以证明中国是现行国际规则的受益者。但是，发展中国家作为一个整体在 1980 年以来增长却明显减速了。中国同大多数发展中国家的不同轨迹事实上削弱了中国作为发展中国家代表的形象，也使中国改革国际机制的诉求缺乏广泛的支持。一方面，中国应在国际规制改革中贯彻"包容性多边主义"的原则，推动进一步的国际发展合作，把中间产品生产据点纳入分布于全球的发展中国家，组织高效率的全球生产链；另一方面，中国要争取在全球规则制定中更大的话语权，帮助发展中国家争取更多的政策空间。目前，许多发展中国家仅仅在同发达国家单独谈判争取特殊与差别待遇（SDT），而并没有将重点集体争取建立新的国际规则上。主要的问题是发展中国家差别很大，对有利于发展中国家整体的国际规则没有一个明确的计划。如果中国能够在全球治理的改革方案中提出有利于发展中国家经济发展的具体方案，就更有可能让中国的提案具备合法性，获得更高的支持度。

第三章
全球化与工业化

2017年初，我踏上了非洲大陆，来到了人类发源地的埃塞俄比亚。这个人口超过1亿、人均年收入不到700美元的非洲大国，是联合国认定的46个最不发达国家之一，但却是21世纪最耀眼的非洲经济明星。走在首都亚的斯亚贝巴的街头，满眼都是热火朝天的建筑工地，颇有回到改革开放之初的中国的感觉。我和同事拜访了埃塞俄比亚的总理特别顾问阿尔卡贝·奥克贝（Arkebe Oqubay）博士。对于"埃塞俄比亚经济发展靠什么？"这一问题，这位经济学博士没有立即说出他的答案，而是拿出了他的新书《非洲制造：埃塞俄比亚的产业政策》（*Made in Africa：Irdustrial Policy in Ethiopia*）开始介绍埃塞俄比亚为实现工业化目标所做的尝试。

第三章 全球化与工业化

对于大多数非洲国家来说，工业化不是一个陌生的词语，但工业化目标距离它们却很远。自20世纪50年代开始，新独立的发展中国家纷纷制定本国的工业化战略，开启了经济追赶之路。少数通过工业化兴起的新兴经济体缩小了同发达国家的差距，改变了大分流的历史趋势，成为20世纪后半期全球经济中最重要的变化之一。[1]进入21世纪以后，大部分发展中国家经济增长加速了，却开始出现"去工业化"现象：不仅工业部门在国民经济中的比例下降，工业化对就业的拉动作用也在减弱。与此同时，发达国家经历了严重的金融危机，经济复苏缓慢，同发展中国家之间的差距进一步缩小。然而，如果发展中国家的经济增长缺少工业化的引擎，大趋同的势头是否还能够延续呢？

在全球化背景下，传统的工业化道路变得更困难。创造就业和技术创新是经济发展过程中的两难问题。对发达国家来说，技术创新是导致制造业就业减少的主要原因。对发展中国家来说，全球化放大了劳动密集型制造业的优势效应，但却让技术升级变得更困难。工业化本身已经难以实现创造就业和提高生产率的双重目标。这对发展中国家的经济赶超造成了更多的挑战和变数。全球化不仅对发展中国家的工业化进程产生了差异影响，也推动了工业化模式的多样性。发展劳动力密集型的制造业不再是后发国家的必然选择。基于资源产品的工业化和基于制造业的服务业可能会成为非洲国家工业化道路的不同选择。

---

[1] Alice Amsden, *The Rise of "The Rest": Challenges to the West from Late-Industrializing Economies*, Oxford: Oxford University Press, 2001.

在大部分发展中国家出现去工业化的同时,中国的工业化程度大幅度提升,成为贡献全球近四分之一工业附加值的世界工厂。中国的工业化发展给发展中国家带来了什么样的影响?中国的经济发展对其他发展中国家的工业化也呈现出多样化的影响。中国的制造业出口对部分国家造成了竞争压力,但中国的产业升级会带动全球价值链向更多的发展中国家扩展。中国的经济结构向全球市场转型也会为发展中国家带来了更大的机会,尤其是中低收入的非洲国家。

第一节 产业政策的演变

新古典经济学理论认为:随着技术和资本从先进国家向后进国家扩散,后进国家的劳动生产率和产出的增长速度都会高于先进国家,从而缩小国家间发展差距,最终出现发展趋同。尼古拉斯·卡尔多(Nicholas Kaldor)基于对发达国家经济增长过程的观察提出了三条"卡尔多增长定律"。一是制造业产出同经济增长相关性,二是制造业产出和制造业劳动生产率的相关性,三是制造业产出和总体经济生产率的相关性。[1] 因此,工业增长对整体经济增长有明显带动作用。对于后发国家来说,工业生产率的提升对于实现经济追赶尤为重要。数据显示,从1950年到2006年期间,发展中国家劳动生产率的提升一半来自工业部门的贡献。[2]

后发国家的工业化模式通常有三种类型。第一类是通过初级产品出口带动农业生产率的提高或增加出口收入,从而产生对国内制造业的需求和相应初级产品加工业的出口需求。第二类是进口替代工业化,即通过限制工业产品进口来保护和促进国内产业的发展。

---

[1] Nicholas Kaldor, *Strategic Factors in Economic Development*, Ithaca: Cornell University Press, 1967.

[2] Margarida Duarte and Diego Restuccia, "The Role of the Structural Transformation in Aggregate Productivity", *The Quarterly Journal of Economics*, Vol. 125, No. 1, 2010, pp. 129-173.

进口替代工业化通常包括两个阶段：第一阶段进口替代是实现基本消费品从进口转向本地生产，第二阶段则是耐用消费品、中间产品和资本品的国内生产。第三类是出口导向工业化，即通过出口具有比较优势的工业制成品来推动工业化发展。与进口替代工业化相比，出口导向工业化通常需要更开放的国内经济和更融合的国际市场。

历史上，几乎没有国家不是通过工业化实现经济发展和追赶，也几乎没有国家在工业化过程中不使用产业政策。早在19世纪的工业革命时期，西方国家就开始利用产业政策来保护本国的幼稚产业并扶持战略产业。从20世纪50年代开始，西方主流的结构主义理论基于发达国家的发展经历，给发展中国家开出了大力发展工业化，实现经济结构转型的药方。在《经济增长的阶段论》一书中，沃特·罗斯托（W. W. Rostow）认为，国家的经济增长都要经历同样的五个阶段，且增长动力也是相似的。[1]后进国家可以通过复制和模仿先进国家的发展模式，就能逐渐缩小发展差距，最终进入现代化。其他的发展经济学理论，如保罗·罗森斯坦-罗丹（Paul Rosenstein-Rodan）的大推动理论、阿瑟·刘易斯（Arthur Lewis）的二元结构理论、霍利斯·钱纳里（Hollis Chenery）的结构变化理论也有一个基本共识：现代化道路只有一条，不同的国家只是处于这条道路的不同阶段而已，而工业化正是实现现代化的必由之路。

这种平衡推进的现代化理论不断遭到质疑。在《经济落后的历史透视》一书中，亚历山大·格申克龙指出：先发国家和后发国家在工业化道路的显著差别不仅体现在工业增长速度上，也体现在生产和组织结构上。而这些差别在一定程度上是不同的制度工具所导致的。[2] 经济发展并非后发国家模仿先发国家的阶段性

---

[1] W. W. Rostow, *The Stages of Economic Growth: A Non-Communist Manifesto*, New York: Cambridge University Press, 1960.
[2] [美]亚历山大·格申克龙：《经济落后的历史透视》，张凤林译，商务印书馆2009年版，第79—80页。

发展的历史，恰恰相反，经济发展史是后发国家逐渐与先发国家模式相偏离的历史。格申克龙认为，二战后成功的经济发展应该是政府主导（state-led）和政府资助（state-finance）的市场化经济。

阿尔伯特·赫希曼（Albert Hirschman）强调欠发达国家只有改变现有经济结构的平衡，通过政府干预把不同资源要素连接起来，利用"不平衡增长"来实现对发达国家的追赶。[1] 劳尔·普罗维什和汉斯·辛格等学者则认为，基于比较优势的国际贸易结构不利于欠发达国家，反而会加剧他们对发达国家的依附关系。[2] 因此，只有通过严格保护国内市场，限制工业制成品进口，发展中国家才可能实现工业化目标。无论采用哪种模式，后发国家都需要更多的政府干预来调配资源。一个国家的现代化起步越晚，它的工业化进程就越需要在更强的组织手段下完成。产业政策因此成为发展中国家推动工业化发展的核心政策。

依附论对拉美在二战后的发展战略影响深远，推动了进口替代工业化模式的实施。普罗维什的思想也是拉丁美洲经济委员会工作的基础。1964年，普罗维什担任了新成立的联合国贸易与发展会议（UNCTAD）的秘书长，依附论的观点得以更广泛传播。尽管普罗维什认为仅靠进口替代不能产生供发展所需的充足外汇，必须通过出口制成品予以补充，但拉美国家奉行的经济政策却只强调了进口替代。

从20世纪50年代开始，新独立的发展中国家普遍采取了进口替代的工业化政策，通过高关税、高汇率和高补贴等手段来推动本

---

[1] Albert Hirschman, *The Strategy of Economic Development*, New Haven: Yale University Press, 1958.

[2] Raul Prebisch, "The Economic Development of Latin America and its Principal Problems", *Economic Commission for Latin America*, Vol. 7, 1959, pp. 1–59; Hans Singer, "The Distribution of Gains between Investing and Borrowing Countries", *American Economic Review*, Vol. 40, No. 2, 1950, pp. 473–485.

国的工业化发展。"把价格搞对"（get the price right）是进口替代产业政策的主要特点。为了减少对发达国家的依附和对初级产品出口的依赖，拉美国家一方面通过操控汇率，对进口工业制成品征收高关税和实施配额限制，以保护国内的幼稚产业；另一方面向国内工业生产部门提供补贴，以期实现工业化。巴西、墨西哥等国都制定了工业发展计划，将贸易保护与投资生产相结合。除此以外，拉美国家还通过国家开发银行对配套基础设施项目建设进行融资。进口替代战略的实施让拉美经济发展前景再次充满希望。从1950年至1980年，拉美国家的年均经济增长达到5.5%，同发达国家的差距继续缩小。

然而，拉美国家一直面临长期的财政和贸易赤字，只能利用大量外国贷款来大规模补贴国有企业和基础设施建设，导致债务负担不断增加。1970年，整个拉丁美洲的未偿债务总额仅为290亿美元，而到1978年，这一数字达到了1590亿美元。1982年更是达到惊人的3270亿美元，其中至少80%为主权债务。[1] 在20世纪70年代中期以前，国际经济形势利好、贷款率低，拉美国家尚能偿还不断增长的债务，但随着石油危机的爆发，全球经济出现衰退，美国和欧洲收紧货币政策，贷款利率飙升，负债累累的拉美国家遇到了巨大麻烦。1982年8月，墨西哥成为第一个宣布无法按期偿还贷款的国家。债务危机最终席卷了16个拉美国家。到了20世纪80年代末，拉美的人均GDP比危机前下降了8.3%。[2]

东亚发展中国家的工业化道路则体现了另一种思路：后发国家可以通过政府干预来"把价格搞错"（get the price wrong），利用补贴等手段出口原本不具有比较优势的产品来创造出竞争优势，从而

---

[1] Federal Deposit Insurance Corporation, Division of Research and Statistics, "The LDC Debt Crisis", in "History of the Eighties-Lessons for the Future, Volume Ⅰ: An Examination of the Banking Crises of the 1980s and Early 1990s", Federal Deposit Insurance Corporation, 1997.

[2] Eliana Cardoso and Albert Fishlow, "Latin American Economic Development: 1950-1980", Journal of Latin American Studies, Vol. 24, 1992, pp. 197-218.

实现经济增长。① 从20世纪60年代开始，日本和东亚新兴经济体就转向了出口导向的工业化战略。政府依然对国内产业进行保护，但调整了扶持和补贴政策，基于企业的业绩表现来进行选择性补贴。企业业绩表现越好，收到的政府补贴就越多。在这样的激励机制下，发展出口导向的制造业成为东亚经济高速增长的主要动力之一。② 发展型政府在东亚经济奇迹中扮演了重要角色。③

发展型政府的一个突出特征是"嵌入式自治"（embedded autonomy），即政府嵌入市场以获取准确信息用于产业政策制定，同时又同市场保持距离以确保决策不受利益集团操纵。④ 阿姆斯顿（Alice Amsden）认为，有效的产业政策并不只是体现为政府强力干预市场，而是需要建立政府根据企业的市场表现进行政策扶持的反馈机制。⑤

20世纪70年代末，随着英国保守党和美国共和党政府的上台，发达国家对市场失灵的担心变成了对政府失灵的警惕。在全球化的助推下，新自由主义成为西方国家经济发展的主导理论，其影响也通过世界银行和国际货币基金组织贷款等渠道向发展中国家迅速扩

---

① Alice Amsden, "Diffusion of Development: The Late-Industrializing Model and Greater East Asia", *American Economic Review*, Vol. 81, No. 2, 1991, pp. 282–286.

② The World Bank, *The East Asian Miracle: Economic Growth and Public Policy*, New York: Oxford University Press, 1993.

③ 关于发展型政府在东亚经济发展中的作用，从20世纪80年代以来有大量文献讨论，最有影响力的包括：Chalmers Johnson, *MITI and the Japanese Miracle: The Growth of Industrial Policy, 1925—1975*; Stanford, CA: Stanford University Press, 1982; Alice Amsden, *Asia's Next Giant: South Korea and Late Industrialization*, New York: Oxford University Press, 1989; Robert Wade, *Governing the Market: Economic Theory and the Role of Government in East Asian Industrialization*, Princeton, NJ: Princeton University Press, 1990; Stephan Haggard, *Pathways from the Periphery: The Politics of Growth in the Newly Industrializing Countries*, Ithaca: Cornell University Press, 1990。最新的文献总结参见 Stephan Haggard, *Developmental States*, New York: Cambridge University Press, 2018.

④ Peter Evans, *Embedded Autonomy*, Princeton: Princeton University Press, 1995.

⑤ Alice Amsden, *The Rise of "The Rest": Challenges to the West from Late-Industrializing Economies*, Oxford: Oxford University Press, 2001.

散。政府主导的产业政策被批评，而削弱政府的"结构调整"则受鼓励。在"华盛顿共识"的经济改革影响下，拉美、非洲和东欧转型国家放弃了政府主导工业化模式，转而大幅减少对国内产业的保护和扶持，迅速开放贸易和金融市场，希望通过全面融入全球化来推动经济发展。与此同时，亚洲新兴经济体的政府仍然积极干预经济活动，在逐渐开放国内市场的同时，继续实施出口导向的工业化战略，并加大对高科技产业的扶持以推动产业升级。

进入 21 世纪以后，随着新兴经济国家的影响力扩大，新自由主义式微，产业政策逐渐成为被广泛关注的主流经济政策。争论的焦点不再是产业政策该不该用，而是如何更好地使用产业政策。① 这有两方面的原因。一方面，发展中国家实施传统产业政策的空间越来越小。张夏准认为，产业政策是后发国家实现经济赶超的"梯子"。而先发国家担心被赶超，就利用国际规则来"踢掉梯子"，限制发展中国家使用产业政策。② 另一方面，无论是政府主导还是市场主导的发展模式在 20 世纪都没有取得广泛成功。丹尼·罗德里克（Dani Rodrik）认为，政府失灵和市场失灵是发展中国家工业化过程中都可能出现的问题。因此，产业政策的目标应该是通过公私部门之间的战略合作来发现国家的比较优势，既解决政府失灵，又解决市场失灵的问题。③ 林毅夫提出的新结构经济学理论则认为，经济结构差异并不只是存在于发展中和发达国家之间。事实上，处于不同发展水平的国家，由于禀赋结构不同，相应地会有不同的经济结构。因此它们的发展策略会随产业阶梯拾级而上。④尽管这些研究关

---

① Joseph Stiglitz and Justin Yifu Lin, *The Industrial Policy Revolution* Ⅰ: *The Role of the Government beyond Ideology*, Palgrave MacMillan, 2013.

② Ha‑Joon Chang, *Kicking Away the Ladder*: *Development Strategy in Historical Perspective*, London: Anthem Press, 2002.

③ Dani Rodrik, *One Economics*, *Many Recipes*, Princeton: Princeton University Press, 2007, pp. 99-152.

④ 林毅夫：《新结构经济学》，北京大学出版社 2012 年版。

注的重点不同，但他们都普遍认为是发展中国家面临更多元的产业政策选择，工业化道路也不止一条。

第二节 全球化与去工业化

20世纪50年代以来，发达国家和发展中国家之间的大分流没有进一步扩大，少数新兴经济体甚至缩小了同发达国家的差距，但是并没有出现全球范围内的大趋同和共同繁荣。对大多数国家来说，工业化没有成为助推经济发展和追赶的动力，"去工业化"反而变成了共同面临的问题，尽管其形成原因和影响都差异很大。

一 发达国家的去工业化

发达国家的经济发展轨迹大致相似：经济发展都是伴随着从农业到工业再到服务业的结构转型过程。去工业化则是经济发展进入成熟期的自然产物。去工业化有两个主要指标：一是制造业的就业人口比例；二是制造业附加值占经济总产值的比例。从1970年到2007年，欧盟15国的制造业就业人口占总就业人数的比例从28.2%下降到15.6%，制造业附加值占GDP的比例从26.6%下降到18.1%。美国的制造业就业人数比例则从22.4%下降到8.9%，附加值从23.5%下降到13.1%。[1] 1950年，发达国家的制造业产值占经济总量的比例（31%）为发展中国家的近3倍（11%），而到了2005年，发展中国家经济中的制造业比例已经超过了发达国家。[2]

通常认为，劳动生产率提高、消费需求变化和经济全球化是发达国家去工业化的主要原因。一方面，技术进步提高了劳动生产率，

---

[1] Leif Van Neuss, "Globalization and Deindustrialization in Advanced Countries", *Structural Change and Economic Dynamics*, Vol. 45, 2018, pp. 49-63.

[2] Adam Szirmai, "Industrialization as an Engine of Growth in Developing Countries, 1950-2005", *Structural Change and Economic Dynamics*, Vol. 23, No. 4, 2012, pp. 406-420.

导致了制造业劳动力需求下降，并逐渐被机器取代；另一方面，生活水平的提升使消费者对工业必需品的消费需求下降，而对高端制造业和服务业产品的需求上升。在这种情况下，去工业化可能只体现为制造业劳动力比例的下降，而制造业附加值的比例仍然保持不变。的确，研究显示，消费需求变化和劳动生产率提高是导致发达国家制造业就业比例下降的主要因素。[①] 这种去工业化反而是制造业更加知识化的表现，也是后工业化时代的标志。

经济全球化也是影响去工业化的重要因素，但其影响的不确定性很大。一方面，全球化本身的进展程度会影响技术进步和需求变化的速度。制造业生产的外包导致本国制造业就业减少，出现"制造业空心化"现象；另一方面，一个国家在全球分工中所处位置会影响其工业结构：发达国家集中于资本和技术密集型生产，而发展中国家则集中于劳动密集型生产。如果发达国家大量进口劳动密集型产品，就会冲击到本国的制造业生产，从而导致去工业化。

尽管去工业化是发达国家的发展必然阶段，但就业机会减少引发的社会经济问题却难以解决。尤其是处于收入平均水平以下的中下阶层受到的冲击最大，成为全球化黄金时代（1988—2008 年）最大的输家。[②] 在社会福利制度难以维持的情况下，发达国家的贸易保护主义和民粹主义情绪普遍上升，成为全球化发展的重要阻力。

二 发展中国家的去工业化

如果说去工业化的出现对于发达国家是意料之中，对发展中国家来说则是不期而至。自 20 世纪 90 年代开始，大多数发展中国家

[①] Robert Rowthorn and Raomana Ramaswamy, "Growth, Trade, and Deindustrialization", *IMF Staff Papers*, Vol. 46, No. 1, 1999, pp. 18–41; Christopher Kollmeyer, "Explaining Deindustrialization: How Affluence, Productivity Growth, and Globalization Diminish Manufacturing Employment", *American Journal of Sociology*, Vol. 114, No. 6, 2009, pp. 1644–1674.

[②] Branko Milanovic, *Global Inequality: A New Approach for the Age of Globalization*, Cambridge: Harvard University Press, 2016.

还在寻求提升工业化水平的过程中，却出现了去工业化的趋势：制造业附加值在全民经济中的比例和制造业就业人数比例都呈现出下降趋势，而且这两个比例的峰值都明显低于发达国家曾经达到的水平。最早实现工业化的英国和德国，制造业就业人口比例最高时达到30%以上才开始下降。在20世纪80年代，发展中国家的制造业产值平均达到GDP的20%后开始下降，进入21世纪后，去工业化趋势变得更明显。制造业产值在达到GDP的14%后就开始下降。①去工业化趋势不仅发生在中等收入的拉美国家，在低收入的非洲国家中也显露了迹象。

丹尼·罗德里克认为，经济全球化带来的技术进步、需求变化和竞争加剧是主要原因。② 技术进步冲击最大的是低技能行业。不仅许多工作机会消失，而且工资水平也在下降，尤其是那些最容易被数字技术替代的行业。③需求变化则是让消费者对服务业产品的需求取代了制造业产品的需求。工业化通常伴随着城市化，而发展中国家过早的去工业化也经常伴随着"过早的城市化"。非洲国家城市化率达到50%时的人均收入水平可能只有拉美国家的一半，东亚国家的三分之一。④这是因为，从农业转出来的剩余劳动力并没有进入高生产率的制造业，而是进入了生产率依旧低下的城市服务业。⑤

过早去工业化的另一个表现是过早的专业化分工。在传统的经济发展阶段中，国家的经济结构和经济增长通常呈现倒 U 形的曲线

---

① Richard Newfarmer, John Page, and Finn Tarp, *Industries without Smokestacks: Industrialization in Africa Reconsidered*, Oxford: Oxford University Press, 2018, p. 8.

② Dani Rodrik, "Premature Deindustrialization", *Journal of Economic Growth*, Vol. 21, No. 1, 2016, pp. 1-33.

③ David Kunst, "Premature Deindustrialization through The Lens of Occupations: Which Jobs, Why, and Where?", Tinbergen Institute Discussion Paper TI 2019-033/V, 2019.

④ Richard Newfarmer, John Page, and Finn Tarp, *Industries without Smokestacks: Industrialization in Africa Reconsidered*, Oxford: Oxford University Press, 2018, p. 4.

⑤ Dani Rodrik, "An African Growth Miracle?", *Journal of African Economies*, Vol. 27, No. 1, 2018, pp. 10-27.

关系。在经济起飞之前，国家的经济结构单一，集中于农业生产。在经济起飞开始后，劳动力开始从农业部门转移到工业部门，经济结构开始向多元化发展。经济发展进入成熟期后，工业生产更多向具有比较优势的行业集中，国家经济结构的多元化程度会再次降低。在全球化时代，发展中国家更容易融入国际市场，在发展水平较低的情况下就参与全球价值链的分工，生产活动容易向单一产品聚集，从而导致多元化水平降低。

政策选择也是发展中国家去工业化的重要原因。豪尔·斯泰因（Howard Stein）认为，新自由主义的结构调整是非洲国家产生去工业化的重要推手。为了尽快从20世纪70年代末的债务危机中摆脱出来，非洲国家在1980—1990年接受了31笔世界银行的结构调整贷款（SAL），占世界银行总贷款的一半。为获得这些贷款，非洲国家必须满足开放市场减少政府对工业发展的投资和政策指导等条件。[1] 结果却是原有的政府主导工业化模式被抛弃，而市场主导的发展模式又没有建立。

进入21世纪以后，大部分非洲国家重新制定产业政策，开始了工业化的再次尝试，工业就业人口比例开始上升。经济结构转型提高了劳动生产率，但工业部门本身的劳动生产率却没有显著提高。非洲经济增长得益于出口的大幅增长。从1995年到2008年，非洲的出口总额增长了近6倍。其中，初级产品和能源出口占总出口的比重从88%进一步提升到93%，而制造业出口的比重则从12%下降到7%。[2] 由此可见，非洲国家的经济增长加速的主要推动力来自国际油价和大宗商品的需求旺盛，而不是由制造业的兴起推动的。这也引起了对非洲经济增长能否持续的担心，是否会重新落入"资源

---

[1] Howard Stein, "Deindustrialization, Adjustment, the World Bank and IMF in Africa", *World Development*, Vol. 20, No. 1, 1992, pp. 83-92.

[2] Howard Stein, "Africa and the Great Recession: The Dynamics of Growth Sustainability", in *Emerging Economies During and After the Great Recession*, edited by Philip Arestis and Malcolm Sawyer, Palgrave MacMillan, 2016, p. 101.

诅咒"的陷阱。①

从19世纪末开始，拉美国家数次经历了快速的经济增长，也在较长的时间里出现经济动荡和低迷增长。21世纪初的国际石油和农产品价格上涨助推了拉美经济增长。2000—2015年，拉美国家的年均经济增长为3%，尽管仍低于亚洲和非洲的水平，但已经远高于20世纪末期的水平（1980年至2000年间拉美经济年均增长仅为0.4%）。但是，拉美国家的经济增长仍然严重依赖能源和农作物出口。初级产品出口在拉美国家出口的比例持续上升，经济活动之间的联系始终没有形成，制造业失去了活力，引起了拉美经济将重新回到"初级化"的担心。

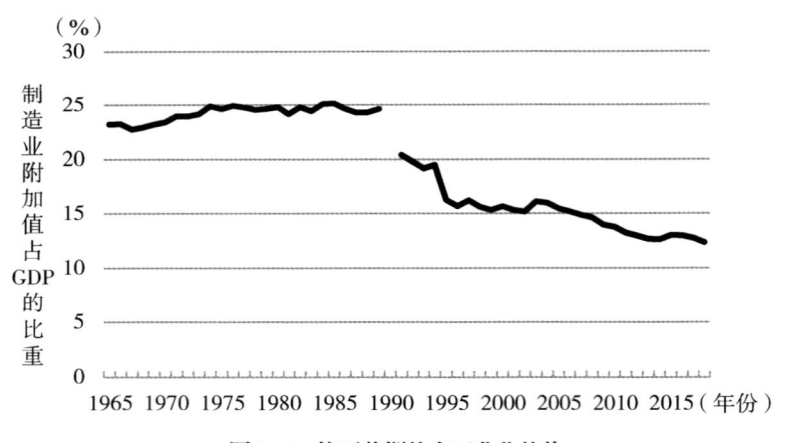

图3-1 拉丁美洲的去工业化趋势

资料来源：世界发展指数（WDI）2020。

2014—2016年国际市场能源资源产品价格大幅下跌再次抑制了拉美经济的增长势头。尽管2017年后拉美经济增长有所回升，但经济结构的脆弱性并未改善。被寄予厚望的工业化，并没有在拉美国

---

① 关于资源诅咒的原因解释和实证分析，参见 Jeffrey Sachs and A. M. Warner, "The Curse of Natural Resources", *European Economic Review*, Vol. 45, 2001, pp. 827−838.

家实现，反而出现了明显的去工业化现象。自20世纪80年代开始，制造业附加值在GDP中的比例持续下降，从1985年的25%下降到2018年的13%。① 去工业化本是发达国家经济发展到高水平后才出现的现象，但尚处于中等收入水平的拉美国家，却始终未能靠制造业带动经济增长，给拉美的发展前景蒙上了阴影。

21世纪初，石油和资源价格上升给拉美国家带来了暂时的经济繁荣，缓解了财政压力，但也增加了民众增加福利支出的需求。尤其是在激进左翼政府执政的委内瑞拉、玻利维亚、厄瓜多尔等国，政府为了赢得下层民众的选票，大幅提高了社会福利支出。即使是在温和左翼政府执政的智利、巴西、阿根廷等国，提高社会福利支出也一直是政府对民众承诺的政策目标。

为什么"过早去工业化"的现象在拉美国家中如此普遍？依附论提供了一个重要的结构分析视角。边缘国家难以实现工业化的主要原因是同中心国家不平等的贸易关系的产物。但是，尽管拉美国家的经济难以摆脱国际市场商品价格波动的影响，但依附论假设的贸易恶化关系也没有得到证实。在国际市场上，初级产品相对于工业产品的价格并非持续下跌，而是呈现周期性特点。

从内部环境来看，社会公正和贫富差距是另一制约工业化发展的重要原因。哥伦比亚经济学家奥坎波（José Antonio Ocampo）认为，拉美经济之所以难以摆脱对资源出口的依赖，是因为没有能够建立反周期的经济政策，而社会分配的压力是一个很大的因素。② 拉美国家尽管对产业政策的态度和方式已发生了数次转变，但国内始终面临财富再分配的巨大社会压力。

拉美国家充分享受了21世纪初的全球大宗商品繁荣时期的增长

---

① World Bank, "World Development Indicators", https：//data.worldbank.org/indicator/NV.IND.MANF.ZS? locations=ZJ.

② José Antonio Ocampo, "Commodity-led Development in Latin America", in *Alternative Pathways to Sustainable Development：Lessons from Latin America*, edited by Gilles Carbonnier, Humberto Campodónico, Sergio Tezanos Vázquez, 2017, Brill.

红利，将经济政策聚焦在缩小贫富差别、照顾弱势群体上，倡导社会凝聚等。绝对贫困人数大幅减少，一亿多拉美人民迈入中产阶级。不论是经济高增长国家如智利还是增长较为缓和的国家，如巴西，左翼政党执政国家还是中右翼党执政国家，拉美国家出现了贫富差距缩小的迹象。但是，拉美仍然是世界上贫富差距最大的地区。

在长达10年的经济繁荣期间，拉美国家新增的财政收入主要被用于福利分配，而没有用于改变出口单一化结构。其中，巴西、阿根廷和乌拉圭的社会福利支出比例提升最快，已经达到许多发达国家的水平，而它们的贫富差距却远高于发达国家的水平。这是因为社会福利支出并没有产生显著的财富再分配效果。一方面，社会支出增加的主要部分是养老金，而养老金的主要受益者是有固定工作的正式雇员，大部分的非正式劳动力则被排除在外；另一方面，私有化的医疗和教育虽然给民众提供了更多选择机会，但事实上却让中产阶级成为福利增加的主要承担者，背负了更多的债务，而富豪的财富却未被再分配。因此，社会支出的增加对缩小拉美国家贫富差距的效果有限。

不断增加的社会福利支出不仅没有产生足够的再分配效果，而且在外部冲击到来时变得更加脆弱。随着大宗商品价格下跌，拉美国家经济增长缓慢，政府财政收入减少，维持社会福利支出更加困难，财政转移和扶贫计划将难以实施。与此同时，去工业化导致拉美国家的就业减少，劳动生产率停滞。如果政府不在教育、科技和创业上进行扶持，低技能工人面临失业或收入下滑的危险。在这样的情况下，社会矛盾的激化已经难以避免了。

2019年11月，智利和玻利维亚，两个经济发展势头良好的拉美国家意外地爆发了大规模抗议活动，政局陷入动荡。不论是1800万人口的太平洋国家智利还是1100万人口的内陆安第斯国家玻利维亚，21世纪以来都因政治相对稳定、经济持续增长而被世界银行和其他拉美国家称赞。然而，两个国家发展态势良好的国家依然面临收入分配的巨大压力。根据世界银行数据，2017年智利最富有的前

20%人的收入占据了全国人民总收入的53%,而最贫困的20%人只占总收入的5%。玻利维亚的情况也类似。最富裕20%人占总收入的49%,最贫困20%占总收入的4%。智利作为拉丁美洲发展的"优等生"国家,曾因市场主导发展模式、养老金改革等新自由主义经济政策成为其他拉美国家的示范。然而,这个人均GDP跨过高收入国家门槛的富裕国家,却因地铁票涨价3%引发了大规模的抗议活动。骚乱逐渐演变为街头暴力和大规模抗议。抗议者们呼吁建立新宪法,以取代1980年皮诺切特军政府时期制定的宪法,后者曾为智利养老金、医疗和教育私有化改革等市场主导型经济政策提供了法律支持。

在玻利维亚,左翼土著领袖莫拉雷斯于2005年以压倒性优势赢得大选以来,采取了政府主导的发展模式。他将天然气国有化,倡导基础设施和社会福利项目,并为农村居民和土著居民等弱势群体提供土地权和自治权。玻利维亚一度成为安第斯地区增长最快的国家,减贫效果也很显著。在莫拉雷斯当政的15年间,玻利维亚的贫困率从59%下降到35%,反映不平等水平的基尼系数也从0.6降到了0.47。[1] 然而,莫拉雷斯却因在大选中舞弊的指控而引起全国性抗议,最终被迫辞职并前往他国避难。他的支持者和反对者们在街头仍冲突不断。

第三节　中国因素对非洲工业化的影响

在大多数发展中国家出现去工业化趋势的同时,中国的工业化却在加速发展。从1990年到2018年,中国的工业附加值增加了18倍,占全球制造业总附加值的份额从4%上升到21%。[2] 与此同时,中国同发达国家的发展差距迅速缩小。人均GDP从1980年相当于美国的5.7%猛增到2016年的23.2%。工业化在中国的经济追赶中发挥了关键作用。

---

[1] "The World Bank in Bolivia", https://www.worldbank.org/en/country/bolivia/overview.
[2] 根据世界银行的"世界发展指数"(WDI)数据库计算。

同时，中国工业发展也促进了全球制造业生产率的提升。1970—1990年，全球制造业劳动生产率增长低于全球总体劳动生产率，而1990—2010年，全球制造业劳动生产率的增速显著提高，不仅是前一阶段增速的2倍以上，而且比同期的总体劳动生产率增速高12个百分点。而这一时期，也正是中国的制造业大幅增长的时期。[①]

图3-2显示，从1970年到2015年，发达国家的制造业劳动力占总劳动力的比例从24.6%下降到12.4%，其中，劳动密集型的制造业下降最为明显。发展中国家制造业就业比例在20世纪80年代达到13.4%的顶峰后缓慢下降到11.6%。与此同时，中国的制造业就业比例则显著上升，从1970年的10.3%上升到2015年的20.8%。由此可见，中国的工业发展改变了制造业的全球格局，部分抵消了其他国家工业下降的影响，使制造业在全球经济中的份额得以维持。

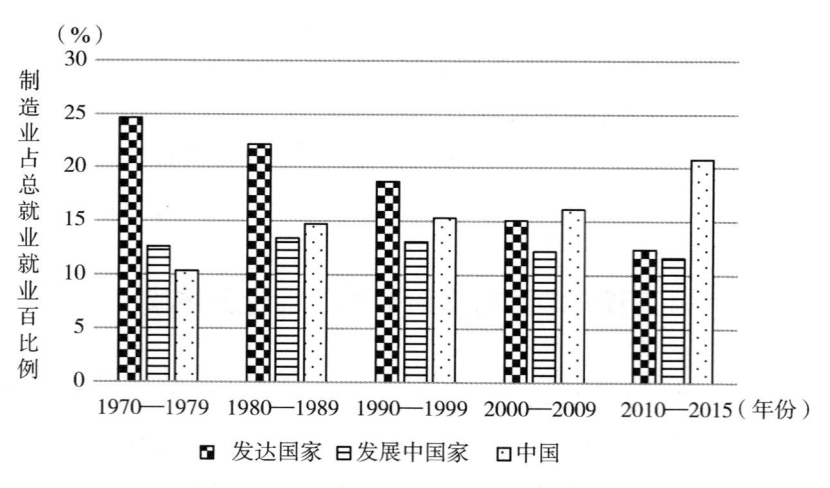

图3-2 全球制造业劳动力占总就业人口比例

资料来源：IMF, "World Economic Outlook: Cyclical Upswing, Structural Change", April 2018, p. 130.

[①] Jesus Felipe and Aashish Mehta, "Deindustrialization? A Global Perspective", *Economics Letters*, Vol. 149, 2016, pp. 148-151.

中国的迅速工业化同其他发展中国家的去工业化形成了巨大反差。这两个迥异的发展轨迹之间有什么关联吗？无可否认，中国的工业化得益于其丰富且廉价的劳动力资源，但具备同样要素禀赋的国家并没有都在工业发展上取得成功。印度就是典型的例子。

从全球范围来看，中国成为世界工厂是全球制造业结构重组的体现。全球价值链的扩展改变了传统的制造业流程和结构。制造业结构重组后，占据价值链高端和低端的国家都可能出现去工业化，而价值链中端的国家则将扩大工业化规模。具体来说，发达国家的去工业化表现为向价值链高端集中，即工业知识化；非洲和拉美发展中国家的去工业化则表现为向原料和初级产品集中，即工业初级化；价值链的中间部分则向中国和其他亚洲新兴经济体的劳动密集型生产集中，即工业规模化。换而言之，全球化强化了中国在劳动密集型产业上的规模优势、发达国家在高端服务业上的知识优势，和其他发展中国家在初级产品生产的资源优势。[1]

中国的工业发展给发达国家带来了什么影响？一些学者认为中国的制造业出口对进口国的制造业产生挤出效应，削弱了他们的竞争优势，导致就业减少，并由此影响国内的政治格局。"中国冲击"在发达国家中表现更加明显。三位美国学者的研究发现，中国竞争造成了美国制造业就业人数减少和工资水平下降。[2] 因此，中国进口增长较快的州更可能出现政治极化的迹象。[3] 在欧洲，在受到中

---

[1] Adrian Wood and Jorg Mayer, "Has China De-Industrialized Other Developing Countries?", *Review of World Economics*, Vol. 147, No. 2, 2011, pp. 325-350.

[2] David Autor, David Dorn, and Gordon Hanson, "The China Syndrome: Local Labor Market Effects of Import Competition in the United States", *The American Economic Review*, Vol. 103, No. 6, 2013, pp. 2121-2168.

[3] David Autor, David Dorn, and Gordon Hanson, "The China Shock: Learning from Labor-Market Adjustment to Large Changes in Trade", *Annual Review of Economics*, Vol. 8, 2016, pp. 205-240.

国进口竞争影响较大的地区，支持民族主义和右翼政党的选民明显较多。① 但是，也有学者发现，中国进口对发达国家造成的冲击被夸大了，因为从中国进口的中间产品价格较低，降低了下游行业的投入成本，从而间接促进下游的非制造业就业增加。②

中国的工业发展对于发展中国家的影响则更难以判断，因为中国和发展中国家可能同时存在竞争和互补关系。一方面，中国作为世界上最大的制造业生产和出口国家，对进口国可能造成了竞争压力，削弱了他们在发展劳动密集型产业的竞争优势。尤其是同中国发展水平和经济结构相似的国家，受到的冲击会更大。③另一方面，中国的产业转型和升级可能会带动全球价值链向更多的发展中国家扩展。同时，中国不断扩大的消费能力将强化其在全球价值链中的核心地位，可能会对价值链的上下游国家都产生正向的传导效应。到底是竞争关系还是互补关系更显著，可能取决于贸易国的经济发展水平和经济结构。

在本章中，我们的考察对象集中在同中国发展水平差异较大的非洲国家。表3-1列出了中国对非洲国家工业发展可能产生影响的四种情况。如果中非产业之间主要是竞争关系，中国对非洲的出口将会对非洲国家内向型企业产生挤出效应，导致他们的国内市场份额缩小。同时，非洲国家的外向型企业在国际市场上的份额也可能被中国产品挤占，工业产品出口将可能下降。这两种情况都会引起进口国的工业化程度下降。如果是中非产业之间主要是互补关系，中非贸易可能会推动非洲国家的产业能力提升，增加对中国的工业

---

① Italo Colantone, and Piero Stanig, "The Trade Origins of Economic Nationalism: Import Competition and Voting Behavior in Western Europe," *American Journal of Political Science*, Vol. 62, No. 4, 2018, pp. 936-953.

② Zhi Wang, Shang-Jin Wei, Xinding Yu, and Kunfu Zhu, "Reexaming the Effects of Trading with China on Local Labor Markets: A Supply Chain Perspective", NBER Working Paper 24886, 2018.

③ Adrian Wood and Jorg Mayer, "Has China De-Industrialized Other Developing Countries?", *Review of World Economics*, Vol. 147, No. 2, 2011, pp. 325-350.

制成品出口。同时，非洲企业参与全球价值链的程度也会提升，对其他国家的工业制成品和中间产品出口都可能会有较大幅度增加。这两种情况都将会推动非洲国家的工业化程度。

表3-1　　　　　中国对发展中国家工业化的可能影响

	竞争关系	互补关系
国内	国内产业发展空间缩小	承接中国转移产能，国内产业能力提升
国际	国际市场份额被挤占	融入全球价值链，国际市场份额扩大

欧美发达国家历来是非洲国家最主要的贸易伙伴，但进入21世纪以来，中国同非洲的贸易迅速增长，已连续十年成为非洲第一大贸易伙伴国，而欧美发达国家在非洲贸易总额中的份额从62%下降到44%。[①]

从中非贸易结构来看，初级产品是非洲对中国最主要的出口商品，占总出口的77%，从中国的进口中制造业产品占92%。尽管非洲对中国的贸易赤字近年来有所上升，但从走势上看，非洲对中国的出口年均增长15.4%，超过了对其他非洲国家的出口增长水平（8.5%），更是远远超过了对欧美发达国家的出口增长水平。因此，2000—2017年，中国在非洲总出口的比例从2.0%上升到8.7%，而欧洲从35.9%下降到30.2%，美国更从20.9%下降到7.0%。无论是制造业、中间产品还是原材料，非洲对中国的出口增长都远高于对其他主要贸易伙伴。在对发达国家的出口方面，由于美国对非洲原材料和初级产品需求的下降，非洲对美国的出口总体下降，而对欧洲的出口年均增长近5%（参见表3-2）。

非洲的中间产品出口是增长最快的领域，达到年均8.9%，是原材料出口增长的2倍多。而且对所有主要的贸易伙伴，中间产品出口都高于工业制成品和原材料出口的增长速度。这意味着非洲国家

---

① UNCTAD,"Key Statistics and Trends in Regional Trade in Africa", 2019, p.17.

融入全球价值链的程度迅速提升，也从一个方面说明了中非工业发展有较明显的互补关系。尽管非洲对中国的制造业出口比例仍然较低，但增长速度远高于非洲对其他主要贸易伙伴的制造业出口。

表3-2　2000—2017年非洲对主要贸易伙伴的出口构成及变化趋势　　（单位：%）

贸易伙伴	总出口年均增长率	制造业出口年均增长率	中间产品出口年均增长率	原材料出口年均增长率	占总出口份额（2000年）	占总出口份额（2017年）
世界	5.7	6.0	8.9	4.2	100	100
中国	**15.4**	**13.2**	**19.3**	**19.2**	**2.0**	**8.7**
非洲	8.5	9.7	8.6	7.5	16.0	22.1
欧洲和中亚	4.7	2.6	7.0	3.0	35.9	30.2
美国	-0.8	3.0	6.9	-4.0	20.9	7.0

资料来源：世界银行"世界整合贸易解决方案"（WITS）数据库，https://wits.worldbank.org/Default.aspx?lang=en。

图3-3展示了21世纪以来非洲国家制造业发展同中非贸易的关系。图中的横坐标分别为非洲对中国出口和从中国进口的平均值（自然对数）。纵坐标分别为非洲制造业就业和附加值在总体经济中的比例。无论是制造业就业还是附加值比例都同中国贸易存在正相关性。更重要的是，这两个指标同从中国进口的正相关性比向中国出口都更明显。这个发现说明，从中国进口非但没有导致非洲的去工业化，反而对非洲的工业发展有显著的积极影响。当然，中国进口在何种程度上影响非洲工业发展，还有待进一步的实证分析。

由此可见，自21世纪以来，中国和非洲工业发展总体上呈现出更强的互补关系。中国的进口需求扩大了非洲的生产出口能力。而中国的产业升级带来的商品和资本输出，则提升了非洲国家的工业生产能力，帮助其进一步融入全球价值链。大部分非洲国家同中国在产业结构和发展阶段上存在较大差异，将更可能获得产能合作的红利。林毅夫等认为，随着中国的产业结构从劳动密集型转向资本和技术密集型产业，将给低收入的发展中国家带来工业化的机会。他们估计，如果中国的产业升级减少10%的制造业就业，就会有850万个就业就会在转移到低收入的发展中国家。如果非洲承接了这些转出的产能和就业机会。就能启动非洲的工业化道路，制造业就业也会翻番。①

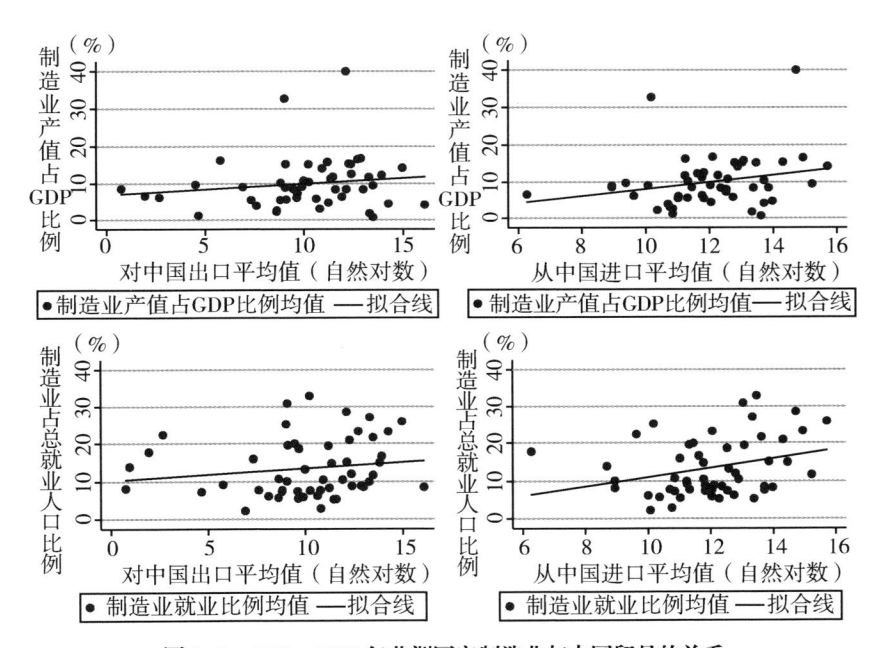

图 3-3 2000—2018 年非洲国家制造业与中国贸易的关系

资料来源：世界银行"世界发展指数"（WDI）数据库和"世界整合贸易解决方案"（WITS）数据库，https：//wits.worldbank.org/Default.aspx? lang=en。

当然，由于非洲国家之间存在禀赋和发展水平差异，中国同非洲国家之间的竞争互补关系也呈现出较大差异。经济发展水平较低的埃塞俄比亚，是 21 世纪以来同中国经贸合作增长最快的非洲国

---

① Vandana Chandra, Justin Yifu Lin, and Yan Wang, "Leading Dragon Phenomenon: New Opportunities for Catch-Up in Low Income Countries", *Asian Development Review*, Vol. 30, No. 1, 2013, pp. 52-84.

家。埃塞俄比亚通过承接部分中国转出的产能，大力发展出口导向的劳动力密集型制造业，成为增长最快的发展中国家之一。[1] 而经济发展水平相对较高的南非，尽管从中国进口增长的幅度远不如埃塞俄比亚，但其国内产业结构同中国相近，面临的竞争压力更大，去工业化的表现较为明显。[2]

第四节 发展中国家的多元工业化战略

在 20 世纪后期，发展中国家通常以发展资本密集型制造业为工业化的主要目标，交替使用进口替代和出口导向的战略，有选择地保护并扶持特定行业。但是，21 世纪以来，在新自由主义式微、全球价值链扩展、中国崛起的大背景下，后发国家的工业化战略和目标开始变得更多元。

一 发展中国家工业化的外部环境变化

首先，新自由主义的影响力下降，尤其是 2008 年国际金融危机彰显了监管失败和市场失灵的灾难性后果，使产业政策在全球范围都重新受到了重视。[3] 产业政策承载了减少政府失灵和市场失灵的双重任务，其目标范围和干预方式因此扩大，体现在三个相互关联的方面。

一是从保护性到开放性产业政策。传统的进口替代政策通过关税和贸易壁垒等手段来保护国内市场和幼稚产业，限制外来竞争，垄断国内市场。开放性产业政策则是以建立本国企业之间以及同国

---

[1] African Development Bank, "Industrialize Africa: Strategies, Policies, Institutions, and Financing", 2018.

[2] Lawrence Edwards and Rhys Jenkins, "The Impact of Chinese Import Penetration on the South African Manufacturing Sector", *Journal of Development Studies*, Vol. 51, No. 4, 2015, pp. 447-63.

[3] Robert Wade, "Return of Industrial Policy?", *International Review of Applied Economics*, Vol. 26, No. 2, 2011, pp. 223-239.

际市场之间的联系，通过加强基础设施投资、补贴出口等手段来激励本国企业融入全球市场、增加出口，占领国际市场。[1] 二是从垂直型向水平型产业政策。传统的垂直性产业政策通常先由政府根据计划选定重点照顾的行业和企业，然后对这些行业和企业进行补贴和保护，以期重点培养具有国际竞争力的"国家队"。水平性产业政策则是通过设定研发、生产效率、出口等业绩目标来对达标的企业进行奖励，鼓励不同规模企业的百花齐放。三是从主动式到被动式产业政策。传统的主动式产业政策强调政府积极干预，通过政府补贴等手段来改变企业行为，鼓励企业出口、产业升级和技术创新；被动式产业政策则是以改革政策流程为手段来提高政府效率，降低商业成本，同时也通过政府采购的方式来培育和扶持优先发展的产业。[2]

其次，全球价值链扩展改变了传统的产业类别和格局。从全球范围来看，制造业对经济发展的推动作用仍然重要，但是由于制造业产出在经济总量中的比例下降，许多发展中国家利用制造业发展经济的机会减少了。[3] 与此同时，服务业的重要性持续上升。从1970年至2014年，服务贸易在国际贸易中的份额从3%增加到23%，服务业出口在GDP中份额从1%上升到6%。尤其是信息和金融服务业增长最为迅速。[4] 更重要的变化是，制造业和服务业的联系日益紧密，界限也越来越模糊。

全球化价值链对发展中国家的工业化发展产生了双刃剑的效果。一方面，参与全球价值链的门槛变得更低。由于工业生产过程的分

---

[1] Andrew Schrank and Marcus Kurtz, "Credit Where Credit is Due: Open Economy Industrial Policy and Export Diversification in Latin America and the Caribbean", *Politics and Society*, Vol. 33, No. 4, 2005, pp. 671-702.

[2] UNCTAD, "The Catch-up Challenge: Industrialization and Structural Change", in Trade and Development Report 2016.

[3] Nobuya Haraguchi, Charles Fang Chin Cheng, and Eveline Smeets, "The Importance of Manufacturing in Economic Development", *World Development*, Vol. 93, 2017, pp. 293-315.

[4] Prakash Loungani, Saurabh Mishra, Chris Papageorgiou, and Ke Wang, "World Trade in Services: Evidence from A New Dataset", IMF Working Papers, Vol. 17, No. 77, 2017, p. 1.

拆，发展中国家可以在没有建立整套工业体系的情况下生产并出口零部件生产，从而进入全球市场。非洲开发银行认为，对于缺乏工业基础和大型企业的非洲国家来说，全球价值链的扩展会带来更多发展机会。①

另一方面，全球价值链将增强价值链高端的企业和国家的定价权和谈判能力，压缩价值链低端国家的生产附加值。同时，低收入国家对高收入国家的劳动密集型产品出口份额一直在下滑，2017年仅占全球商品贸易的18%。②出口对经济增长的带动作用也在下降。③这意味着发展中国家廉价劳动力的比较优势逐渐减少。由于技术进步带来的生产率的提高，制造业就业比例在几乎所有国家呈现出下降趋势，即使是工业化最成功的亚洲新兴经济体也不例外。而自动化和人工智能技术的发展可能会加剧这一趋势，将传统的劳动密集型生产变为技术密集型生产。这可能会进一步削弱发展中国家通过发展劳动密集型产业来实现经济持续增长的能力。

最后，全球经济重心转移，中国取代欧美发达国家成为发展中国家的主要贸易伙伴和资金来源。深化同中国的经贸关系增加了发展中国家工业化的道路选择。中国对初级和资源产品的强大需求拉动了非洲和拉美的出口增长，从而助推了经济增长。中国的产业升级也给发展中国家承接产能转移、发展劳动力密集型产业提供了机会。此外，中国的发展经验为发展中国家制定产业政策提供了新的参考。尤其是中国在吸引外资、基础设施建设和产业集聚等方面的做法都对非洲国家的经济发展战略产生了重要影响。非洲晴雨表的

---

① African Development Bank, *African Economic Outlook 2014: Economic Outlook*, 2014.
② McKinsey Global Institute, "Globalization in Transition: The Future of Trade and Value Chains", January 2019.
③ Dani Rodrik, "New Technologies, Global Value Chains, and Developing Economies", NBER Working Paper 25164, 2018.

调查显示，中国的发展模式在非洲国家中已有很高的认同度。[1] 尤其是"工业化是经济发展的核心"这一理念已成为非洲各国的共识。

近年来，非洲国家及非盟先后出台《加速非洲工业化发展行动计划》《非洲基础设施发展规划宣言》《2063年愿景》等重要发展战略，希望通过工业化、经济融合和一体化推动经济发展。2016年，非洲发展银行制定了为期10年的"非洲工业化战略2016—2025"，决定投入350亿美元以支持六大产业计划。[2] 在2006年中非合作论坛北京峰会上，中非双方确定了"推动非洲工业发展、加强非洲生产和出口能力"的目标。7个产业园入选中华人民共和国商务部境外经贸合作区项目，推动中非经贸合作进入新阶段。在2015年中非合作论坛上，中国领导人宣布的"十大行动计划"也将中非工业化合作放在首要位置。2018年中非合作论坛北京峰会后，中非产业园区合作进入规模化快速发展阶段。这些产业园区是中国产能转移的主要承接地，也是非洲工业化发展的重要平台。

二 工业化的多元目标选择

在这些外部环境变化的影响下，非洲国家很难再模仿东亚的出口导向劳动力密集型的工业化模式，而是需要根据本国情况制定更多元、非常规的产业政策。那么，非洲有哪些产业政策目标选择呢？

第一种选择是发展通过建立工业园区来形成产业集群和区域生产链。在产业、企业、和市场规模都很小的情况下，非洲国家可以通过设计特殊的地域产业政策以创建企业和产业分布相对集中的产业群。这种模式有利于大规模地吸引外资。中国的经济特区开发区经验已在非洲产生了重要影响。许多非洲国家已经将工业园区建设

---

[1] Afrobarometer, "China's Growing Presence in Africa Wins Largely Positive Popular Reviews", October 24, 2016.

[2] African Development Bank, "Board approves AfDB Group's Industrialization Strategy for Africa 2016-2025: A Road Map for Scaling up Africa's Economic Transformation", July 25, 2016.

作为产业政策的重要部分。工业园区合作也是中非经贸合作的重要内容。到2019年，中国已在非洲建立了25个境外合作区，带动4万人以上就业，推动中国对非产业链整合投资加快增长，产业集聚效应逐步显现。① 非洲大陆内部的地区整合也将对建立区域生产链的产生重要影响。IMF的研究发现，地区一体化将可能大幅推动以农业为基础的非洲国家的经济增长。②非洲区域内贸易占贸易总额的比重从1990年的约5%升高到2017年的约12%，而且存在进一步增长的巨大空间。

但是，非洲国家的工业园区发展受到许多限制。尽管非洲国家拥有大量的廉价劳动力，但大部分非洲国家经济结构仍是农业主导，工业基础薄弱。首先，基础设施缺乏、教育水平过低、市场碎片化都是限制非洲国家发展大规模制造业的障碍。③同时，园区内产业过于单一，纺织品和服装是许多工业园区的唯一产业。这些产业属于原材料和市场两头在外，上下游价值链短，对国内工业化的带动作用有限。其次，非洲国家之间的贸易壁垒高，区域融合程度低，市场规模难以扩大。

第二种选择是基于资源产品的工业化。通常认为，发展中国家的经济结构只有从依靠初级产品和资源出口的单一经济结构转变到复杂多样的工业经济结构，才可能实现经济持续发展。但是，阿尔伯特·赫希曼曾经指出，资源出口可能通过三种联系渠道对经济活动产生积极的扩散效应，从而推动经济结构多元化。第一是财政联系。资源出口的收入可以使国家增加对其他非资源部门的投入。第二是消费联系。资源出口积累的财富提升了国内市场的消费能力，

---

① 第一财经：《商务部：将对非洲现有的25个境外经贸合作区进行升级改造》，2019年6月4日，https://www.yicai.com/news/100211893.html。

② International Monetary Fund, "Regional Economic Outlook: Sub-Saharan Africa Recovery amid Elevated Uncertainty", April 2019, p. 45.

③ 李智彪：《非洲工业化战略与中非工业化合作战略思考》，《西亚非洲》2016年第5期，第107—137页。

从而增加了对制造业产品的需求。第三是生产联系。资源出口可以带动有关的上下游产业，尤其是资源相关的服务业。① 如果发展中国家可以有效地建立这些联系渠道，就可能避免资源诅咒的发生。

然而，这些联系渠道一直未能在非洲经济发展中建立起来。20世纪70年代，石油和农产品价格上升给非洲国家带来了暂时的繁荣，也增加了他们对资源的依赖。资源出口的收入被用于补贴进口替代的工业部门，而没有用于改变出口结构。随着大宗商品价格下跌，非洲国家经济陷入了困境。"资源红利"变成了"资源诅咒"。

21世纪初的石油和大宗商品价格上升是否会让非洲国家重蹈覆辙？事实上，两次的大宗商品价格上升发生在不同的国际经济环境中。由于全球价值链的扩展，资源产品的附加值也在增加。就全球范围来看，加工和半加工的农产品已经占到农业总出口的四分之三，而在非洲，这个比例仅为35%，发展潜力较大。跨国企业也改变了传统的资源开采飞地模式，将资源的初加工生产靠近资源产地。② 这些变化为非洲国家发展出口导向的资源加工产业提供了机会。例如，埃塞俄比亚的咖啡豆和肯尼亚的茶叶分别是两国最大的出口商品。近年来，两国的农产品出口都从低附加值的原料向高附加值的半成品和成品提升，不仅增加了外汇收入，还创造了更多就业。③

第三种选择是基于制造业的服务业，也就是"没有烟囱的工业化"。④ 全球价值链对生产过程进行了第二次大分拆，形成了附加值

---

① Albert Hirschman, *Essays in Trespassing: Economics to Politics and Beyond*, New York: Cambridge University Press, 1981.

② Mike Morris and Judith Fessehaie, "The Industrialisation Challenge for Africa: Towards a Commodities Based Industrialisation Path", *Journal of African Trade*, Vol. 1, No. 1, 2014, pp. 25–36.

③ United Nations Economic Commission for Africa (UNECA), "Making the Most of Africa's Commodities: Industrializing for Growth, Jobs and Economic Transformation", *Economic Report on Africa 2013*.

④ Richard Newfarmer, John Page, and Finn Tarp, *Industries without Smokestacks: Industrialization in Africa Reconsidered*, Oxford: Oxford University Press, 2018.

的"微笑曲线"。① 在生产过程的前端（研发、设计）和后端（营销和售后服务）环节都可以归入服务业的领域，具有较高的附加值，而从原材料到加工生产的中段环节，才是标准的制造业，也是附加值相对较低的环节。全球价值链模糊了制造业和服务业的界限，也造成了制造业和服务业在附加值和劳动密集程度上的此消彼长。尽管服务贸易只占全球贸易总额的20%，却贡献了近50%的全球贸易附加值。②因此，全球范围的去工业化并不意味着经济发展动力减弱了，高附加值和劳动密集型的服务业兴起，可能填补制造业下降留出的空间，成为经济发展的重要推动力。

对大多数非洲国家来说，发展出口导向型制造业的门槛很高，而发展制造业相关的服务业的基础则较容易达到。尽管非洲在全球服务贸易中的份额很小，但增长潜力巨大。在2008年国际金融危机后，服务业成为大多数非洲国家经济发展的主要动力，对经济增长的贡献超过了50%，从而缓解了国际市场能源和农产品价格下降对非洲经济的冲击。③ 信息技术服务和金融服务的发展空间尤其突出。根据国际电信联盟（ITU）的统计，非洲的互联网用户增加迅速，2005年仅占总人口的2.1%，2018年已达到24.4%。④ 2000—2012年，非洲的信息技术和金融服务业出口分别以年均20%和12%的速度增长，远超过世界平均水平。⑤因此，发展基于制造业的服务业可能成为一些非洲国家工业化战略的优先选择。

---

① Richard Baldwin, "Trade and Industrialization after Globalization's 2nd Unbundling: How Building and Joining a Supply Chain Are Different and Why It Matters", NBER Working Paper 17716, 2011.
② WTO, "World Trade Report 2019: The Future of Services Trade", 2019, p. 45.
③ UNCTAD, "Economic Development in Africa Report 2015: Unlocking the Potential of Africa's Services Trade for Growth and Development", 2015, p. 17.
④ IT Web, "Africa see strong internet growth", https://www.itweb.co.za/content/VgZeyvJA3V6qdjX9。
⑤ United Nations Economic Commission for Africa (UNECA), "Industrializing through Trade", Economic Report on Africa 2015.

三 产业政策中的多元政府角色

无论产业政策如何制定，其实施效果都会受制度环境和政府能力的影响。经济发展是一个持续和动态的过程。对于处于不同发展阶段的国家，政府与市场之间的"嵌入式自治"关系并非一成不变。政府对产业发展的干预也应该随制度环境和发展阶段的变化而调整的。实施产业政策需要与之相适应的制度环境。罗德里克认为，产业政策应该是发展中国家的自我发现过程。政府和民间应该协力发现国家经济发展的短板，找到最适合的发展路径。一个国家是否能够成功最终取决于国家和社会的持续学习能力，包括新技术、新商业模式、管理经济的新方式以及同处理其他国家关系的新政策。[1]

对于低收入国家来说，政府能力和资源都很有限，产业政策干预的范围和力度都需要更有选择性。阿尔卡贝·奥克贝（Arkebe Oqubay）强调，低收入国家不应简单地遵循传统的比较优势理论所倡导的产业发展路径，而应制定和实施积极的产业政策，特别应注重顶层设计，制定不同阶段的产业发展规划，必要时甚至直接介入资源调动和分配。[2] 埃塞俄比亚政府推行了一系列具体举措，包括深化国内体制改革，择定优先发展产业（皮革、纺织、花卉、农产品加工），推动多种类型工业园的发展等。[3] 政府还计划在未来十年中，每年投资10亿美元用于支持工业园区建设，以期带动出口，把埃塞俄比亚打造成非洲大陆的制造中心。而对于已经具备一定工业

---

[1] Akbar Norman and Joseph E. Stiglitz, *Efficiency, Finance, and Varieties of Industrial Policy: Guiding Resources, Learning, and Technology for Sustained Growth*, New York: Columbia University Press, 2017.

[2] ［埃塞俄比亚］阿尔卡贝·奥克贝：《非洲制造：埃塞俄比亚的产业政策》，潘良、蔡蓴译，社会科学文献出版社2016年版。

[3] Mulu Gebreeyesus, "Industrial Policy and Development in Ethiopia: Evolution and Present Experimentation", in *Manufacturing Transformation: Comparative Studies of Industrial Development in African and Emerging Asia*, edited by Carol Newman, John Page, John Rand, Abebe Shimeles, Mans Soderbom, and Finn Tarp, Oxford: Oxford University Press, 2016.

发展水平的发展中国家，产业政策还需要肩负推动产业升级和技术创新的任务。政府干预市场的方式应逐渐向间接干预过渡，更多采用被动式的水平型产业政策，以政府采购等手段来引导目标产业发展。

产业政策的有效实施不仅需要合理的顶层设计，也需要地方政府和利益相关方的积极推动。尤其是当国家进入中等收入发展水平之后，劳动力成本不再便宜，引进技术不再容易和利润丰厚，经济增长的后发优势逐渐失了。如何突破中等收入陷阱就成了关键问题。但是，突破中等收入陷阱不仅是个经济问题，需要改变经济结构，重新找到经济增长动力。更重要的是，改革创新和产业升级需要触动既得利益群体的奶酪，因此需要强大的产业联盟的支持。[1]

地方政府和产业联盟的参与不仅可以提高产业政策实施的效果，而且可以留出试错和纠错空间，来应对经济结构调整所带来的复杂挑战，避免出现系统性危机。利用分权改革来推动政策试验是中国经济发展中最突出的特点之一。[2]在财政分权的体制框架下，地方政府全面负责本辖区的经营活动。中央政府以任用和晋升为手段，激励地方政府执行中央的政策方针，维护有利于投资的政策环境。地方性的创新，如试验性的条例法规、经济特区、政策实践等，首先是在少数地方作为试点项目实施的。只有经过实践证明产生了预期成果，才能扩散到更多地区，最终成为国家政策。改革试验方法并不是为了寻找"最佳政策实践"，而是帮助中央政府在避免政策僵局的同时，充分利用当地优势、调动地方官员的积极性。

自 1950 年以来，发展中国家的经济发展经历了三个阶段。1950—1980 年是大推动工业化阶段，发展中国家整体上略微缩小了

---

[1] Richard Doner and Ben Ross Schneider, "The Middle-Income Trap: More Politics than Economics", *World Politics*, Vol. 68, No. 4, 2016, pp. 608-44.

[2] Sebastian Heilmann, "Policy Experimentation in China's Economic Rise", *Studies in Comparative International Development*, Vol. 43, No. 1, 2008, pp. 1-26.

同领先发达国家的差距。20世纪的后20年是新自由主义全球化阶段，发展中国家之间出现了分化，少数新兴经济体经济追赶速度加快，但大多数发展中国家的经济增长陷入了困境。21世纪初开启了可持续发展全球化阶段，发展中国家再次缩小了同发达国家的差距，但可持续发展问题仍然严峻。

工业化是否仍是经济发展最重要的推动力？本章的观点是：工业化并非经济发展的万灵药。创造就业和技术创新是经济发展过程中的两难问题。对发达国家来说，技术创新是导致制造业就业减少的主要原因。对发展中国家来说，全球化放大了劳动密集型制造业的优势效应，但却让技术升级变得更困难。工业化本身已经难以实现创造就业和提高生产率的双重目标。工业生产和服务业的结合也许是新工业化的发展目标。这对发展中国家的发展赶超增加了更多的挑战和变数。劳动力资源不再是许多国家的比较优势。全球格局将会变得更多元。

中国的经济发展和21世纪以来非洲崛起的事实表明：传统的经济发展理论无法反映当今世界经济格局的深刻变革，对后发国家的战略选择缺乏指导意义。20世纪中期以来，只有少数国家能通过工业化实现经济追赶，足以说明工业化本身并非后发国家实现经济追赶的灵丹妙药，而如何实施合适的工业化战略才是关键。在全球化时代，南北国家发展差距缩小了，而发展中国家之间的差异性却在拉大。这种差异性不仅表现在经济增长速度上，也表现在发展模式上。已有的成功发展经验，无论是来自早期西方发达国家还是近期新兴国家，都不会是对后发国家广泛适用的标准模式。因此，发展中国家应根据不同的国内禀赋和国际环境来制定适合本国的产业政策，释放经济持续增长的动力。

20世纪90年代以来，中国的迅速工业化同其他发展中国家的去工业化形成了巨大反差。尽管有研究认为中国的世界工厂地位限制了其他发展中国家的工业化，但本章发现，中国的经济发展并不是导致发展中国家出现去工业化的重要原因。中国的制造业出口对一些进口国家造成了竞争压力，但中国从制造业大国向全球市场转型为发展中国家带来了承接产能、扩大出口的机会。中国制造自身形成的国际产业链也会向上下游产业都产生传导效应，提升发展中国家参与全球价值链的程度。尤其是在发展水平和经济结构都同中国差别较大的非洲，工业化发展总体上受益于中非贸易关系的提升。

全球化不仅对发展中国家的工业化进程产生了差异影响，也推动了工业化模式的多样性。这种多样性不仅表现在经济发展水平不同的发展中国家之间，而且表现在同一地区内部。随着制造业在创造就业和提高劳动生产率方面的作用下降，传统的劳动密集型和出口导向制造业也不再是后发国家工业化战略的唯一选择。在非洲，一些国家在通过设立工业园区等措施改善本国的投资环境，提升基础设施质量，利用比较优势融入全球价值链，大量承接中国转出的工业产能，工业化发展取得了显著进展。与此同时，发展基于制造业的服务业和基于初级产品的制造业也将成为一些非洲国家的工业化目标。

本章的发现为中国同其他发展中国家构建可持续的经贸关系提供了新启示。在大国竞争博弈加剧的背景下，维护好中国同发展中国家之间的关系变得更重要。中国同其他发展中国家在国际市场上存在竞争互补的关系。在发展水平和经济结构同中国接近的国家，竞争关系可能体现得更明显。双方的贸易不平衡也可能引起更多的保护主义措施，甚至激发民族主义情绪。扩大国内市场开放，选择性进行国际产能合作将是调节竞争互补关系的重要手段。

中非之间的经济水平差异为双方发展可持续的经贸关系提供了有利条件。从产业结构来看，中非关系处于双转型的关键时期：中国的制造业升级需要产业转型，非洲的工业化发展需要承接中国的剩余产能。中非产能合作具有极大潜力，但两个转型过程能否合拍，需要从全局的高度进行把握，以避免中国资本输出和产品出口冲击当地经济的发展，引起非洲经济社会动荡。因此，中国作为非洲最重要的贸易伙伴,可以通过制造业价值链的海外扩展成为推动非洲区域一体化的主要外部力量。而非洲区域一体化也将为深化中非经贸合作提供更宽广的平台。推动工业化多元发展是实现非洲国家可持续发展的重要保障,也是建立稳定国际秩序的基础。

第四章
全球化下的中印发展比较

印度和中国经济的崛起是近三十年世界经济发展最引人关注的事件。中国的经济发展奇迹大家已是耳熟能详，而对隔着喜马拉雅山的邻居的发展故事，我们又知道多少呢？对于"世界上最大的民主国家"这一称号，印度人一直引以为傲。的确，对于这样一个民族众多、地区差异巨大的国家，多党联邦制的民主体制是印度政治和社会稳定的基石。但在经济改革道路上，印度却走得颇为崎岖。

第四章　全球化下的中印发展比较

第一节　印度的经济改革道路

在开始分析印度经济改革的道路之前，我们先来了解一下印度的政治生态。自1948年独立到1991年之前，国大党基本上占据着印度政治舞台的中心位置。[①] 其重视民生的施政纲领在中下层选民中有广泛的支持，但其激进的国有化和进口替代政策限制了经济发展，逐渐失去了中上层选民和工商业界的支持。在1991年的大选中，国大党未能取得议会多数，只能同左翼小党联合以少数派政府的身份执政。与此同时，右翼的印度人民党（BJP）在政治舞台上迅速崛起，1996年已成为议会最大政党，形成了同国大党分庭抗礼的局面。人民党主张经济发展优先，得到中上层选民和工商业界的支持。1998年，以人民党为主的国家民主联盟（National Democratic Alliance，NDA）首次执政，但这个中右联盟仅仅执政了6年，在2004年的大选中意外失败，以国大党为主的联合进步联盟（United Progressive Alliance，UPA）上台。在长达23年的时间里印度政坛竞争激烈，没有任何一个政党能够赢得议会多数席位而单独执政。政府都是由少数派政府、中左或中右联盟组成，缺少广泛的政治支持。这种局面直到2014年才结束。人民党在选举中大获全胜，首次有资格单独执政。

通常认为印度的经济改革始于1991年的一场经济危机，但事实

[①] 国大党曾在1977年3月到1979年12月和1989年12月至1991年6月短暂失去执政地位。

· 121 ·

上早在20世纪80年代初印度的计划经济政策就已经逐渐放开。① 从1981年到1990年,印度的外资流入年均增长达23%,年均经济增长率达到5.5%,这对于一个早已习惯"印度式增长速度"的国家来说是很可观的②。但这一时期印度的经济结构问题很大:国有企业大幅亏损,财政赤字不断增加,1990年已高达GDP的10%③,导致印度政府不得不靠举借外债来维持政府开支。推行进口替代的产业政策也使印度长期处于贸易赤字状态。雪上加霜的是,海湾战争后的油价上涨几乎耗尽了印度所有的外汇储备,从而引发了整体性的经济危机。印度被迫向IMF求援。经济危机终于让印度认识到自身经济模式的根本问题。在新上任的拉奥总理和财政部部长辛格的推动下,印度由此开始了经济改革的道路。

一 外资政策改革

印度的对外开放并非像中国一样是打破一个完全封闭的环境。在经济改革之前,印度对外资的管理依照1973年颁布的《外汇管理法》,限定外国投资者在合资公司中的比重不超过40%。而《公司法》早在1956年就对合资公司的设立和经营提供了法律依据,但印度的国内市场上基本见不到外资的身影。1991年7月颁布的《新产业政策》拉开了对外开放的帷幕。印度政府宣布放宽外资准入,除战略性行业外,外资比重在51%或以下的项目可以自动获批,无须

---

① Dani Rodrik and Arvind Subramanian, "From 'Hindu Growth' to Productivity Surge: the Mystery of Indian Growth Transition", IMF Staff Papers, Vol. 52, No. 2, 2005, pp. 193-228; Atul Kohli, "State, Business, and Economic Growth in India", Studies of Comparative International Development, Vol. 42, 2007, pp. 87-114.

② "印度式增长速度"是指印度在独立后三十年间年均3.5%的经济增长速度。在扣除人口增长因素后仅相当于每年1%左右的人均GDP增长速度。这样的增长速度既无法创造就业,也无法对民生有实质性的改善。

③ T. N. Srinivasan, "India Economic Reforms: A Stocktaking", Unpublished Paper, 2003, http://www.econ.yale.edu/~srinivas/Indian%20Economic%20Reforms%20A%20Stocktaking.pdf.

经历烦琐的官僚审批手续。除国防产业之外的大部分制造业甚至允许设立全资外资公司。① 从开放程度上看，这些政策比中国同期的外资政策更为宽松，但相对于中国在20世纪80年代初横空出世的几个有关外资的法律以及经济特区带来的冲击力，修改法律本身并没有释放出一个强烈的政策信号以彰显政府的改革决心。

开放外资进入的同时，印度也对外汇制度进行了改革，先是在1992年宣布卢比汇率并轨并采取管理浮动汇率制，而后在1994年实行了卢比在经常项目下可兑换。有意思的是，这些政策不仅和中国外汇制度改革的措施相似，而且在时间段上也很一致。中国政府也在1994年实行了人民币汇率并轨、管理浮动制和经常项目下可兑换。

对外开放的效果立竿见影，印度外资流入从1991年的1.3亿美元迅速增加到1997年的36亿美元。但好景不长。1997年亚洲金融危机爆发后，国际资本对整个亚洲市场都缺乏信心，也影响到了印度的外资增长，1999年外资流入回落到22亿美元。尽管整个20世纪90年代印度经济增长速度进一步提升到6.5%，但在吸引外资方面的表现却不尽如人意。外资流入仅占全国总固定投资的2%，远低于中国10%的同期水平。②

那么问题出在哪里呢？尽管印度政坛对实行经济改革已有共识，但对如何改革却分歧很大。人民党的施政纲领有很强的民族主义色彩，他们对国大党政府的对外开放政策强烈批评，认为这是不顾印度当地企业的死活。与此同时，印度国内一些有影响力的工商业组

---

① Nagesh Kumar, "Liberalization, Foreign Direct Investment Flows and Development: India Experience in the 1990s", *Economic and Political Weekly*, Vol. 40, No. 14, 2005, pp. 1459–1469.

② R. Nagaraj, "Foreign Direct Investment in India in the 1990s: Trends and Issues", *Economic and Political Weekly*, Vol. 38, No. 17, 2003, pp. 1701–1712.

织也积极游说政府放慢对外开放的步伐①。因此,整个20世纪90年代印度政府在对外开放上犹豫不决。国际资本对政策方向不明的印度市场也反应冷淡。

与此同时,中国在1992年邓小平南方谈话后释放出扩大开放的明确信号,受到国际资本的热烈追捧,一跃成为全球最大的外资流向地。中国的发展成就对印度震动很大,间接上帮助了印度政府重新凝聚经济改革的动力和方向。2000年初,商务与工业部部长马伦(Murasoli Maran)对中国的经济特区进行了考察。马伦本人把这次访问称作"大开眼界"之旅。回国后就迅速推出了印度的经济特区政策。

令人意外的是,这一仓促推出的经济特区政策的实施进行得异常顺利。各派政治势力都对这一政策积极反应。计划委员会和财政部迅速为政策实施提供25亿卢比的启动资金并承诺会继续追加。②支持对外开放的工商业集团自然对这一政策感到欢欣鼓舞。而他们的影响力在经历了十年改革后已大大增强。而1999年上台的中右联合政府也转而支持吸引更多外资。人民党在竞选纲领中指出"印度经济发展离不开外资,因为它不仅带来资金和技术,更重要的是增加就业机会"。③ 印度民众也分享了经济改革的红利。20世纪90年代印度经济年平均增长率达到6%,虽然比80年代没有明显加速,但经济的稳定性大大增强,就连突然爆发的亚洲金融危机也没对印度经济造成太大冲击。因此,印度社会对经济改革的广泛支持助推了经济特区政策的出台。

在随后的几年中,印度对外开放的势头继续延续。2005年印度国会顺利通过了《经济特区法》,用法律的形式把经济特区政策制度化了。在管辖方面,经济特区大大削减政府官僚体系,建立了从设

---

① Atul Kohli, "Politics of Economic Growth in India: 1980–2005 Part", *Economic and Political Weekly*, April 8, 2006.

② Murasoli Maran, "Commerce & Industry Minister's Speech", *Directorate General of Foreign Trade: Export Import Policies*, March 31, 2000.

③ *BJP Election Manifesto 1999*.

立特区、批准企业进入、取得经营许可等一站式的审批程序。在税收方面，特区开发商可以 10 年收入免税，特区内企业的税收优厚更是长达 15 年——5 年全免，5 年减半，5 年收入再投资免税。其他诸如关税、服务税、联邦销售税等统统免除。税收优惠力度之大，已经超过了中国的特区开发区给予外资企业的优惠待遇。① 不过在争议最大的劳工和土地制度方面，《经济特区法》并没有修改，事实上也不可能修改现有法律。它只是授权地方政府自行决定现行劳工法律是否适用于经济特区，从而可以帮助企业规避劳工法律对雇工的严格规定。②

《经济特区法》的通过加快了印度对外开放的步伐。在 2000—2005 年，印度政府仅仅批准成立了 19 个经济特区，而到了 2010 年，批准的经济特区数量已经到达了 585 个。与此同时，印度的出口和外资也加速增长。经济特区政策实施后 10 年间印度吸引的外资是之前 10 年的 10 倍。经济特区政策似乎已经取得了极大的成功，而且过程极其顺利。然而好景不长，特区的迅速扩张势头撞上了一堵厚墙。

在国大党长期执政时期，印度政府对社会分配的重视超过经济增长，这种趋势从英迪拉·甘地执政后期开始逐渐转变。③ 政府更

---

① 值得注意的是，有些中国开发区内企业实际享受的优惠待遇经常超过了国家政策的规定，因为地方政府出于推动经济增长的考虑，会给予企业更优惠的政策。而在印度，尽管地方政府是经济特区扩张的管理者和推动者，但他们在财政支出上依赖中央政府的转移支付，使其无法像中国的地方政府一样有很大的财政自主权，可以用更优厚的政策来吸引投资者。笔者的研究显示，印度地方政府的财政支出中只有三分之一是来自本身的财政收入，三分之二来自中央政府的转移支付。而中国省级政府的财政支出中三分之二是来自本身的财政收入。

② 印度最重要的劳动法规是 1947 年通过的《工业纠纷法》（Industrial Conflicts Act）。该法律最受关注的一条规定是要求所有雇工超过 100 人的企业在解雇工人时必须要经过当地政府批准。

③ 普林斯顿大学印度裔学者阿图·科利（Atul Kohli）指出印度的经济政策政治化一向是印度社会的一个特征，尤其是在英迪拉·甘地执政的早期（20 世纪 70 年代）更是变得过度强调分配公平而导致经济增长缓慢。参见 Atul Kohli, *Democracy and Discontent: India's Growing Crisis of Governability*, New York: Cambridge University Press, 1991。

多强调经济增长，政策向工商业倾斜，并改善投资环境。但在经济特区的迅速发展过程中，公平和效率这个长期萦绕在印度社会的中心话题又显现出来了。特别是在财税政策上，增长派和分配派的交锋尤为激烈。经济特区的一个重要卖点就是优厚的税收优惠政策，但这对印度政府本已捉襟见肘的财政状况是个很大的挑战。商务与工业部是经济特区政策的坚决捍卫者。他们认为从长期来看，经济特区不仅会为印度增加更多的税收，而且会创造更多的就业。但财政部则警告说特区的税收优惠会造成大量税收流失，① 建议提高特区建立标准和控制特区数量。很快其他的政治势力和利益集团也加入了争论。争论的焦点逐渐从关于一个经济问题变成了有关公平的政治问题。批评者认为特区的发展根本没有给中下层民众带来好处。因为特区新增的工作机会都是给受过高等教育的IT白领准备的，所以特区实际上拉大了贫富差距。在反对声音日渐高涨的压力下，印度政府在2008年后明显放慢了审批新特区的速度。2005—2008年共有552个特区获得批准，而2008年以后仅增加了33个特区。而且政府也收回了以前承诺的部分税收优惠。到了2012年，印度政府基本冻结了审批新的经济特区。这个曾经代表印度对外开放的重要标志陷入了僵局。与此同时，印度的外资流入近年来出现大幅下滑，从2008年的471亿美元下降到2013年的282亿美元。② 这一方面是受到了金融危机的影响，而另一方面则反映了国际投资者对印度开放政策不确定的担忧。莫迪政府上台后提出了重振经济特区的口号，但限制外资政策改革的障碍并没有消除。

二 土地征用制度改革

印度经济改革的第二个难题是土地，因为现行的土地征用制度

---

① 《经济特区法》通过后，财政部预计四年内特区造成的税收损失将高达9390亿卢比，相当于中央政府财政收入的6.7%。Aradhna Aggarwal, "Special Economic Zones: Revisiting the Policy Debate", *Economic and Political Weekly*, November 4, 2006, pp. 4533-4536.

② UNCTAD 2014, FDI Statistics.

让印度政府很难获取足够的土地来进行工业化建设。印度的土地征用制度可以追溯到 1894 年制定的《土地征用法》(*Land Acquisition Act*)。这个英国殖民地时期的法律规定政府可以出于公共目的征用私有土地,但必须对土地所有人进行补偿。印度独立后继续沿用该法律,尽管有过数次修改,但基本的原则和程序并没有改变[1]。这并不是因为这部有着 100 多年历史的法律有多么完美,恰恰相反,经济改革开始以后,由于大量农村土地被转为工业用地,围绕这部法律产生的矛盾逐渐突出。工商界认为征地太难,无法吸引投资者进行大规模生产,因此是导致印度制造业发展缓慢的重要原因。而公民权利组织认为法律对失地农民的保护太弱且补偿太少,导致了贫富差距拉大。因此,土地政策改革的关键在于如何修改《土地征用法》。但是在没有社会广泛共识的情况下,修改法律变成了一场拉锯战,过程异常艰难。修改法案历经数次提交国会都未获通过。

争论焦点之一在如何界定"公共目的"。一方面,工商界希望把"公共目的"的界限放宽,赋予政府更大土地征用权,从而可以把更多的土地资源用于工业建设和城市发展;另一方面,公民权利组织希望把"公共目的"的界限缩小,以减少政府滥用征地权谋取私利的行为。

争论焦点之二是如何公平补偿失地农民。旧的《土地征用法》中只规定了政府按照征用的土地价值进行补偿,而不包括对农民安置的补偿。计划委员会的一份专家报告表明:从 1947 年到 2004 年,印度政府一共征用了 2500 万公顷的土地,迁移了 6000 万人,其中只有三分之一得到了安置。[2] 2004 年印度政府颁布了《国家安置与康复政策》(*National Policy of Resettlement and Rehabilitation*),承认征

---

[1] 例如,《土地征用法》1984 年修改后规定政府可以帮助私有公司征用土地,但必须有足够理由证明是征地是出于公共目的。

[2] Government of India, "Development Challenges in Extremely Affected Areas", Report of an Export Group to Planning Commission, 2008, http://planningcommission.gov.in/reports/publications/rep_dce.pdf.

地不仅应包括对土地价值的补偿，还应该对失地农民的安置和康复进行补偿，尽管有舆论批评该政策的颁布只是中右政府在选举年对中下层选民所做的政治姿态，但这个政策的出台标志着对失地农民的安置康复成为土地征用中必不可少的考虑因素。

随着经济特区的迅速扩张，经济发展与土地征用的矛盾终于爆发出来了。2007年，西孟加拉邦政府计划在南迪格兰（Nandigram）地区征用4000公顷土地用于设立经济特区，但遭到了当地居民的强烈反对。政府与民众发生的流血冲突造成了14人死亡，也迫使政府放弃了建立经济特区的计划。南迪格兰事件引发了印度社会对土地征用政策的大讨论。失地农民对政府滥用征地权力和过程不透明越发不满，认为这会让他们的生活遭到很大冲击。[1] 国大党主席索尼娅·甘地也公开谴责地方政府滥用征地权力。但许多学者呼吁不能因为征地矛盾就放弃工业化的道路，否则将造成更大的发展悲剧。[2] 诺贝尔奖经济学奖得主阿马蒂亚·森也认为阻止农村土地向工业转换是一种自我毁灭的行为。[3] 争论加速了《土地征用法》的修改工作。参与修改法律的包括了几乎所有的重要政治派别、利益集团以及公众代表。如何保障农民在经济发展中获取均等利益成了修改法律的关键考虑。2007年和2011年提出的两个法案都大大提高了征地补偿的标准。

值得注意的是，征地权力是属于印度中央和地方政府共管领域（Concurrent List），即中央政府和地方政府都有权立法，但地方法律不得违背国家法律。尽管《土地征用法》在国家层面上确立了征地原则，但地方政府在执行征地政策上仍有很大自主权。事实上，各地政府在

---

[1] Aradhna Aggarwal, "Special Economic Zones: Revisiting the Policy Debate", *Economic and Political Weekly*, November 4, 2006, pp. 4533–4536.

[2] A. V. Banerjee, P. Bardhan and K. Basu, "Beyond Nandigram: Industrialization in West Bengal", *Economic and Political Weekly*, April 28, 2007, pp. 1487–1489.

[3] *The Telegraph 2007*, "Prohibiting the Use of Agricultural Land for Industries Is Ultimately Self-defeating", July 23.

征地政策上的确有很大差别。西孟加拉邦的征地政策在遭遇了民众大规模抗议后开始收紧，而古吉拉特邦的征地政策则变得更灵活。2007年，当塔塔汽车公司在西孟加拉邦的征地建厂计划失败后，古吉拉特邦立即以高效的征地政策抢走了这一项目。① 而莫迪高票当选总理的重要政治资本正是来自他在古吉拉特邦的出色经济表现。

经过多年的争论和妥协，印度国会终于在2013年通过了新的征地法并于2014年开始实施，取代了已实施120年的旧征地法。② 这部法律综合了之前提出的法案和政策，在征地权限和补偿标准等方面作出了具体规定。首先，"公共目的"的范围仅包括国防和基础设施建设。其次，如果政府是为有利于"公共目的"的私有项目征地，必须取得80%的被影响人（affected person）的同意；如果是公私合作项目，则必须取得70%的被影响人的同意。被影响人不仅包括土地的所有者，也包括不拥有土地但受到征地影响的租户。最后，补偿标准大大提高。城市征地补偿可以达到市价的2倍，农村土地可以达到市价的4倍。此外，失地农民还可以得到长期补偿用于安置和康复。③ 新征地法还要求政府必须事先组织专家对征地的社会影响进行评估，以确保征地不会对公共利益造成危害。由于新征地法加强了对失地农民的保护和明确了"公共目的"，支持者称这部法律为征地划出了"清晰而人性化的界限"。

然而，这部法律一出台就争议很大。工商界认为法律增加了征地的难度和成本，将对印度的基础设施建设和工业发展设置更大的障碍。而对土地拥有者的高额补偿也会导致新的不平等，因为印度

---

① Nikita Sud, "Governing India's Land", *World Development*, Vol. 60, 2014. pp. 43-56.
② 法律全称是《土地征用、安置与康复中的公平补偿与透明权利》（*Rights for Fair Compensation and Transparency in Land Acquisition, Resettlement, and Rehabilitation Act*）。
③ 安置和康复的补偿包括10万卢比（合2200美元）的一次性的安置补偿和长达20年的康复补偿（50万卢比）或是提供一份工作机会。

仅有不到10%的人拥有土地。① 强调经济增长的人民党尽管在台下时支持该法律的通过，但莫迪总理上台以后即表示要对征地法重新进行修改，以减少其对经济发展的阻碍。由于印度人民党在大选中取得大胜并首次以多数党的身份执政，莫迪政府修改征地法的计划很有机会通过。

三　国有企业改革

第三个经济改革的重点是国有企业。同改革开放前的中国工业相似，印度的工业体系也有很强的计划经济特征。1950年设立的计划委员会是最重要的政府机构，负责制定指导经济发展的五年计划。在计划体制下，全国工业被分成三类：第一类为国防、能源、矿产等命脉行业，只能由国有企业经营；第二类行业为其他重工业，经营以国企为主，私企为辅；第三类行业为轻工业，主要由私人企业经营。所有行业都受1951年制定的《工业发展管理法》［Industry (Development and Regulatory) Act］的管理。

印度的国有部门的规模有多大？在经济改革之前的1990年，国有企业的增加产值占GDP的28%。② 国企员工数占有组织行业就业人数的71%左右。③ 不过由于有组织行业就业仅占全国总就业人数的10%，国企员工仅为全国总就业人数的7%左右。④ 经过20多年的改革，国有部门在印度经济中的比重显著下降。2012年，央企增加产值占GDP的比重为6%左右。⑤ 50家上市的央企的市值占股市总

---

① *The Hindu Business Line*, "Proposed Land Acquisition Bill Seen as Retrograde Step", November 11, 2011.

② Vijay Joshi and I. M. D. Little, *India Macroeconomics and Political Economy 1964—1991*, Oxford and New York: Clarendon Press, 1996.

③ 印度对有组织行业的定义是指雇工人数超过10人且通水通电的企业，或是不通电但雇工超过20人的企业。

④ 1989年有组织行业就业总人数为2600万，国企就业人数约为1850万。Joshi and Little, 1996. Table 1.2.

⑤ Department of Public Enterprises 2012.

市值的14%。但央企在石油、矿产、电力、交通等战略性产业占据绝对垄断地位。央企的总就业人数仅为140万，但整个国企就业人数仍占有组织行业的60%左右。①

同中国类似，印度的国企也分为央企（CPSE）和地方国企两类（SLPE）。央企现有250家左右，而地方国企有850家左右。② 央企的管理权分属三个部门：重工业及国有企业部主管央企的经营，国有企业挑选董事会（Public Enterprises Selection Board）主管央企高管的人事任命，财政部的减资局（Department of Disinvestment）主管央企资产转让出售。③

自20世纪70年代印度政府大规模推行国有化以来，国企效率低下一直是印度经济的一个主要问题。印度政府自20世纪80年代起就开始计划改革国企，重点是如何增强国企自主权，使其扭亏为盈。自1986年开始，政府开始尝试同四家央企分别签订谅解备忘录（MoU），确定企业的五年经营目标，并以此来对这些企业进行监管和考核，但并没有涉及国企的产权改革。④ 20世纪80年代的国企改革收效甚微，国企的经营状况反而进一步恶化。到了1991年，印度的236家央企中有109家亏损，亏损额达300亿卢比，相当于当年财政赤字的10%。⑤ 因为国企资本的三分之一来自财政拨款。刚经历了经济危机的印度政府已无力继续巨额补贴国企亏损，反而希望通过出售国有资产来弥补财政赤字。正是在这种巨大的财政负担压迫

---

① 2012年印度有组织行业总就业人数为2965万，其中国有部门（包括政府）为1761万。参见 Reserve Bank of India, 2014, *Handbook of Statistics on Indian Economy*, Table 14.
② Ministry of Heavy Industries and Public Enterprises, 2013, *Annual Report 2012—2013*.
③ 减资局成立于1999年，隶属财政部。2001年时升格为减资部，2004年后又重新恢复为减资局。参见 Ministry of Finance (Government of India), 2007, *White Paper on Disinvestment of Central Public Sector Enterprises*, July 31.
④ Saptarshi Ghosh and Vishwas Devaiah, "A Critical Discussion of Disinvestment/Privatization Process in India since the Start of Economic Reforms in 1991", *Journal of Asian Public Policy*, Vol. 2, No. 2, 2009, pp. 222-231.
⑤ Disinvestment Commission, Government of India, "*Disinvestment Commission Report*", 1.

下，印度政府开始引入私人资本进行国企改革。

这个通常叫作私有化的改革在印度被称作"减资"（disinvestment）。使用这个看似古怪的术语有两个原因。第一，从技术上讲，"减资"仅指政府出售国有企业的小部分股份，而仍然保持对企业的控制权。第二，这个中性的术语可以减少民众对私有化的反感和担心。由此可见，印度的国企改革是多么小心翼翼推进的。第一阶段的改革步子迈得很小。尽管《新产业政策》中把禁止私企进入的战略性行业从17个减少到了8个，但政府只允许选定的40家央企向国有机构投资者出售不超过20%的股份，而控制权仍掌握在政府手里。市场对这种纯属甩包袱的国企改革反应冷淡。到1998年政府预计的国资出售计划只完成了48%，[1] 而国企的经营权仍控制在政府手里。拉奥总理也公开承认国企改革的阻力有多大。"如果我立即实行私有化，马上就会深陷麻烦。这些麻烦会来自工会、政党、和民众。"[2]

1998年，以人民党为主的中右执政联盟上台后，国企改革力度开始加大。印度政府宣布战略性行业减少到三个，仅包括国防、核能、和铁路运输。政府必须在战略性行业实行多数控股，但可以把非战略性行业国企中的所有权减少到26%。"私有化"（privatization）这个词也首次在政府文件中使用。由于前一阶段出售少数国有股份的效果不佳，印度政府开始向战略投资者转让多数国有股份和控制权。出售国资的收入明显增加了，但仍未达到政府设定的目标。到了2002年仅有一家生产面包的国企完成了全面私有化。[3]

---

[1] Nand Dhameja, "PSU Disinvestment in India: Process and Policy-changing Scenario", *Vision: The Journal of Business Perspective*, Vol. 10, No. 1, 2006, pp. 1–12.

[2] "Steadily Doing in His Own Way: P. V. Narasimha Rao", *Financial Times*, March 11, 1994.

[3] T. N. Srinivasan, "India Economic Reforms: A Stocktaking", Unpublished Paper, http://www.econ.yale.edu/~srinivas/Indian%20Economic%20Reforms%20A%20Stocktaking.pdf, 2003.

2004年以国大党为主的中左执政联盟上台后,私有化的步伐又慢了下来。政府开始鼓励国企通过上市出售少数股权,而引入战略投资者的做法被搁置起来了。① 改革重点转向了扶植盈利的大型国企,给予它们更多的经营自主权和优惠条件,旨在打造各行业的"全国冠军"(national champion),以增强印度企业的国际竞争力。2010年印度政府批准7家业绩良好的超级国企为"珍宝"级企业(Maharatna),赋予他们最大的投资自主权。② 与此同时,政府同其他央企分别签订协议进行业绩评估,并成立了国有企业重组委员会,为亏损的国企提供指导和建议。此外,印度政府还在2005年成立了国家投资基金(NIF),用于管理出售国有资产的收入。其中75%的基金收入被用于社保和民生项目,剩余25%用于央企的补贴和注资。③

国企改革的效果如何呢?总体上看,央企的经营业绩改善了。2012年,225家央企总盈利为9700亿卢比,相当于中央政府财政收入的15%。④ 但仍有63家央企亏损,亏损额为2760亿卢比。⑤ 也有研究表明实行部分私有化的国企的利润率明显提高,⑥ 但国企的总体利润率还是低于私有企业。⑦ 由于长期的财政赤字,印度政府对出售国有资产以贴补财政有很强的需求,但出售国有资产对印度政

---

① 具体规定包括:三年没有亏损的国企可以上市出售国有股或是发行新股;已上市的国企可以无须审批发行或出售10%的国有股份;已上市国企可以经审批后发行或出售股份超过10%的股份,但国有股份不能低于51%且管理权必须由政府控制。

② "珍宝"项目是在1997年推出的"瑰宝"(Navratna)项目上发展起来的。印度现有18家"瑰宝"级国企。成为"珍宝"级国企必须满足以下条件:过去三年年均销售额达到2500亿卢比(约合55亿美元),净资产达到1500亿卢比,利润达到500亿卢比。"珍宝"级国企的投资自主权上限为500亿卢比,而"瑰宝"级国企的投资自主权上限为100亿卢比。参见 Ministry of Heavy Industries and Public Enterprises, 2013。

③ "National Investment Fund". http://divest.nic.in/Nat_ inves_ fund.asp.

④ 2012年印度中央财政收入为63000亿卢比。参见 Reserve Bank of India 2014, Table 101。

⑤ Department of Public Enterprises, 2012, *Public Enterprises Survey 2011-12*.

⑥ Nadini Gupta, "Partial Privatization and Firm Performance", *Journal of Finance*, LX (2), 2005, pp. 987-1015.

⑦ Anil Makhija, "Privatization in India", *Economic and Political Weekly*, Vol. 41, No. 20, 2006, pp. 1947-1951.

府的财政收入贡献不大，仅减少了0.2%—0.4%的财政赤字。① 从1991年开始，政府每年都会设立出售国企收入的目标，但在长达22年的时间里只有4年完成了预定的收入目标。②

那么为什么印度国企改革进行得如此缓慢而艰难呢？通常认为国企改革最大的障碍来自员工的反对，因为工人往往是私有化改革最直接的受害方。但出人意料的是，国企员工在改革过程中的反对声音并不大。在印度政府公布的所有改革方案中，"全面保护工人利益"一直是一个重要的承诺。这个承诺包括两部分：一是对国企现有员工的安置；二是保证弱势种姓和族群的就业比例。国企员工安置条款对私有化过程中的裁员有三个限制：国企重组或减资后一年内不得裁员；裁员时必须遵守相关劳动法规；确保被裁员的工人可以选择自愿退休并领取相当于三到五年工资的补偿金。③ 此外，工人还可以以市价三分之一的价格购买企业股票。正是因为这些限制，印度的私有化进程中并没有出现大量解雇工人的情况，而激励机制也从很大程度上安抚了工人，避免他们选择激烈的反对手段。

真正影响国企改革进程的是印度的政治生态。尽管印度社会普遍认同国企改革是发展经济的必然选择，但在如何改革上分歧很大。对国企改革的态度也就成了政党争夺选民的重要手段。国大党一直以重视民生的形象示人，强调国企在提供公共服务上的重要作用，担心私有化会损害公众利益。因此主张小步走，希望只出售国有资产以改善财政，而不愿放弃经营国企控制权。人民党则强调国企效率低下拖累经济增长，因此主张更彻底的私有化改革，以根本改善国企的经营状况。尽管国企工人数量不多，但工会的政治影响力很大。因此，无论是国大党还是人民党在改革中都小心翼翼地避免引

---

① Anup Bagchi, "Disinvestment: Boon or Bane to Economy". In *Financial Foresights: Views, Reflection, and Erudition*, Federations of India Chambers of Commerce and Industry.

② 这四年分别是1991财年、1994财年、1998财年和2004财年。印度的财年从当年的4月1日到次年的3月31日。

③ Ministry of Finance (Government of India), 2007.

起工会的反对，也就无法通过大规模的解雇和结构重组来提高国企的效率。而这种国企改革方案也很难吸引私人投资者。因为他们无法取得经营控制权，也无法解雇工人，很大程度上只能充当政府的"提款机"。莫迪政府上台后提出了更大胆的国企改革计划，宣布将出售三家战略性行业（煤炭、电力和石油）大型央企的少数股权，完成4300亿卢比（约70亿美元）的减资目标。但这个计划已经遭到了工会组织的强烈反对。①

第二节　印度经济改革的启示

自20世纪90年代初以来，印度经济增长一直保持年均6%的速度，贫困人口比例从1994年的45%下降到2012年的22%②。印度在经济发展上的巨大成就得益于1991年开始的经济改革。但是在一个制度限制和既得利益集团都十分强大的国家，经济改革的复杂性和遭遇的阻力超过了同时进行改革的中国。同中国改革开放之初的情形相似，印度社会在经历了经济危机和政治动荡后凝聚了很强的改革愿望。这种社会共识成为初期经济改革的主要动力。在社会共识的推动下，印度政府迅速启动了外资政策和国企制度改革。但经济改革带来的增长红利并没有在印度社会平均分配。一些群体的利益反而受到了伤害，尤其是面临进口竞争压力的内向型企业、失地农民和国企员工。与此同时，印度的政治生态也发生了根本性的变化。印度人民党的崛起改变了国大党长期独大的政治局面，而其强调市场化经济改革的主张同国大党坚持的政府主导的公平分配的政纲渐行渐远，政党竞争日趋激烈。随着改革的深入，印度社会对改革的支持也发生了分化。2004年的印度选举民意调查显示，超过三分之

---

① Aman Malik, "Narendra Modi's Ambitious Disinvestment Target: How Realistic Is It?", *International Business Times*, December 5, 2014.
② Anant Vijay Kala, "How to Read India's Poverty Stats?", *Wall Street Journal*, July 25, 2013.

二的人认为改革只让富人受益了。① 而支持加快改革的人民党也因此失去了执政地位。

由于精英层和中下层选民在改革态度上的分化，印度经济改革的目标在经济增长和社会分配之间反复，改革进程也出现了停滞甚至倒退：旨在吸引外资的经济特区的扩张被迫中止，新土地征用法加强了对失地农民的保护而使工业用地更难获得，国企也不再被整体性出售。改革减速遏制了印度经济增长的势头，但在一定程度上缓解了印度社会日益突出的社会矛盾。在国大党为主的中左联盟执政10年后，主张改革的人民党卷土重来。公众对莫迪总理改革新政的强烈支持显示印度社会已经重新形成了改革共识。

相比中国的经济改革，印度在外资、土地和国有企业方面的改革尽管没有取得显著成效，但仍有许多值得总结的经验和教训。

第一，吸引外资既需要政策的灵活性，也需要政策的可信性。② 经济特区的建立对印度吸引外资有极大的促进作用。这是因为特区作为一种制度创新，绕开了印度僵化烦冗的官僚体系，营造了灵活的政策环境以吸引外资。但经济特区的成功特例对整体经济的带动作用有限，因此缺少广泛的政治支持和社会认同。政治和社会压力导致了印度政府在经济特区政策上的反复和倒退，向国际市场释放出混乱的信号，削弱了印度对外开放政策的可信性。在中国对外开放过程中，经济特区和开发区也发挥了很大的作用。他们的成功不仅是靠本身营造的灵活的投资环境，更重要的是因为他们推动了中国经济的整体开放程度，因此得到了广泛的政治支持和社会认同。这一政策的延续性和不可逆转向投资者传递出明确的信号，增强了中国对外开放政策的可信性。

---

① Pranab Bardhan, "Resistance to Economic Reforms in India", *Yale Global Online*, October, 2006 BJP *Election Manifesto* 1999, http://www.bjp.org.

② Yu Zheng, *Governance and Foreign Investment in China, India, and Taiwan: Credibility, Flexibility and International Business*, Ann Arbor: University of Michigan Press, 2014.

第二，经济发展和土地征用存在的两对矛盾难以避免。一对矛盾是个体损失和集体利益的矛盾。征用土地会对土地拥有者和失地农民造成伤害，但工业化对国家和地区整体的经济发展有利。另一对矛盾是短期经济利益和长期社会成本。政府能够从征地中直接获取经济利益，但由此产生的社会冲突会削弱执政的长期稳定性。因此，政府需要在利益和成本的时间和空间差中找到平衡。在平衡个体损失和集体利益方面，印度的新征地法重点在补偿土地主和失地农民的伤害，从而增加了征地的难度和成本，对整体经济发展会有负面影响，尤其是对制造业的发展制造了很大的障碍。印度在平衡短期经济利益和长期社会成本方面做得较为成功。南迪格兰事件引起的全社会大争论让持续性发展的概念深入人心，也促使新征地法中规定征地必须获得绝大多数受影响居民的同意。此外，尽管印度地方政府在征地上有很大的自主权，但政府本身很少能通过征地直接获益。他们的主要作用是促成开发商同农民之间达成协议，而征地补偿费用直接从开发商向农民转移，不用通过政府这个中间人。这一点和中国的土地交易制度差别较大。

第三，部分私有化的国企改革是政治上的折中选择，但在经济上牺牲了效率。由于面临着强大的财政压力，同时又受政治环境的制约，印度只能采用被动式的国企改革，在基本采用出售少数国有股权但保持控制权的方式。尽管这种部分私有制的方法在某种程度上提高了国企的业绩，但没有从根本上解决国企公司治理的结构问题。而且，所有权和控制权分离的做法传递了模糊的改革信号，受到市场的怀疑，反而减少了政府出售国资的收益。印度的经验说明，被动的国企改革通常只是政治上的折中选择，而不是经济上最有效率的改革。

尽管印度的经济改革也是内外同时进行的渐进式改革，但受国内政治生态和利益集团的制约，呈现不同于中国经济改革的特点。这些特点主要包括：改革的渐进性体现在对现有的法律和政策的持续小幅修改，而不是中国式的由点到面逐渐扩大；改革的目标受政府更替的影响很大，在经济增长和公平分配之间反复摇摆；改革的阻力不仅来自精英层，更是来自工会和农民代表的草根层。

这些发现有助于我们理解经济改革中的三组关系。第一是制度创新和制度稳定的关系。中国的改革经历了一系列以试点开始的制度创新，这对于改变旧体制对生产力的束缚起了很大作用。创新后的制度则需要以法制化的形式稳定下来，因为制度稳定有助于巩固改革成果，避免倒退。印度改革走了一条法制化道路，虽然在制度创新方面更加艰难，但一旦实现突破就更容易稳定下来。实现经济的可持续发展需要一个既有创新能力又有稳定机制的制度环境。

第二是经济增长和社会分配的关系。中国经济能够高速增长的重要原因在于改革者可以把经济增长作为改革的首要目标。而印度社会长期受民粹主义的影响，在改革的目标设定上无法专注于经济增长，而是必须考虑社会分配问题以回应中下层选民的诉求。尽管如此，印度经济却一直保持年均6%的增长速度，贫困人口也大幅减少，因此显示出更多"包容性增长"的特点。中国经历了三十年的高速增长后，中速增长将成为新常态。而印度得益于人口结构的优势，在经历了近几年的低迷后，可能重新进入一个中高速增长时期①。这种新增长态势对平衡经济增长和社会分配的关系提出了新要求。

第三是改革受益者和既得利益者的关系。经济改革是一个利益再分配的过程，必然产生改革受益者和既得利益者之间的矛盾。印度的改革一开始就面临了政治、经济和社会的多重制约，只能采取"隐身改革"（reform by stealth）的办法来在不同利益集团间周旋，以减少改革阻碍。② 中国的经济改革也面临相似的情况。随着改革

---

① 许多国际媒体预测印度的经济增长速度将超过中国。参见"India's Surprising Economic Miracle", *The Economist*, September 30, 2010; Nupur Archarya, "India Set to Outpace China by 2016, Says Goldman", 2014, James Gruber; "Why India Will Soon Outpace China", *Forbes*, May 4, *The Wall Street Journal*, December 5, 2014.

② "隐身改革"一词由纽约城市大学的学者 Rob Jenkins 提出，是指在利益集团林立的情况下，改革者只能采取暗度陈仓的方式，即公开宣称延续政策但暗中实行改变，才能推进经济改革。这种方式好比隐身飞机必须靠释放假信号才能躲过政治雷达的监测。参见 Rob Jenkins, *Democratic Politics and Economic Reform in India*, Delhi: Cambridge University Press, 1999。

的深入，改革受益者和既得利益者的矛盾逐渐突出，改革共识更难达成。进一步改革必须要尊重各个利益群体的不同诉求并突破既得利益的阻碍。从这个意义上说，印度的改革经验为中国正处于"深水区"的改革提供了很好的借鉴。

第三节　中印经济发展模式比较

2014年，印度总理莫迪竞选上任伊始，就提出了雄心勃勃的经济发展计划。尽管莫迪强调印度无意复制中国模式，但他所规划的经济增长蓝图却是同中国模式相似的以制造业驱动的增长模式。在2014年的印度独立日集会上，莫迪更喊出了"来吧，到印度来制造"（Come, Make in India）的口号，呼吁跨国公司投资印度的制造业，希望能大幅提升制造业在经济中的比重，并创造大量就业机会。[①]

从历史上看，工业化一直是发展中国家经济发展最重要的目标之一。中国和印度两个人口大国也不例外。尽管两国政治体制迥异，但经济政策却十分相似，在建国之后长达30年的时间里一直实行计划体制下的进口替代型工业化战略。中国在20世纪70年代末开始了改革开放，并在1992年后加速开放，而印度也在80年代初放松了经济管制，并在1991年正式开始经济改革。由此产生了世界上两个最大的经济发展奇迹。中国经济在30年中保持了年均10%的高增长速度，而印度经济在20年中保持了年均6%的较高增长速度。世界银行的研究显示，从1980年到2010年，全球有6亿人口脱离绝对贫困线，而这一惊人成就几乎完全是由中印两国贡献的。

不过，中国和印度的经济增长模式大相径庭。通常认为，中国沿袭了一个传统的工业化带动现代化的路径，成为世界工厂。而印度走了一条非常规的发展道路，以信息和金融服务业带动经济增长，

[①] "Narendra Modi Invites Global Firms to 'Come, Make in India' in Maiden Independence Day Speech", *The Economic Times*, August 16, 2014.

成为全球办公室。

但是，如果从全球范围来看，中印的发展模式都显得反常。图4-1用回归方程形式估算经济发展水平和经济结构的关系。斜线显示，工业和服务业在经济中的比重都会随着经济发展水平的提高而增加，其中服务业的比重相对增加得更快。但当我们把这个预测模型同中印的实际经济结构做比较时发现，中国的实际工业比重远远高于根据其人均GDP预测的工业比重，而印度的实际工业比重低于其根据人均GDP预测的工业比重。服务业则正好相反。中国的实际服务业比重远远低于根据其人均GDP预测的比重，印度的实际服务业比重则明显高于预测水平。换句话说，中印两国的经济模式都不符合常规预测，只不过它们反常规的方式完全相反。

两国的外资结构也差别很大。中国吸引的外资主要流入制造业，印度吸引的外资则集中在服务业。2000—2010年，中国吸引的外资中有59%流向了制造业，38%流向服务业。而在印度，68%的外资流向服务业，只有30%流向了制造业。①

传统的国际贸易理论认为一个国家的要素禀赋决定了其比较优势。中国和印度同为劳动力充裕而资本短缺的国家，在劳动力密集型制造业具有相似的比较优势。② 然而两国的经济发展却呈现出截然不同的模式。这是为什么呢？毋庸置疑，影响一国经济发展模式的因素很多，包括教育、语言、科技水平和政治体制等。例如，中

---

① 计算采用的数据来自两国各自的产业分类外资统计资料。不过，两国的产业分类方法不同，中国把制造业单列一项，而印度则把服务业单列一项。为了让两国的数据更具可比性，笔者使用了更宽泛的服务业定义，即在印度官方定义的服务业基础上包括了电信、计算机软件、旅游、酒店和教育等。此外，笔者也使用了国际标准的产业分类计算了两国2008—2010年的外资分布情况，结果依然显示制造业外资在中国占半数以上，而服务业外资在印度占70%左右的份额。

② 两位印度学者发现中国和印度在劳动密集型和资源密集型的制造业上具有相似的比较优势。参见 Amita Batra and Zeba Khan, "Revealed Comparative Advantage: An Analysis for India and China", India Council for Research on International Economic Relations (ICRIER) Working Paper, No. 168, 2005。

第四章 全球化下的中印发展比较

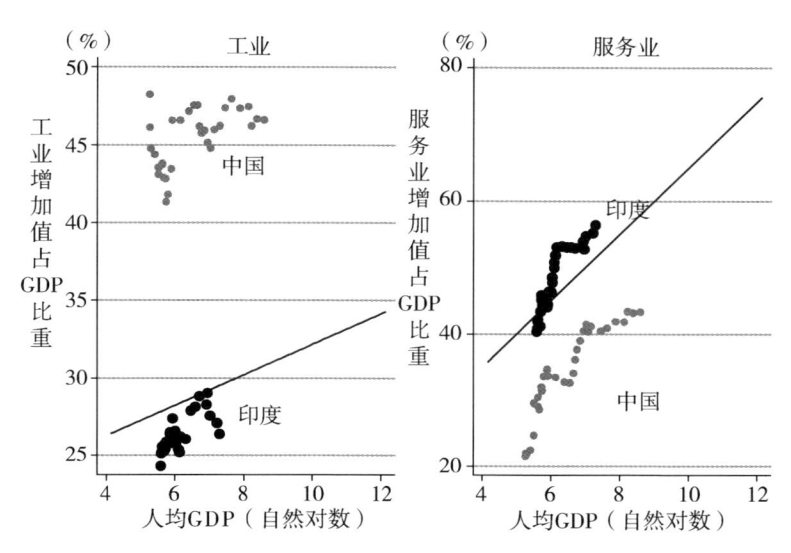

图 4-1　1980—2011 年经济发展与产业结构的关系

注：左图的纵坐标是工业增加值占 GDP 比重，横坐标是人均 GDP 的自然对数；右图的纵坐标是服务业增加值占 GDP 的比重，横坐标是人均 GDP 的自然对数。使用国家固定效应的回归方法。虚线是根据人均 GDP 水平估算的工业或服务业比重。

资料来源：World Bank, *World Development Indicators*, 2012.

国的教育制度是一个面向平民大众的制度，因此平均教育水平较高，而印度的精英教育制度导致教育资源的分布不平均，造成了两头大、中间小的分布。① 中国在制造业上的竞争优势在于其技术革新能力和完整的产业链，② 印度在软件行业的竞争力则来自其语言优势和相对低廉的高技术人力成本。③

---

① Yoko Asuyama, "Skill Distribution and Comparative Advantage: A Comparison of China and India", *World Development*, Vol. 40, No. 5, 2012, pp. 956-969.
② Jonas Nahm and Edward Steinfeld, "Scale-up Nation: China's Specialization in Innovative Manufacturing", *World Development*, Vol. 54, 2014, pp. 288-300.
③ Kapur Devesh, Ravi Ramamurti and Deependra Moitra, "India's Emerging Advantage in Competitive Services", *The Academy of Management Executive*, Vol. 15, No. 2, 2001, pp. 20-33.

本节将从制度角度提出新的解释。制度对经济增长的影响不仅仅在于通过保护产权来激励投资，它也可以通过影响生产要素流动性来改变要素配置，从而影响国家的经济增长模式。具体而言，中国和印度的劳动制度和土地制度对两国劳动力的流动性有重要影响。在中国，劳动制度和土地制度加快了劳动力在行业和城乡之间的流动性。高劳动力流动性加强了劳动力资源上的比较优势，从而吸引更多的资本投入劳动密集型的制造业，中国因此成为世界工厂。相比之下，印度的劳动制度和土地制度限制了劳动力的流动性。低劳动力流动性削弱了印度在劳动力资源上的比较优势，引导资本投入相对高技术密集型的现代服务业，由此形成了全球办公室。

本节的分析框架同传统的制度经济学有明显区别。传统的制度经济学观点把产权保护当成经济增长最核心的因素。好的制度通过限制政府权力和保护私有产权来激励私人投资，从而实现经济增长。[1] 这个基于产权保护的制度解释有广泛的影响，由此延伸到对合同制度、司法体系、金融体制等问题的研究，[2] 而制度本身对生产要素配置和流动性却鲜有涉及。[3] 在国际政治经济学的文献方面，尽管近年来有不少研究探讨制度对吸引国际投资的影响，但这些研究通常强调制度环境对跨国公司投资风险的影响，并没有考虑到制度可以通过影响要素流动性来改变资源配置，从而影响跨国公司的

---

[1] Douglass North, *Institutions, Institutional Change, and Economic Performance*, New York: Cambridge University Press, 1990; Douglass North and Barry Weingast, "Constitutions and commitment: The Evolution of Institutions Governing Public Choice in Seventeenth Century England", *Journal of Economic History*, Vol. 49, No. 4, 1989, pp. 808-832.

[2] Daron Acemoglu and Simon Johnson, "Unbundling Institutions", *Journal of Political Economy*, Vol. 113, No. 5, 2005, pp. 949-995; Rafael La Porta, Florencio Lopez-de-Silanes and Andrei Shleifer, "The Economic Consequences of Legal Origins", *Journal of Economic Literature*, Vol. 46, No. 2, 2008, pp. 285-332; Ross Levine, "Finance and Growth: Theory and Evidence", in Philippe Aghion and Steven Durlauf, eds., *Handbook of Economic Growth*, 2005, The Netherlands: Elsevier Science.

[3] 唐世平也指出新制度经济学在解释经济增长中不考虑社会流动的这一缺陷。参见唐世平《社会流动、地位市场与经济增长》，《中国社会科学》2006年第3期，第85—97页。

投资决策。①

需要强调的是，对于中印这两个差异性很大的国家，仅用一个因素来解释它们的发展路径是远远不够的，而这也并非本部分的目的。本部分主要是通过对两国微观制度的比较来拓展制度分析的框架。尽管中国和印度在政治体制上大相径庭，但仅靠政治体制的二元模式是不可能理解两国在治理模式上的细微差别的，因为政治体制本身并不能说明国家治理的优劣。尽管不少近期的研究都强调"善治"（good governance）对经济发展的重要性，但什么样的制度安排才能实现善治仍是一个见仁见智的问题。② 而且，有利于经济增长的制度安排是不是就必然带来善治呢？本书也希望通过中印案例比较来寻求这些答案。

一 制度和劳动力流动性

中国和印度同属劳动力充裕且廉价的国家，因此发展劳动密集型的制造业似乎是经济增长的必然选择。那么是什么因素导致了两国截然不同的发展模式呢？

早期的发展经济学家如阿瑟·刘易斯（Arthur Lewis）和西蒙·库兹涅茨（Simon Kuznets）等认为劳动力市场的结构二元化是造成发展中国家经济落后的根本原因。③ 加里·菲尔茨（Gary Fields）进一步提

---

① Nathan Jensen, *Nation-States and the Multinational Corporation: A Political Economy of Foreign Direct Investment*, Princeton: Princeton University Press, 2006; Quan Li and Adam Resnick, "Reversal of Fortunes: Democratic Institutions and Foreign Direct Investment Inflows to Developing Countries", *International Organization*, Vol. 57, No. 1, 2003, pp. 175-211.

② Dani Rodrik, *One Economics, Many Recipes: Globalization, Institutions, and Economic Growth*, Princeton: Princeton University Press, 2007; Philip Keefer, "Governance and Economic Growth in China and India", in Alan Winters, Shahid Yusuf, eds., *Dancing with Giants: China, India, and Global Economy*, Washington, D. C.: World Bank, 2007; Pranab Bardham, *India and China: Governance Issue and Development*, Princeton: Princeton University Press, 2012.

③ Arthur Lewis, "Economic Development with Unlimited Supplies of Labor", *The Manchester School*, Vol. 22, 1954, pp. 139-191; Simon Kuznets, "Economic Growth and Income Inequality", *American Economic Review*, Vol. 19, No. 1, 1955, pp. 1-28.

出，发展中国家面临的不仅是城乡二元化的问题，而且在城市内部也通常分割为正式就业市场和非正式就业市场。① 经济发展的一个重要目标就是整合割裂的劳动力市场，增强流动性，提高剩余劳动力的生产效率。换句话说，剩余劳动力只有在充分流动的劳动力市场中才能真正成为经济发展的有效资源。因此，对发展中国家劳动力资源的判断，不仅要看其绝对数量，更需要考虑其流动性。

什么样的制度因素会影响劳动力的流动性呢？传统国际贸易理论通常假定劳动力流动性是外生的，而行业间劳动力流动性的差别影响贸易政策的形成。近年来，对于资本主义多样性的研究开始关注发达国家国内制度对劳动力流动性的影响。以英美为代表的自由市场经济国家强调市场竞争，劳动制度对工人权益的保护较小，劳动力更注重获取通用技能，增大了流动的可能性。而以德国为代表的协调市场经济国家则更强调非市场机制的战略协调，劳动制度对工人权益保护较多，劳动力更注重获取行业专门技能，其流动性就相对较小。②

由此可见，劳动制度是影响劳动力流动性的重要因素，而这一点在劳动力市场割裂程度更高的发展中国家就更突出。影响主要来自两方面。第一，制度对工人个人权利的保护会影响企业增员和裁员的动机。许多研究都证实了劳动力市场的一个悖论：旨在保护工人利益的高劳工标准会导致企业的雇工需求降低，最终反而限制了劳动力数量的增长。③ 第二，制度对工人集体权利的保护会影响工人选择"发声"或"退出"动机。④ 如果工人有发声渠道可以集体表达诉求和争取利益，他们选择退出的动机就会下降；反之亦然。

---

① Gary Fields, "Rural-Urban Migration, Urban Unemployment and Underemployment, and Job Search Activity in LDCs", *Journal of Development Economics*, Vol. 2, No. 2, 1975, pp. 165-188.

② Peter Hall and David Soskice, *Varieties of Capitalism: The Institutional Foundation of Comparative Advantage*, New York: Oxford University Press, 2001.

③ Darin Christensen and Erik Wibbels, "Labor Standards, Labor Endowments, and the Evolution of Inequality", *International Studies Quarterly*, Vol. 58, No. 2, 2014, pp. 362-379.

④ Albert Hirschman, *Exit, Voice, and Loyalty*, Cambridge: Harvard University Press, 1970.

如果说劳动制度主要影响劳动力的行业间流动性,那么土地制度则主要影响劳动力的城乡流动性。影响也来自两个方面。一是土地征用和开发。大规模农村土地征用和开发让大量农民丧失了赖以生存的土地,从而被迫向城市迁移。① 二是土地补偿和安置。征地过程中对失地农民的不公平补偿和安置拉大了城乡收入差距,在农村就业市场产生了激励机制,拉动农民进城寻找较高收入的工作。②

那么,在一个劳动力充裕的发展中国家中,劳动力流动性的差别对经济模式有什么影响呢?第一,低流动性加剧了劳动力市场的二元化,减少了廉价劳动力的供应,使大规模的劳动密集型工业生产变得更困难。企业可能会因此减少对制造业尤其是劳动密集型制造业的投资。第二,低流动性导致低技能劳动力的成本上升,反而使高技能劳动力变得相对便宜,从而可能激励企业增加对高技术产业的投资。③ 第三,由于发展中国家劳动力成本上升,发达国家同发展中国家的劳动力价差缩小,跨国公司的投资战略可能从降低成本的垂直化战略转向扩展市场的水平化战略。因此,发展中国家的低流动性可能会导致跨国公司减少对劳动密集型制造业的投资,增加对技术密集型产业的投资,并由垂直化战略转向水平化战略。④ 微观层面的企业行为最终会影响宏观层面的经济模式:企业对制造业缺乏投资兴趣限制了制造业在经济中的比重。

根据以上分析,我们可以用图4-2来简单表示制度影响经济增长模式的因果链。国内制度(劳动制度和土地制度)分别影响劳动力的行业和城乡流动性,劳动力流动性决定了劳动力资源的配置成

---

① Yaohui Zhao, "Leaving the Countryside: Rural - to - Urban Migration Decisions in China", *American Economic Review Papers and Proceedings*, Vol. 89, No. 2, 1999, pp. 281-286.

② Chengri Ding, "Policy and Praxis of Land Acquisition in China", *Land Use Policy*, Vol. 24, No. 1, 2007, pp. 1-13.

③ James Markusen, "Modeling the Offshoring of White-Collar Services: From Comparative Advantage to the New Theories of Trade and FDI", NBER Working Paper, No. 11827, 2005.

④ 通常认为,跨国公司的投资行为大致分为两类:一类是垂直化战略,以降低生产成本为主要动机;另一类是水平化战略,以扩大销售市场为主要动机。

本和规模，企业（包括跨国公司）根据劳动力的成本和规模优势来选择投资产业、技术水平和投资战略，企业的投资行为最终决定了经济增长模式是以制造业还是服务业为主。

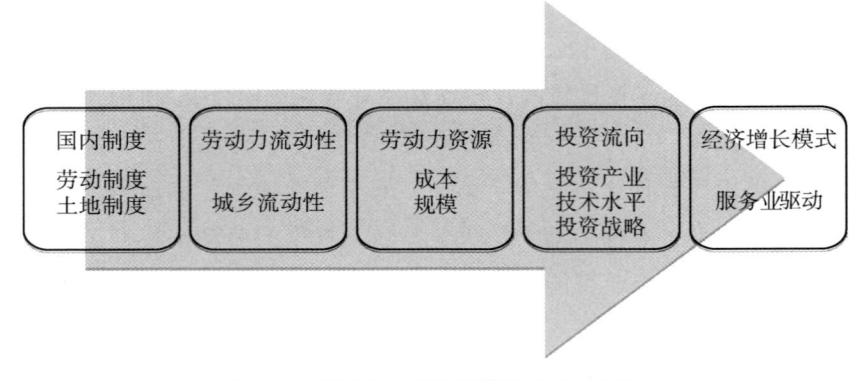

图 4-2　制度影响经济增长模式的因果链

二　劳动力流动性比较

要理解中印两国的经济发展模式，我们需要比较两国的劳动力流动性，主要包括城乡之间、行业之间以及正式部门和非正式部门之间的流动性。

首先，衡量劳动力城乡流动性的一个简单指标是城市化进程。中国的城市化进程远高于印度。1978 年，中国的城市人口占总人口的比例为 19%，而印度为 22%。到了 2012 年，中国的城市人口比例已经达到 52%，印度仅为 32%。[①] 城市化进程通常由三个因素推动：人口自然增长、行政区划变化以及城乡人口流动。印度的城市化进程主要是由人口自然增长推动的，而城乡人口流动仅贡献了 20% 左右的城市新增人口。中国的情况正相反。由于出生率很低，人口自

---

① World Bank,"World Development Indicators", http://data.worldbank.org/data-catalog/world-development-indicators；中国的城市人口只统计了具有城市户口的人口数量，而不包括不具有城市户口但在城市定居 6 个月以上的人口数量。

然增长对城市化进程影响很小。① 城市新增人口的70%—80%都是来自城市行政区划调整和城乡人口流动。② 由此可见，中国劳动力的城乡流动性远远超过印度。

其次是城市行业间的流动性。基于高行业流动性导致低行业工资差异的假设，我们用行业间工资水平差异来衡量行业劳动力流动性。③ 1998—2009年，印度的行业间工资差异一直高于中国，意味着其跨行业劳动力流动性相对较低。

最后是正式劳动力市场和非正式劳动力市场之间的流动性。印度对非正式部门有明确的定义，是指雇工在10人以下的企业或雇工在20人以下且没有通电的企业。如表4-1所示，印度制造业中的非正式员工比例高达80%以上，而且这个比例在20年中变化很小。中国对非正式劳动力并无正式定义，也没有官方统计，因此我们采用两种口径来大致估算。第一，非正式劳动力比例为城市私营和个体企业以及乡镇企业的就业人数占总制造业就业人数的比例。这样估算出来的比例从1989年的52%增加到2010年的71%。第二，如果我们仅仅考虑城市制造业劳动力，非正式劳动力比例则为城市私营和个体企业的员工占城市制造业员工总数的比例。这样估算出来的比例从1989年的2%增加到2010年的37%。尽管这两种方式估算出来的非正式就业比例差别很大，但都显示出中国的制造业劳动力的非正式化趋势不断扩大，也意味着正式部门和非正式部门之间的劳动力流动性很高。大规模的国企工人下岗、私营企业的迅速发展和农民工进城都是造成非正式就业人数大幅增加的原因。

---

① S. Chandrasekhar and Ajay Sharma, "Urbanization and Spatial Patterns of Internal Migration in India", Indira Gandhi Institute of Development Research Working Paper, May 2014.

② United Nations, "World Urbanization Prospects: The 2007 Revision", 2008, http://www.un.org/esa/population/publications/wup2007/2007wup.htm.

③ 我们先分别计算根据2位编码分类的各行业的平均工资，然后再计算行业平均工资的变异系数。数据来源为《中国工业统计年鉴》（1999—2009年）和印度工业年度调查报告（1998—1999年和2007—2008年）。

表 4-1　　　　　　　　中印制造业就业结构　　　　　（单位：百万；%）

年份	印度 总员工数	印度 非正式员工	印度 非正式员工比例	中国 总员工数	中国 城市员工数	中国 非正式员工比例1	中国 非正式员工比例2
1989	43.2	35.0	81	112.9	53.7	52	2
1994	42.4	33.1	78	128.7	59.8	54	5
2000	45.1	37.1	82	120.3	45.0	66	14
2005	44.9	36.5	81	127.2	45.4	74	29
2010	52.1	45.3	87	122.2	57.9	71	37

注：①中国数据来自中国统计年鉴和乡镇企业年鉴历年相关数据。
②非正式员工比例1计算公式为：城市私营和个体企业就业人数+乡镇企业的就业人数/总员工数；非正式员工比例2计算公式为：城市私营和个体企业就业人数/城市员工数。

资料来源：印度数据分别来自 Reserve Bank of India, "Productivity, Efficiency and Competitiveness of the Indian Manufacturing Sector", 2011, Table 2.3, rbidocs.rbi.org.in/rdocs/PressRelease/PDFs/IEPR1833DRG0611.pdf; International Labor Organization, "Statistical Update on Employment in the Informal Economy", 2012. http://apirnet.ilo.org/resources/statistical-update-on-employment-in-the-informal-economy/leadImage/image_view_fullscreen。

综上比较，无论是城乡之间、行业之间还是正式部门和非正式部门之间，中国的劳动力流动性都明显高于印度。劳动力流动性的差别导致了两国在制造业劳动力投入强度上的不同变化。一般来说，劳动密集型产业的劳动力投入强度较高，而资本密集型产业的劳动力投入强度较低。本部分用劳动力成本占总产出的比例来衡量制造业的劳动力投入强度。我们的计算发现，2007年前后中印两国制造业的劳动力投入强度大体相当，为总产出的5%左右，发展轨迹则大不一样。从1998年到2007年，印度制造业的劳动力投入强度下降了30%，而中国则在1999—2009年上升了2%。[①] 这意味着印度的制

---

① 两国的比例都是用各行业总工资支出除以行业总产值后的平均值。印度的数据来自2位编码的工业调查年度报告（1998—1999年和2007—2008年），中国的数据来源于2类编码的工业年度统计数据（1999—2009年）。

造业朝着资本密集型的方向迅速发展,而中国制造业的劳动密集型特点反而更突出了。这个变化轨迹令人费解。第一,印度的人口增长速度更快,人口结构更年轻,享受人口红利的可能性比中国大,发展劳动密集型制造业应该更有优势[1]。第二,中国经济增长快,劳动力成本上升更快。[2] 劳动力成本上升对劳动密集型产业的压力更大,更可能促使企业向资本密集型产业转型。但如果我们把劳动力流动性的影响纳入考虑,这个变化轨迹就不再令人费解。尽管印度的剩余劳动力数量庞大,但劳动力的低流动性却限制了这个数量优势的发挥。劳动密集型制造业所需的规模效应无法实现,从而降低了企业对劳动密集型产业的投资兴趣。而在中国,尽管劳动力成本上升很快,但相对较高的劳动力流动性使制造业的规模优势仍然存在。

第四节 中印国内制度比较

是什么因素导致了印度的劳动力流动性明显低于中国呢?首先需要说明的是,中印两国都存在明显限制人口流动的社会制度。在印度,种姓制度主要通过两个渠道限制社会流动。一方面,种姓制度通过影响低种姓内部的教育选择,从而限制了劳动力的职业选择;[3] 另一方面,种姓制度作为一种共同保障机制为内部族群提供贷款等福利,

---

[1] 数据显示中国的人口老龄化速度远高于印度。1980年,两国老龄人口比例均为5%左右;到2030年,中国老龄人口比例将达20%,而印度仅为8%。参见 Deborah Davis, "Demographic Challenges for a Rising China", *Dædalus*, *the Journal of the American Academy of Arts and Sciences*, spring, 2014, pp.26-38。

[2] 根据美国劳工统计局的数据,印度制造业的劳工成本在1999—2007年上升了72%,而中国则在2002—2008年上升了139%,几乎是印度的2倍。参见 Bureau of Labor Statistics, "International Comparison of Hourly Compensation Costs in Manufacturing 2010", 2011, www.bls.gov/news.release/archives/ichcc_12212011.pdf。

[3] Kaivan Munshi and Mark R. Rosenzweig, "Traditional Institutions Meet the Modern World: Caste, Gender and Schooling Choice in a Globalizing Economy", *American Economic Review*, Vol.96, No.4, 2006, pp.1225-1252.

从而抑制了种姓内部劳动力向外流动的动机。① 而在中国，户口制度也扮演了类似的角色。户口制度在福利分配上形成了城市居民和农村居民之间的制度化差异，并对农村居民向城市迁移设置了很高的准入门槛，从而造成了城乡就业市场的二元化。② 本部分不再展开讨论这两个因素，而将分析的重点放在劳动制度和土地制度的影响上。

一　劳动制度

印度的劳动关系属于联邦和地方政府共管领域，联邦和地方政府均有权制定法律，因此形成了复杂的劳动法规体系。印度劳动法规的核心是《工业纠纷法》。地方政府依照该法并结合本邦具体情况制定地方性劳动法规。《工业纠纷法》中最著名的第5条规定要求雇工人数超过100人的企业解雇工人时必须取得当地政府的同意。③ 这被认为是世界上关于雇工的最严苛的法律条款之一。尽管这部1947年制定的法律旨在保护工人不被资本家剥削，但其保护的却是占劳动力比例不到一成的正式部门工人。

1991年经济改革以来，印度政府一直试图修改这部法律，营造更有利于资本的商业环境。2001年的提案建议将免于政府批准的企业雇工规模上限从100人提高到1000人，但该法案遭到工会的强烈反对，很快就折戟沉沙了。鉴于直接修改这个法律的难度太大，印度政府只好利用2005年通过的《经济特区法》来试图绕开这个法律。在经济特区内，执行劳动法规的权力由发展专员（development commissioner）而不是由注重保护工人利益的劳动专员来负责。发展

---

① Kaivan Munshi and Mark R. Rosenzweig, "Why Is Mobility in India So Low? Social Insurance, Inequality, and Growth", NBER Working Paper No. 14850, 2009.
② 蔡昉、都阳、王美艳：《户籍制度与劳动力市场保护》，《经济研究》2001年第12期，第41—49页。
③ 这条法规是在1976年通过修正案加入《工业纠纷法》的。最初通过时规定的是300人以上企业解雇工人必须经地方政府批准，但在1984年后变得更严苛，免于政府批准的上限被降低到100人。

专员的目标是吸引投资发展经济，在执行劳动法规方面会更宽松，更愿意保护投资企业的利益。①但这个暗度陈仓的做法依然受到劳工组织的反对，经济特区扩张的势头也因此受阻。

改革开放以来，中国的劳资关系发生了根本性变化。市场化的劳动合同制度的引入终结了终身雇佣关系，1993年度通过的《中华人民共和国公司法》要求所有类型的企业都必须同职工签订劳动合同。《劳动合同法》在保护工人权益方面有所进步，比如强制企业必须同劳动者签订合同、劳动者连续工作10年以上的有权签订长期合同以及加强工会的作用等。但是，尽管法律通过后劳动合同签订率大幅提高，企业在聘用和解雇工人方面仍具有很大的灵活性。

中印在劳动制度上的另一个重要差别是对工人集体权利的保护方面。经济改革加剧了劳资关系的紧张局面，劳动纠纷发生得也更频繁。从官方统计数据来看，中国的劳动纠纷总数量在1996—2009年增加了14倍，而群体性劳动纠纷的比例却从6.5%下降到2%。②而同一时期，印度共发生了1万起集体罢工或工厂关闭事件，参与人数高达2000万人。③平均来看，每起群体性劳动纠纷的参与人数在中国为30人，而在印度则有2000人。尽管这种粗略的比较存在统计口径上的局限，我们仍然可以大致推定，中国的群体性劳动纠纷规模远远小于印度。

为什么中国的劳动纠纷规模远远低于印度？这是因为工会的组织结构和作用大不相同。印度的工会组织是根据1926年的印度工会法建立起来的。该法对成立工会设了极低的门槛。2001年以前，只要参加人数超过7人就可组织工会。2001年以后，成立工会的门槛

---

① Jaivir Singh, "Labor Law and Special Economic Zones in India", Working paper, 09/01, New Delhi: Center for Studies of Law and Governance, 2009.
② 国家统计局人口和就业统计司、人力资源和社会保障部规划财务司：《中国劳动统计年鉴》，中国统计出版社2010年版，第417—418页。
③ 印度的数据来自劳动与就业部的年度报告，http://labour.nic.in/content/reports/annual-report.php。

提高到 100 人或企业人数的 10%。印度目前共有 12 个全国性工会，下辖 6800 个地区性工会。工会的覆盖范围基本上仅限于相当于劳工总数 6% 的正式部门工人。超过半数的正式工人是工会成员，而非正式工人加入公会的比例不足 2%。[1] 强大的工会组织极大地提高了正式工人的集体谈判能力，从而降低了他们选择流动的动机。与此同时，劳动法规和工会组织对企业雇佣非正式工人又设置了重重障碍。非正式工人这个庞大的群体教育水平很低，缺乏职业培训的渠道，也得不到劳动法规和工会的保护。因此，他们往往无法跨越通往正式就业市场的巨大鸿沟。

在中国，工会作为政府机构的组成部分，服务于国家的政治经济目标，在企业和工人之间充当一个社会稳定器的作用。在这样的制度安排下，工人倾向于通过频繁换工作来争取个人利益最大化，也就加速了劳动力的流动性。

从以上的比较可以看出，印度的劳工制度对于正式工人的严格保护严重限制了企业雇工的动机，促使企业被迫保持较小规模以避免政府干预。这对于需要规模效应的劳动密集型制造业是极为不利的。因此，企业会选择避免进入依靠规模效应的劳动密集型制造业，转而投资雇工数量相对较少的技术密集型制造业或现代服务业。在中国，市场化的劳动用工制度极大增加了企业的雇工灵活性，为增强自身的就业竞争力，工人也会重视获取市场通用技能，而不是企业所特有的专门技能。因此，无论是从企业还是从工人方面，市场化的劳动用工制度导致企业和工人直接的依附关系很弱，从而增加了劳动力的行业流动性。

二 土地制度

再来看土地制度对劳动力流动的推动效应。中印两国都经历了

---

[1] Pong-Sul Ahn, *The Growth and Decline of Political Unionism in India: The Need for a Paradigm Shift*, ILO DWT for East and South-East Asia and the Pacific Bangkok: ILO, 2010.

迅速的城市化，但中国城市化过程中的征地规模远远超过了印度。据官方统计，2000—2008年，中国共有170万公顷农村土地被转化为城市建设用地。① 而印度只是征用了44万公顷的林用地，其中一半左右转化为城市建设用地。② 是什么因素导致了中国和印度的征地规模相差如此巨大呢？

印度的土地征用制度可以追溯到1894年制定的《土地征用法》。这个殖民地时期的法律规定政府可以出于公共目的征用私有土地，但必须对土地拥有者进行补偿。印度独立后继续沿用该法律，尽管有过数次修改，但基本原则并没有改变。印度实施经济改革以后，围绕这部法律产生的矛盾逐渐突出。尤其是《经济特区法》通过以后，地方政府在征地上的权限增大，经济发展与土地征用的矛盾终于爆发，比如2007年发生在南迪格兰（Nandigram）的流血冲突引发了印度社会对土地征用政策的大讨论。如何防止政府滥用征地权力和保障失地农民的利益成了修改法律的关键考虑。经过多年的争论和妥协，印度国会终于在2013年通过了新的征地法，取代了已实施120年的旧征地法。这部法律在征地权限等方面做出了具体规定。首先，"公共利益"的范围仅包括国防和基础设施建设。其次，如果政府是为有利于"公共目的"的私有项目征地，必须取得80%的被影响人的同意；如果是公私合作项目，则必须取得70%的被影响人的同意。征地的被影响人的范围也扩大了，不仅包括拥有土地产权的地主，也包括没有产权但受到征地影响的租户。新征地法还要求政府必须事先组织专家对征地的社会影响进行评估，以确保征地不会对公共利益造成危害。

在中国，征用土地的法律依据来自2004年《中华人民共和国宪

---

① 根据国土资源部历年报告中征地统计数据汇总计算。
② India Ministry of Environment and Forests, "Report of the Committee on State Agrarian Relations and the Unfinished Task for Land Reform", 2009 www. rd. ap. gov. in/IKPLand/MRD_ Committee_ Report_ V_ 01。

法》(修正案)规定的"国家为了公共利益的需要,可以依照法律对土地征收征用并给予补偿",但《土地管理法》等相关法律缺乏对"公共利益"的具体界定。在实际操作中,征用的土地大量被用于工业、商业开发等经营目的。由于农村土地属于集体产权,并由村集体经济组织或者村民委员会经营管理,土地的最终控制权不在农民手里。正是由于征地法对印度政府征地权力的严格限制,印度的征地面积远低于中国,而因征地造成的人口迁移也要较中国少得多。

再来看土地制度对劳动力流动的拉动效应。许多关于中国的研究显示,城乡收入差距在经济迅速发展的过程中持续拉大。[1] 而关于印度的研究却没有发现城乡差距明显拉大的趋势,反而自20世纪80年代以来一直呈下降趋势。[2] 城乡收入差别扩大会让农民产生更强的动机到城市寻找相对高薪的就业机会,从而对劳动力流动产生拉动效应。

造成城乡收入差距不同的变化趋势有很多可能的因素,其中一个重要的因素就是征地制度对农民的补偿标准。在印度,如何公平补偿失地的农民是社会争议的焦点。旧的土地征用法中只规定了政府按照征用的土地市场价值进行补偿,而不包括对农民安置的补偿。补偿标准按照土地的市场价格,但政府对农用地转让的限制压低了农用地的市场价。不过,土地所有者如果对土地补偿金额不满,可以向法院提起诉讼。大多数法庭受理的土地补偿案都以增加农民的

---

[1] Martin Whyte, ed., *One Country, Two Societies: Rural - Urban Inequality in Contemporary China*, Cambridge: Harvard University Press, 2010; Bjorn Gustafsson, Shi Li and Terry Sicular, *Inequality and Public Policy in China*, New York: Cambridge University Press, 2008.

[2] Viktoria Hnatkovska and Amartya Lahiri, "The Rural-Urban Divide in India", International Growth Centre Working Paper, London School of Economics and Political Science, February 2013,不过,值得注意的是,中印在城乡差距的统计方法上不同,所以很难进行直接比较。中国是以收入为基础,而印度则以消费为基础。

补偿款的结果告终。① 为了根本性减少土地补偿引起的纠纷，2004年印度政府颁布了《国家安置与康复政策》，承认征地不仅应包括对土地价值的补偿，还应该对失地农民的安置和康复进行补偿。这个政策最终被2013年通过的新土地征用法采纳。新法大大提高了征地补偿标准。城市征地的补偿可以达到市价的两倍，而农村土地更可以达到市价的四倍。与此同时，失地农民还可以得到长期补偿用于安置和康复。

在中国，地方政府有单方面制定征地补偿标准的权力。② 中国的征地赔偿制度对失地农民的赔偿是基于土地的农业用途，而不是市场价值来确定的。而且，出于财政收入最大化的考虑，地方政府在制定征地标准时经常就低不就高。2012年通过的《土地管理法修正案》在提高征地补偿上取得了部分突破，如取消了征地补偿不得超过土地被征收前三年平均收益30倍的上限，同时也增加了社会保障补偿的内容。③

中印经济发展结果趋同而模式迥异的现象一直是个备受关注的话题。本章试图用一个新的制度分析框架来解释这一差异。同传统制度经济学强调产权保护不同，本章认为制度可以通过对要素流动性的影响来改变国家的传统比较优势，从而引导企业选择不同的投资产业和方式，最终对国家的经济发展模式产生影响。这个分析框架拓展了传统的制度经济学"制度—产权—投资—增长"的因果链条。更重要的是，这个框架要解释的不仅仅是制度是否导致经济增长，而是什么样的制度导致什么样的经济增长。

具体而言，中国在劳动力资源上的比较优势是成为世界工厂的

---

① Ram Singh, "Inefficiency and Abuse of Compulsory Land Acquisition: An Enquiry into the Way Forward", *Economic and Political Weekly*, May 12, 2012.
② 汪晖、陶然：《中国尚未完之转型中的土地制度改革：调整与出路》，《国际经济评论》2010年第2期，第93—123页。
③ 林晖、余晓洁：《让被征地农民原有生活有改善、长远生计有保障：解读土地管理法修正案草案四大亮点》，新华社2012年12月25日。

重要原因，但这个优势并非只是得益于庞大的人口数量，也来自劳动力的高流动性。而影响劳动力流动性的重要因素是劳动和土地制度。尽管中国的人力成本在过去10年中上升很快，但劳动密集型制造业的规模优势并未因此被明显削弱，对资本的吸引力仍然很强。中国的经济增长模式依然是主要靠制造业推动。

印度之所以没有同中国一样成为世界工厂，是与其低劳动力流动性密切相关的。受劳动和土地制度的限制，印度的劳动力在城乡之间、行业之间以及正式部门和非正式部门之间都存在巨大的流动障碍。割裂的就业市场因此削弱了劳动力资源的成本和规模优势，也降低了劳动密集型制造业对资本的吸引力。纺织业是对印度就业贡献最大的非农产业。即使是在这个典型的劳动密集型产业中，80%以上的印度企业是不足8人的家庭作坊。[1] 而在中国，大部分纺织企业的规模都在200人以上。相比之下，由于在低技能劳动力资源上不具优势，印度在高技术劳动力资源上的比较优势更加显著，因此吸引了大量金融和信息等现代服务业投资，成为经济增长的主要推动力。

当然，必须强调的是，本章解释了中国和印度不同经济发展模式的制度原因，但并不能说明这两种发展模式孰优孰劣。尽管劳动力的高流动性有助于提高经济活动的效率，但影响劳动力流动性的制度却可能产生不同的外部性。如果高流动性是消除制度障碍后个体的主动选择，就更可能在市场中产生良性的激励机制，鼓励个人努力，从而提升社会的创新能力。但如果劳动力的高流动性是由于制度对劳工的保护不足造成的被动选择，就可能扭曲激励机制，抑制社会创新，并成为社会公平和稳定的障碍。"富士康模式"的高效率正是在充分利用劳动力高流动性带来的规模优势后形成的，但这种模式却可能极大伤害了技术创新的能力。同样，大规模城市化也

---

[1] Rana Hasan and Karl Robert Jandoc, "The Distribution of Firm Size in India: What Can Survey Data Tell Us?", ADB Economics Working Paper Series, Asian Development Bank, 2010.

是中国经济增长的重要推动力，但城乡不平等也随之加剧。

与此同时，政府的治理方式也应随着经济发展水平的提高而调整。在经济起飞阶段，善治很大程度上取决于政府的决策能力。因为它可以突破制度僵局，有效执行产业政策，最大限度地发挥资源配置的比较优势。无论是"世界工厂"还是"全球办公室"都在一定程度上是制度创新的产物。但是，在经济起飞之后的持续发展阶段，实现善治则需要政府、法治和民主这"三驾马车"并驾齐驱，[1]以保证经济增长、社会分配和激励创新之间的平衡。

---

[1] Francis Fukuyama, *Political Order and Political Decay: From the Industrial Revolution to the Globalization of Democracy*, New York: Farrar Straus Giroux, 2014.

第五章
全球化与贫困治理

2012年1月，我到印度新德里做调研。在去印度之前，我对这个耀眼的"发展明星"有很多想象。印度自1991年实行经济改革以来，一直保持较高的经济增长速度，也带来了显著的减贫效果。到2012年，印度的贫困率下降到了22%，1.33亿人摆脱了绝对贫困。[①]当我在新德里四处同当地的官员和企业家访谈的时候，我为这个国家展现出的活力感到欣慰。但是，当我离开新德里去参观泰姬陵时，看到了印度发展的另一面。泰姬陵所在的阿格拉古城（Agra）是莫卧儿帝国的首都，距离新德里不到200公里，拥有世界著名的旅游景点，交通便利。然而，在美轮美奂的泰姬陵背后，却是一个让人触目惊心的贫民窟。大多数的当地居民没有固定的收入来源，只能靠向游客兜售小商品和提供服务来赚些小钱。数据显示，尽管印度已经成了中等收入国家，但却拥有全球四分之一的极端贫困人口。而阿格拉的贫困率高达40%，比印度的平均贫困率高近一倍。印度的经济高速增长似乎没有给他们的生活带来什么改变。

[①] Ambar Narayan and Rinku Murgai, "Looking Back on Two Decades of Poverty and Well-Being in India", Policy Research Working Paper, No. 7626, Washington, D.C.: World Bank, 2016.

第五章　全球化与贫困治理

贫困似乎是发展中国家的专属问题。保罗·科利尔（Paul Collier）在《最底层的10亿人》一书中指出，挣扎于贫困边缘的58个欠发达国家面临着资源、地理、冲突和治理四大陷阱而无法实现经济增长。[①] 然而，经济持续增长的印度却有着世界上最多的贫困人口。而同样是人口大国的中国，贫困人口比例一度高达80%，却在40年的时间里让8亿人脱离了极端贫困。

贫困是困扰全球发展的核心问题，全面消除贫困也是联合国2030年可持续发展目标（SDGs）的首要目标。自20世纪80年代起，减贫就一直是发展中国家的主要任务，但其减贫成效却差别很大。中国曾经是世界上贫困人口最多的国家，到2020年实现了全面脱贫。与此同时，许多发展中国家尽管实施了各种减贫战略，却始终走不出贫困陷阱。在40年的减贫过程中，中国从发展知识的学习国变成了减贫经验的分享国，对于发展中国家的贫困治理产生了重要的示范效应。然而，学术界对于中国经验是否具有普遍性意义仍存在争论。

本章认为，中国的减贫实践既有鲜明的自身特色，也有重要的普遍性意义，符合国际贫困治理的一般性逻辑。一方面，中国的经济基础和政治体制具有很强的特殊性。持续近40年的高速经济增长是减贫的经济保障，而中国共产党和政府的强大组织执行力是减贫的政治保障。另一方面，中国在减贫过程中实施的分步走的渐进式战略扩大了受益群体，减少了社会阻力，使贫困治理得以持续推进，实现了国家与社会的相互强化。这种贫困治理的政策次序符合经济

[①] 保罗·科利尔（Paul Collier）：《最底层的10亿人》，中信出版社2008年版。

发展的政治逻辑，使发展减贫成为一个自我强化的过程，对于其他发展中国家有广泛的借鉴意义。

在此基础上，本章考察了21世纪以来撒哈拉以南非洲的减贫情况。总体而言，非洲国家的贫困率有所下降，但国家间的减贫表现差异很大。本章重点分析埃塞俄比亚、加纳、尼日利亚三国的贫困治理情况。尽管这三个国家都制定了减贫战略并实现了较快的经济增长，但是不同的政策实施次序形成了不同的利益分配关系，继而影响了贫困治理的持续性，最终导致减贫效果大相径庭。埃塞俄比亚实现了增长与减贫的持续共同推进；加纳早期的经济增长带动了大幅减贫，但减贫效果难以持续；而尼日利亚则始终没有摆脱贫困式增长的局面。

本章将首先回顾贫困概念的演变过程，然后分析影响贫困治理效果的政治经济因素；第三部分讨论中国贫困治理的制度和政策因素；第四部分总结非洲国家的减贫效果，并重点分析比较埃塞俄比亚、加纳、尼日利亚三个国家的减贫政策及效果，并得出结论。

第一节 贫困概念和指标的演变

在20世纪之前，贫困是世界各国的普遍现象。1820年，全球94%的人口都处于极度贫困之中。[1]尽管有民间慈善机构向穷人提供帮助，但政府并未将减贫作为重要的政策目标。二战后兴起的发展经济学从收入角度来看待贫困问题，认为贫困是增长失败的产物。发展的核心是经济增长，经济增长产生的涓滴效应会惠及穷人。减贫因此成为经济发展的重要目标。1978年，世界银行的发布的第一份《世界发展报告》指出，全世界有近8亿人深陷绝对贫困当中，占发展中国家人口总数的40%。[2] 1991年，世界银行基于33个欠发达国

---

[1] Bourguignon, François, and Christian Morrisson, "Inequality among World Citizens: 1820-1992", *American Economic Review*, Vol. 92, No. 4, 2002, pp. 727-44.

[2] World Bank, "World Development Report 1978", Washington, D.C., 1978, https://openknowledge.worldbank.org/bitstream/handle/10986/5961/WDR%201978%20-%20English.pdf, p. 7.

家的国家贫困线，根据购买力平价（PPP），推出了每天 1 美元的绝对贫困线，成为衡量贫困的全球标准。随着通货膨胀水平的上升，全球贫困线的标准数次上调，2015 年后开始使用每天 1.9 美元的标准。

20 世纪 80 年代以来，随着全球化加速发展，全球的贫困人口历史上首次出现了减少趋势。图 5-1 显示，以每天 1.9 美元的国际贫困指标为基准，全球贫困人口数量从 1981 年的 19 亿下降到 2018 年的 6.4 亿，贫困人口比例则从 42% 下降到 8%。但是，这个下降的趋势并不顺利。1981—1999 年，全球绝对贫困人口数量仅减少了不到 2 亿人。1987—1990 年和 1996—1999 年，贫困人口数量甚至增加了。直到进入 21 世纪后，全球贫困人口才持续大幅下降，近 20 年间减少了 11 亿左右。

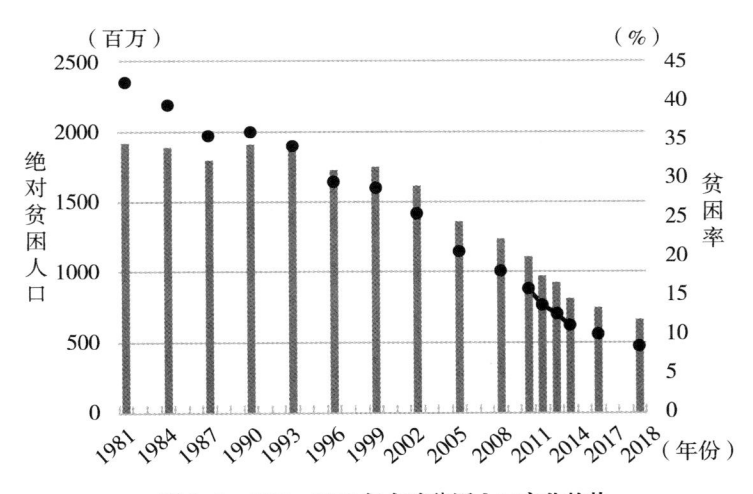

图 5-1 1981—2018 年全球贫困人口变化趋势

注：绝对贫困人口是指收入低于每天 1.9 美元（购买力平价）的人口数量；贫困率为绝对贫困人口占总人口比例。

资料来源：世界银行，http://iresearch.worldbank.org/PovcalNet/povDuplicateWB.aspx。

发展中国家的减贫表现在地区上差别很大。东亚和南亚地区是全球减贫最主要的贡献者。表 5-1 显示，从 1981 年到 2018 年，东亚发展中国家的绝对贫困人口减少了近 11 亿，贫困率从 80.5% 下降到 1.3%。南亚地区的贫困人口减少了近 4.2 亿，贫困率从 55.9% 下降到 5.3%。在近 40 年的时间里，拉美国家的贫困率从 13.8% 下降到 4.4%，但绝对贫困人口数量仅减少了 2000 万左右。中东、北非则增加了 1000 万左右；由于人口增长较快的原因，中东、北非和撒南非洲的贫困率均略有下降，但贫困人口总数却增加了；尤其是撒哈拉以南非洲的贫困人口增加了 2.5 亿，占全球贫困人口的比例更是从 10% 增加到 70%。1999 年似乎是国际减贫的分界点。除了中东、北非国家外，绝大多数发展中国家在 21 世纪以来的减贫表现明显好于 1981—1999 年。撒哈拉以南非洲尤其突出，贫困率在 1981—1999 年上升了 19%，而 21 世纪以来则下降了 29%。尽管非洲经济持续增长了 20 年，但贫困人口反而增加了近 7000 万，使非洲的绝对贫困人口占全球的 70%。

表 5-1　　1981—2018 年各地区绝对贫困人口数量和贫困率　　（单位：百万）

地区	1981 年	1999 年	2018 年	变化 1981—1999 年	变化 1999—2018 年
东亚	1112.79	692.92	27.82	-52%	-97%
	80.5%	38.5%	1.3%		
南亚	515.30	534.92	96.53	-30%	-86%
	55.9%	39.2%	5.3%		
拉美	50.22	69.57	28.02	-1%	-68%
	13.8%	13.7%	4.4%		
中东北非	18.34	10.44	27.88	-64%	90%
	10.6%	3.8%	7.2%		
撒哈拉以南非洲	193.67	378.69	446.95	19%	-29%
	49.1%	58.4%	41.6%		

注：绝对贫困人口是指收入低于每天 1.9 美元（购买力平价）的人口数量（百万）
资料来源：世界银行，http://iresearch.worldbank.org/PovcalNet/povDuplicateWB.aspx。

从 20 世纪 70 年代开始，一些西方学者开始提出从不同维度来定义贫困问题。约翰·罗尔斯（John Rawls）从社会伦理的角度指出，一个公正社会的决定性标准必须合乎"最少受惠者"的最大利益。因此，政府扶助弱势群体是分配正义的体现。① 受这一观点的启发，阿马蒂亚·森（Amartya Sen）认为贫困虽然表现为基本生活需求无法保障，但实质上是个人能力被剥夺的结果。因此，解决贫困问题，不仅需要经济增长，还需要保障个人获取相同机会的能力。② 安东尼·阿特金森（Anthony Atkinson）进一步区分了贫困和不平等这两个概念，认为贫困是基本自由问题，而不平等则是社会正义问题。③

1990 年，联合国开发计划署（UNDP）在森的发展观的影响下，制定了人类发展指数（HDI），将收入、教育和健康作为衡量人类发展指数的三大指标。在此基础上，2010 年，UNDP 采纳了牛津大学贫困与人类发展中心（OPHI）的方法，开始公布全球多维贫困指数（MPI），用非货币化的方式来测量贫困。④ 多维贫困概念的提出，明确区分了经济维度的"贫"和社会维度的"困"。多维贫困指数也同联合国可持续发展目标（SDG）中的贫困、饥饿、卫生、教育等目标也对应起来了。

随着 SDG 的启动，全球范围消除贫困成为所有国家的首要目标。2013 年，世界银行提出了消除贫困和共同繁荣的双重目标，并成立了由阿特金森领衔的全球贫困委员会，监督这两个目标的实施。

---

① ［美］约翰·罗尔斯：《正义论》，何怀宏、何包钢、廖申白译，中国社会科学出版社 1988 年版。

② Amartya Sen, "Poverty: An Ordinal Approach to Measurement", *Econometrica*, Vol. 44, No. 2, 1976, pp. 219-231.

③ Anthony Atkinson, "On the Measurement of Poverty", *Econometrica*, Vol. 55, No. 4, 1987, pp. 749-764.

④ 多维贫困指数（MPI）包括健康、教育和生活水平三个维度的 10 个指标组成。每个维度的权重相当，各占 1/3。其中，健康和教育维度各有 2 个指标，每个指标的权重为 1/6；生活水平维度有 6 个指标。每个指标的权重为 1/18。如果一个人有 1/3 的加权指标未达标（被剥夺），那么这个人就被认定为多维贫困人口。一个国家的多维贫困人口比率是指多维贫困人口数量总人口的比率。关于多维贫困线具体的测量方法，参看 Sabina Alkire and James Foster, "Counting and Multidimensional Poverty Measurement", *Journal of Public Economics*, Vol. 95, No. 7-8, 2011, pp. 476-87.

全球贫困委员会认为，人类福祉不仅取决于生活必需品的绝对消耗水平，也取决于所处社会环境的不同规范。因此，衡量贫困的指标除了货币化的全球绝对贫困线以外，还应该包括不同国家的相对贫困线和非货币化的多维贫困线。①

第二节　影响贫困治理的政治经济因素

20世纪西方兴起的发展理论认为贫困是应当被消除的社会之恶，而政府可以通过政策干预来减少贫困。② 这些关于减贫的研究通常从经济增长和分配政治的视角试图找到影响贫困差异的普遍性因素，但很少考虑发展中国家的不同国情。与此同时，中国学者则从国家治理的视角关注中国的减贫经验，逐渐发展出一套中国特色的解释框架。

一　经济增长视角

早期的发展理论认为，资本匮乏和投资不足是贫困陷阱产生的根本原因。低收入国家面临资源、技术水平、经济结构、国家能力等多重限制，在没有外力干预的情况下，难以突破低水平均衡的状态，经济可能陷入停滞。因此，发展中国家只有依赖外部援助才可能突破资金瓶颈，加快经济增长。③ 同时，经济增长可以产生"涓

---

① The Poverty Commission, "Monitoring Global Poverty: Report of the Commission on Global Poverty", Washington, D. C.: World Bank Group, 2017.

② 关于西方文献中贫困概念的演变，参见 Martin Ravallion, "The Idea of Antipoverty Policy", in Anthony Atkinson and François Bourguignon eds., *Handbook of Income Distribution*, Volume 2B, Amsterdam: North Holland, 2015, pp. 1967-2061.

③ 其中最有影响力的观点是20世纪60年代罗斯托提出的"经济增长阶段论"和21世纪初杰弗里·萨克斯提出的"援助有效论"。参见 W. W. Rostow, *The Stages of Economic Growth: A Non-Communist Manifesto*, Cambridge: Cambridge University Press, 1960; Jeffrey Sachs, *The End of Poverty: Economic Possibilities for Our Time*, New York: The Penguin Press, 2005。两者不同的是，罗斯托主要强调援助对美国的战略意义，而萨克斯则呼吁全球的反贫困行动。关于罗斯托的理论对美国援助政策的影响，参见梁志《"经济增长阶段论"与美国对外援助开发政策》，《美国研究》2009年第1期。

滴效应",使社会财富普遍增长,从而惠及贫困人口,因此增长是减贫的核心。①

但是,从二战后发展中国家的经济发展经历来看,援助有效论和涓滴效应论都没有得到足够的实证支持。一方面,在大多数受援国中,国际援助既没有从根本上起到补充投资不足的作用,也没有在实质上推动受援国的经济增长。一些国家对援助的依赖反而使经济结构更脆弱,丧失了自身发展的动力。②

另一方面,尽管发展中国家并未整体陷入贫困陷阱,③ 但一些国家的经济状况恶化和福利水平下降,导致更多人落入贫困陷阱。这种现象被称为"悲惨性增长"(immerisizing growth)或贫困式增长。④ 早在19世纪,马克思就从阶级结构上阐明了"悲惨性增长"的根源。他认为资本主义社会的普遍趋势是:"生产资本越增加,分工和采用机器的范围就越扩大。分工和采用机器的范围越扩大,工人之间的竞争就越剧烈,他们的工资就越少。"⑤ 而正是这种经济关系,决定了工人无法摆脱贫困陷阱,他们的绝对贫困也是不可避免的。之后的学者则把这个概念进一步延伸,提出了歧视、冲突、环境破坏、腐败等因素都可能减少经济增长的总体收益,拉大贫富差

---

① 关于早期发展经济学对经济增长涓滴效应的讨论总结,参见 H. W. Arndt, "The Trickle-down Myth", *Economic Development and Cultural Change*, Vol. 32, No. 1, 1983, pp. 1–10.

② 关于援助有效性的文献讨论和实证分析,参见 William Easterly, "Can Foreign Aid Buy Growth", *The Journal of Economic Perspectives*, Vol. 17, No. 3, pp. 23–48; Raghuram Rajan and Arvind Subramanian, "Aid and Growth: What Does the Cross-Country Evidence Really Show?", *The Review of Economics and Statistics*, Vol. 90, No. 4, 2008, pp. 643–665; Sebastian Edwards, "Economic Development and the Effectiveness of Foreign Aid: A Historical Perspective", *Kyklos*, Vol. 68, No. 3, 2015, pp. 277–316。

③ Aart Kraay and David Mckenzie, "Do Poverty Trap Exist? Assessing the Evidence", *The Journal of Economic Perspectives*, Vol. 28, No. 3, 2014, pp. 127–148.

④ 贾格迪什·巴格沃蒂最早提出这一概念,他关注的重点是出口增长可能造成的贸易条件恶化。参见 Jagdish Bhagwati, "Immiserizing Growth: A Geometric Note", *Review of Economic Studies*, Vol. 25, No. 3, 1958, pp. 201–206.

⑤ 马克思:《雇佣劳动与资本》,中共中央马克思恩格斯列宁斯大林著作编译局编译,人民出版社 2018 年版,第 44 页。

距,从而导致悲惨性增长。①

另一类观点则强调经济增长的条件论,即经济增长在什么样的情况下会产生更大的减贫效果。尽管世界银行的研究发现,穷人可以直接受惠于经济增长,而不是通过涓滴效应,② 但贫困—增长—不平等的发展三元关系认为增长的减贫"弹性"取决于收入不平等水平。③ 理论上说,国家的经济增长可以同时减少贫困和不平等,但在现实世界中,这三个目标却基本无法同时实现。托马斯·皮凯蒂发现,自19世纪以来,资本回报率在绝大部分时候高于经济增长率,意味着资本家财富增长速度高于劳动者工资增长速度。④ 长期来看,经济增长可能会导致不平等程度加剧,从而削弱经济增长的减贫效果。因此,经济增长只是减贫的必要条件,而并非充分条件。正如保罗·柯里尔所说,"增长并非万能的(cure-all),但没有增长是万万不能的(kill-all)"⑤。

二 政治分配视角

从经济学的视角看,贫困是"福祉被公然地剥夺"(pronounced deprivation in well-being),⑥ 因此减贫需要通过经济增长来创造更多福祉。而从伦理学的视角看,贫困的形成实质上是个人获取福利的能力被剥夺的结果。⑦ 因此,解决贫困问题,不仅需要经济增长,

---

① 参见 Paul Shaffer, Ravi Kanbur, and Richard Sandbrook eds, *Immiserizing Growth: When Growth Fails the Poor*, Oxford and New York: Oxford University Press, 2019.
② David Dollar and Aart Kraay, "Growth is Good for the Poor", *Journal of Economic Growth*, Vol.7, No.2, 2002, pp.195-225.
③ François Bourguignon, "The Poverty-Growth-Inequality Triangle", World Bank Working Paper 28102, Washington, D.C.: World Bank, 2004.
④ [法] 托马斯·皮凯蒂,《21世纪资本论》,巴曙松译,中信出版社2014年版。
⑤ Paul Collier, *The Bottom Billion: Why the Poorest Countries are Failing and What Can be Done about It*, Oxford and New York: Oxford University Press, 2007, p.190.
⑥ World Bank, *Attacking Poverty: Opportunity, Empowerment, and Security*, New York: Oxford University Press, 2001, p.15.
⑦ Amartya Sen, "Equality of What?", in McMurrin Sterlinged, *The Tanner Lectures on Human Values*, Vol.1, Cambridge: Cambridge University Press, 1980, pp.195-220.

还需要依靠政治分配来保障个人获取相同机会的能力，体现社会正义。① 政治分配主要分为制度安排和政治博弈两个层面。

第一，制度安排。制度解释的基本假设是政治制度安排影响权力关系，继而决定经济资源的分配方式。一般认为，成熟民主体制下的政治权力相对分散，政府决策难以被少数利益集团操纵，弱势群体也有渠道为自己争取利益，收入分配会相对平等。根据中间选民理论的假设，中间选民的偏好代表了普遍民意。如果中间选民的收入位于平均收入之下，政府的再分配力度增大，并且向低收入人群倾斜，贫困率会较低。② 但是，如果中间选民的收入水平较高，福利开支的增加将更多惠及中产阶级，对减贫的作用不大。③ 此外，如果民主制度监督机制弱，实际决策权被少数统治精英所把持，分配不平等的状况就可能被固化，穷人就更难摆脱贫困陷阱。④

政党制度也对贫困有重要影响。代表上层精英的右翼政党和代表劳工阶层的左翼政党在福利分配的优先对象上区别明显。左翼政党更可能实行有利于穷人的福利和再分配政策，从而保持着较低的贫困率。研究发现，在具有成熟的民主制度、由左翼政党执政、妇女的政治参与程度较高的国家，贫困人口相对较少。⑤ 然而，除了少数拉美国家外，连续执政的左翼政府并不常见，政党轮替往往导

---

① ［美］约翰·罗尔斯：《正义论》，何怀宏、何包钢、廖申白译，中国社会科学出版社1988年版，第1页。

② Allen Meltzer and Scott Richards, "A Rational Theory of the Size of Government", *Journal of Political Economy*, Vol. 89, No. 5, 1981, pp. 914-927.

③ Michael Ross, "Is Democracy Good for the Poor?", *American Journal of Political Science*, Vol. 50, No. 4, 2006, pp. 860-874.

④ Daron Acemoglu et al., "Democracy, Redistribution and Inequality", in Anthony Atkinson and François Bourguignon eds., *Handbook of Income Distribution*, *Volume 2B*, Amsterdam: North Holland, 2015, pp. 1885-1966.

⑤ David Brady, "Theories of the Cause of Poverty", *The Annual Review of Sociology*, Vol. 45, 2019, pp. 155-175; Jennifer Pribble, Evelyne Huber, and John D. Stephens, "Politics, Policies, and Poverty in Latin America", *Comparative Politics*, Vol. 41, No. 4, 2009, pp. 387-407.

致减贫政策难以延续。而且，在全球化的大背景下，低收入国家面临更大的市场开放和吸引外资的压力，倾向于减少社会保障投入和就业保护，对贫困人口的冲击更大。①

第二，政治博弈。减贫政策的制定和实施也会受到不同利益集团政治博弈的影响。尽管许多发展中国家都承诺将减贫作为最主要的政策目标之一，但在缺乏政治激励和社会支持的情况下，政府难以持续投入资源扶持同一群体，容易导致减贫成果半途而废。因此，许多发展中国家需要的不仅是制定减贫政策，更重要的是建立支持减贫政策持续实施的政治联盟。

由于许多发展中国家并不具备强国家的基础能力，因此协调国家与社会关系对于提升国家治理能力就更为重要。但是，国家与社会关系中的对抗性和互补性也在经济发展的过程中不断变化。阿尔伯特·赫希曼曾经指出，对于"后后发国家"（late latecomers），实现进口替代工业化的挑战更大。在早期工业化过程中壮大的产业会阻碍工业化的进一步发展，因为新产业的出现会威胁到已有产业的地位。② 类似的利益冲突也在东欧国家经济转型过程中出现。早期改革的受惠者会为了保护自己的既得利益而阻挠彻底改革，从而导致改革半途而废。③ 在社会分配政策上，增加福利支出反而会加剧正式部门和非正式部门劳工之间的矛盾，导致再分配政策难以持续。这种现象在拉美国家尤其普遍。④ 由此可见，如果经济发展和社会分配导致不同团体间利益冲突增大，国家和社会之间就可能更多呈

---

① Nita Rudra, "Globalization and the Decline of the Welfare State in Less‐Developed Countries", *International Organization*, Vol. 56, No. 2, 2002, pp. 411-445.

② Albert O. Hirschman, "The Political Economy of Import‐Substituting Industrialization", *The Quarterly Journal of Economics*, Vol. 82, No. 1, 1968, pp. 1-32.

③ Joel S. Hellman, "Winners Take All: The Politics of Partial Reform in Postcommunist Transitions", *World Politics*, Vol. 50, No. 2, 1998, pp. 203-234.

④ Alisha C. Holland and Ben Ross Schneider, "Easy and Hard Redistribution: The Political Economy of Welfare States in Latin America", *Perspectives on Politics*, Vol. 15, No. 4, 2017, pp. 988-1006.

现出对抗的特征，产生精英俘获的现象，从而加剧发展中国家的贫困问题。①

三　国家治理视角

如果说发展中国家的贫困问题会长期存在，那么中国是如何摆脱贫困陷阱的？许多学者从国家治理的视角出发，强调中国共产党的领导和社会主义制度优势在减贫中的显著作用。汪三贵和胡骏认为集中统一的治理结构是中国扶贫取得巨大成效的关键因素，使政府可以在70年以来持续地开展减贫行动，而且不断创新反贫困机制。② 尤其是中国近年来把脱贫攻坚作为全面建成小康社会的底线任务和标志性指标；坚持全国一盘棋，建立了中央统筹、省负总责、市县抓落实的管理体制。王雨磊和苏杨把这个制度优势分解为五个制度安排，包括：自上而下的行政统筹机制；统一调度的财政资金机制；统一调度的干部管理机制；贫困村组织建设机制；精准考评和问责机制。③ 左才等则提出了中国贫困治理的四大"制度密码"，包括顶层设计和高位推动；任务分解和责任共担；合力聚能和多维联结；分步实施和创变调适。④ 燕继荣认为，推进国家治理体系和治理能力的现代化是贫困治理的重要保障。⑤ 谢岳认为这些制度优势使中国的贫困治理模式具有不同于资本主义福利国家模式的鲜明自身特色。⑥

---

① Pranab Bardhan and Dilip Mookherjee, "Decentralizing Anti-poverty Program Delivery in Developing Countries", *Journal of Public Economics*, Vol. 89, No. 4, 2005, pp. 675-704.
② 汪三贵、胡骏：《从生存到发展：新中国七十年反贫困的实践》，《农业经济问题》2020年第2期。
③ 王雨磊、苏杨：《中国的脱贫奇迹何以造就？——中国扶贫的精准行政模式及其国家治理体制基础》，《管理世界》2020年第4期。
④ 左才、曾庆捷、王中远：《告别贫困：精准扶贫的制度密码》，复旦大学出版社2020年版，第237—252页。
⑤ 燕继荣：《反贫困与国家治理：中国"脱贫攻坚"的创新意义》，《管理世界》2020年第4期。
⑥ 谢岳：《中国贫困治理的政治逻辑：兼论对西方福利国家理论的超越》，《中国社会科学》2020年第10期。

也有学者把中国的减贫成就主要归功于有效的扶贫政策。李小云和徐进认为，中国贫困治理的长效机制建设并非只取决于政治议程的强力推进，同时也依赖于行政科层治理的有效实施。[①] 张琦和冯丹萌认为，通过生产建设来培养贫困人口发展能力的开发式扶贫具有鲜明的中国特色。[②] 王小林认为，贫困治理应该区分经济维度的"贫"和社会维度的"困"。利贫性增长、包容性发展和多维度综合扶贫是中国贫困治理的"三个支柱"。[③] 具体来说，中国治理贫困的政策经验包括：协调好政府宏观调控和市场机制的双重作用，推动持续经济增长和创造就业来进行生产脱贫；扩大福利支出，提升医疗、教育和社会保障制度的覆盖面来进行社会兜底；对贫困地区的易地搬迁、生态补偿、发展教育等来帮助贫困人口提升自我发展能力、防止脱贫后的返贫。[④]

总体上看，中西方文献从不同视角探索了影响减贫的因素，但对于中国作为发展中国家贫困治理的普遍性理论意义仍有待深入挖掘。而且，在大多数贫困研究文献中，减贫是发展中国家的核心发展目标。减贫政策则是由政府主导的选择性干预行动，主要是针对贫困人口的补贴和保障等专门性政策。这些研究倾向于把制度因素当作一个非黑即白的二元变量，过于关注国家权力的集中或分散对减贫的影响，因而缺乏一种能从政府、社会和市场互动关系的角度来观察贫困治理的理论视角。

[①] 李小云、徐进：《消除贫困：中国扶贫新实践的社会学研究》，《社会学研究》2020年第6期。

[②] 张琦、冯丹萌：《我国减贫实践及其理论创新：1978—2016年》，《改革》2016年第4期。

[③] 王小林：《改革开放40年：全球贫困治理视角下的中国贫困治理》，《社会科学在线》2018年第5期。

[④] 黄承伟、王猛：《"五个一批"精准扶贫思想视阈下的多维贫困治理研究》，《河海大学学报》2017年第10期；王晓毅：《易地搬迁与精准扶贫：宁夏生态移民再考察》，《新视野》2017年第2期。

第三节 贫困治理的渐进平衡模式

贫困治理不是单维度的减贫政策，而是国家主导的系统治理工程，需要靠政府、社会和市场各方的合力持续推动。贫困治理的目标是实现可持续发展，最终消除绝对贫困和减少相对贫困。但需要注意的是，发展中国家囿于国家能力和资源的限制，只能通过确定优先目标次序，从最紧迫的问题入手来分阶段推进。渐进式改革就是中国经济发展过程中最重要的特征之一。政府通过增量改革和试点推广等方式，使经济得以在转型中持续增长并获得了广泛的社会支持。中外学界对此已有广泛共识。[①] 由此可见，贫困治理和以增长为核心目标的经济改革的逻辑相似，也需要在逐渐推进的过程中扩大受益群体，减少利益冲突，但贫困治理有更广泛的政策目标，不同群体间的利益诉求差异也更难以分辨。

一 贫困治理的三重机制

渐进式的贫困治理是一个从不平衡到平衡发展的过程。这个过程的完成不仅需要依靠国家资源的大力投入，而且需要市场联动、政府社会协同和目标演进这三重机制的共同作用。在不同的现代化理论流派中，这些机制都得到了相应阐释，但都聚焦于如何实现经济增长的核心目标。而对于贫困治理这一多目标的过程，实际需要三重机制的整合和互动。

首先是联动机制，是指产业、城乡、地区之间形成的要素流动关系。贫困治理应利用不同部门间的差异产生联动效应，从而

[①] 林毅夫、蔡昉、李周：《论中国经济改革的渐进性道路》，《经济研究》1993 年第 9 期；Barry Naughton, *Growing out of the Plan: Chinese Economic Reform 1978–1993*, Cambridge: Cambridge University Press, 1995, pp. 7–13; Lawrence J. Lau, Yingyi Qian and Gerald Roland, "Reform without Losers: An Interpretation of China's Dual-Track Approach to Transition", *Journal of Political Economy*, Vol. 108, No. 1, 2000, pp. 120–143.

扩大经济增长的受益群体规模。阿尔伯特·赫希曼认为，经济发展是一个非均衡的链条，非均衡产生的利润和压力是推动继续生产的动力。对于后发国家来说，实现经济增长需要保持而不是消除这种非均衡。不平衡增长（unbalanced growth）战略成功的关键在于建立产业之间的前向和后向联动（linkage），集中资源发展联动性强的产业以带动整体经济增长。[①] 不平衡增长理论因此成为许多发展中国家制定产业政策的依据。但是，不平衡增长只是后发国家在经济追赶过程中的阶段性战略。而对于已经实现经济起飞的国家，产业间的联动效应已经形成，就需要进行增长阶段转换，追求经济结构的再平衡。

贫困治理同样要经历从不平衡到平衡发展的过程。联动关系实质上是在差异基础上形成互补关系，包括上下游产业之间的分工差异，城乡之间的人口结构差异和地区间的发展水平差异。贫困治理需要的不仅仅是在产业之间的联动，也包括城乡之间和地区之间的联动。产业联动是实现经济持续增长的重要动力。通过产业链的建立和扩张，经济增长才能创造大量就业机会，产生显著的减贫效果。城乡联动有助于形成统一劳动力市场，也可以推动建立覆盖面更广的社会保障制度，缩小城乡差距，进一步扩大减贫效果。地区联动是利用地区之间的发展水平差异形成比较优势互补，加强地区间生产合作，为定向转移的减贫政策提供了资源和动力。联动机制通过优化资源配置，在水平层面形成减贫动力，放大了经济增长的减贫效果。

其次是协同机制，是指政府和社会之间形成的资源调动和分配关系。贫困治理既需要政府的强力推动，也需要广泛的社会协同参与。国家能力对于经济发展有重要影响。无论是东亚的经济奇迹还

[①] Albert O. Hirschman, *The Strategy of Economic Development*, New Haven: Yale University Press, 1958, pp. 98-119.

是非洲的发展困境，国家能力都是一个重要的解释变量。① 从韦伯式国家理论的视角来看，国家能力强弱主要取决于政府是否具备控制社会的基础结构权力。② 一方面，强国家能力意味着社会控制的加强。具有集中决策机制和高效官僚机构的政府可以汲取大量资源，自上而下推进产业政策，实现经济增长；另一方面，政府渗入社会和攫取资源的能力固然重要，但是如果不能有效地调节社会关系和配置资源，是难以制定和执行理性计划的。因此，彼得·埃文斯认为，发展型国家应当具备嵌入式自治（embedded autonomy）的特征，即政府既有较高程度的自主权力，又能嵌入社会并与之积极互动。③ 早期的发展型国家理论强调发展中国家可以通过"计划理性"来制定产业政策，实现经济增长的目标。④ 这是基于政府具有强大的信息收集和处理能力的假设来做出的。然而，当政府和社会之间的关系更复杂、互动更频繁时，发展型国家也需要超越嵌入式自治模式。⑤

---

① 关于国家能力的文献参见［美］乔尔·米格代尔：《强社会与弱国家：第三世界的国家社会关系及国家能力》，张长东等译，江苏人民出版社 2009 年版；王绍光：《国家治理与基础性国家能力》，《华中科技大学学报》2014 年第 3 期；张长东：《国家治理能力现代化研究——基于国家能力理论视角》，《法学评论》2014 年第 3 期；Daron Acemoglu, Camilo García-Jimeno, and James A. Robinson, "State Capacity and Economic Development: A Network Approach", *American Economic Review*, Vol. 105, No. 8, 2015, pp. 2364 – 2406; Timothy Besley and Torsten Persson, "The Origins of State Capacity: Property Rights, Taxation and Politics", *The American Economic Review*, Vol. 99, No. 4, 2009. pp. 1218 – 1244; Brian Levy, "Governance and Economic Development in Africa: Meeting the Challenges of Capacity Building", in Brian Levy and Sahr Kpundeh eds., *Building State Capacity in Africa*, Washington, D. C.: World Bank Institute, 2004, pp. 1–42。

② ［英］迈克尔·曼：《社会权力的来源》，刘北成、李少君译，上海人民出版社 2007 年版，第 211 页。

③ Peter Evans, *Embedded Autonomy: States and Industrial Transformation*, Princeton: Princeton University Press, 1995, pp. 10–18.

④ Chalmers Johnson, *MITI and the Japanese Miracle: The Growth of Industry Policy, 1925-1975*, Stanford: Stanford University Press, 1982, pp. 17–34.

⑤ Peter Evans and Patrick Heller, "Human Development, State Transformation, and the Politics of the Developmental State", in Stephan Leibfried et al., eds., *The Oxford Handbook of Transformation of the State*, New York: Oxford University Press, 2015, pp. 1–27.

贫困治理对国家和社会互动有更高的要求，主要体现在三个层面：贫困治理的政策目标更多元，不只是经济增长；贫困治理的政策手段更多样，不只是扶持特定行业的产业政策；受政策影响的不只是同政府关系密切的社会精英，而是一个需求复杂的广泛群体。因此，贫困治理需要的国家与社会的协同并非一个嵌入式自治的静态结果，而是一个不断试错反馈调整的动态过程。协同机制的形成需要推动国家与社会的双向赋权，提升国家治理能力。[1] 一方面通过组织体系对基层社会深度嵌入，扩大经济增长的涓滴效应，另一方面通过合理的资源分配方案，激发社会力量的自主性，因地制宜地实施减贫政策，在垂直层面形成减贫动力。这样才能扩大受益群体，减少贫困治理的社会阻力。

再次是演进机制，是指治理目标、方式和结构的改进提升过程。联动和协同机制的形成需要政府、社会、市场之间的持续互动。如洪源远所言，中国的治理水平与经济发展提升是一个共同演化（co-evolution）的过程，初始时期的弱制度环境有利于地方政府发挥自主性，引入市场化激励措施，从而推动经济增长。而经济增长又反过来推动了制度环境的改善，形成相互强化的机制。[2] 在这个过程中，政府先确立阶段性政策目标，然后选择性试点，最后广泛推广。这种试错反馈的方式具有很强的环境适应性，可以根据资源的多寡、环境的优劣、试点的成败来灵活调整。因此，贫困治理的目标演进不是平滑的线性过程，而是在反复试错后的逐渐提升。

演进机制不仅体现在治理目标的分解和渐进执行，也体现在治理方式和结构的平衡与转换。其一是从绝对贫困到相对贫困的治理目标转换。治理绝对贫困强调水涨船高，通过经济持续增长提升社会整体发展水平，从而实现大规模减贫。对于经济增长难以惠及的

---

[1] 王浦劬、汤斌：《论国家能力生产机制的三重维度》，《学术月刊》2019年第4期。
[2] Yuen Yuen Ang, *How China Escapes the Poverty Trap*, Ithaca: Cornell University Press, 2016, pp. 3-5.

特定人群，则需要靠专项规划来协助减贫。治理相对贫困则注重社会公平，在经济增长的同时利用社会政策补偿弱势群体的能力和机会缺失，缩小贫富差距。其二是从单维度到多维度减贫的治理方式转换。单维度治理将目标聚焦于货币化形式的贫困线，重点通过提高收入水平来减少贫困人口，减贫成本相对较低，但减贫成果较脆弱。多维度治理将目标同时放在生活水平、健康和教育方面，注重减贫的整体性和持续性。其三是集权和分权的治理结构平衡。集权治理强调自上而下的统一计划和部署，通过试点推广实施，分权治理则强调因地制宜的微观方案。集权治理注重整体效率，但忽视了贫困成因的复杂多样。在实现了大规模脱贫之后，更需要多样化的精准扶贫方案来解决深度贫困问题。顶层设计、逐级分解的混合治理的优势就更能体现出来。

总之，这三重机制构成了贫困治理的渐进平衡模式的动力：市场联动机制扩大经济增长的受益群体，产生了水平动力；政府与社会的协同机制调动各方的积极性和参与度，产生了垂直动力；治理演进机制通过不断的试错调整来积累资源、调适治理目标、方式和结构，形成了上升动力。只有在这三重动力机制的联合影响下，发展中国家才可能实现增长、分配与减贫的平衡（参见图5-2）。

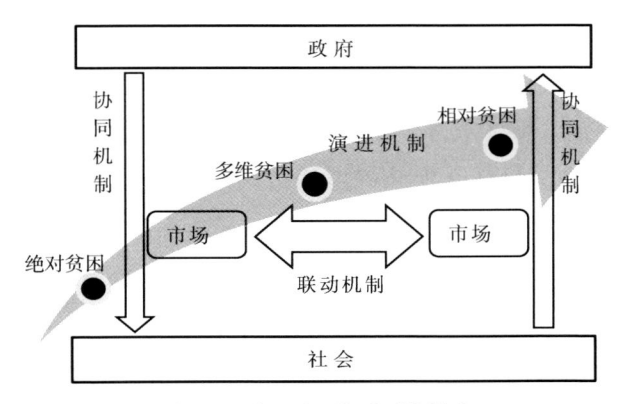

图5-2　贫困治理渐进平衡模式

二 贫困治理的政策实施次序

贫困治理的三重机制确立了政府、社会和市场之间动态平衡关系的基本框架。这些机制的作用则需要通过政策实施来体现。然而，在政策实施过程中，往往存在短期投入和长期收益之间，以及总体收益与局部损失之间的矛盾。如果联动机制产生的红利过早或过晚被用于提高社会福利水平，就可能造成政府与社会关系的不平衡，协同机制的作用难以发挥，从而导致贫困治理无法持续。因此，合理的政策实施次序对于三重机制的有效运转至关重要。从中国的政策实践来看，贫困治理是通过三个政策实施阶段得以推进的。

第一阶段是开发减贫。在20世纪80年代前期，通过农业体制改革促进农村发展是贫困治理的重点，减贫资金的投向目标也由分散救济型转向集中开发型，以激发重点贫困地区的增长动力。[1] 改革释放出的巨大增长动力使农村的减贫效果远高于城市。1978—1985年农村贫困人口由2.5亿减少为1.25亿（根据1986年设定的农村贫困线）。[2] 这是中国贫困人口减少最多的时期。但这一时期的减贫成果是不平衡的。绝对贫困迅速减少的同时，贫富差距也在显著拉大。随着80年代后期农业增长的放慢，城乡差距逐渐拉大，减贫速度也放慢了。[3]

第二阶段是保障助贫。到了20世纪90年代，经济高速增长使政府具备一定的财力来建立社会保障制度，对开发式扶贫进行了必要补充，从而从整体上改善了前期不平衡的减贫效果。1993年中共十四届三中全会将社会保障确定为市场经济体系的五大支柱之一。

---

[1] 中国财政科学院、联合国开发计划署驻华代表处：《中国扶贫可持续筹资报告》，联合国开发计划署，2016年。

[2] 国务院新闻办公室：《中国的农村扶贫开发白皮书》，《农民日报》2001年10月16日第1版。

[3] Martin Ravallion and Shaohua Chen, "China's (Uneven) Progress Against Poverty", *Journal of Public Economics*, Vol. 82, No. 1, 2007, pp. 1-42.

随后又开始了医疗保险、养老保险等改革试点。① 社会保障体系的建立和覆盖面扩大能够有效发挥兜底功能，使不同收入人群广泛获益，巩固了贫困治理的社会基础。在扩大保障的同时，1996年，东西部扶贫协作政策启动，通过行政安排和自愿互利相结合的方式，加快了地区间的要素流动和经济联动。②

第三阶段是精准扶贫。在社会保障水平整体提高以后，绝对贫困人口显著减少，降低了实施对重点人群大规模转移支付的财政压力。2012年以来，中国政府通过自上而下的全面动员，精准识别出贫困户并建档立卡，逐渐建立了联贫带贫的长效机制。2018年出台了《关于打赢脱贫攻坚战三年行动的指导意见》，坚持"开发式扶贫和保障性扶贫相统筹"，最终实现了2020年全面脱贫的目标。在绝对贫困问题基本解决后，贫困治理的重心就转向了解决相对贫困的长效机制。比如在"十四五"规划中提出的健全多层次社会保障体系、巩固拓展脱贫攻坚成果等目标。③

在三阶段的政策目标演进过程中，产业政策、社会政策、帮扶政策分别是各阶段的主要政策工具。产业政策注重效率，通过增加对优势产业的投资拉动经济增长，提高整体收入水平并创造就业。社会政策强调兜底，通过建立最低工资标准和增加社会保障支出，提升了大部分人的福利水平，缩小贫富差距；帮扶政策强调平等，通过对贫困地区和人群进行定向转移支付和联结帮扶，争取实现全面脱贫。这些政策工具侧重不同的目标群体，且相互补充，如果能够同时推进，理论上可以实现显著的减贫效果。但是，所有这些政策都会产生实施成本。扶持优势产业的产业政策可能拉大收入差距，导致社会矛盾上升。高福利的社会政策会带来高负债和高通胀的压

---

① 郑功成：《中国社会保障70年发展（1949—2019）：回顾与展望》，《中国人民大学学报》2019年第5期。
② 吴国宝：《东西部扶贫协作困境及其破解》，《改革》2017年第8期。
③ 《中共中央关于制定国民经济和社会发展第十四个五年规划和二〇三五年远景目标的建议》，《人民日报》2020年11月4日第1版。

力，也会让未被社会福利覆盖的零工经济从业者更加脆弱。定点帮扶政策则对政府的治理能力要求更高，也可能进一步加大财政负担。这些潜在的政策成本都可能损害部分群体的利益，从而产生贫困治理的反对力量，使政府、社会与市场之间的关系更加复杂。

必须强调的是，这些贫困治理政策的稳步推进，除了正确的政策实施次序外，更重要的前提保障是强大的社会动员能力和有效的督察问责机制。正是基于这样的保障条件，中国通过持续的政策设计、校正、宣传、沟通，使帮贫助贫成为广泛的社会共识，并最终将国家能力转换为制度成效。

第四节　以非洲国家为例的理论检验

尽管渐进平衡模式发轫于中国的贫困治理经验，但它同时也是基于经济发展的普遍性逻辑，因此可以用来检验亚非拉地区发展中国家的贫困治理效果，特别是非洲。以非洲本土的贫困治理为例，不仅可以检验这一分析框架的解释力，同时还可以从发展中国家的多样化实践经验中发掘更多的普遍知识。而经验的多样性和知识的同一性之间的矛盾张力正是人类知识理论发展的内在动力。[1]

非洲一直是检验各种贫困理论和减贫政策的试验场。自20世纪60年代以来，独立后的非洲国家一直把经济增长当作国家发展的首要目标，但非洲国家经济增长缓慢，贫困问题反而更加严重。20世纪60年代，非洲56%的人口处于绝对贫困线以下。[2] 到了20世纪末，非洲的绝对贫困率达到了58.7%。[3]

---

[1] 韩震：《知识形态演进的历史逻辑》，《中国社会科学》2021年第6期。
[2] UNCTAD, "The Least Developed Countries Report 2002: Escaping the Poverty Trap", Geneva: United Nations Publication, 2002, p. 59.
[3] 世界银行PovcalNet数据库。

非洲国家的贫困治理尝试始于 20 世纪 90 年代末。1999 年，在"华盛顿共识"的新自由主义结构调整方案失败后，世界银行和国际货币基金组织（IMF）建立了"减贫战略计划"（PRSP），对制定了国家减贫战略计划的重债穷国提供贷款和债务减免，以三年为一期。从 2000 年开始，36 个非洲国家参与了至少一期的"减贫战略计划"。①

与此同时，非洲国家得益于国际商品市场的繁荣，出口大幅增加带动了经济增长加速，但是"减贫战略计划"并没有在实质上改善重债穷国的贫困状况。② 2019 年非洲的总体贫困率下降到 39.2%。③ 但由于人口增长过快，贫困人口总数反而增加了。而且，如果用涵盖更广泛的多维贫困指数（MPI）来衡量，2017 年非洲国家的多维贫困率为 54.2%，远高于绝对贫困率。④ 这说明非洲的贫困问题比以货币形式所反映出来的状况要更严重。

不过，一个值得注意的变化是，21 世纪以来撒哈拉以南非洲国家的减贫情况呈现出明显分化。36 个国家的绝对贫困率下降，其中 14 个国家减贫幅度超过 50%，12 个国家减贫幅度在 30%—50%，10 个国家减贫幅度小于 30%。与此同时，8 个国家绝对贫困率上升。⑤ 表现最差的津巴布韦贫困率上升甚至超过了 300%（参见图 5-3）。

---

① 关于"减贫战略计划"在非洲的实施国家及总体效果评估，参见 Daouda Sembene, "Poverty, Growth, and Inequality in Sub-Saharan Africa: Did the Walk Match the Talk under the PRSP Approach?", IMF Working Paper, No. 122, 2015.

② Joel Lazarus, "Participation in Poverty Reduction Strategy Papers: Reviewing the Past, Assessing the Present and Predicting the Future", *Third World Quarterly*, Vol. 29, No. 6, 2008, pp. 1205-1221; Ricardo Gottschalk, "The Effectiveness of IMF/World Bank-Funded Poverty Reduction Strategy Papers", in Yusuf Bangura eds., *Developmental Pathways to Poverty Reduction*, New York: Palgrave MacMillan, 2015, pp. 74-97.

③ 世界银行 PovcalNet 数据库。

④ Minh Cong Nguyen et al., *March 2021 Update to the Multidimensional Poverty Measure: What's New*, Washington, D. C.: World Bank Group, March 2021, p. 5.

⑤ 2019 年的贫困统计数据包括 46 个撒哈拉以南非洲国家，其中索马里和南苏丹因没有 1999 年的数据，无法计算减贫幅度。

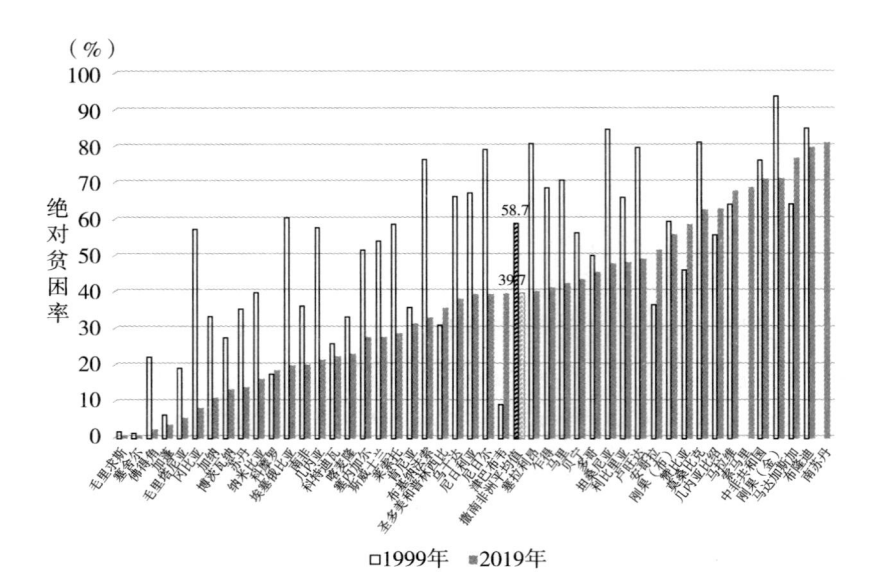

图 5-3　1999—2019 年撒哈拉以南非洲国家绝对贫困率变化

注：绝对贫困率是指日均消费低于 1.9 美元（购买力平价）的人口占总人口比例。

资料来源：世界银行 PovcalNet 数据库。1999 年的数据覆盖 44 个撒哈拉以南非洲国家，不含厄立特里亚和赤道几内亚。2019 年的数据覆盖 46 个国家。

非洲国家的减贫表现差异巨大，而 1999—2019 年，非洲国家普遍经济增长加快。14 个减贫幅度大的国家 GDP 年均增长为 4.8%；12 个减贫幅度中等的国家 GDP 年均增长为 4.7%；10 个减贫幅度较小的国家的 GDP 年均增长为 3.9%。即使是绝对贫困率上升的 8 个国家，GDP 的年均增长也达到了 3.6%。[①] 世界银行认为三个主要因素限制了非洲经济增长的减贫效果：首先是人口快速增长稀释了经济增长的效果；其次是薄弱的初始条件减少了经济增长的红利；最后是资源依赖型的经济结构难以创造大量的就业机会。[②] 地理和资

---

① 根据世界发展指标数据库（WDI）计算。
② Kathleen Beegle and Luc Christiaensen, *Accelerating Poverty Reduction in Africa*, Washington, D. C.：World Bank Group, 2019, p. 6.

源的双重限制通常也是非洲贫困问题的重要原因。① 然而，12个资源贫乏的内陆型国家中，9个取得了显著的减贫成果，只有3个国家的贫困率上升了。② 减贫成果显著的国家在人口规模上也没有明显的特征。在减贫幅度超过50%的国家中，既有人口过亿的大国，也有人口不足百万的小国。

从反映政治制度化水平的政体指数来看，贫困率显著下降的14个国家的政体指数（Polity）的平均值为3.1，反而低于贫困率上升的8个国家的平均值（3.5）。反映国家治理能力的世界治理指数（WGI）同减贫效果的关系也不显著。③ 减贫幅度超过50%的国家中，既有治理指数较高的毛里求斯和博茨瓦纳，也有得分较低的苏丹、几内亚、埃塞俄比亚等国。

由此可见，非洲国家的贫困问题既受制于地理位置、自然资源、人口、历史遗产等"先天条件"，也会被经济增长、政治制度、治理能力等后天因素影响。但是，即使把这些因素都考虑在内，非洲国家之间的减贫差异仍然难以解释。基于此，我们需要把关注点转向非洲国家的贫困治理机制，进一步分析政府、社会和市场之间在经济发展过程中的互动关系。

以埃塞俄比亚、加纳、尼日利亚为例。④ 这三个国家都是首批

---

① Paul Collier, "Poverty Reduction in Africa", Proceedings of the National Academy of Sciences of the USA, Vol. 104, No. 43, 2007, pp. 16763-16768.
② 根据非洲开发银行的划分，31个非洲国家属于资源贫乏型国家，15个内陆型国家。两个条件都满足的有12个国家。参见 African Development Bank (AfDB), African Development Report 2007: Natural Resources for Sustainable Development in Africa, New York: Oxford University Press, p. 138.
③ 世界银行的世界治理指数（WGI）以六项指标（腐败控制、政府效能、政治稳定、监管质量、法治环境、话语权和政府问责）来衡量国家治理能力。数值越高，表明治理能力越好。表中的数值为2000—2019年该国六项指标得分的平均值。世界银行的世界发展指标数据库（WDI）。
④ 由于非洲国家之间的差异性很大，这三个国家案例并非严格按照"最大相似"或"最大差异"的选取原则，而是更多考虑这些国家的现实重要性。关于比较案例选择的原则和局限，参看叶成城、黄振乾、唐世平《社会科学中的时空与案例选择》，《经济社会体制比较》2018年第3期。

进入 IMF "减贫战略计划"的非洲国家，从基本发展指标来看，它们的政治经济环境差异很大（参见表 5-2）。

表 5-2　　　埃塞俄比亚、加纳、尼日利亚基本发展指标比较

国家	埃塞俄比亚	加纳	尼日利亚
地理资源条件	资源贫乏的内陆国家	资源丰富的沿海国家	资源丰富的沿海国家
人均 GDP（美元）2019 年	856	2202	2230
GDP 年均增长 2000-2019 年	8.8%	6.0%	5.4%
政体指数	-1.6	7.1	4.6
治理指数	-0.9	0.0	-1.1
绝对贫困率 1999 年	60.3%	33.2%	67.1%
绝对贫困率 2019 年	19.5%	10.7%	39.2%
绝对贫困率变化	-67.7%	-67.8%	-41.6%
多维贫困率	73.5%	23.2%	47.3%

注：多维贫困率是指多维贫困人口占总人口的比率。本章使用的是世界银行估算的多维贫困率，测算方法同 UNDP 的多维贫困指数（MPI）基本相同。由于世界银行使用了 1.9 美元的绝对贫困率作为衡量货币部分的指标（占三分之一的权重），可以更方便同绝对贫困率进行比较。

资料来源：世界银行 PovcalNet 数据库，http://message.worldbank.org/povcalnet.html；世界发展指标数据库，https://databank.worldbank.org/source/world-development-indicators；政体数据库，http://www.systemicpeace.org/inscrdata.html。

尼日利亚和埃塞俄比亚是非洲人口最多的两个国家，但埃塞俄比亚是资源贫乏的内陆国家，而尼日利亚是石油资源丰富的沿海国家。加纳尽管国土面积和人口规模都相对较小，属于撒哈拉以南非洲国家，但经济发展起步较早，有一定的工业基础。尼日利亚和加纳同属中等收入国家，人均 GDP 接近。而埃塞俄比亚属于低收入国家，人均 GDP 仅为其他两国的 40% 左右。从常规的政治制度和国家治理指标来看，埃塞俄比亚总体得分最低，尼日利亚居中，而加纳的两项得分与两国相比都较高。从这些因素来看，埃塞俄比亚面临

最不利的减贫环境。

自 21 世纪以来,三个国家都经历了较长时期的快速经济增长。埃塞俄比亚的 GDP 年均增长 8.8%,为非洲增速最高的国家之一;加纳和尼日利亚的 GDP 年均增长率分别为 6.0% 和 5.4%,也高于非洲国家的平均水平。在这样的背景下,相比而言,埃塞俄比亚和加纳取得了更显著的减贫成果。而政治经济条件都优于埃塞俄比亚的尼日利亚,绝对贫困率却高出前者的一倍。

如果依据贫困治理的渐进平衡模式,能够进一步补充分析三国减贫效果明显差异的原因,则能够证明,联动、协同和演进的三重机制在观察、分析发展中国家贫困治理上的有效性。基于此,为了检验这三重减贫机制是否有效,本章重点分析三个国家在工业化、社会保障和多维贫困治理方面的表现。联动机制强调产业对经济增长的带动能力,可以用工业化程度来衡量。工业化程度提高意味着产业联动能力的加强。协同机制强调政府和社会的平衡发展,可以用不平等程度来衡量。不平等程度高说明社会发展不平衡。演进机制强调减贫目标的提升和扩展,即从货币形式的显性贫困扩大到教育、健康、能力等方面的深度贫困。这个机制可以用多维贫困率和绝对贫困率的差异来衡量。当一国的多维贫困率显著高于绝对贫困率,则说明减贫目标只集中在单维度的显性贫困。尽管这三个非洲国家都有强烈的发展意愿,且经济增长持续时间较长,但贫困治理机制的效果不同,导致减贫效果大相径庭。

一 埃塞俄比亚

作为非洲最贫穷的国家之一,埃塞俄比亚经济发展的起点低,政府财政能力有限,福利支出比例也很低。而且作为资源贫乏的内陆国家,埃塞俄比亚在贫困治理上面临先天不足的绝对劣势。1991年内战结束后,执政的埃塞俄比亚人民革命民主阵线(以下简称"埃革阵")建立了以民族区域自治为基础的联邦政体,权力基础巩固且集中。埃革阵没有靠许诺增加福利而争取社会支持的强大压力，而是通过引导市场发展和嵌入社会增强了国家治理能力，同时把资源优先投入有利于经济增长和创造就业的基础设施和工业化。①从2010年开始，埃塞俄比亚先后实施了两期经济增长与转型计划（GTP），通过产业政策引导资本投入优先发展的劳动力密集型产业中。从2011年到2016年，埃塞俄比亚的工业在GDP中的比重从14%上升到24%，成为经济增长的主要动力。②工业发展不仅创造了大量就业，而且带动了上下游行业的发展，成为埃塞俄比亚减贫的重要因素。1995—2015年，埃塞的绝对贫困人口比例从46%下降到24%。其中，农村贫困比例从48%下降到26%，城市贫困比例从33%下降到15%。③埃塞俄比亚在经济高速增长的同时，收入不平等并没有显著增加，其仍然是非洲贫富分化最小的国家之一。2019年，埃塞俄比亚收入后40%的人口拥有11.5%左右的收入，远高于撒哈拉以南非洲的平均水平。④

在经历了近20年的高速增长后，埃塞俄比亚政府开始稳步提升福利保障，社会福利支出占GDP的比重达到3%，远超过低收入国家的平均水平。⑤由于埃塞俄比亚长期面临粮食不足的问题，历史上曾数度遭受饥荒。保障粮食供应是埃塞俄比亚社会保障政策的核心目标，在其国内有着高度共识。自2005年以来，埃塞俄比亚建立了

---

① ［埃塞俄比亚］阿尔卡贝·奥克贝：《非洲制造：埃塞俄比亚的产业政策》，社会科学文献出版社2016年版。
② World Bank, "Harnessing Continued Growth for Accelerated Poverty Reduction", 2020, p. 29, http://documents1.worldbank.org/curated/en/992661585805283077/pdf/Ethiopia-Poverty-Assessment-Harnessing-Continued-Growth-for-Accelerated-Poverty-Reduction.pdf.
③ UNDP, "Ethiopia National Human Development Report 2018", 2018, p. 39, http://hdr.undp.org/sites/default/files/ethiopia_national_human_development_report_2018.pdf.
④ 世界不平等数据库，World Inequality Database, https://wid.world/data/。
⑤ Kefyalew Endale, Alexander Pick and Tassew Woldehanna, "Financing Social Protection in Ethiopia: A Long-Term Perspective", OECD Development Policy Paper, 2019, No. 15, https://www.oecd.org/countries/ethiopia/Financing_social_protection_in_Ethiopia.pdf。

非洲最大的社会安全网络—生产安全网项目（PSNP），主要通过以工代赈的方式向 800 多万农村贫困人口提供社会保障。① 相比于对贫困人口的直接转移支付，以工代赈的保障方式改变了埃塞俄比亚的就业结构，增加了相对稳定的就业机会，更具有包容性增长的特点，也减少了其他利益群体的反对。

在此基础上，埃塞俄比亚建立了国家社会保障政策（NSPP），提出了"可持续社会保障体系"的概念，作为提升社会福利和就业的核心机制。此外，埃塞俄比亚也增加了对极度贫困人口的现金转移，成了重要的扶贫政策。总之，在经济持续增长的情况下，埃塞俄比亚通过扩大社会安全网和定向助贫，获得了广泛的社会支持，取得了显著的减贫效果。

二 加纳

自 20 世纪 80 年代以来，加纳的经济政策一直深受新自由主义的影响。1983 年，深陷债务危机的加纳接受了 IMF 的贷款和附带的结构调整方案，经济实现了正增长，同时也实现了民主转型，被认为是新自由主义改革的成功案例，但是债务负担并未减轻。② 1999 年，加纳加入了"减贫战略计划"，并按照世界银行和 IMF 的框架制订了减贫战略计划。加纳经济保持了 30 年的连续增长，年均增长率从 1995—2004 年的 2.0% 上升到 2005—2013 年的 5.3%。③ 持续经济增长对减贫有显著的推动作用。1991—1998 年，加纳的贫困率年

---

① John Hoddinott and Alemayehu Seyoum Taffesse, "Social Protection in Ethiopia", in *The Oxford Handbook of Ethiopian Economy*, Edited by Fantu Cheru, Christopher Cramer, and Arkebe Oqubay, 2019, London: Oxford University Press.

② Augustin Fosu, "Country Role Models for Development Success: The Ghana Case", In *Achieving Development Success: Strategies and Lessons from Developing Countries*, edited by Augustin Fosu, New York: Oxford University Press, 2013.

③ Andy McKay, Jukka Pirttilä and Finn Tarp, "Ghana: Poverty Reduction over Thirty Years", in *Growth and Poverty in Sub-Saharan Africa*, edited by Channing Arndt, Andy McKay, and Finn Tarp, Oxford and New York: Oxford University Press, 2016.

均下降2%。①

然而，加纳的经济增长基础并不稳固。2007年以来，由于大量石油储量的发现，加纳石油产量猛增，经济增长越来越依赖于资源出口，而制造业的份额持续下降，产业减贫效果难以实现。经济结构变得脆弱，财富更加集中，贫富差距进一步扩大。收入水平处于后40%的人口只拥有8%左右的收入。②在这样的情况下，经济增长的红利并没有通过社会保障政策进行广泛分配，既有的社会福利反而因社会阻力增加而收缩。2016—2019年，加纳的社会福利支出从占GDP的1.1%下降到0.6%，远远低于中低收入发展中国家的平均水平（1.6%）。贫富差距的扩大和社会保障的缩减导致经济增长的受益群体缩小，持续减贫变得更困难。在2012—2016年，加纳的贫困率年均仅下降了0.2%。③

经济增长放慢、失业问题严重、贫富差距扩大加剧了加纳国内不同政治派别之间的竞争，也导致了社会冲突增加。2016年大选期间，出现了暴力冲突事件的选区达到86个，几乎比2012年大选期间出现暴力冲突的选区数量（47个）翻了一番。④ 激烈的选举竞争使执政党和反对党都倾向于对选民做出各种短期许诺，而忽视国家的财政能力和长期政策目标，导致贫困治理缺乏政策连贯性，减贫成果难以为继。⑤

三 尼日利亚

作为非洲人口最多且自然资源丰富的中等收入国家，尼日利亚

---

① World Bank, "Ghana: Poverty Assessment", 2020, p. 31, https://openknowledge.worldbank.org/bitstream/handle/10986/34804/Ghana-Poverty-Assessment.pdf?sequence=1&isAllowed=y.

② 世界不平等数据库, World Inequality Database, https://wid.world/data/。

③ World Bank, "Ghana: Poverty Assessment", 2020.

④ Michael Lieber Cobb and Erik Planitz, "Warning Shots: The Steady Rise of Political Violence in Ghana", *African Arguments*, 2020, https://africanarguments.org/2020/11/warning-shots-the-steady-rise-of-political-violence-in-ghana/。

⑤ Lindsay Whitfield, "The State Elite, PRSPs and Policy Implementation in Aid-Dependent Ghana", *Third World Quarterly*, Vol. 31, No. 5, 2010, pp. 721-737.

自20世纪90年代以来一直保持较快的经济增长，但却面临着世界上最严重的贫困问题。1992—2009年，尼日利亚的人均GDP增长了275%，而绝对贫困率仅从57%略微下降到54%。[1] 尤其是进入21世纪以来，更出现了经济和贫困人口都快速增长的奇怪现象。2000—2014年，尼日利亚的经济年均增长8%，绝对贫困人口却从2011年的5700万增加到2019年的8300万，呈现出典型的"悲惨性增长"现象。预计到2030年，尼日利亚将有1.2亿绝对贫困人口，占全国总人口的45%，为世界上贫困人口最多的国家。[2]

尼日利亚贫困治理不成功表面上看是经济结构的原因，实际上是国家能力不足和政策失序的结果。首先，石油行业贡献了尼日利亚财政收入的70%和总出口的90%。[3]对石油开采和出口的严重依赖使尼日利亚成了典型的"石油国家"（petrostate）。[4]制造业发展受到抑制，产业减贫无法实现，反而导致失业率大幅上升。其次，尽管尼日利亚政府早在20世纪80年代就制定了减贫战略，但由于财富和权力掌握在极少数精英手中，保护石油行业的利益成了优先政策目标，导致政府缺乏平衡财富分配的意愿，贫富差距随着经济增长持续扩大。最后，尼日利亚的社会福利水平极低，社会保障支出占GDP的0.3%，仅仅覆盖了全国2%的人口。[5]这个比例远远低于非洲

---

[1] Rasaki Stephen Dauda, "The Paradox of Persistent Poverty Amid High Growth: the Case of Nigeria", in *Immiserizing Growth: When Growth Fails the Poor*, edited by Paul Shaffer, Ravi Kanbur, and Richard Sandbrook, Oxford and New York: Oxford University Press, 2018.

[2] World Bank, "Advancing Social Protection in a Dynamic Nigeria", 2019, 贫困人口数量按照尼日利亚的国家贫困线统计，低于按照1.9美元的国际贫困线统计的贫困人口数量。2019年数据来自尼日利亚生活标准调查（NLSS）。

[3] World Bank, "Investing in Human Capital for Nigeria's Future", Fall 2018, http://documents1.worldbank.org/curated/en/373161558953247137/pdf/Investing-in-Human-Capital-for-Nigeria-s-Future-Nigeria-Biannual-Economic-Update.pdf.

[4] Terry Karl, *The Paradox of Plenty: Oil booms and Petro-states*, Berkeley: University of California Press, 1997.

[5] World Bank, "Advancing Social Protection in a Dynamic Nigeria", 2019, pp.25-26, http://documents1.worldbank.org/curated/pt/612461580272758131/pdf/Advancing-Social-Protection-in-a-Dynamic-Nigeria.pdf.

国家的平均水平1.5%，没有起到收入再分配的作用。[1]尼日利亚的减贫机构和计划众多，但因为规模小、资源有效，这些行动几乎没有产生减贫成效。在21世纪前10年，尼日利亚经济总量翻了一番，但政府并没有增加社会保障投入，反而数次因为取消燃料补贴而引发全国性的抗议，[2] 在贫困治理上缺少社会共识。

尽管这三个非洲国家都有强烈的发展意愿，且经济增长持续时间较长，但减贫效果却大相径庭。这意味着，经济增长并非减贫的充分条件。减贫政策的选择和实施次序对贫困治理的效果也有很大影响。埃塞俄比亚利用产业政策发展制造业，既推动了经济增长，也创造了大量就业机会，然后在经济增长的基础上扩大社会保障覆盖面，并实施定向扶贫政策，放大了经济增长的涓滴效应。合理的政策次序减少了政策实施过程中的政治阻力，使增长与减贫政策相互推动，从而取得了持续的减贫效果。加纳也利用产业政策推动了制造业的发展，在前期产生了显著的减贫效果。但是，加纳没有及时利用社会保障政策来调节分配不平等，导致社会矛盾和政治竞争的加剧，减贫效果难以持续。尼日利亚的经济增长主要得益于国际石油需求和价格上涨，而没有通过产业政策来创造就业和推动结构转型，造成了财富的过度集中，拉大了贫富差距。在社会矛盾突出的情况下，尼日利亚难以将资源大量投入社会保障和定向扶贫，从而导致了贫困问题的加剧。

中国的减贫成就获得了国际社会的广泛认同，这是中国共产党领导下的中国的社会主义制度和强大的国家能力所决定的。但在这一鲜明本土特色的基础之上，中国的贫困治理还显现了发展中国家

---

[1] World Bank, "The State of Social Safety Nets", 2018, p. 3, https://openknowledge.worldbank.org/bitstream/handle/10986/29115/9781464812545.pdf?sequence=5&isAllowed=y.

[2] Camilla Houeland, "Contentious and Institutional Politics in Petrostate: Nigeria's 2012 Fuel Subsidy Protests", *The Extractive Industries and Society*, Vol. 7, No. 4, 2020, pp. 1220-1237.

的普遍特征。贫困治理不是一蹴而就的短期行动，而是需要不断调整改进的渐进过程，需要充分考虑社会分配过程中的资源和利益平衡，通过因地制宜的政策实践，不断扩大受益群体，减少政策阻碍、凝聚社会共识。

贫困治理渐进平衡模式符合经济发展的普遍性逻辑。减贫成功不仅取决于政府的高度动员能力，而且有赖于广泛的社会支持和有效的市场机制。唯其如此，消灭贫困这个宏大政治目标才不会发生偏离，并在持续增强的社会合力推动下稳步实现。这个模式对于理解贫困陷阱的形成和突破有普遍性意义，有助于拓展现有的国际减贫理论。这主要体现在三个方面。

首先是揭示了政府、社会和市场在贫困治理中的三重互动机制。第一重是产业、城乡和地区的联动机制，促进了要素流动，扩大了减贫政策的受益面。第二重是政府与社会之间的协同机制，凝聚了社会共识，降低了减贫政策的社会阻力。第三重是治理目标、方式和结构的演进机制，推动经济从不平衡增长过渡到平衡发展。这三重机制的合力使减贫成为自我强化的过程：减贫既是经济增长的结果，也是可持续发展的前提。因此，在中国的扶贫攻坚战取得阶段性胜利之后，推动贫困治理重点从绝对贫困转向多维贫困和相对贫困，对于实现经济的高质量发展将是重要保障。

其次是强调贫困治理政策次序的重要性。传统的减贫理论强调资源禀赋、地理条件、历史遗产、制度、国家能力等因素的重要性，为减贫设置了前提条件，也将许多低收入国家置于贫困陷阱的宿命论中。中国经验证明，初始条件并非减贫的决定因素，合理的政策目标和次序才是影响贫困治理成败的关键因素。中国采取的渐进方式，按照开发减贫—保障助贫—精准扶贫的政策目标依次推进，利用了产业、社会和帮扶等政策工具，既保证了减贫资源的持续供应，又有效扩大了政策的受益群体，减少了社会阻力，最终取得了显著的减贫成效。对于许多发展中国家来说，即使没有有利的先天条件和强大的国家能力，只要根据自身条件量力而行地制定减贫战略，并随着环境变化调整政策目标和方式，扩大减贫的利益同盟，仍然有机会摆脱贫困陷阱。

最后是推动了国际发展的同一性和多样性知识生产的结合。进入 21 世纪以来，全球化的推进和科技进步使世界面临着许多前所未有的新发展问题，贫困问题的实质也发生了重要变化。而基于西方发达国家早期经验的发展理论体系并没有给出这些问题的答案，却坚持一元的思维体系，把减贫看作一个单纯的技术问题，希望通过要素组合找到标准答案。从具体方法来看，近年来广受关注的随机试验方法（RCT）被越来越多地应用于减贫实践，并因获得诺贝尔经济学奖，似乎成为减贫的最佳方案。[1] 但是，随机试验方法的效果受试验地区的环境和人口因素影响很大，无法形成规模效应，难以对整体减贫产生显著影响。[2] 而中国的减贫实践说明，贫困治理没有标准的成功配方和预设条件，是一个在"干"中"学"的动态平衡过程。

渐进平衡的贫困治理模式展示了理解发展中国家贫困治理的一般性逻辑，同时也强调了因地制宜政策实践的重要性。每个国家的发展经历都是兼具特殊性和普遍性的，必须由发展中国家根据自身条件来探索，在实践中找到适合国情的有效方案。

---

[1] Abhijit V. Banerjee and Esther Duflo, *Poor Economics*, *A Radical Rethinking of the Way to Fight Global Poverty*, New York: Public Affairs, 2011, p. 14.

[2] Angus Deaton and Nancy Cartwright, "Understanding and Misunderstanding Randomized Controlled Trials", *Social Science & Medicine*, Vol. 210, 2018, pp. 2–21.

第六章
全球化与不平等

2012年底,我在美国康涅狄格州参加了一个美国大选前的造势聚会。在这个民主党的铁杆支持州中,大多数参加聚会的居然是支持共和党的中小企业主。他们抱怨着刚刚通过的健保法(*Affordable Care Act*)和越来越多的非法移民,并对大势已去的共和党候选人罗姆尼表示失望。而在耶鲁大学所在的纽黑文市,一场抗议游行正在举行。示威者举着"我们是百分之九十九"(We Are the 99 Percent)的标语,表达对财富链顶端的亿万富翁们的不满。

第六章　全球化与不平等

康涅狄格州面积很小，在美国50个州中排名倒数第三，但它却在两个排行榜上名列前茅。它既是美国人均收入最高的州，也是贫富差距最大的州之一。这个奇怪的组合是如何形成的呢？在20世纪70年代末，康涅狄格州的不平等水平还排在第42位，属于收入差距较小的州。① 然而，在接下来的40年中，传统制造业衰退和金融服务业兴起改变了康涅狄格州的发展轨迹，不仅给该州带来了更多财富，也带来了巨大的收入差距。尤其是靠近纽约的南康州地区聚集了众多的金融公司，被称为"华尔街的后院"，这里更是全美贫富差距最大的地区。从金融危机后的2009年到2015年，康涅狄格州收入最高的1%人口的收入增加了22.9%，其余99%的人口的收入反而下降了1.8%。②

康涅狄格州的情况其实是全球化时代美国和其他发达国家发展轨迹的缩影。全球化在总体上增加了国家财富，也使收入和财富向顶端聚集，从而拉大了贫富差距。导致国内不平等加剧的原因主要有三个：第一，全球范围资本流动加速拉大了资本同劳动力回报的差距；第二，技术进步对劳动力的需求更加明确；第三，国家制度和意识形态的影响。

---

① Elizabeth McNichol, Douglas Hall, David Cooper, and Vincent Palacios, "A State-by-State Analysis of Income Trends", Center on Budget and Policy Priorities, 2012, https://www.cbpp.org/sites/default/files/atoms/files/11-15-12sfp.pdf.

② Jared Bennett, "Connecticut in Crisis: How Inequality is Paralyzing 'America's Country Club'", The Center for Public Integrity, July 25, 2018, https://publicintegrity.org/inequality-poverty-opportunity/connecticut-in-crisis-how-inequality-is-paralyzing-americas-country-club/.

本章将讨论不平等扩大带来的政治经济后果。在发达国家，不平等的扩大已难以通过福利分配来调节，从而引起了政治极化和民粹主义的兴起，但其在美国和欧洲国家的表现有较大差异。在发展中国家，不平等扩大也导致社会矛盾更加突出，对政府的干预和调节提出了更高的要求。

第一节 不平等趋势

一 前工业化时代的不平等趋势

对于不平等程度的测量，最常用的指标就是基尼系数。这是一个介于 0 和 1 之间的指数，用于估算收入实际分配曲线和平均分配线之间的差异。数值越小，收入不平等程度就越低。现代社会一般利用家庭调查的样本信息来推算实际收入分布情况。基尼系数的分布通常在 0.2 至 0.6 之间。近年来，一些更直观的不平等的测量指标也被使用得很频繁。比如，世界不平等实验室使用不同收入人群（如最高的1%、最高的10%、最低的50%等）在总收入中的占比来衡量不平等程度。除了指标本身的差异之外，不同研究机构计算不平等程度的数据源和方法也不同。发布不平等数据的主要机构包括：世界银行的贫困网络数据库（PovcalNet），世界不平等实验室的世界不平等数据库（WID），荷兰联合国大学的世界收入不平等数据库（WIID），卢森堡收入研究数据中心的收入研究数据库（LIS），等等。总体上看，这些数据库估算的大多数国家的不平等变化趋势是相似的，但在不平等程度上存在一定差异。

在工业革命之前，家庭调查的数据是不存在的，因此对于不平等的估算主要通过社会数据表（social tables）。社会数据表是将社会人口根据不同的身份或职业分为若干个阶层，然后估算每个阶层的人口比例和平均收入水平。比如，经常被用于估计工业革命前英国的不平等状况的资料是由英国的统计学家格里高利·金（Gregory King）在 1688 年前后编制的。这份社会数据表包括了英格兰和威尔士 33 个行业的从业人员的基本特征和收入状况。以今天的统计标准来看，300 多年前的社会数据表无疑是粗糙和不准确的，但却为我们估算前工业化时代的不平等状况提供了基础。

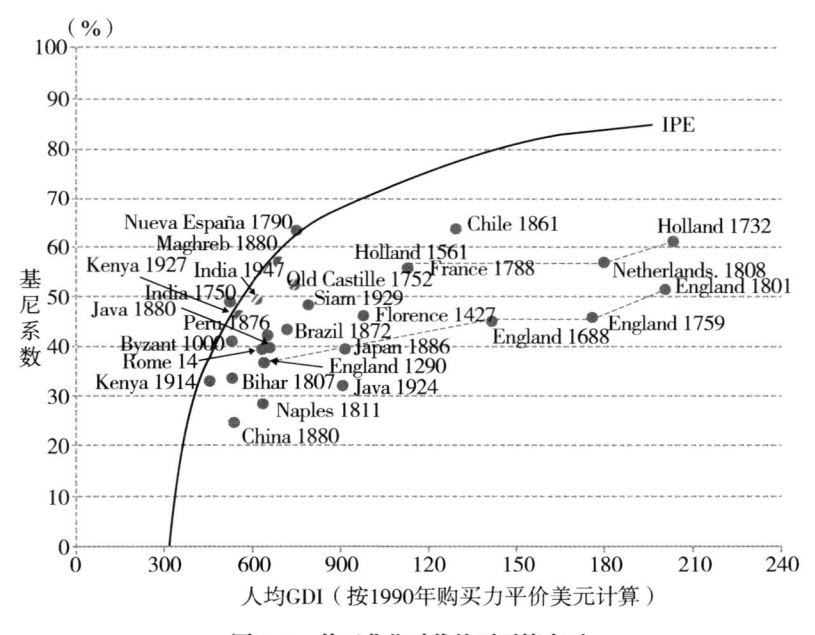

图 6-1　前工业化时代的不平等水平

资源来源：Branko Milanovic, Peter Lindert, and Jeffrey Williamson, "Pre-industrial Inequality", *The Economic Journal*, Vol. 121, No. 551, 2011, p. 265。

由图 6-1 可知，前工业化时代的不平等程度同现代社会差别不大。28 个样本国家在前工业化时代的平均基尼系数为 0.457，而这些国家的现代版的平均基尼系数为 0.411。但是，前工业化的经济发展水平很低，许多国家的按购买力平价估算的人均 GDP 在 400 美元左右，仅能勉强果腹。1870 年美国的人均 GDP 为 2300 美元左右，已是所有样本国家中的最高水平。由于平均收入水平很低，收入分配的最大可能的不平等程度［即不平等可能性边界（IPF）］也不会太高。在前工业化时代，不平等主要是由三个因素造成的：持有的资产的相对重要性、资产是否适合传递给其他人、资产代际传递的比例。比如，从事农牧业的人群的财富代际传递比例同狩猎采集者相比，代际财富传输能力高出2倍。①

值得注意的是，中国的基尼系数仅为0.245，为所有样本国家中最低的。这个数据是根据张仲礼的《中国绅士研究》一书中对19世纪后期的汉族官员收入的估计后计算出来的。② 这一数据涉及汉族京官、地方官员和武官这个特定的社会阶层，总数约为23000人，占中国绅士总数的1.6%左右。这些做官绅士的收入由固定收入和额外收入两部分组成，总数达到每年12100万两银子，平均每个官员的年收入为5000多两银子。③然而，由于对中国绅士收入的估算仅包括极少数高收入阶层，因此可能对社会整体的不平等程度有所低估。而且，中国社会的人均GDP（按1990年的美元购买力平价估算）只有540美元，在样本国家中属于很低的水平。④

由此可见，全球的不平等并非工业革命后才产生，而是在前工业化时代就已经形成。而政府几乎没有通过税收政策等建立起有效的再分配机制，用于调节贫富差距。此外，在前工业化时代，国家的潜在不平等程度更容易变成实际不平等程度，意味着政府在再分配上发挥的作用很小。前工业化时代的不平等变化，一方面是受到马尔萨斯陷阱的制约。由于劳动生产率不高，平均收入水平一直在

---

① ［美］沃尔特·沙伊德尔：《不平等社会：从石器时代到21世纪，人类如何应对不平等》，颜鹏飞等译，中信出版集团2019年版，第14页。

② 《中国绅士的收入》（*The Income of the Chinese Gentry*）和《中国绅士》两部英文著作出版于20世纪60年代，是研究19世纪后期中国社会阶层的经典著作。中文版《中国绅士研究》是两书的合并翻译版。

③ 张仲礼：《中国绅士研究》，上海人民出版社2019年版，第246页。

④ Blanco Milanovic, "Towards an Explanation of Inequality in Premodern Societies: the Role of Colonies, Urbanization, and High Population Density", *Economic History Review*, Vol. 71, No. 4, 2018, pp. 1029–1047.

低水平上徘徊。比如，从1200年到1800年的600年间，英格兰的实际工资水平基本没有变化。普通劳动力消费中的食物支出占比（即恩格尔系数）高达75%。①因为经济水平的提升会带来人口数量增加，而人口数量增加会稀释人均收入的水平。人均收入水平下降会造成饥荒和人口减少，从而使人均收入水平又回到了最初的水平。这种往复循环就形成了典型的马尔萨斯陷阱。另一方面则受到极端事件的影响。战争、革命、政权更迭、瘟疫等极端事件，也对前工业革命时代的收入和财富分配有很强的影响。

前工业化时代的人类社会深受马尔萨斯陷阱的困扰。不平等程度通常会随着人均收入的增长而扩大，而现代社会的经济发展水平远超前工业化时代，2011年按购买力平价计算的人均GDP为13000美元。毋庸置疑，人类的生活环境在过去的200年中有了极大提升。1820年，全球人均寿命仅为26岁。2020年，全球人均寿命达到了72岁。②尽管战争、瘟疫等因素仍可能发挥"平衡器"的作用，但如果国家不对收入分配进行干预，现代社会的不平等程度可能会远高于前工业化时代。而事实上，现代社会的不平等程度总体上并没有显著高于前工业化时代，但是不同国家内部的不平等程度差异很大，这主要是受到了政治、经济和社会因素的影响。

二 工业化时代的不平等

19世纪中期，由于蒸汽机、纺纱机等新技术的发明和广泛应用，英国和西欧国家迅速实现了工业化，经济发展水平和人口规模都持续上升，突破了马尔萨斯陷阱，也拉开了同第三世界国家的差距。在这些国家内部，工业革命后收入差距也拉大了。在1688年和1759年，英国收入后80%的居民占全国一半的收入。到了1798年，收入

---

① Gregory Clark, *A Farewell to Alms: A Brief Economic History of the World*, Princeton: Princeton University Press, 2008, p. 42.
② Thomas Piketty, *Capital and Ideology*, Cambridge: Harvard University Press, 2020, p. 16.

后80%的居民的收入只占全国的35%。从另一个角度看，1688年和1759年，收入最高的20%人口占全国50%的收入，而1798年，全国50%的收入掌握在前9%的人口手中。①

到了19世纪末，欧美国家进入了经济飞速增长、财富高度集中、政治腐败蔓延的"镀金时代"（Gilded Age）。在欧洲、日本和美国，收入前10%的人群占据了40%—50%的全国收入，而且欧洲的收入不平等程度明显高于美国。在经历了20世纪上半期的两次世界大战和经济"大萧条"的冲击后，收入不平等程度显著下降了。到了20世纪40年代末，欧洲、日本、美国前10%的人群占全国总收入的比例下降到了30%—35%。② 这一阶段，美国的不平等程度开始超过了欧洲，意味着食利者社会在欧洲已消亡，但在美国仍然保持活跃。

1954年，经济学家西蒙·库兹涅茨（Simon Kuznets）在美国经济学会大会上发表的主席致辞中提出了一个著名的猜想：经济发展和收入分配呈现出倒"U"形的关系：收入不平等会在经济发展的早期阶段拉大。当经济发展进入成熟期后，收入不平等则会逐渐缩小。

尽管这个被称为"库兹涅茨曲线"的猜想并没有强有力的实证数据支持，但却成了经济发展推动民主建设的命题的核心因果链条。李普塞特、莫尔等学者则从政治体制的角度对不平等问题进行了研究。他们认为经济发展会缩小阶级差异、壮大中产阶级，因此会推动民主制度发展。而减少社会不平等则是迈向民主社会的必要条件。③ 经济增长会带来贫富差距缩小和政治民主成了现代化理论的核心命题。现代化理论因此得到了发展中国家的广泛接受，并为此

---

① Robert Allen, "Class Structure and Inequality during the Industrial Revolution: Lessons from England's Social Tables, 1688-1867", *The Economic History Review*, Vol. 72, No. 1, 2018, pp. 88-125.

② Thomas Piketty, *Capital and Ideology*, Cambridge: Harvard University Press, 2020, p. 30.

③ Seymour Lipset, *Political Man: The Social Bases of Politics*, Baltimore: Johns Hopkins University Press, 1960; Moore, Barrington, Jr., *Social Origins of Dictatorship and Democracy*, Boston: Beacon Press, 1966.

制定了以工业化带动全球化的发展目标。

然而，20世纪前期出现的收入差距下降趋势并非经济发展进入成熟期后的一般规律。两次世界大战和经济"大萧条"才是导致不平等下降的根本原因。的确，经济增长和不平等的倒"U"形关系并没有得到证实。皮凯蒂基于美国和欧洲的历史数据的研究显示：资本的回报率在19世纪以来的大部分时期一直高于经济增长率。因此经济发展可能会导致财富分配更加不平等。换句话说，通过经济发展降低财富分配不平等，从而推动民主制度建设的因果关系可能并不成立。从长期来看，经济发展同不平等之间的关系不是倒"U"形，而是"U"形。①

三　全球化时代的不平等

当我们讨论全球化时代的不平等时，需要先明确观察不平等的比较对象。全球不平等包括三个层面的不平等——国家间不平等、全球不平等、国内不平等，而不平等在这三个层面的趋势并不一致。

国家间的不平等是国际政治的经典话题。经济史学家杰弗里·威廉姆森（Jeffrey Williamson）发现，19世纪后期和20世纪后期的两次全球化都出现了国家间平均收入差距缩小的趋势。如果把移民因素考虑进去，全球化时期国家间不平等明显收窄了。在19世纪末的全球化时代，移民流动是国家间不平等程度缩小的重要原因。因为移民通常是从贫穷的旧大陆迁移到富裕的新大陆。而在20世纪上半期的全球化收缩阶段，国家间的不平等拉大了。20世纪80年代以来，由于新兴经济国家的总体增长速度高于发达国家，尤其是中国和印度这两个人口大国的持续快速发展，国家间的不平等水平出现了缩小的趋势。1980年，全球最富的前10%国家和后50%国家之间的人均收入差距为

---

① ［法］托马斯·皮凯蒂：《21世纪资本论》，巴曙松译，中信出版社2014年版。

53 倍。到了 2020 年，这个差距已经缩小到了 38 倍。①

如果把国家界限打开，将全球 70 多亿人口按收入水平进行排序比较，即把发达国家的富豪群体和最不发达国家的赤贫群体放在同一个池子中进行比较，不平等情况变得更加突出。如图 6-2 所示，2020 年，全球收入最高的 10% 群体占有全球总收入的 52%，而全球收入后 50% 的群体仅占有 8.5% 的全球总收入。财富不平等的程度更高。全球财富最多的 10% 群体拥有 76% 的全球财富，而后 50% 的群体仅拥有 2% 的全球财富。② 其他机构的估算则更惊人。资产超过 100 万美元的人群构成了全球前 1% 的富人群体，他们拥有全球 46% 的财富。③

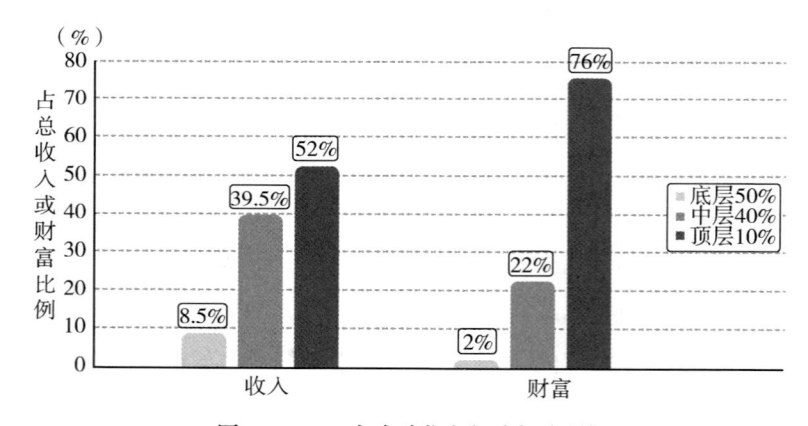

图 6-2　2020 年全球收入和财富不平等

在过去近 40 年的全球化时期，全球不平等变化呈现出一个类似大象鼻子的古怪曲线图。图 6-3 显示：在 1980—2018 年，处于全球

---

① Chancel, L., Piketty, T., Saez, E., Zucman, G. et al., *World Inequality Report 2022*, World Inequality Lab, p. 13.
② Chancel, L., Piketty, T., Saez, E., Zucman, G. et al., *World Inequality Report 2022*, World Inequality Lab, p. 10, https：//wir2022.wid.world.
③ Credit Suisse. 2021, *Global Wealth Report* 2021, https：//www.credit-suisse.com/about-us/en/reports-research/global-wealth-report.html.

收入最高的 1% 的人口收入增加幅度为 80%—240%，处于全球中位数以下的后 50% 的人口的收入增加幅度为 60%—120%，而处于全球收入 60%—90% 区间的人口的收入增幅则只有 40% 左右。由此可见，中低收入国家在全球化时代取得了巨大的减贫成就，缩小了同发达国家的差距，而高收入国家的贫富差距的却在迅速拉大，富豪们成为全球化时代的主要受益者，而中产阶级则成为主要受害者。如果把近 40 年的全球收入增长看作一个蛋糕的话，处于全球前 1% 的 7000 万富豪们分走了 27% 的蛋糕，而处于后 50% 的 35 亿人口仅仅分到了 12% 的蛋糕。这也解释了为什么在美国最富裕的州，人们对于不平等的感知会如此的强烈。

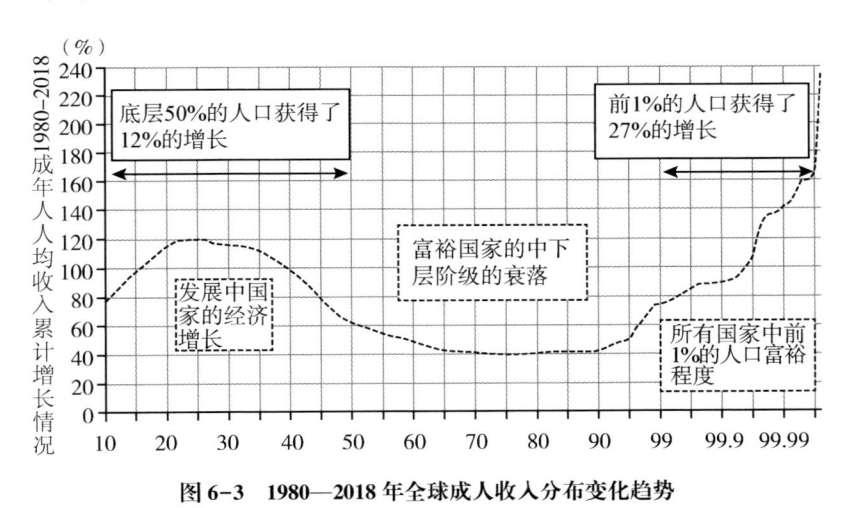

图 6-3　1980—2018 年全球成人收入分布变化趋势

资料来源：Thomas Piketty, *Capital and Ideology*, Cambridge：Harvard University Press, 2020, p. 25。

再来看国家内部的不平等。这是最受关注但也最难解释的问题，因为各国政治经济环境差别很大。从 20 世纪 20 年代到 70 年代，欧美发达国家的不平等程度持续下降，被认为是经济现代化的必然走向。然而，自 20 世纪 80 年代开始，大部分国家的不平等程度都上升了。1980—2018 年，收入最高的 10% 的人口占有的全国收入比例在美国、欧洲各国、俄罗斯、印度、中国都显著上升了。其中，印度从32%上升到55%，俄罗斯从27%上升到45%，美国从34%上升到48%，中国从28%上升到42%，欧洲各国从29%上升到34%（见图6-4）。

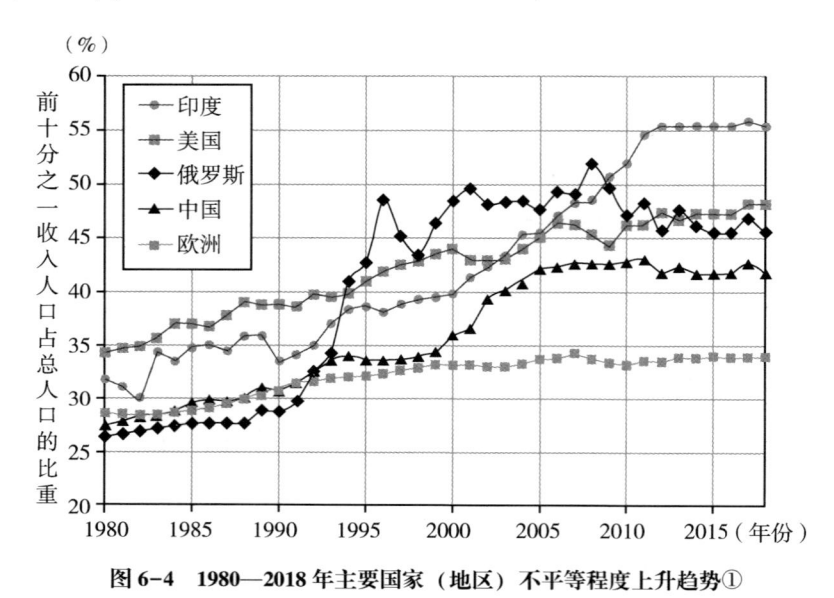

图6-4　1980—2018年主要国家（地区）不平等程度上升趋势①

就发展中经济体而言，不平等程度的变化则有很大的差异性。在20世纪后半期，以日本和"亚洲四小龙"为代表的东亚地区，实现了经济高速增长和社会分配相对公平的发展奇迹。然而，20世纪90年代以后，亚洲的经济增长放慢了，而不平等程度却在上升。从1990年到2013年，亚洲人口加权平均后的基尼系数从0.37上升到0.48，增加了11个基尼点。其中，中国和印度的基尼系数增长最快。②

---

① Thomas Piketty, *Capital and Ideology*, Cambridge: Harvard University Press, 2020, p. 21.
② Sonali Jain-chandra, Tidiane Kinda, Kalpana Kochhar, and Shi Piao, "Sharing the Growth Dividend: Analysis of Inequality in Asia", *Journal of Banking and Financial Economics*, Vol. 2, No. 12, 2019, pp. 5-28.

相较于亚洲，拉美、非洲、中东地区的国内不平等程度一直很高。21世纪以来基尼系数反而保持稳定，甚至有所下降。在拉美地区，不平等程度一直很高，收入前10%的人口的平均收入是后10%的人口的22倍。但是21世纪以来，拉美的不平等程度呈现出整体下降的趋势。2002—2018年，拉美国家的基尼系数从0.53下降到0.46，每年平均下降0.4个基尼点。①但是，如果我们只考察最富有人群的收入变化情况，拉美的不平等状况似乎并没有改变。最富裕的1%的人群的收入份额从2003年的19%上升到2015年的21%。②拉美的不平等程度下降主要是得益于国际大宗商品市场的繁荣。2003—2013年，国际大宗商品市场的繁荣不仅推动了拉美经济增长，而且使低技能工人的工资上涨速度高于高技能工人。然而，2013年后大宗商品市场的繁荣不再，拉美国家的不平等程度下降趋势也就放慢了。

由于缺乏可靠的社会调查数据，估计非洲的收入分配情况更为困难。从已有的数据来看，尽管非洲的经济发展水平远低于拉美，然而这两个地区内部的不平等程度基本相当：收入前10%的人口占总收入的比例都超过了50%。从贫困结构上看，非洲前10%的富裕阶层的平均收入是后10%的人口的30倍。这个比例甚至高于巴西、印度和中东地区。③不过，21世纪以来，非洲的不平等程度一直无明显变化。

第二节　不平等的平衡器和放大器

纵观人类历史，人类社会的不平等经历了数次起伏。资本全球化、技术进步以及政府的自由放任政策都是导致不平等加剧的原因，而战争、经济危机和政府的再分配政策也可以缩小不平等差距。尤其是战

---

① Matias Busso and Julian Messina, "The Inequality Crisis: Latin America and the Caribbean at the Crossroad, Inter-American Development Bank, 2020.
② Ibid, p.28.
③ Lucas Chancel Denis Cogneau Amory Gethin Alix Myczkowski, "Income Inequality in Africa: 1990-2017", World Inequality Lab Issue Brief, Vol. 6, 2019.

争、灾害等毁灭性的突发事件，是不平等的历史平衡器（Great Leveler）。历史学家沃尔特·沙伊德尔（Walter Scheidel）认为，历史平衡器表现为四种形式：大规模战争、转型性革命、国家崩溃和大瘟疫。①在这个历史平衡器的四重奏中，前三种都是以人为暴力形式呈现的灾难性事件，而第四种则是自然形成的外部冲击。一个典型的例子就是发生在1347—1352年的黑死病。黑死病蔓延造成的欧洲人口减少数量在25%和45%之间。欧洲人口总数从1300年的9400万下降到1400年的6800万。受灾最严重的英格兰和威尔士，黑死病造成了近半数的人口减少，直到18世纪早期，人口数量才超过了黑死病前的时期。② 疫情之后的劳动力短缺使劳动力的需求迅速增大，劳动力收入上升，从而成了扭转不平等的重要推手。

这些毁灭性事件通常都会导致人口显著减少，不仅增加了人均资本的数量，而且改变了资本和劳动力的供求关系，劳动力因短缺而工资水平上升，从而缩小了不平等程度。在工业革命之前，几乎所有的不平等显著下降都是由这些平衡器的单独或联合引起的。但是，战争对不平等的影响并非一致。罗马帝国的征服性战争扩大了罗马帝国和被征服国家之间的贫富差距，而现代战争通常会导致大量移民、产权破坏、加大税收力度，从而缩小国家内部的贫富差距。③

然而，在全球化时代，无论是在发达国家还是发展中国家，精英阶层和普通民众之间的收入和财富差距都在拉大。经济学家通常从经济结构、资源流动、技术进步等因素来解释。关于不平等的原因，自由主义流派的经济学家认为不平等不仅是必然出现的，而且对推动经济发展是有利的。对于高收入的人群，自由主义认为这是

---

① ［美］沃尔特·沙伊德尔：《不平等社会：从石器时代到21世纪，人类如何应对不平等》，颜鹏飞等译，中信出版集团2019年版。
② ［美］沃尔特·沙伊德尔：《不平等社会：从石器时代到21世纪，人类如何应对不平等》，颜鹏飞等译，中信出版集团2019年版。
③ Milanovic Blanco, *Global Inequality: A New Approach for the Age of Globalization*, Cambridge: Belknap Press, 2016.

他们的能力和企业家精神突出的正常回报。按照这样的逻辑，穷人的生活状况是因为他们不具备足够的智力、品行和勤奋而导致的，因此不值得同情。而政治学者则认为是政治权力分配的差异放大了经济不平等，因此必须使用各种政策手段以补偿穷人，缩小不平等。

一　国际贸易与资本流动

从要素禀赋的角度看，国家间的不平等是由不同的资本劳动力比例决定的。富国资本充裕而劳动力稀缺，所以劳动力价格较高。穷国劳动力充裕而资本稀缺，所以劳动力价格较低。当资本从富国向穷国流动时，双方的资本劳动力比例都发生了变化。前者的劳动力价格下降，而后者的劳动力价格上升。要素价格趋同，从而减少国家间的不平等。因此，在全球化时代，发达国家的资本和发展中国家的劳动力是主要的获益者。国际贸易产生的效果也应该相似。富国出口资本密集型产品而穷国出口劳动力密集型产品。一方面，富国的资本需求增加而劳动力需求减少，从而导致劳动力工资下降。另一方面，穷国的资本需求减少而劳动力需求上升，从而导致劳动力工资上升。因此，新古典经济学理论做出了判断：经济全球化将缩小国家间的不平等，但对国家内部的不平等有不同的影响。发达国家的资本回报上升而劳动力工资下降，低技能劳工和高技能劳动力之间的收入差距也会拉大，导致不平等加剧；发展中国家的资本回报下降而劳动力工资上升，低技能劳工和高技能劳工之间的收入差距缩小，从而导致贫富差距缩小。然而，现实情况是，大多数发展中国家的贫富差距实际上并没有缩小。这是为什么呢？

第一，尽管贸易全球化对发展中国家低技能劳动力的需求增加了，但由于市场化改革和城市化的推进，发展中国家的低技能劳动力绝对数量大幅增加，其议价能力进一步下降。发达国家通过外包转移到发展中国家的就业机会，也大多集中在高技能劳动力中。第二，资本全球化增加了资本流动性，提升了资本的回报率，不仅增加了资本和劳动力之间的回报差距，也在高技能劳动力内部产生了分化。第三，技术进步增加了劳动技能的溢价（skill premium），拉大了高技能和低技能劳动力间的收入差距。这一点在亚洲体现得尤其突出。技能溢价对亚洲国家的不平等的贡献是其他地区的三倍。[①]这是什么原因呢？一个可能的解释是：首先，亚洲国家深度参与全球价值链，中间品贸易在贸易总量中占有较高的比例。中间品关税水平下降会带来企业利润增加。在参与生产的企业中，高技能工人比低技能工人同企业的谈判能力更强，因此前者的工资同企业利润直接相关。企业利润增加导致高技能工人的工资上涨更快，从而扩大了技能溢价。[②]

其次，全球化的生产和市场网络扩大了跨国公司的规模优势。现代产业有两个基本特征：一是分工深化；二是集群化。在分工深化方面，随着高端产品制造越来越复杂，一个国家内部难以承担所有的分工环节，产业链按照比较优势跨国布局是必然之举。集群化的逻辑是规模经济效应，生产或市场一旦达到了关键规模（critical mass），接下去就可以如同滚雪球一样迅速扩大。这两个特征叠加导致全球供应链跨国集中布局，既形成了空间积聚，节约了企业的生产成本，又完成了资源整合，增强了企业的竞争优势。企业的无形资产比重高，单位成本随着规模扩大而迅速下降，因此利润率更高。随着低效率的中小企业的退出，超级企业占据的市场份额越来越大。它们同普通大公司的区别不在于规模，而是更全球化、更具创新性、更有效率，也更能赚钱。[③] 换而言之，

---

① Bihong Huang, "Demystifying Rising Inequality in Asia", Asian Development Bank Institute, 2019.

② B. Chen, M. Yu, Z. Yu, "Measured skill premia and input trade liberalization: Evidence from Chinese Firms", *Journal of International Economics*, Vol. 109, No. 17, pp. 31–42.

③ James Manyika, Jacques Bughin, Jonathan Woetzel, Sree Ramaswamy, Birshan Michael, and Zubin Nagpal, "'Superstars': The Dynamics of Firms, Sectors, and Cities Leading the Global Economy", McKinsey Global Institute, 2018.

超级企业是一群在激烈竞争中脱颖而出的"学霸"。因此，超级企业的兴起意味着各国可以通过和先进技术意味着技术进步和效率提升做大蛋糕并产生涓滴效应，让更多的人分享经济红利。然而，一个不争的事实就是，利润向这些超级企业高度集中也意味着更多企业的生存空间在不断缩小。

二　技术进步

19世纪以来的每次技术革命都形成了不同特征的资本主义，重塑了资本和劳动力关系，对收入分配产生了重要影响。19世纪末的技术革命形成了曼彻斯特式资本主义。大量的农村剩余劳动力转化位城市低技能产业工人，资本和劳动力之间的不平等迅速扩大，阶级矛盾突出。20世纪上半期的技术革命形成了底特律式资本主义。大规模自动化的工业生产对中等技能劳动力的需求大大增加。经济增长带来了中产阶级的壮大，收入不平等有所缩小。20世纪末的信息技术革命催生了硅谷式资本主义。科技创新需要大量的高技能劳动力，信息技术的广泛应用则取代了中等技能的劳动力，从而再次加剧了收入不平等。[①]

相较于历史上的技术革命，信息技术革命对财富分配的影响更具颠覆性。这是因为信息技术具备的两个特性：非竞争性（non-rival）和排他性（exclusive）。在通常理解中，私人产品如汽车和房产具有竞争性和排他性特征，公共产品则具有非竞争性和非排他性特征。但当前，具备这些公共产品特性的信息技术往往为私人公司所控制。信息技术的非竞争性体现在无限量消费，即社交媒体不会因为使用人数的增加而造成资源的减少，因此扩大规模的边际成本很低。比如ChatGPT在推出仅两个月的时间里，注册用户数就超过了1亿。而排他性则体现在信息技术的创新可以通过

[①] Carles Boix, *Democratic Capitalism at the Crossroad: Technologic Change and the Future of Politics*, Princeton: Princeton University Press, 2019.

专利保护来限制他人免费使用和模仿,以保障技术创新的高回报率。这两个特性使得基于信息技术的创新公司具有更强的盈利能力和增长空间。

技术进步导致不平等加剧的原因主要来自两方面:一方面,技术本身的属性使技术和财富的相互促进;另一方面,获取技术的能力和机会不均等导致不平等加剧。尽管19世纪末和20世纪末的全球化都是技术革命推动的,但技术对经济结果的影响却是不同的。19世纪末的全球化中,技术进步创造了更多的就业机会;而20世纪末的全球化,技术进步使替代了很多就业机会。因此,这两次全球化带来的政治冲击是不一样的。[1] 资本跨境流动加速,使得掌握资本的跨国公司在同东道国打交道时具有更强的谈判能力。资源的积聚也催生了少数富可敌国的超级公司,其成为全球化的最大受益者。而无论是发达国家还是发展中国家的劳动阶层,也因为技术能力的差异发生了分化,从而拉大了收入差距。

三 制度与政策

在《21世纪资本论》一书中,皮凯蒂用大量的数据分析了发达国家的不平等持续扩大的原因,揭示了资本回报率始终高于经济增长率(即劳动回报率)的历史趋势。尽管他提出了几个关于政治态度的理论假说,但并没有把政治体制和意识形态这个黑箱打开。而这一不足在他的另一部巨著《资本与意识形态》中得到了弥补。皮凯蒂指出:不平等既不是由经济也不是由技术导致的,而是由意识形态和政治决定的。市场和竞争、利润和工资、资本和债务、高技能和低技能劳动力、本土与外来、免税和竞争力,所有的这些区别,都不是与生俱来的,而是由社会和历史建构出来的,完全取决于人们选择的法律、财政、教育、政治系统和概念的界定方式。皮凯蒂

---

[1] Carles Boix, *Democratic Capitalism at the Crossroads: Technological Change and the Future of Politics*, Cambridge: Cambridge University Press, 2019.

认为，政治制度（political regime）和产权制度（ownership regime）的相互影响形成了不同的不平等体制（inequality regime）。

在19世纪末20世纪初的镀金时代，欧美国家的贫富差距达到了前所未有的程度。随后爆发的两次世界大战和经济"大萧条"，不仅重创了资本市场，也改变了欧美国家的国内政治生态。倡导社会公平的进步主义思想对经济政策产生了很大影响，推动欧美国家加大社会再分配的力度，提升社会福利水平，同时通过税收政策限制富人的收入增长，从而缩小了不平等。其中，欧洲国家受社会民主主义影响显著，再分配政策力度比美国更大，经济的公有化成分也更高，因此不平等水平的下降幅度也更大。在欧洲，收入前10%的人群所占总收入的比重从20世纪初的50%下降到二战后的30%。而在美国，收入前10%的人群所占总收入的比重则从45%下降到35%。[①]

然而，自20世纪80年代开始，新自由主义的影响席卷全球，发达国家政府倡导减少政府干预，放松监管（deregulation），降低市场准入门槛。表面上看，这些政策旨在推动自由竞争，提高市场效率。但事实上，政府监管并没有全面放松，而是有选择性地重新监管（reregulation）。一方面，劳工权利和失业保护方面的法律限制放松了。劳动力市场变得更灵活，但劳动力的收入却没有提高，反而是在数字经济的推动下形成了庞大的非正式劳动力市场，即"零工经济"（gig economy）。据估计，美国有25%—30%的就业人口从零工经济中获得收入。到2027年，零工经济在美国的劳动力市场中的份额将超过50%。[②]另一方面，知识产权保护等领域的监管则大大强化了。比如，美国1998年通过的《数字千年版权法》（DMCA）极大地提高了对违反数字版权行为的惩罚力度，但为互联网平台提供

---

① Thomas Piketty, *Capital and Ideology*, Cambridge: Harvard University Press, 2020, p.419.
② Statista, "Gig economy in the U.S. - Statistics & Facts", 2021, https://www.statista.com/topics/4891/gig-economy-in-the-us/#dossierKeyfigures.

了免责的避风港，从而为21世纪数字经济的迅速发展奠定了基础。因此，新自由主义下的放松监管加剧了劳资关系的不平衡，尤其是为大企业创造了寡头垄断的机会。在美国和欧盟，行业和市场的集中度都在增加，市场竞争程度也随之下降了。

第三节 超级企业与不平等

在大多数发达国家中，不平等扩大的主要构成是处于收入金字塔顶端的超级富豪们同社会其余收入群体之间的差距。这是一个让人费解的现象。全球化时代的竞争越发激烈，信息也越来越透明，为什么"赢家通吃"的局面反而成了一种全球现象？1981年，芝加哥大学的经济学家舍温·罗森（Sherwin Rosen）提出了"超级巨星经济学"的概念。在体育界、艺术界、商业界等诸多领域，财富都出现了向极少数超级巨星集中的趋势。[1]超级巨星积累的财富越多，普通人分到的蛋糕就越小，不平等现象就越严重。足球是全球化时代商业价值最高但两极分化最大的体育市场。以足球运动员的收入为例，1960年的贝利、1990年的马拉多纳和2020年的梅西，分别是不同时代身价最高的球员。但是，考虑通货膨胀因素，梅西的收入大概是马拉多纳的5倍、贝利的100倍。2020年，收入前10位的足球巨星的总收入达到5.7亿美元。四大豪门足球俱乐部（巴萨罗纳、皇家马德里、巴黎圣日耳曼、曼联）的总收入为26亿欧元，超过了欧洲足球市场总收入的10%。[2]更有意思的是，如果以国家人均收入作为参照的话，中国男足球员平均收入为中国人均收入的160倍，高居世界榜首，超过了拥有众多豪门俱乐部的西班牙（125倍）和英国（115倍）。[3]

---

[1] Sherwin Rosen, "The Economics of Superstars", *American Economic Review*, Vol. 71, No. 5, 1981. pp. 845-858.

[2] https://www.statista.com/statistics/271581/revenue-of-soccer-clubs-worldwide/.

[3] "Footballers vs. Fan salaries", https://www.vouchercloud.com/resources/footballers-vs-fans.

超级巨星现象不光出现在竞技场，也出现在全球化的市场中。

事实上，自20世纪80年代以来，发达国家的市场集中度一直在增加。《纽约时报》认为"大公司吞噬整个世界"的现象正在发生。① 2020年，全球前50大公司的总市值相当于全球GDP的28%。而在1990年，全球前50大公司的市值还不到全球GDP的5%。② 自20世纪90年代以来，美国75%的行业的集中度都在迅速上升。麦肯锡全球研究院通过对全球6000家收入超过10亿美元的上市公司的分析发现，这些公司的利润分布呈现倒三角形状。前10%的超级巨星公司贡献了80%的利润，中间60%的公司基本持平，垫底的10%的公司的亏损基本抵消了前10%公司的盈利。与此同时，全球化也催生了超级产业。70%的市场附加值和利润都是由几个超级行业创造的。这些超级行业包括：金融业、专业服务业、房地产业、医疗和制药业、信息技术产业。这些超级产业的突出特征是：固定资本和劳动力投入减少，研发投入和数字化程度高。③

新冠疫情暴发后，许多国家内部的贫富分化进一步拉大。一方面，超级富豪的财富不断攀高。根据2022年世界不平等报告的数据，2020年是亿万富翁们的财富增长最快的一年。全球共有2750个亿万富翁，他们拥有全球3.5%的财富，超过了3.5亿处于后50%的人口的总财富。④ 从2020年初到2021年底，苹果、微软、字母表（谷歌）、特斯拉、亚马逊这五家超级科技企业的市值增加了5.7万

---

① Austan Goolsbee, "Big Companies Are Starting to Swallow the World", *New York Times*, September 30, 2020.
② Tom Orlik, Justin Jiminez, and Cedric Sam, "World Dominant Superstar Firms: Getting Bigger, Techier, and More Chinese", *Bloomberg Businessweek*, May 21, 2021, https://www.bloomberg.com/graphics/2021-biggest-global-companies-growth-trends/.
③ James Manyika, Jacques Bughin, Jonathan Woetzel, Sree Ramaswamy, Birshan Michael, and Zubin Nagpal, "'Superstars': The Dynamics of Firms, Sectors, and Cities Leading the Global Economy", McKinsey Global Institute, 2018.
④ "World Inequality Report 2022", https://wir2022.wid.world/executive-summary/.

亿美元，约为全球 GDP 的 6%。① 苹果的市值一度突破了 3 万亿美元，相当于全球第五大经济体。而在 2022 年，它们的市值却出现了暴跌，降幅超过了 30%。② 2022 年底，新一代人工智能聊天机器人 ChatGPT 的横空出世，又让潜在的最大股东微软的市值开始狂飙。不同于这些超级企业过山车式的表现，大量小公司却挣扎在生死线上。就美国而言，在疫情暴发后短短三个月中，已经有 40 万家小公司永久关门了，超过了新冠疫情之前全年的数量。③

超级企业的出现对收入分配产生了什么样的影响？麻省理工学院（MIT）的经济学家大卫·奥托（David Autor）和他的合作者用翔实的企业层面数据进行了检验。他们发现，超级企业的兴起使劳资关系朝着更有利于资本的方向发展，压缩了劳动收入占比（labor share of income）。劳动收入占比是劳动者劳动报酬占 GDP 的比例，体现了经济产出在资本和劳动之间的分配比例。因为大型公司的劳动收入占比相对偏低，当大公司占据的市场份额越来越大时，整体经济中劳动收入占比就会下降。④以美国为例。自 20 世纪 70 年代以来，美国工人的实际收入和劳动生产率都在持续下降，导致劳动收入占比下降。市场遵循弱肉强食的原则，出现了"大就是美"的现象：大型公司在劳动生产率、利润和市场占有率方面都在上升。

美国的情况并非特例。自 1980 年以来，劳动收入占比在所有发达国家都在下降。35 个发达国家的平均劳动收入占比从 1980 年的

---

① "Prospering in the Pandemic: Winners and Losers of the Covid Era", *Financial Times*, January 3, 2022.

② Eric Griffith, "2022 is the Battling the Market Value of the Top Tech Companies", *PC Magazine*, November 7, 2022, https://www.pcmag.com/news/2022-is-battering-the-market-value-of-the-top-tech-companies.

③ Steven Hamilton, "From Survival to Revival: How to Help Small Businesses through the Covid-19 Crisis", *The Hamilton Project*, 2020, https://www.hamiltonproject.org/assets/files/PP_Hamilton_Final.pdf.

④ David Autor, David Dorn, Lawrence Katz, Christina Patterson, and John Van Reenen, "The Fall of the Labor Share and the Rise of Superstar Firms", *Quarterly Journal of Economics*, 2020, PP. 645-709.

54%下降到2014年的50.5%,下降了3.5个百分点。发展中国家也呈下降趋势,但速度稍慢。1993年到2014年,54个发展中国家的平均劳动收入占比从39%下降到37.4%,下降了1.6个百分点。[①] 美国的情况尤为突出。根据麦肯锡全球研究所的估计,从1947年到2000年的半个多世纪中,美国的劳动收入占比仅仅下降了2.1个百分点,从65.4%下降到63.3%。而从2000年到2016年期间,劳动收入占比下降了6.6个百分点,是之前53年的3倍。[②] 劳动收入占比的下降往往意味着中产阶级的停滞。

这些研究表明,超级企业的兴起主要得益于信息技术进步和全球化带来的效率提升,但超级企业的形成也可能是商业利益和政治利益深度融合、相互强化的结果。一旦企业通过市场竞争机制取得了最初的领先地位,他们会通过兼并来扩大规模和拓展业务范围,同时发挥政治影响力来提高市场进入门槛,减少竞争威胁。在欧美国家,政治游说和选举捐款是超级企业发挥政治影响力的主要渠道。代表不同利益集团的政治游说非常普遍。可以看一组数据:美国在联邦层面的游说支出每年高达35亿美元,其中代表企业和商会的利益集团为游说的主力。在过去20年中,标准普尔1500指数所代表的1500家大型公司参与游说的比例从33%增加到42%。[③] 经济学中通常用一个行业中最大的四家公司的产值占总产值的比例(CR4)来衡量行业集中度。美国各行业的平均集中度是15%,即前四大公司占据整个行业15%的份额。而在游说支出方面,前四大公司的游说支出占整个行业的45%。[④] 这个数据意味着,超级企业不仅在经

[①] McKinsey Global Institute, A New Look at the Declining Labor Share of Income in the United States, 2019.

[②] McKinsey Global Institute, "A New Look at the Declining Labor Share of Income in the United States", 2019, p. 6.

[③] Thomas Philippon, *The Great Reversal: How America Gave up on Free Markets*, Cambridge: Harvard University Press, 2019, p. 166.

[④] Ibid, p. 168.

济上的主导地位得以加强，而且它们的政治影响力甚至以更快的速度增长。欧盟国家的超级企业也表现出相似的趋势，尽管它们的政治游说支出没有达到美国企业的水平。超级企业政治游说的重要目标就是提高市场准入门槛，减少政府对反垄断的审查，从而有利于大企业巩固和壮大其优势地位。

尽管超级企业的兴起增加了社会财富，但不平等加剧也是客观事实。这样的局面给政府治理带来了两难：一方面，如果通过政府干预限制超级企业的发展，就违背了公平竞争的原则，甚至会产生负向激励的效果；另一方面，如果任由超级企业继续扩大，收入不平等程度将进一步加剧，社会矛盾也会更加突出。如何处理这样的治理难题？从欧美国家的历史经验和现实政策来看，似乎没有一个完美的解决方案。

一 反垄断与初次分配

初次分配是产生不平等的最主要渠道。初次分配中的不平等通常是市场力量决定的，但也受到政府政策的影响。反垄断就是政府矫正财富初次分配不均的政策手段。19世纪末20世纪初的美国是经济飞速增长、财富高度集中、政治腐败蔓延的"镀金时代"，诞生了许多具有行业垄断能力的超级企业。卡内基、洛克菲勒、摩根、范德比尔特等商业大鳄垄断了钢铁、石油、金融、铁路等行业，被尊称为"工业领袖"（Captains of Industry）。他们认为美国社会正在经历"社会达尔文主义"式的进步运动，只有最具活力的企业才能在竞争中胜出，而竞争中落败的企业只不过是通往繁荣之路的陪葬品。

尽管这些商业大鳄具有在政治上呼风唤雨的能力，但它们追逐垄断暴利的行为也引起了美国社会的担心和反感，被称作"强盗贵族"（The Robber Barons）。美国于1890年通过了《谢尔曼法》，将企业的垄断或试图垄断行为定性为犯罪行为，从法律上为反垄断提供了立法基础。不过，在《谢尔曼法》通过后的12年中，这个法案只是一个纸老虎，没有任何企业因这个法案被起诉。直到 1902 年，西奥多·罗斯福总统下令要求 JP 摩根将控制全美铁路线的北方证券公司进行分拆。随后美国政府又将洛克菲勒旗下的标准石油公司拆分成 7 家地区性公司，以打破独家垄断的局面。

《谢尔曼法》由此成为美国政府敲打和限制超级企业的法律武器。不过，20 世纪 70 年代以后，美国反垄断的目标和结果都发生了变化。1978 年，芝加哥学派的罗伯特·伯克法官在《反垄断悖论》一书中指出：反垄断的目标应该是消费者福利的最大化，而不仅仅是保护竞争。许多商业合并后因规模扩大而成本降低，事实上是对消费者有利的。① 伯克认为，企业的掠夺性定价行为——通过恶意压低价格来打压竞争对手，是不可持续的非理性行为，因此不应作为判定是否有垄断行为的标准，而应该以是否损害消费者福利为标准。尽管伯克的观点很有争议，但在新自由主义兴起的大背景下，美国联邦最高法院接受了伯克的观点，将消费者福利最大化作为反垄断的目标，为大企业通过价格战打压竞争对手的做法开了绿灯。的确，自从 20 世纪末微软公司同美国司法部的世纪反垄断诉讼案以来，美国没有一起垄断案例。在奥巴马总统在任期间，尽管科技巨头们业已形成在互联网行业中的寡头垄断，但美国政府没有启动对任何一家企业的反垄断调查。

但是，21 世纪以来，超级企业的持续扩张引起了美国社会的广泛担心。2017 年，耶鲁法学院的一位博士生莉娜·汗在《耶鲁法学评论》上发表了《亚马逊的反垄断悖论》长文，对《反垄断悖论》的主要命题进行了反驳。她认为，消费者福利最大化的反垄断目标在互联网时代是不合适的。亚马逊这样的超级电商可以通过长期的掠夺性定价抢占市场份额，并通过垂直整合收集海量的客户信息以

---

① Robert Bork, *Antitrust Paradox: A Policy at War with Itself*, Basic Books, 1978.

主导市场。① 在这个过程中，消费者的福利在短期内并没有受损，而掌握了他们个人信息的亚马逊则具有了更大的市场影响力。因此，这种掠夺性定价不仅是理性的，而且可以长期持续。的确，尽管亚马逊公司长期亏损，但其在美国电商市场的垄断地位却越来越稳固，股票价格也一路走高，一度成为美国市场价值最大的公司。

与此同时，哥伦比亚大学法学院教授吴修铭在《庞然大物的诅咒：新镀金时代的反垄断》一书中对美国社会的财富和权力集中趋势表示了极大的担心。他也认为这是因为美国的反垄断立法不能与时俱进。"如果我们从镀金时代学到了一件事，那就是如果经济政策无法维护广大民众的利益，通往极权之路就会开启。"② 因此，政府应该加强反垄断政策的实施，限制超级企业的形成和扩张。

新冠疫情暴发以来，美国的超级科技企业逆势增长势头强劲，引起了社会的担心和不满；再加上超发货币造成的严重的通货膨胀，更增加了改变这一局面的紧迫感。拜登政府上台伊始，就邀请莉娜·汗和吴修铭这两位反垄断的新锐学者进入白宫。莉娜·汗被任命为联邦贸易委员会主席，吴修铭则担任技术和竞争政策方面的特别助理。随后，拜登政府发布行政令，提出加强反垄断审查，严格监督科技巨头之间的合并，以促进市场竞争。这个政策的效果立竿见影。在拜登执政的第一年，反垄断审查的案件数量就增加了115%。③ 在2023年的国情咨文中，拜登总统再次呼吁国会通过更严格的反垄断立法以提升美国的科技竞争力。

二 税收与再分配

调节税收是政府进行再分配的主要政策工具，包括收入所得税

---

① Lina Khan, "Amazon's Antitrust Paradox", *The Yale Law Review*, Vol. 126, No. 2, 2017, pp. 710-805.
② Tim Wu, *The Curse of Bigness: Antitrust in New Gilded Age*, New York: Columbia University Press, 2018.
③ Federal Trade Commission, *Hart-Scott-Rodino Annual Report Fiscal Year 2021*, 2022.

和财富税两种。累进税率的收入所得税在发达和发展中国家都已广泛应用。最高税率的变化反映了各国政府在再分配问题上的政策方向。1930—1980年，发达国家把收入所得税的最高税率定得很高，尤其是英国和美国，高达70%—90%。在如此高的税率下，高级经理人没有多少动力去争取更高的收入。1978年，美国350家大型上市公司的首席执政官（CEO）的平均收入是普通员工的31倍。1980年以后，欧美国家大幅下调收入所得税的最高税率，高级经理人的收入开始迅速增长。2020年，上市公司CEO的平均收入达到普通员工的351倍。①

尽管调整收入所得税的税率有再分配的效果，但富豪们积累财富的速度远超过经济增长的速度，而且他们还有各种办法避税。据估算，美国财富最多的1%的亿万富翁不仅实际缴纳的收入所得税税率比其他99%的人都低，而且自新冠疫情暴发以来，个人财产超过10亿美元的超级富豪们的总财产反而增值了70%，从3万亿美元增加到5万亿美元。②

托马斯·皮凯蒂认为，针对少数富豪的"财富税"可能产生更强的再分配效果。因为相较于收入，财富价值通常更能反映真实的纳税能力。③ 在美国，民主党阵营部分政客采纳了财富税的建议。在2020年总统大选中，两位民主党总统候选人伯尼·桑德斯和伊丽莎白·沃伦提出对亿万富翁开征财富税，以缩小美国的贫富差距。因此，民主党提出了《超级百万富翁税收法案》，建议对资产超过5000万美元的部分征收2%的财富税。对资产超过10亿美元的部分征收3%的财富税。拜登政府上台后，部分采纳了这些建议，提出把财富税征收范围进一步缩小，只针对拥有10亿美元资产或连续三年

---

① Lawrence Mishel and Jori Kandra, "CEO Pay has skyrocketed 1, 322% since 1978," *Economic Policy Institute*, August 10, 2021.
② Chuck Collins, "Billionaire Wealth, US Job Losses and Pandemic Profiteers," *Inequality*, October 18, 2021.
③ [法]托马斯·皮凯蒂：《21世纪资本论》，巴曙松译，中信出版社2014年版。

收入在 1 亿美元以上的超级富豪，符合这些条件的大概有 700 人。在 2023 年的国情咨文中，拜登又提出了一个新方案，认为净资产超过 1 亿美元的家庭应该至少缴纳 20% 的收入所得税。

然而，民调显示党派之间对于是否开征财富税存在巨大分歧。80% 的民主党人支持对富人额外征税，而共和党内只有 31% 的支持率。[1] 科技巨头们更是强烈反对，认为征收财富税会削弱企业创新的动力，对经济长期增长不利。比如，特斯拉的 CEO 埃隆·马斯克对额外征收财富税的要求嗤之以鼻，因为他所缴纳的收入所得税已经创了纪录。在其他发达国家，财富税也不是一个热门的选项。许多发达国家也曾经试图通过财富税减少贫富差距，但实施效果并不理想。1996 年有 12 个 OECD 成员国征收财富税，而到了 2019 年，仅有 4 个成员国（法国、挪威、西班牙、瑞士）还在征收财富税。而且，为了吸引国际资本，各国已经卷入了降低税收的逐底竞争，缺少征收财富税的动力和能力。

三　捐赠与第三次分配

除了反垄断和税收等政策调节手段之外，企业在公益慈善方面的捐赠成为第三次分配的重要手段。就在《谢尔曼法》通过的前一年，美国钢铁大王安德鲁·卡内基发表了《财富的福音》一文。他认为，处理巨额财富的最佳方式是在有生之年将财富用于公益事业，因为这种方式能够真正矫治财富分配不平等，使得富人与穷人彼此和解，和谐相处，不必彻底革新现存秩序和文明。卡内基的理念得到了洛克菲勒、福特等其他超级富豪的支持。在 20 世纪初，以这些富豪名字命名的慈善基金会纷纷成立。它们的捐款资助了大学、智库、图书馆、音乐厅等知识传播的机构，也开启了现代慈善基金会行业。

---

[1] David Hope, Julian Limberg and Nina Weber, "How Biden Could Boost Republican Support for Tax Hike on the Rich", *Washington Post*, September 14, 2021.

一个世纪后，美国再次经历了经济繁荣和财富集中的局面。这个"新镀金时代"也伴随着企业捐赠的迅速增加。自 21 世纪初以来，美国诞生了 3 万多个私人慈善基金会，私人和企业的捐赠总额达到 3000 多亿美元。比尔·盖茨和沃伦·巴菲特 2010 年倡议的"捐赠誓言"（Giving Pledge）已经得到了全球 230 位亿万富翁的支持，他们都承诺在有生之年将大部分财富捐献给社会。

但是，一个引起争议的问题是：超级富豪的捐赠是否会加剧腐败的金钱政治？从美国的选举捐款数据来看，在 20 世纪 80 年代，收入水平在前 0.01% 的亿万富豪的选举捐款仅占美国选举捐款总额的 10%；而到了 2012 年，这些富豪们的捐款已经占选举捐款总额的 40%。① 尽管无法证明这些捐款影响了选举结果，但在一定程度上解释了为什么竞争性政治体制无法改变不平等加剧的趋势。

选举捐赠只是金钱政治的冰山一角。更重要的是，慈善基金会可以通过建立精英社会网络，将财富转化为政治影响力，使利益集团的诉求得以在国家政策中予以体现。研究表明，即使只把 6% 左右的慈善捐赠算作有政治目的的资金，其金额就已经超过了政治行动团体（PAC）捐款的 2.5 倍，相当于三分之一的游说资金。② 如此规模的捐赠资金是一把双刃剑，既可能起到财富再分配的作用，也可能被用于巩固超级富豪的既得利益。

第四节　经济不平等与政治分化

从社会发展的角度看，超级企业的兴起引起的不仅是收入不平

---

① Adam Bonica, Nolan McCarty, Keith T. Poole, and Howard Rosenthal, "Why Hasn't Democracy Slowed Rising Inequality?", *Journal of Economic Perspectives*, Vol. 27, No. 3, 2013, pp. 103-123.

② Marianne Bertrand, Matilde Bombardini, Raymond Fisman and Francesco Trebbi, "Tax-Exempt Lobbying: Corporate Philanthropy as a Tool for Political Influence", *American Economic Review*, Vol. 110, No. 7, 2020, pp. 2065-2102.

等,而且是民众对资本主义制度所一直信奉的自由市场原则的怀疑和焦虑。发展经济学家保罗·科利尔在《资本主义的未来:面对新的焦虑》一书中指出:"焦虑、愤怒、绝望这三种情绪已经动摇了民众的政治信念、对政府的信任,甚至彼此间的信任。"

全球化带来的贸易、资本和移民加速流动在创造巨额财富的同时,也使国内社会的分配矛盾变得更突出。分配矛盾不仅体现在精英与中下层民众之间,也体现在本国居民和外国移民之间。不平等扩大会加剧社会矛盾,造成政治极化,甚至引起政治变革。传统上,西方国家的政治分化主要沿着阶级和城乡两个维度展开。但在全球化的背景下,传统的政党派系重新洗牌,全球化的赢家和输家组成了新的政治阵营。

皮凯蒂等学者通过对二战后西方国家的政党选举数据的整理后发现,随着不平等程度加大,西方国家的政党结构发生了重要变化——变成了多头精英政党体系(multi-elite party system)。具体而言,高教育的知识精英倾向于支持左翼政党,而高收入的商业精英则倾向于支持右翼政党。这种政治分化类似于印度传统的种姓制度的阶级分层,即代表知识精英的婆罗门以及代表商人和武士的刹帝利之间的上层社会分化。换言之,西方国家的政治分化可以称为"婆罗门左翼"(Brahmin left)和"商人右翼"(Merchant right)之间的分化。[1]尽管"婆罗门左翼"和商人右翼在政治观点上有很多分歧,但他们代表的都是受益于全球化和技术进步的精英阶层,因此都支持继续全球化。在这样的多头精英主导的政党体系中,教育和收入水平较低的劳工阶层逐步被边缘化,他们参与政治的愿望大大下降。这部分民众因此成为更激进的政党和政客所争取的选民基础,以同精英阶层主导的温和政治派别形成竞争。激进左

---

[1] Amory Gethin, Clara Martínez-Toledano, and Thomas Piketty, "Brahmin Left Versus Merchant Right: Changing Political Cleavages in 21 Western Democracies, 1948-2020", *Quarterly Journal of Economics*, Vol. 137, No. 1, pp. 1-48.

翼表现为强调加大再分配力度以在各个层面消除不平等，而激进右翼则表现为反对外来移民的民族主义。不过，尽管这两个派别在政治光谱上距离很远，他们却有一个相同的政治诉求——反对全球化。

当然，除了经济不平等，人口结构、身份认同、价值观变化等因素都是引起西方国家政治极化的重要因素。诺里斯（Pippa Norris）和英格尔哈特（Ronald Inglehart）在《文化反弹》一书中指出，美国社会价值观的代际差异很大。年青一代的自由派价值观日趋主流，而战后一代的保守派价值观却被逐渐边缘化。[①]另外，在美国和许多欧洲国家，外国移民大量涌入，在总人口中的比例达到了历史最高水平，进一步引起了中下层本国居民对身份认同的焦虑。[②]

亨廷顿曾经指出，政治体制的发展落后于社会经济的变化是发展中国家政治秩序衰败的主要原因。[③]这一判断对于今天的西方国家可能同样适用。正是因为主流精英对社会经济的巨变缺乏有效回应，一些观点激进的政客开始成了政治竞争的主角，民粹主义思潮迅速升温，并表现出强烈的反建制特点。2008年金融危机后，政治极化表现得更为突出。激进左翼政党在葡萄牙、西班牙、希腊等国的选举中都赢得了大量选票，而激进右翼政党更是在几乎所有欧盟国家的支持率都大幅上升。

从西方国家过去40年的经历来看，效率和公平之间的矛盾似乎越发突出。无论是反垄断、征收财富税，还是企业捐赠的政策，都引发了激烈的争议，难以改变贫富差距扩大的趋势。欧洲国家曾经

[①] Pippa Norris and Ronald Inglehart, *Cultural Backlash: Trump, Brexit, and Authoritarian Populism*, New York: Cambridge University Press, 2019.

[②] Sheri Berman, "The Causes of Populism in the West", *Annual Review of Political Science*, Vol. 24, 2021, pp. 71-88.

[③] [美] 塞缪尔·亨廷顿：《变化社会的政治秩序》，张岱云等译，上海译文出版社1989年版。

引以为傲的福利国家制度，也面临前所未有的困境。一方面，经济危机带来的不安全感使民众对社会保障的需求越来越大；另一方面，经济增长缓慢和公共债务高企削弱了政府的财政能力，高额的福利支出难以为继。而且，由于人口老龄化，老年人在政策制定中有更大的话语权，养老金在社会福利中的占比也在不断提高。这样的福利结构不利于经济的长期发展。

2015年，美国智库"美国进步中心"发布了由前财政部部长萨默斯主持完成的报告，建议政府采取更积极的措施来改变财富过度集中的趋势，从而实现"包容性繁荣"（inclusive prosperity）的目标。主要的建议包括提高最低工资水平、提高收入所得税的累进性、鼓励成立工会、投资基础设施和教育、防堵企业的避税漏洞、稳定金融系统等。① 这些建议单看并不激进，但放在一起则构成了一个雄心勃勃的新政计划。

不过，在经历了两次总统更替后，"包容性繁荣"报告中的大部分建议仍然还停留在纸面上。美国的联邦最低小时工资依然是7.25美元，收入所得税的最高税率反而下降到了37%，工会成员在就业人口中的比例降到了1983年以来的最低水平。与此同时，社会财富还在继续向超级企业和超级富豪集中。尤其是新冠疫情以来，个人财产超过10亿美元的超级富豪们的财产反而增值了70%，从3万亿美元增加到5万亿美元。②

不平等问题的长期性和普遍性意味着没有快速和标准的解决方案。哈佛大学的学者罗德里克和斯坦切娃提出了一个包容性繁荣的

---

① Center for American Progress, "Report of the Commission on Shared Prosperity", January 2015, https://cdn.americanprogress.org/wp-content/uploads/2015/01/IPC-PDF-full.pdf.

② Chuck Collins, "Billionaire Wealth, US Job Losses and Pandemic Profiteers", October 18, 2021, https://inequality.org/great-divide/updates-billionaire-pandemic/.

政策矩阵，试图把这些社会政策按照干预阶段和干预人群进行区分。[①] 干预阶段分为生产前（pre-production）、生产中（production）、生产后（post-production）三个阶段。干预人群则分为高收入、中等收入、低收入人群。由此可以得到 9 种政策组合（见表 6-1）。比如，针对低收入人群的政策工具包括：生产前的基础教育和培训、生产中的最低工资和福利以及生产后的转移支付等。

表 6-1　　　　　　　　　　包容性繁荣矩阵

		政策干预阶段		
		生产前	生产中	生产后
政策干预人群	低收入	基础教育和学前项目；职业学校	最低工资；学徒岗位；降低雇主的社保投入；工作福利	社会转移支付（房产、家庭、子女福利）；保障最低收入
	中等收入	公立高等教育；成人培训项目	积聚政策；中小企业支持项目；欧盟结构投资基金；职业资格证书；就业培训；工会集体谈判；欧盟贸易政策	失业保障；养老金
	高收入	遗产和财产税	研发税收激励；欧盟竞争政策	收入所得税最高税率；财富税

在这样一个时代，降低贫富差距、实现共享繁荣是一个不可能任务吗？沃尔特·沙伊德尔在《不平等社会》一书中指出，有史以来，人类社会总是处于长期持续的不平等状态中，只有突如其来的暴力事件和灾难才能短暂地改变这个趋势。一个世纪前的镀金时代被世界大战和经济大危机所终止，接下来长达半个多世纪的时间里，许多发达国家经历了经济持续增长而贫富差距缩小的过程，但这个

[①] Dani Rodrik and Stephanie Stantcheva, "A Policy Matrix for Inclusive Prosperity", NBER Working Paper 28736, 2021.

短暂的共同繁荣时期在 20 世纪 70 年代末被扭转。在过去 40 年中，几乎所有国家的贫富差距都扩大了。无论是发达国家还是发展中国家，精英阶层从全球化中的获益都远远超过普通民众。全球进入了一个财富高度集中的"新镀金时代"。全球化和技术进步给各国带来了广泛的受益机会，但效率和公平之间的矛盾也更加难以调和。这个矛盾在富国和穷国都同样突出，尽管它们的社会经济环境差异很大。在发达国家，不平等主要反映在前 1% 的超级富豪和 99% 之间的差距；在发展中国家，不平等更多体现为后 40% 人群的贫困问题。

超级企业扩张引起的不仅有民众对贫富差异拉大的担心，还有他们对政府无所作为（或无能为力）的不满。保罗·科利尔认为，焦虑、愤怒、绝望这三种情绪已经动摇了西方国家民众的政治信念、对政府的信任，甚至彼此间的信任。因此，他呼吁重建"伦理国家"、"伦理企业"和"伦理家庭"，认为只有政府和社会致力于共享繁荣和共担责任，才能重建共同信任，避免因陷入偏激的意识形态之争而引起社会分裂。[①]

金融全球化引起的逐底竞争削弱了国家的税收能力，金融危机带来的不安全感却使民众对社会保障的需求更大。这就带来了一个两难困境：依靠财政赤字和举债维持高福利会把国家拖入新的经济危机，削减福利支出又可能引发政治危机。一旦陷入了这样的恶性循环，嵌入式自由主义的国际秩序框架也就难以为继了。无论是加强反垄断、征收财富税，还是"重建伦理国家"，在现实政治面前似乎都只是不切实际的一厢情愿。也许正如皮凯蒂所言，"历史自会开创新的道路，往往就在最出人意料之处"。

---

① Paul Collier, *The Future of Capitalism: Facing the New Anxieties*, Harper, 2019.

第七章
全球化与福利社会

2016年8月,我在瑞典开会期间,走进斯德哥尔摩街头的一个快餐店。一位在店里打工的女大学生同我打了个招呼。当得知我来自上海,她兴奋地告诉我,她的表亲就在上海附近的一家中国汽车企业里工作。我明白,她指的是被民营汽车公司吉利收购的瑞典著名汽车公司沃尔沃。让我困惑的是,为什么这个生在"福利国家天堂"的年轻人会对低福利的发展中国家的工作感兴趣?

第七章 全球化与福利社会

瑞典是西方发达国家中最早建立福利国家的。1934 年，阿尔娃·缪尔达尔（Alva Myrdal）和冈纳·缪尔达尔（Gunnar Myrdal）夫妇出版了《人口问题的危机》一书，被誉为瑞典现代福利国家的宣言书。他们在书中写到，北欧国家，尤其是瑞典，是最具有天然优势进行社会福利国家大胆试验的国家。如果福利国家的试验在北欧都不能成功，那大概也不可能在其他任何国家成功。的确，瑞典拥有的优势是其他国家难以比拟的：长达 150 年的和平时期，没有遭受两次世界大战的破坏，可以生产其他邻邦急需的军民用品的完整的工业体系，单一民族，丰富的水电、森林和铁矿石资源。[1]这本书中提出的福利国家构想蓝图，在欧洲各国二战后的社会重建中变为现实。然而，在 21 世纪的今天，福利国家模式在许多国家却似乎不再受到青睐。

自 20 世纪 80 年代以来，发达国家一直是经济全球化的主导者和推动者，发展中国家则是被动的参与者。发达国家积极推进贸易自由化得益于其强大的产业竞争力和完善的社会保障，因此承受外来竞争冲击的能力远高于发展中国家。[2]但是，2008 年国际金融危机以来，经济全球化的推动力和阻力却发生了逆转：保护主义趋势在发达国家日趋明显，而发展中国家却成为推动贸易自由化的主力。为什么金融危机后发达国家和发展中国家在贸易政策上发生了如此大的差异？

本章认为，发达国家和发展中国家在贸易政策上的巨大反差源

---

[1] Eric Brodin, "Sweden's Welfare State: A Paradise Lost", 1980, https://fee.org/articles/swedens-welfare-state-a-paradise-lost/.
[2] Dani Rodrik, "Sense and Nonsense in Globalization Debate", *Foreign Policy*, Vol. 107, 1997, pp. 19-37.

自国内社会保护能力的此消彼长。全球化加速扩张使国家面临巨大的社会保护压力。金融危机的爆发凸显了各国经济的脆弱性，也使公众对社会保护的需求迅速增加。然而，发达国家和发展中国家在应对这些需求时的能力和手段有较大差异。发达国家的福利水平高但福利制度已高度固化，难以改革以满足不断增加的社会保护需求，只能诉诸保护主义手段来缓解国际市场的冲击。

较之于发达国家，发展中国家总体福利水平较低且福利制度尚未完善。这些劣势在应对金融危机时却显示出更大的韧性。第一，由于福利水平低，福利支出分配有更大的灵活性。事实上，在金融危机后，不少发展中国家都增加了公共福利支出，扩大了社会保障的覆盖面。第二，发展中国家广泛使用开放式的产业政策，有选择性的补贴和扶助产业，有助于弥补社会保障的不足。由于社会保障能力的不断提升，发展中国家因此更有能力和动力去推动贸易自由化。

本章的第一部分介绍国际金融危机后世界贸易政策变化趋势。第二部分分析国家应对经济危机的政策选择。第三部分讨论发达国家社会福利制度变化。第四部分分析发展中国家危机后社会福利制度的变化。

第一节　世界贸易政策变化趋势

自20世纪80年代以来，贸易自由化有利于经济增长的观点得到了绝大多数国家的认同，成为全球化最突出的特点之一。在金融危机前30年的期间，全球贸易增长一直是世界经济增长速度的两倍。[1]尽管拉美和东亚的发展中国家在20世纪80、90年代相继发生过金融危机，引起了关于市场过度开放的争议，但在新自由主义的影响下，全

---

[1] Aqib Aslam, Emine Boz, Eugenio Cerutti, Marcos Poplawski-Ribeiro, and Petia Topalova, "The Slowdown in Global Trade: A Symptom of a Weak Recovery?", *IMF Economic Review*, Vol. 66, No. 3, 2018, pp. 440-479.

球贸易仍然进一步向自由化迈进。然而，这种局面在2008年国际金融危机爆发后发生了逆转。全球贸易总量在2009年发生了断崖式下降，虽然在各国财政刺激政策的干预下短暂反弹，但随后陷入了持续的低迷，2012—2016年间，全球贸易增速同全球经济增速基本持平，改变了"二战"后全球贸易增长一直高于经济增长的态势。

更值得担心的是，贸易保护主义的阴影越来越重。在危机之初，主要发达国家还在呼吁继续开放市场，控制贸易保护主义。然而，随着欧美经济的表现乏力加上紧缩政策的实施，排外的民族主义情绪开始发酵。不少国家出现了极右翼政党的支持率上升甚至成为执政党的情况，保护主义的暗潮最终涌出。[1] 从2009年到2018年，全球一共启动了15000多项贸易干预措施，其中11600项属于贸易保护措施，远远超过近4000项贸易开放措施（参见图7-1）。从变化趋势上看，在金融危机爆发之初，贸易保护措施增长平缓。而到了2013年，也即是危机爆发5年后，贸易保护达到巅峰，而后持续下降，回落到金融危机爆发之初的水平。

发达国家和发展中国家在使用这些贸易干预措施上呈现出不同的趋势。一方面，发达国家实施的贸易保护措施占全球总数的60%，而发展中国家仅占40%。美国是贸易保护手段使用最频繁的国家，2008年以来实施了1600多项贸易保护措施，占全球总数的8%。实施贸易保护措施的前10名国家中，发达国家和发展中国家各占据5席。印度、俄罗斯、阿根廷和巴西也是使用贸易保护手段较多的国家。中国实施的贸易保护措施仅为全球总数的2%，位居第9。另一方面，发展中国家则成为推动贸易自由化的主力。发展中国家实施的贸易开放措施占总数的58%，发达国家仅占42%。巴西、印度、中国占据前三位，占全球总数的13%。美国的贸易开放措施仅占全球总数的3%，是实施贸易开放措施前10名中唯一的发达国家（参

---

[1] BBC, "Europe and Nationalism: A Country-by-Country Guide", September 10, 2018, https://www.bbc.com/news/world-europe-36130006.

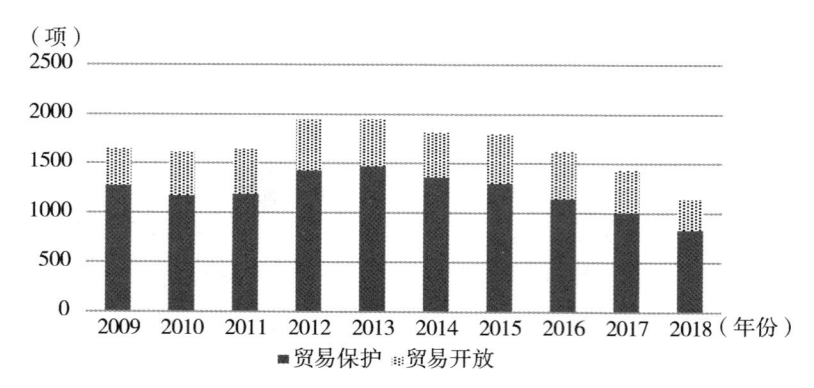

图 7-1　2009—2018 年全球贸易干预措施实施数量

注：贸易保护措施实施的主要领域包括：产业补贴、提高关税、实施临时性贸易保护、政府采购限制，以及贸易相关的投资措施等。贸易开放措施实施的主要领域包括：降低关税、取消许可证、放松外资、移民、价格保护限制等。

资料来源：Global Trade Alert，https：//www.globaltradealert.org/global_dynamics。

见表 7-1）。从贸易干预的方式来看，发达国家和发展中国家的关税水平都没有明显变化，但补贴、临时性贸易保护、政府采购限制等非关税壁垒成了贸易保护的主要方式。[①]

表 7-1　　　　2009—2018 年实施贸易干预措施的主要国家

（单位：干预政策次数）

国家	贸易保护	份额	国家	贸易开放	份额
发达国家	11664	60%	发达国家	3542	42%
发展中国家	7927	40%	发展中国家	4826	58%
美国	1647	8%	巴西	475	6%

---

① UNCTAD, "International Trade after the Economic Crisis：Challenges and New Opportunities", 2010.

续表

国家	贸易保护	份额	国家	贸易开放	份额
德国	1208	6%	印度	367	4%
印度	905	5%	中国	289	3%
俄罗斯	650	3%	美国	261	3%
巴西	625	3%	俄罗斯	258	3%
阿根廷	587	3%	印度尼西亚	206	2%
日本	493	3%	阿根廷	182	2%
英国	454	2%	哈萨克斯坦	177	2%
中国	443	2%	白俄罗斯	169	2%
瑞士	399	2%	马来西亚	149	2%

注：有些贸易干预措施可能会被重复计算。如果一项措施同时具有贸易保护和开放的性质，就会在贸易保护和贸易开放手段上都有记录。因此，贸易保护和贸易开放手段的总数超过了贸易干预措施的数量。

资料来源：根据"全球贸易预警"（Global Trade Alert）网站的数据整理，https://www.globaltradealert.org/global_dynamics。

第二节　国家应对经济危机的政策选择

为什么国际金融危机后发展中国家比发达国家更倾向于推动贸易自由化？一种解释认为，随着全球化的深入，大多数发展中国家采取了出口导向型的经济战略，对国际市场的依赖程度显著提高。在深度融入全球价值链的情况下，发展中国家实施贸易保护可能对本国产业造成更大的损害，因此更有动力单方面降低关税，推进贸易自由化。[①] 20世纪90年代亚洲金融危机后，危机国家都大幅降低关税，签署了更多的自由贸易协定，进一步开放

---

① Richard Baldwin, "Unilateral Tariff Liberalization", *The International Economy*, Vol. 14, 2010, pp. 10-43.

国内市场。① 另一种解释则聚焦于国内政治和利益集团。金融危机的爆发可能会增强支持开放的利益集团的力量，同时削弱反对开放的利益集团力量。的确，许多发展中国家在遭受了国际支付危机后反而选择了进一步的金融和贸易市场开放，正是因为危机扫清了阻碍市场开放的障碍。② 这些观点尽管可以解释为什么某些发展中国家在经历危机后会继续开放市场，但却无法解释全球金融危机以来发达国家和发展中国家之间在贸易政策上的巨大反差。

一 贸易政策

彼得·古勒维奇（Peter Gourevitch）发现，在欧美资本主义国家经历的三次经济危机时期（1873—1896年、1929—1933年、1970年代中期），国家的应对政策主要可以分为五种，分别是：进一步开放的自由主义，政府控制和计划的社会主义，限制外来竞争的保护主义，增加投资的需求刺激，以及强调出口的重商主义。③ 从贸易政策来说，这些危机反应基本分为保护和开放两类。一类是采取保护主义手段限制进口，减少对国内市场和特定行业的冲击。另一类是进一步开放市场，通过增加出口来改善国际收支。

如果经济危机是由国际收支失衡、外债负担过高等外部原因所致，调整贸易政策就成了必要的应对手段。一种选择是采取贸易保护政策，通过提高关税和非关税壁垒限制进口，减少外汇流出，保护国内产业，扭转国际收支不平衡局面。另一种选择是进一步开放

---

① Bijit Bora and Inge Nora Neufeld, *Tariffs and the East Asian Financial Crisis*, Paris: United Nations Conference on Trade and Development, 2001.
② Stephan Haggard and Salvia Maxfield, "The Political Economy of Financial Internationalization in the Developing World", *International Organization*, Vol. 50, No. 01, 1996, p. 35.
③ Peter Gourevitch, *Politics in Hard Times: Comparative Responses to International Economic Crisis*, Ithaca: Cornell University Press, 1986.

市场,通过扩大出口来增加外汇收入,从而实现国际收支平衡。贸易保护政策主要是对从自由贸易中受到损失的行业和企业进行保护和补贴。而开放市场政策则是利用经济危机削弱阻碍改革的利益集团,推动进一步贸易自由化。

国家会在什么情况下选择贸易保护?经济学家普遍认为自由贸易能通过专业分工提高生产效率从而给所有参与国都带来好处,但贸易收益和成本的分配在国家内部却是不均衡的,由此也产生了自由贸易的支持者和反对者。一般认为,出口行业从贸易中获益较大,倾向于支持自由贸易,而进口替代行业面临国际竞争者的挑战,倾向于反对自由贸易。经济危机的出现,通常会伴随着国际收支恶化,从而加深自由贸易的支持者和反对者之间的对立。一方面,出口企业希望扩大开放而增加出口;另一方面,进口替代企业希望使用贸易保护政策来保障其国内市场份额。自由贸易支持者和反对者之间的博弈将影响政府在贸易政策上的选择。[1]

贸易保护手段也可分为积极性保护手段和消极性保护手段。如果经济危机的波及面较小,政府可能会采用积极性保护手段,一方面通过增加补贴的方式对主要损失行业进行补贴;另一方面通过进一步的自由化措施来吸引更多的外资,增加出口,以改善国际收支状况。但是,如果经济危机波及面大,产生了大量失业人口,政府无法继续实施定向补贴,不同利益集团就可能游说政府对国内行业和市场进行消极性保护,同时在政治上支持限制自由贸易的政客。[2] 从历史上看,保护主义通常在经济危机后盛行。在 20 世纪 30 年代

---

[1] Gene Grossman and Elhanan Helpman, "Protection for Sale", *American Economic Review*, Vol. 84, No. 4, 1984, pp. 833-850; James Alt, Jeffrey Frieden, Michael Gilligan, Dani Rodrik, and Ronald Rogowski, "The Political Economy of International Trade: Enduring Puzzles and an Agenda for Inquiry", *Comparative Political Studies*, Vol. 29, No. 6, 1996, pp. 689-717.

[2] Itano Colantone and Piero Stanig, "The Trade Origins of Economic Nationalism: Import Competition and Voting Behavior in Western Europe", *American Journal of Political Science*, Vol. 62, No. 4, 2018, pp. 936-953.

的"大萧条"时期,美国通过了《斯姆特霍利关税法》(*Smoot-Hawley Tariff Act*),大幅提高了上千种进口商品的关税,由此引发了各国之间的贸易战。各国筑起贸易保护的高墙,导致国际贸易急速萎缩而加剧了危机。全球贸易出现了断崖式的下跌,贸易总量在短短三年时间萎缩了三分之二。①

二 社会政策

经济危机不仅会引起对外贸易政策上的调整,也会推动国内社会政策的改革。危机往往会导致旧的经济社会关系破裂,同时也为建立新的社会经济关系提供了动力。卡尔·波兰尼的经典著作《大转型》揭示了市场机制与社会机制之间的关系:自由市场的运行不可能独立于社会制度,而必须是相互嵌入的双向运动(double movement)。②市场整合力量最强大的时候,正是社会保障需求最大的时候。而一旦市场力量与社会政策脱节,资本扩张的进程就将中断,社会就会陷入动荡和衰退。欧洲持续百年的经济繁荣局面因为一战的爆发而中断,并陷入了长达30年的危机和战乱。这个看似偶然的危机其实是市场机制过度扩张的必然产物。一方面,资本的扩张要求打破国家的界限,整合全球市场;另一方面,市场开放的冲击会让个人生活变得更脆弱,对社会保护的需求更大,势必要求政府发挥更大的保护和救助作用。波兰尼的理论指出了全球化的悖论。全球化的扩张如同一个不断拉伸的橡皮筋。拉得越长就绷得越紧,最后结果不是弹回就是断裂。

市场和社会的"双向运动"意味着经济危机是难以避免的,但国家如何应对经济危机却是充满变数的。一方面,国家在应对经济

---

① Charles Kindleberger, *Manias, Panics, and Crashes: A History of Financial Crises.* Hoboken, NJ: John Wiley & Sons, Inc., 2005.

② [英]卡尔·波兰尼:《巨变:当代政治与经济的起源》,黄树民译,社会科学文献出版社2013年版。

危机时既要考虑短期目标,也要考虑长期目标。在经济危机爆发初期,政府的应对通常是被动式的,通常采用反周期的财政刺激政策以避免危机蔓延,稳定市场信心。在经济危机的持续期,政府面对修复市场与社会关系的长期目标,则需要在对外贸易政策和对内社会政策上做出选择。另一方面,国家在应对经济危机时既受到资源和能力的限制,也受到国内政治经济结构的影响。

2008年的国际金融危机前,发达国家面临着同"大萧条"前相似的局面:市场与社会关系严重脱节,其重要表现就是国内收入差距到了自20世纪80年代以来的最高水平。收入最高的10%和最低的10%人口之间的收入差距从7倍扩大到了9.5倍。[1] 在危机的冲击下,公众的不满情绪上升转化成要求变革的政治诉求。经济危机的爆发通常也会迫使政府回应民众的需求,重树市场与社会的关系。除了在贸易政策上的选择,国家也必须在社会政策上做出回应。社会政策和贸易政策的选择并不是完全独立的,而是相互关联的。国家在社会政策上的应对手段会影响到在贸易政策上的选择,反之亦然。

在波兰尼看来,自由市场和社会保障似乎是完全对立的两种机制,社会保障是对市场力量过于强大的被动反应。因此,政府会在经济危机发生时大幅增加社会福利支出来缓解外部经济冲击。按照这种观点,现代福利国家的兴起正是市场力量过大后导致的反向运动。两次世界大战给西方国家造成了巨大创伤,对战争和危机的恐惧使公众强烈希望政府能在复苏经济和保障民生方面发挥更大作用。工会力量也不断强大,在同资本家的谈判中逐渐占据上风,从而使工人的福利保障水平显著提高。与此同时,发达国家的经济迅速复苏并持续增长,到了20世纪50年代,关注重点开始转向财富分配。

但是,另一些学者则认为,福利国家并非只是波兰尼所说的面对现代资本主义的"保护性反应",其本身就是现代资本主义的核心

---

[1] Brian Keeley, *Income Inequality: the Gap between Rich and Poor*, OECD Insights, Paris: OECD Publishing, 2015, p.32.

组成部分。①约翰·鲁杰（John Ruggie）提出了"嵌入式自由主义"（embedded liberalism）的概念，解释了二战后的发达国家的经济体制，即国内政治中追求实现工业化、充分就业、社会福利，而在国际政治中则反映了基于协调的自由多边主义。② 换句话说，对内福利保障和对外市场开放是相互促进的。自由主义建立的基础不是小政府大市场的新自由主义。恰恰相反，只有在具备良好的福利制度的情况下，公众才会更支持经济全球化。如果国内福利保障不足，就会后院起火，公众对全球化的态度也会趋于负面。因此，自由主义和福利国家是一个相辅相成的关系，而不是一对矛盾体。

从这个角度来看，福利国家是社会结构发展中必然产生的结果。一方面，工业化发展摧毁了前工业化时代以家庭、教堂、行会等传统的生产组织方式，而市场本身又无法承担社会保障的功能，因此必须更加依赖政府提供福利保障；另一方面，现代官僚体制以其更高效的组织形式使得广泛的社会福利分配成为可能。社会福利是一个旨在降低社会贫富差距的转移支付过程。富人承担大部分福利政策的成本，穷人享受更多福利政策的利益。在没有一个强大的国家机器的情况下，政府的征税能力和分配能力都会受到很大限制，很难在全国范围内推广高福利政策。而只有现代高效的官僚制度，具备强大的税收能力，才能解决集体行动问题，建立覆盖全民的福利国家。

福利国家的概念有广义和狭义之分。广义的"福利国家"一词是一个涵盖广泛的概念，既包括不同类型的政府干预（如转移支付、社会服务、监管等），也包括政府干预的对象（低收入人群、退休人群、全体公民等）。而狭义的福利国家则主要包括政府的社会保障功能。其中，医疗、养老和劳工政策是最为重要的福利政策。医疗和

---

① Evelyne Huber and John Stephens, *Development and Crisis of the Welfare State: Parties and Policies in Global Market*, Chicago: University of Chicago Press, 2001.
② John Ruggie, "International Regimes, Transactions, and Change: Embedded Liberalism in the Postwar Economic Order", *International Organization*, Vol. 36, No. 2, 1982, pp. 379-415.

养老是发达国家社会福利支出中最大的两部分,也是国内政治冲突和争夺的主要领域。

但是,并非所有国家都有能力建立广泛覆盖充分保护的福利制度。尤其是当经济危机出现时,政府会面临保护需求剧增而保障资源不足的矛盾,需要在社会保障和贸易保护之间寻找平衡点。如果社会保障整体水平较高,政府刚性的福利支出很大,调整福利制度的灵活性小。在财政资源不足的情况下,政府无法增加公共开支以提高社会的整体保障水平,只能通过限制进口等贸易保护措施来减少外部冲击。

如果社会保障整体水平较低,刚性福利支出相对较少,政府可以有一定的灵活性对公共开支项目的优先性进行组合,并采用多样化的福利保障方式。对特定行业进行补贴和扶助,是在不增加财政支出的情况下的理性政策选择。[1] 尽管这种补贴的做法曾经被称为"新保护主义",[2]但其同限制进口的关税和配额等措施有不小区别。此外,政府也可以采用公私合作的方式来提供社会保障,从而减轻政府面临的财政压力和政治压力。

总之,经济危机造成的内外压力会让发达国家和发展中国家都面临平衡贸易政策和社会政策的抉择。国家在贸易政策上的倾向在很大程度上受其在社会政策上的变化所影响。社会保障的提升会让国家更倾向于选择贸易开放,而社会保障的降低会让国家更可能选择贸易保护。

第三节 发达国家的社会福利制度变化

现代福利国家制度正是发达国家为解决经济危机造成的市场与

---

[1] Stephanie Rickard, "Welfare versus Subsidies: Governmental Spending Decisions in an Era of Globalization", *Journal of Politics*, Vol. 74, No. 4, 2012, pp. 1171–1183.

[2] Melvyn Crauss, *The New Protectionism: The Welfare State and International Trade*, New York: New York University Press, 1978.

社会发展脱节的产物。在经历了20世纪上半期的两次世界大战和经济大萧条后，发达国家左翼势力迅速增强。他们希望通过政府的积极干预来降低分配不均和扩大社会保障。战后西欧普遍推行的民主普选制赋予了公民广泛的政治权利，成为推动福利国家形成的重要因素。1945年，英国民众对社会改革的普遍期望使工党赢得了大选。随后在艾德礼首相的推动下，以全民就业为目标，对主要产业进行了国有化，并建立了国民保健署（NHS），兑现了建立福利国家的承诺。其他欧洲国家也在民主政治和经济复苏的推动下，扩大了社会保障的覆盖面，走上了现代福利国家的道路。

一 社会福利制度的改革与分化

随着全球化的起伏，市场力量和政府干预之间的关系也在发生变化。20世纪70年代，正当福利国家处于鼎盛时期，石油危机引发了发达国家经济的"滞涨"，高福利成了经济发展的障碍。深陷债务危机的国家开始认识到高福利给经济发展带来的负担。福利国家的理念受到了批评和质疑，认为高福利导致了高失业率，也降低了国家在全球经济中的竞争力。人口结构的变化也对福利国家影响很大。在人口老龄化的趋势下，维持丰厚的养老金制度给政府财政造成了极大的压力。此外，欧盟一体化的推进让高赤字、高债务的国家面临削减财政支出的压力。几乎所有的发达国家都需要靠借债来弥补公共开支的不足。[①]

从20世纪70年代末开始，发达国家开始对战后高增长时期形成的社会福利体制进行改革。这些改革并非单纯削减福利支出，而主要是通过引入更多的福利提供商来增加竞争，改变政府作为福利提供的唯一承担者的局面，改善福利提供的效率和效果。为了补充财政收入以满足福利支出的需要，发达国家对大量的国有资产和国

---

① Armin Schafer and Wolfgang Streeck, *Politics in the Age of Austerity*, Cambridge UK: Polity Press, 2013.

有企业进行私有化。为了给国内企业创造更多的增长机会,发达国家放松了对贸易和资本跨国流动的管制。资本开始从发达国家大量流向经济发展更快的发展中国家。改革的另一个突出的领域是劳动力市场。从20世纪70年代末开始,劳资关系发生了重大变化。尤其是在美国,工会组织的力量不断减弱。工会会员的比例从1953年的最高点35.7%逐渐下降到1979年的24%,到2012年则低到11.2%,甚至低于1929年大萧条前的水平。[1]工会力量的削弱使工人同资本家的谈判能力迅速下降。面临高失业率的压力,引入灵活的市场化的劳动力政策是许多国家的选择。对劳工的直接保护减少了,而对劳工的培训支出却增加了。养老方面的改革主要表现为提高退休年龄,将定额退休金变成根据缴纳情况按比例领取。在医疗方面,医疗机构的私有化和医疗保险的个体化是改革的主要方向。随着金融资本的加速流动和信息技术的突飞猛进,全球化进程在广度和深度上都达到了前所未有的水平。福利社会和自由贸易的同时兴起似乎意味着波兰尼所担心的市场与社会脱节并没有出现。

事实上,发达国家的福利制度差别很大。艾斯平-安德森(Gosta Esping-Andersen)将福利国家分为三类。第一类是以美国和英国为代表的自由民主福利国家,政府仅为低收入人群提供有限度的社会保障,而大多数的居民则需要通过市场化机制来购买社会保障;社会福利对减少贫富差距影响较小。第二类是以德国、奥地利为代表的基督教民主福利国家,政府作为社会福利的主要提供者,但福利分配具有很强的维护传统的家庭和教会组织的特点,对缩小贫富差距的影响比自由民主福利国家大。第三类是以北欧国家为代表的社会民主福利国家。政府通过提供社会福利以实现社会分配的高度公平。[2]社会民主和基督

---

[1] David Kotz, *The Rise and Fall of Neoliberal Capitalism*, Cambridge: Harvard University Press, 2015.

[2] Gosta Esping-Andersen, *The Three Worlds of Welfare Capitalism*, Cambridge: Polity Press, 1990.

教民主福利国家最大的区别在于，前者的社会福利分配是为了增加个人的独立性，而不是强调对家庭和教会的依赖性。以美国为例，如果只比较公共社会支出占GDP的比例，美国在发达国家中排名较低，但其总社会支出占GDP的比重却在OECD国家中排在第二位，说明企业和个人直接承担了相当比例的福利支出。[1]

在艾斯平-安德森的分析框架基础上，彼得·霍尔（Peter Hall）和大卫·索斯克斯（David Soskice）提出了"资本主义多样性"（varieties of capitalism）的概念。[2]他们认为，发达资本主义国家可以分为自由市场经济（LME）和协调市场经济（CME）两类。前一类的代表是英国和美国，后一类的代表是欧洲大陆国家。[3] 同以往的以国民经济整体作为比较单位的研究相比，"资本主义多样性"的框架有两个突出的特点：第一，将作为经济生产和雇佣单位的企业作为制度分析的中心，对不同资本主义国家的劳资关系、福利制度、融资方式等进行系统比较；第二，制度分析的核心是协调方式。在市场资本主义经济中，企业主要依靠市场机制来协调同其他行为体的关系，而在协调资本主义经济中，企业则是主要依靠非市场机制的战略协调。这些分析说明，全球化并没有让制度类型和发展水平差异很大的国家趋同，而是继续保持着多样性。同时，在发达资本主义国家当中，并不存在最优制度和政策，而是存在"比较制度优势"。自由市场经济的制度特性有利于突破性创新，而协调市场经济的制度优势在累积性发展和改进成熟产品和生产过程。比如，美国的技术创新集中在生物科技、通信、电子等需要突破创新的领域，而德国的技术创新则集中在交通、机械工程等需要渐进创新的领域。

---

[1] OECD, Social Expenditure Update, November 2014, https://www.oecd.org/els/soc/OECD2014-SocialExpenditure_ Update19Nov_ Rev. pdf.

[2] Peter Hall and David Soskice (Eds.), *Varieties of Capitalism: The Institutional Foundations of Comparative Advantage*, New York: Oxford University Press, 2001.

[3] Ibid, 2001.

福利国家改革和新自由主义兴起大致是同时开始的，因此其中的因果关系很难厘清。福利国家的改革是面对经济滞涨时的被迫选择，而新自由主义也是在凯恩斯主义政策失效后兴起的。受新自由主义的影响，各国纷纷减少贸易壁垒，寻求扩大海外市场以缓解国内的社会压力。商品和资本的加速跨国流动带来了新一轮的全球化。

二 福利社会的长期性紧缩

新自由主义在20世纪90年代达到了鼎盛，但全球化的推进并没有缓解福利国家的压力，反而造成了市场与社会力量的加速脱节。在《福利国家的新政治学》一书中，保罗·皮尔森（Paul Pierson）断言："我们显然已经进入了紧缩的新时期。这个时期将持续很长，注定会产生深度的社会焦虑和痛苦的调整。"[①] 造成这个长期紧缩的原因来自两方面。一方面，发达国家经历了去工业化的结构调整，导致就业创造能力下降，长期失业增加。由于经济增长放慢，政府财政收入减少，只能通过增税来维持高福利政策。但在资本全球流动的时代，对资本增税将导致资本的外流，结果将进一步减少政府的征税基础。而对普通民众增税则会遭致民众的反对。而且，新自由主义倡导的放松监管对高就业保护的国家造成了很大压力。这个困境似乎是无法突破的。而另一方面，福利制度的饱和与人口老龄化导致享受福利制度的人口基数扩大，福利支出需求持续增长。

如何解决这个长期性紧缩的局面呢？在克林顿政府的引导下，发达国家对福利制度实施了进一步的市场化改革，一方面进行更多的私有化，另一方面削减了公共福利支出，同时希望利用冷战结束产生的"和平红利"来缓解财政紧张的局面。这些组合政策收到了一些效果。美国在克林顿政府后期甚至实现了财政盈余。

---

① Paul Pierson, *The New Politics of the Welfare State*, Princeton: Princeton University Press, 2001, p. 1.

然而，全球化的加速推进也让市场开放和社会保障之间的关系变得更不确定，以至于"全球化是否会导致各国的政策趋同？"的问题成了争论的热点。① 这一问题有三种可能答案：第一种可能是逐底竞争的趋同（race to the bottom），即面对高快速流动的国际资本，政府放松政府监管、降低贸易壁垒以吸引资本流入。第二种可能是登顶竞争的趋同（race to the top），即面对公众对安全感的需求增加，政府强化社会保障，增加社会福利以减轻全球化对社会结构造成的冲击。第三种可能则是更加多元化的应对方式。丹尼·罗德里克认为经济全球化会不可避免地对社会整合造成冲击。而各国政府对这些冲击的应对方式无非两种：一种是"膝跳反应"式的贸易保护政策；另一种则需要政府在开放市场和提供社会保障中找到平衡，既能享受经济全球化的红利，又能保护受到全球化伤害的输家。但是，由于资本的高流动性，政府很难对资本多征税，而只能通过提高收入所得税的做法来提供更多的社会保障。但这种做法又会进一步加剧普通民众的负担。②

统计数据显示，从 1980 年到 2015 年，经合组织（OECD）国家平均社会支出占 GDP 的比例从 15%增加到 21%。③ OECD 成员国的医疗、教育、社会服务等社会福利通常分别占其国家 GDP 的 6%、6%和 2%。在医疗和社会服务行业工作的人占到了总就业人口的 10%左右。④ 这些指标似乎说明全球化导致了"登顶竞争"式的趋同。全球化带来的不安全感导致国内公众寻求政府补偿的压力更大，福利国家的规模继续扩大。贸易和金融全球化使国内经济更容易受到外

---

① Layna Mosley, *Global Capital and National Governments*, New York: Cambridge University Press, 2003; Nita Rudra, *Globalization and the Race to the Bottom in Developing Countries: Who Really Gets Hurt?*, New York: Cambridge University Press, 2008.

② Dani Rodrik, *Has Globalization Gone too Far?*, Washington, D.C.: Peterson Institute of International Economics, 1997.

③ OECD Social Expenditure Database, https://www.oecd.org/social/expenditure.htm.

④ Jane Gingrich, *Making Markets in the Welfare State: The Politics of Varying Market Reforms*, New York: Cambridge University Press, 2011.

部冲击，从而给劳工带来更大的不安全感。而不安全感会激发劳工采取集体行动，要求政府增加社会支出，降低劳工的就业风险。

但是，发达国家社会支出的增加并没有抑制住日益扩大的贫富差距。从1988年到2008年是新自由主义最盛行的二十年，发达国家处于下中产阶级的广大人群收入几乎没有增长，成了全球化时代最大的失败者。而处于收入顶端的1%的富人的收入增长幅度超过了社会的其他阶层，在美国更是达到了历史的顶峰。从1979年到2007年，最富的1%同其余99%的收入差距增加了3倍。[1] 这个结果基本证明了罗德里克的担心：在全球化时代，由于资本的跨国避税能力更强，各国政府不得不更多地依靠收入所得税而不是资本利得税来支撑福利支出，工薪阶层的税务负担更重，从而拉大了贫富差距。

在不同类型的福利国家，贫富差距都有逐步扩大的趋势。图7-2显示，即使经过福利制度的收入再分配，三类福利国家整体的收入差距仍然都在拉大。福利制度的再分配效应在"社会民主福利国家"的瑞典最强，体现为最低的分配后基尼系数，"基督教民主福利国家"的德国次之，而在"自由民主福利国家"的美国最弱。

国际金融危机让发达国家的福利制度更难以维持。首先，金融危机导致了发达国家经济增长减速、财政赤字增加、失业率上升。从金融危机爆发前10年（1999—2008年）到爆发后5年（2009—2013年），OECD国家的经济增长从2.5%降到1.0%，财政赤字从GDP的2.3%增加到6.7%，失业率从6.4%上升到8.1%。[2] OECD国家的公共债务占GDP的平均比例从2008年的80%上升到2015年的

---

[1] Branco Milanovic, *Global Inequality: A New Approach for the Age of Globalization*, Cambridge: Harvard University Press, 2016.
[2] OECD, "OECD Economic Outlook 2011/2", p. 11; 2009—2013年的平均水平根据其中Table 1.1中数据计算。

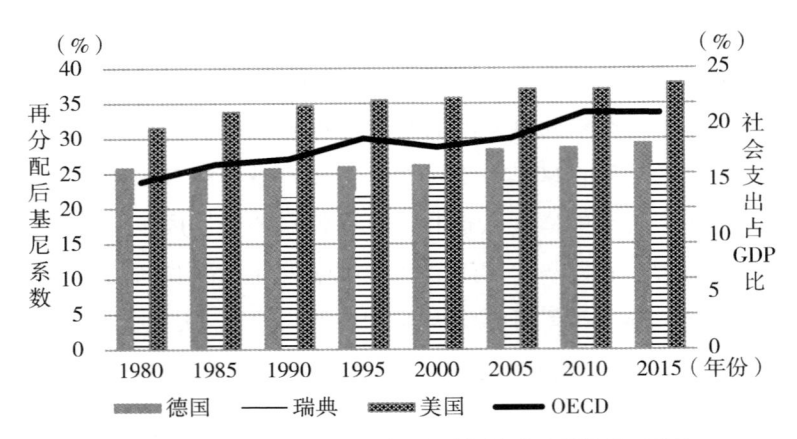

图7-2　1980—2015年三种类型福利国家收入差距水平比较

资料来源：The Standardized World Income Inequality Database (SWIID), https://fsolt.org/swiid/; OECD Social Expenditure Database https://www.oecd.org/social/expenditure.htm。

113%。①陷入危机的国家面临两难局面：一方面，摆脱危机需要削减预算，减少财政赤字；另一方面，政府面对更大的社会压力，需要扩大失业保护。这种两难局面对现有的福利制度造成极大冲击，甚至难以维系。其次，金融危机对不同社会阶层影响不同，加大不同政治派别的分歧，加剧社会分裂局面。在欧洲，由于反移民、反国际主义的右翼民粹主义抬头，中左联盟在德、法、意、荷、捷等国的选举中溃败，从而对现行政策以及背后的政治平衡都产生极大压力。② 最后，金融危机暴露了新自由主义体系的几个根本缺陷——社会分配严重不均、资产泡沫过大、过度金融投机，导致了新自由

---

① Global Finance Magazine, "Percentage of Public Finance Around the World", October 31, 2015, https://www.gfmag.com/global-data/economic-data/public-debt-percentage-gdp?page=2.

② William Galston, "The Rise of European Populism and the Collapse of the Center-Left," Brookings Institution, 2018.

主义理念在全球范围衰落。①

在经济危机的压力下,不同类型的福利国家采取了不同的应对措施,而这些应对措施也受到了国内的党派政治的影响。通常认为,福利水平更高的国家受到的冲击更大,因为维持福利支出的压力更大。但事实上,金融危机对自由市场经济国家(LME)的冲击比协调市场经济国家(CME)更大。因为前者的经济增长一方面主要靠消费拉动,经济危机下的消费大幅减少导致政府财政收入缩水,无法提供足够的福利保护。政府通常采用扩大财政支出刺激消费,但失业率却不断攀升。而协调市场经济国家的经济增长主要依靠竞争力提升的出口增长驱动。政府对金融危机的应对措施主要是通过补贴来尽量维持现有就业机会,福利制度受到的影响相对较小。另一方面则依靠私人部门来承担更多的社会保障。北欧国家和德国等协调市场经济国家的危机应对就比英美等自由市场经济国家更为有效。② 此外,协调市场经济国家也比自由市场经济国家更能有效利用市场机制来分担政府的社会保障负担。③

传统上看,党派政治在发达国家的福利政策中扮演了重要角色。但是,在经济持续低迷,政府收入减少、债务负担加剧的情况下,党派政治没有太多的政策选择。维持福利制度的压力如此巨大。以至于无论是左翼还是右翼政党执政,福利制度改革和削减一直是重要议题,由此导致福利政策中的党派差距缩小。右翼政党希望通过市场化改革削减整体福利水平,而左翼政党则希望在维持福利水平

---

① David Kotz, *The Rise and Fall of Neoliberal Capitalism*, Cambridge: Harvard University Press, 2015.

② Peter Hall, "The Political Origins of Our Economic Discontents: Contemporary Adjustment Problems in Historical Perspective", in Miles Kahler and David Lake (Eds.), *Politics in the New Hard Times: The Great Recession in Comparative Perspective*, Ithaca: Cornell University Press, 2013.

③ John Campbell and John Hall, "Small States, Nationalism and Institutional Capacities: An Explanation of the Difference in Response of Ireland and Denmark to the Financial Crisis", *European Journal of Sociology*, Vol. 56, No. 1, 2015, pp. 143-174.

不变的前提下,引入市场化竞争机制,增加消费者的选择空间,以提高福利政策的实施效率。①

任何的改革都会动既得利益者的奶酪。即使是在应对危机相对成功的福利国家,社会分配的矛盾也在进一步加大。由于社会福利开支需求很大,政策执行往往会陷入资金不足的窘境,更可能引起民众的不满情绪。几乎在所有的发达国家,富裕阶层都比中下阶层的收入增长迅速,中产阶级受到的冲击最大。2005—2014 年,25 个发达国家中 65%—70%的家庭(5.4 亿—5.8 亿人)实际收入出现停滞或下降。②中产阶级是福利国家最重要的支持者,他们的财富缩水严重动摇了福利国家的再分配机制。持续增加的福利支出和不断拉大的贫富差距意味着现行的福利制度已难以为社会提供安全阀以抵御市场化力量的冲击。对福利国家的争论焦点不再是关于市场调节和政府协调之间的模式之争,而是变成了福利国家是否能够成功转型的问题。一种观点认为应该放弃新自由主义,回归到凯恩斯主义,加强政府干预,减少市场失灵对社会分配的冲击;另一种观点则认为应该进一步市场化,用私有化手段来提高福利政策的效率。③

二战后出现的发达福利国家是市场开放和社会保障平衡的结果。但随着全球化的推进,这个平衡却逐渐发生了倾斜。当发达国家经济增长减速之后,福利制度却在惯性地自我扩张,因此加剧了政府的财政负担,进一步拖累了经济的增长。经济危机的爆发让福利制度的供求更加失衡。一方面社会保障需求迅速上升,另一方面政府的财政能力持续下降,社会保障无法为继续推进自由化保驾护航,

---

① Evelyne Huber and John Stephens, *Development and Crisis of the Welfare State: Parties and Policies in Global Market*, Chicago: University of Chicago Press, 2001, p. 221.

② McKinsey Global Institute, "Poorer than Their Parents? Flat or Falling Incomes in Advanced Economies", 2016.

③ Peter Hall, "The Political Origins of Our Economic Discontents: Contemporary Adjustment Problems in Historical Perspective", in Miles Kahler and David Lake (Eds.), *Politics in the New Hard Times: The Great Recession in Comparative Perspective*, Ithaca: Cornell University Press, 2013.

"嵌入式自由主义"自然就没有了附着的空间。民众的不满因此转化为政府的大规模保护主义政策。有意思的是，在国际金融危机爆发后，鲁杰再次提出，拯救全球化的不是新自由主义的意识形态，而是需要重新回归"嵌入式自由主义"，为国际市场的扩张注入社会合法性，以平衡国际市场扩张的收益和成本。[1]但是，这一愿望，已经随着特朗普上台和英国脱欧等一系列事件的发生变得难以实现。发达国家最终放弃了自己缔造的新自由主义框架。

第四节 发展中国家的社会福利制度变化

当"嵌入式自由主义"的观点大行其道时，发展中国家的福利制度并没有受到多少关注。的确，全球化是由发达国家所主导，被动参与的发展中国家市场开放程度不高，社会福利水平低且覆盖面窄。在国际金融危机前，发达国家的养老金支出占GDP的平均比例为9.3%，覆盖了91%的人口，发展中国家的平均比例为2.2%，仅覆盖了20%的人口。[2]虽然距离发达国家的社会福利支出差距很大，但发展中福利国家的概念开始出现，呈现出三种主要模式。第一种是生产型福利国家（productive welfare state），以东亚国家为代表，政府在社会保障上的投入较少，而在教育和医疗等方面投入较大，主要通过市场化手段来提升劳动力的竞争力。第二种是以印度为代表的保护型福利国家（protective welfare state），主要依靠大量的公共部门就业和对正式劳动力市场的保护来实现。第三种是以巴西为代表的混合模式，对城市中产阶级有较好的社会保障网，但却把农民

---

[1] Rawl Abdelal and John Ruggie, "The Principles of Embedded Liberalism: Social Legitimacy and Global Capitalism", In *New Perspectives on Regulation*, edited by David Moss and John Cisternino, Cambridge, MA: Tobin Project, 2009, pp. 151-162.

[2] Naren Prasad and Megan Gerecke, "Social Security Spending in Times of Crisis", *Global Social Policy*, Vol. 10, No. 2, 2010, pp. 218-247.

和非正式部门的工人排除在外。①

发展中国家在20世纪最后20年相继遭遇了经济危机的打击，社会保护压力陡然增大。危机也让发展中国家逐渐走出以经济增长为中心的发展模式，重新考虑经济增长和社会保障的平衡发展。亚洲国家在经历了1997年金融危机后，政府显著加大了在社会保障方面的投入，公共社会福利支出占GDP的比例从2000年的3%增加到2014年的4.8%。②而在拉美和东欧，由于经济表现不佳，政府财政能力有限，难以依靠公共资金维持传统的社会保障，只能通过调整政府支出的优先顺序来应对社会保障的需要，因此将一部分由政府承担的福利（如养老金）推向了市场，而把公共资金重点用于扶贫减困。

2008年国际金融危机进一步推动了发展中国家的社会福利政策变革。在危机爆发的初期（2008—2009年），各国普遍利用增加公共投入、扩大社会保障的方式来应对危机，目标是稳定民心，防止危机进一步蔓延。至少有48个国家提出了财政刺激计划，总金额高达2.4万亿美元。③ 无论是发达国家还是发展中国家，社会支出占GDP的比例总体上都呈现出上升趋势。OECD国家的社会支出从2007年占GDP的19%上升到2012年的21%，之后则大致稳定在这一水平。④发展中国家的社会保障支出增长更快，2008—2016年达到5.8%的年均增长率，为发达国家的4倍多（见表7-2）。根据亚洲

---

① Stephan Haggard and Robert Kaufman, *Development, Democracy, and Welfare States: Latin America, East Asia, and East Europe*, Princeton: Princeton University Press, 2008; Nita Rudra, *Globalization and the Race to the Bottom in Developing Countries: Who Really Gets Hurt?*, New York: Cambridge University Press, 2008.

② OECD, "A Decade of Social Protection Development in Selected Asian Countries", 2017, p. 55.

③ International Labor Organization, "World Social Protection Report: Building Economic Recovery, Inclusive Development and Social Justice", 2015.

④ OECD, "A Decade of Social Protection Development in Selected Asian Countries", 2017.

开发银行的统计,从 2005 年到 2012 年,亚洲大部分发展中国家的社会保护指标(SPI)都上升了,其中以中国、蒙古国、柬埔寨、越南、尼泊尔、菲律宾等国的增长最显著。①

表 7-2　　　　金融危机后国家社会保障支出变化情况　　　(单位:%)

	2008年	2009年	2010年	2011年	2012年	2013年	2014年	2015年	2016年	年均增长
发达国家	**3.9**	**5.2**	**1.6**	**-1.1**	**-0.4**	**0.9**	**0.5**	**0.9**	**1.5**	**1.4**
发展中国家	**10.0**	**8.4**	**6.3**	**5.3**	**7.4**	**5.1**	**3.2**	**3.0**	**3.5**	**5.8**
东亚	9.9	10.8	7.3	5.6	9.8	5.9	3.0	1.6	2.6	6.3
东欧及中亚	14.7	3.3	2.7	3.9	5.2	5.2	3.2	3.6	3.7	5.1
拉美	6.9	7.1	3.4	7.2	4.7	5.4	2.1	2.5	3.2	4.7
中东、北非	18.3	-3.3	1.1	1.1	15.9	3.8	3.7	0.6	1.7	4.8
南亚	9.4	9.7	8.6	6.4	6.9	2.8	3.8	5.8	5.9	6.6
非洲	7.5	13.5	10.3	5.6	7.1	5.3	3.8	3.6	3.9	6.7

资料来源：International Labor Organization, *World Social Protection Report: Building economic recovery, inclusive development and social justice*, 2015, p.126.

从 2010 年开始,国际金融危机进入缓慢复苏期,大多数国家的财政政策开始由扩张转向紧缩。据 IMF 的估计,全球 122 个国家的财政支出占 GDP 的比重都有所下降,其中五分之一的国家的公共支出甚至低于危机前的水平。在这一阶段,发达国家和发展中国家的社会保障支出开始出现明显分化。由于经济复苏缓慢,发达国家已难以继续维持庞大的社会福利支出,2011 年、2012 年甚至总量下降。欧盟国家中近四分之一人口的社会福利受到了影响。尤其是债务水平很高的希腊、冰岛、葡萄牙等欧洲国家,下降幅度更大。而

---

① 社会保护指标 (Social Protection Indicator) 是指社会保险、社会救助和劳动力市场项目的人均支出占人均 GDP 的比例。参见 Asian Development Bank, "The Social Protection Indicator: Assessing results for Asia", 2016, Chapter 1。

发展中国家的社会福利支出仍持续增长,速度仅略微放慢。金融危机后实施贸易开放措施最多的巴西、印度、中国三个发展中国家,也是社会保障扩张最显著的国家。[1]

2008年至2015年,中国在社会保障领域的公共开支年均增长20%。养老覆盖面从2010年的3.59亿人扩大到2015年的8.58亿人,医保覆盖面已达到总人口的97%。[2]在卢拉政府期间(2003—2010年),巴西设立了"家庭救助金"计划(Bolsa Família),将原有的现金转移支付制度提升为全国性制度,覆盖了全国四分之一的人口。10年间贫困率从9.7%迅速下降到4.3%。[3]进入21世纪之后,印度通过立法逐步扩大了社会保障的覆盖面。2005年通过的《全国农村就业保障法》,用于解决农村贫困家庭就业不足的问题。2008年通过《灵活就业人员社会保障法》,赋予非正式就业人员享受社会保障的资格,并设定了全国社保待遇的底线。2008年推出的RSBY医疗保险计划为农村贫困家庭每年医疗保险,到2011年已经覆盖了4000万人。[4]

国际金融危机的爆发进一步推动了发展中国家社会福利制度的改革。由于发展中国家整体福利水平较低,单纯依靠提高公共支出不足以建立完整的社会保障网,因此福利制度的改革朝着兼顾生产性和保护性的特点发展。[5] 主要措施是通过更灵活的劳动力市场来增加就业,并对特定行业进行补贴和扶助等。公共部门就业往往是发展中国家应对市场开放风险的重要政策工具。研究发现,经济开

---

[1] International Labor Organization, "World Social Protection Report: Building Economic Recovery, Inclusive Development and Social Justice", 2015, p. 127.

[2] 人社部:《社保覆盖全民,成就全球瞩目》,2016年12月14日,http://www.mohrss.gov.cn/SYrlzyhshbzb/dongtaixinwen/buneiyaowen/201612/t20161214_261978.html。

[3] Deborah Wetzel and Valor Economico, "Bolsa Família: Brazil's Quiet Revolution", World Bank, 2013, http://www.worldbank.org/en/news/opinion/2013/11/04/bolsa-familia-Brazil-quiet-revolution.

[4] World Bank, "Social Protection for a Changing India", 2016.

[5] Louise Tillin and Jane Duckett, "The Politics of Social Policy: Welfare Expansion in Brazil, China, India and South Africa in Comparative Perspective", *Commonwealth and Comparative Politics*, Vol. 55, No. 3, 2017, pp. 253-277.

放程度越高的发展中国家,公共部门就业人口的比例就越高。① 国际金融危机爆发后的头两年(2008—2009 年),全球减少了3000 万个就业机会。损失主要发生在发达国家,而发展中国家的失业率并没有大幅上升。损失最严重的拉美和东欧国家减少了 2%—3% 的就业,亚洲、非洲和中东国家的就业减少就更小。② 一个重要的原因是政府普遍采用了降低工资的做法来保护就业机会,从而减轻了危机对社会的负面冲击。

值得注意的是,发展中国家之所以能够采取相对灵活的劳动力政策,一定程度上是因为劳动保障体制不完善,劳工的集体谈判能力较弱,而且在金融危机后被进一步削弱。根据国际劳工组织(ILO)对 48 个国家的统计,从 2008 年到 2013 年,工会成员比例平均下降了 2.3%,工人集体谈判的覆盖面下降了 4.6%。除巴西和智利以外,大部分发展中国家都有小幅下降。③这个变化说明,发展中国家社会保障水平的提升主要受供给侧驱动,而不是来自需求侧的压力。这也意味着:在全球化持续深入的情况下,尽管工会组织的影响力逐渐下降,但社会的自我修复功能却在上升。国际货币基金组织(IMF)的研究发现,分配不均和不可持续的经济增长是"硬币的两面"。对持续发展更重要的是经济增长的长度而不是速度。分配不均正是影响经济增长长度的重要因素。④ 为了延长经济持续增长的长度,政府必须在降低分配不均上投入更多的资源。加强社会保障即是其中的关键环节。因此,即使是在工会组织影响力不断下

---

① Irfan Nooruddin and Nita Rudra, "Are Developing Countries Really Defying the Embedded Liberalism Compact?", *World Politics*, Vol. 66, No. 4, 2014, pp. 603-640.

② Arup Banerji, David Newhouse, Pierella Paci and David Robalino, "Working through the Crisis: Jobs and Policies in Developing Countries during the Great Recession", The World Bank, 2013, p. 4.

③ International Labor Organization, "Trends in Collective Bargaining Coverage: Stability, Erosion or Decline?", *Issue Brief*, No. 1, 2017, p. 9.

④ Andrew Berg and Jonathan Ostry, "Inequality and Unsustainable Growth: Two Sides of the Same Coin?", IMF Staff Discussion Note, April 8, 2011.

降的情况下，发展中国家仍然有很强的动力去提升"社会保护底线"（Social Protection Floors），以期实现持续的经济发展。① 这也是实现"包容性全球化"不可或缺的环节。②

发展中国家的另一个应对手段是积极实施开放性的产业政策（open-economy industrial policy）。传统的进口替代产业政策以关税和贸易壁垒等手段保护国内市场和幼稚产业，限制竞争，垄断国内市场。而开放性的产业政策是通过加强基础设施投资、补贴出口等手段来激励本国产业参与国际竞争，增加出口，占领国际市场。③从20世纪60年代开始，东亚经济体从进口替代转向了出口导向的产业政策，开启了高速增长的东亚模式。东亚发展的成功引发了其他发展中国家的效仿，开放性的产业政策逐渐成为主流，但仍未被西方发达国家所认可。国际金融危机后，发达国家政府也加大了对经济的干预，产业政策终于被正名。④ 发展中国家更深刻认识到单纯的经济开放无法实现经济持续增长和产业升级。罗伯特·韦德（Robert Wade）指出，发展中国家只有实施开放性的产业政策，才有可能突破增长的"玻璃天花板"，跳出中等收入陷阱。⑤

金砖五国（BRICS）是金融危机后使用产业政策最主要的国家。其政策手段包括针对特定行业的补贴、出口激励和出口信贷、投资限制和政府采购限制等。从政策属性上看，放松管制、降低关税等有利于外国竞争者的产业政策增长更快，从2008年占全球总数的

---

① 关于"社会保护底线"的概念，参见唐钧《从社会保障到社会保护：社会政策理念的演进》，《社会科学》2014年第10期，第56—62页。
② International Labor Organization, "Social Protection Floors for a Fair and Inclusive Globalization", Geneva, International Labor Office, 2011.
③ Andrew Schrank and Marcus Kurtz, "Credit Where Credit is Due: Open Economy Industrial Policy and Export Diversification in Latin America and the Caribbean", *Politics and Society*, Vol. 33, No. 4, 2005, pp. 671-702.
④ "Picking Winners, Saving Losers: The Global Revival of Industrial Policy", *The Economist*, August 5, 2010.
⑤ Robert Wade, "Industrial Policy in Response to the Middle-income Trap and the Third Wave of the Digital Revolution", *Global Policy*, Vol. 7, No. 4, 2016, pp. 469-480.

10%上升到 2015 年的 50%,而不利于外国竞争者的政策则从 20%上升到 40%。即使是不利于外国竞争者的产业政策,占主要比例的是对本国企业和行业的补贴和出口激励,而不是增加限制外国竞争的关税和贸易壁垒。[1]

开放式产业政策的主要目标是推动发展中国家的重点企业和行业参与国际竞争,但补贴和扶助的手段也产生了重要的社会保护效应。实施这些政策不仅部分修复了过度开放造成的市场与社会的脱节,也限制了社会保护支出的增长幅度,为发展中国家在危机后进一步开放提供了社会保障,减少了寻求保护主义手段的可能性。国际金融危机后,亚洲和拉美的发展中国家的经济在经历短暂调整后,增速显著提高,对全球经济增长的贡献超过了发达国家。尤其是金砖五国在 2008—2017 年对全球经济增长的贡献达到了 56%。[2]

当然,发展中国家在实施开放式产业政策过程中也可能出现问题。政府补贴更多导向了优势行业、出口企业和高技能人才,而不是以社会公平分配为首要目标。由于社会保障的覆盖面仍然较窄,发展中国家的贫富差距可能会继续拉大,增大社会矛盾激化的可能性。

总之,尽管发展中国家之间的社会福利制度和保障水平差异很大,但他们在国际金融危机后采取了相似的应对措施:一方面,社会福利支出增加,社会保障的覆盖面也在扩大,同时也通过增加扶贫投入和公共部门就业等措施来解决最急需的社会问题;另一方面,发展中国家更加积极地利用开放性产业政策推动出口增长,提高特定行业的国际竞争力。这种兼顾保护性和生产性的福利改革在应对经济危机时表现出更大的灵活性。首先,发展中国家的福利保障覆盖面较窄,刚性福利支出相对较小,在财政收入缩水时有较大的调

---

[1] Simon Evenett, *BRICS Trade Strategy: Time for a Rethink*, Global Trade Alert, London: CEPR Press, 2015, p. 72.

[2] New Development Bank, "The Role of BRICS in the World Economy and International Development", BRICS 2017, 2017, p. 9.

整空间。其次，由于劳动力市场较为灵活，政府和企业可以利用降薪的办法来避免大规模的失业。这些政策不同于发达国家以提高国内社会保障来维持对外开放的"嵌入式自由主义",①但却有效控制了保护主义，继续推动国际市场的开放和融合。在金融危机后的关于全球化的不同民意调查中，发展中国家民众对全球化的支持度均超过了发达国家的民众。②

---

① Marcus Kurtz and Sarah Brooks, "Embedding Neoliberal Reform in Latin America", *World Politics*, Vol. 60, No. 2, 2008, pp. 231-280; Irfan Nooruddin and Nita Rudra, "Are Developing Countries Really Defying the Embedded Liberalism Compact?", *World Politics*, Vol. 66, No. 4, 2014, pp. 603-640.

② 参见"What the World Thinks about Globalization", *The Economist*, November 18, 2016; Bruce Stokes, "Unlike the West, India and China embrace globalization", Yale Global, 2016, https://yaleglobal.yale.edu/content/unlike-west-india-and-china-embrace-globalization.

第八章
全球化与国际援助

2020年6月，当英国正在焦头烂额地应对新冠病毒的蔓延之时，英国首相鲍里斯·约翰逊（Boris Johnson）突然宣布改组国际援助机构。英国的国际发展部（DFID），这个诞生于1997年亚洲金融危机期间的对外援助机构，在另一场危机中被取消，同外交和联邦事务部（FCO）合并成立了新的外交、联邦事务和发展部（FCIO）。随后，英国也把承诺的对外援助预算从国民总收入的7%降到5%。这一举措在国际发展领域引起了热议。

第八章 全球化与国际援助

自20世纪60年代以来，发达国家的官方发展援助体系（ODA）一直是国际发展理论的重要话题。援助有效性也始终是政策评价体系中的争议焦点。不少发展经济学理论都认为援助有助于发展中国家的经济发展，但大量实证研究显示援助对经济增长的推动作用微不足道，甚至阻碍了经济发展。正是由于国际援助在理论和实践上的严重脱节，改革国际援助体系的声音不绝于耳。进入21世纪以来，发达国家进行了一系列援助有效性改革，但并未解决现行国际援助体系中的深层问题。无论是发达国家、发展中国家还是国际组织，在援助政策上都发生了很大变化。尤其是以中国为代表的新兴援助国的迅速兴起，在援助理念和实践中都同发达援助国有很大区别。

本章首先分析发达国家对外援助理念和政策演变，然后检验援助同发展中国家经济增长之间的关系。检验发现，尽管不同时期的援助理念和政策影响有很大差别，援助在总体上并未对发展中国家的经济增长有显著提升效果。在讨论了发达国家援助改革政策的局限后，本章提出新的发展合作模式的构想，希望从发展理念、援助定义、援助方式上对现行国际援助体系进行改革，整合传统ODA模式和南南合作模式，发挥发达国家和新兴国家在国际发展合作中的比较优势。

第一节 发达国家援助政策变化及效果

二战以后，对外援助一直是发达国家外交政策的重要组成部分，也承担着帮助发展中国家经济发展的任务。20世纪60年代，随着西欧经济的恢复和增长，欧洲主要国家开始加入援助国行列。1961年成立的经济合作与发展组织（OECD）援助发展委员会（DAC），目的在于协调发达国家的对外援助政策。DAC 于 1969 年正式提出了 ODA 的概念，建议援助国将国民总收入（GNI）的 0.7%用于对外援助[①]，由此形成了一个制度化的国际援助体系。

援助是否对发展中国家的经济发展产生了实质效果呢？早期的发展经济学家（如刘易斯、罗斯托等）都相信国际援助有助于发展中国家摆脱贫困。他们认为，资本积累不足是发展中国家贫困的主要原因。通过援助直接补充发展中国家的投资缺口，改善国际收支状况，是帮助他们实现经济持续增长的重要甚至必需的渠道。[②] 这种乐观的看法点燃了发达国家对外援助的热情。从占经济总量的比例上看，对外援助的资金在 20 世纪 60 年代末达到了历史最高水平。

然而国际援助并没有产生立竿见影的效果。到了 20 世纪 70 年代，发展中国家的经济增长反而放慢了，贫困人口也继续增加。新增长理论的兴起修正了发达国家对援助的乐观看法。在没有技术进步的情况下，生产要素的投入对经济产出的作用递减，援助对经济增长的推动作用也会呈现递减趋势。只有通过提高劳动生产率，才能推动经济持续发展。因此，救助贫困和提高教育水平成为 OECD 国家援助的主要目标。

20 世纪 70 年代末，随着英美保守政府的上台，新自由主义理论开始占据了主流话语权。小政府大市场的理念也影响到了援助政策。20 世纪 90 年代初，苏联解体和冷战结束使援助的地缘政治因素变弱了，发达国家的援助动力显著下降。从 1982 年到 1997 年，ODA 占援助国 GNP 的比率从 0.38%降低到 0.22%的历史最低点。

[①] 0.7%的标准最初是以国民收入总值（GNP）为基准。1993 年后，由于国民经济核算制度（SNA）的调整，国民总收入（GNI）的概念替代了 GNP 作为计算援助比例的基准。

[②] 关于不同历史时期发展援助理论的回顾，参见 Sebastian Edwards, "Economic Development and the Effectiveness of Foreign Aid: a Historical Perspective", *Kyklos*, Vol. 68, No. 3, 2015, pp. 277-316.

与此同时，拉美国家的进口替代发展模式导致国际收支严重失衡，爆发了债务危机。针对拉美债务问题，美国政府和国际货币基金组织（IMF）等国际机构提出了"华盛顿共识"的解决方案，要求发展中国家限制政府权力，放开市场管制。这也成了90年代发达国家对外援助的重要指导理念。这一时期的主流理论认为受援国的国内制度和政治环境是影响援助有效性的关键因素。换句话说，援助有效性是有条件限制的。

然而，支持条件论的学者发生了分歧，得出了相反的结论。一种认为，援助只有在良治的条件下才能推动经济增长。两位世界银行的经济学家发现，在受援国的政策环境良好的时候，即低赤字、低通胀、贸易开放的情况下，援助对经济增长有显著的提升作用。而在恶劣的政治经济环境下，援助非但不会有利于经济增长，反而会使不好的政策得以延续，阻碍经济改革。援助在政策环境较好的国家对经济增长的作用是锦上添花，而在政策环境差的国家则是雪上加霜。[1] 在世界银行对10个非洲国家的援助效果的比较中，只有在坚持改革的国家（乌干达和加纳），援助的正面效果才得以显现。因此，附加政治条件，要求受援国进行改革成为这一阶段ODA的趋势。另一种观点则认为，援助有效性并非体现在推动经济增长，而是防止经济崩溃。[2] 尽管国际援助本身对受援国的经济发展帮助不大，但援助的不稳定却会影响欠发达国家的政治稳定，甚至引发国内冲突。[3]因此，危机救助和人道主义援助才是有效的援助形式。

进入21世纪，全球发展不平衡的问题日益突出。在2000年9月召开的联合国首脑峰会上，世界各国领导人商定了一套全球多边

---

[1] Craig Burnside and David Dollar, "Aid, Growth, the Incentive Regime, and Poverty Reduction", *The World Bank: Structure and Policies*, Vol. 3, No. 210, 2000.

[2] Paul Collier and Anke Hoeffler, "Aid, Policy and Growth in Post-Conflict Societies", *European Economic Review*, Vol. 48, No. 5, 2004, pp. 1125–1124.

[3] Bruce Bueno de Mesquita and Alastair Smith, "A Political Economy of Aid", *International Organization*, Vol. 63, No. 2, 2009, pp. 309–340.

发展援助议程，统称为千年发展目标（MDGs），计划于 2015 年前完成。为配合这些目标的实施，发达国家增加了援助投入，特别是对社会基础设施的投入。但是 2008 年全球金融危机的爆发减弱了发达国家对外援助的动力，也让他们重新反思经济发展的推动力。发达援助国增加了对经济基础设施建设和生产部门的援助投入，也鼓励利用公私合作（PPP）的模式，吸引更多的私有机构参与发展援助。表 8-1 列出了援助有效性的主要观点及其政策实践。

表 8-1　援助有效性的假说、机制解释和政策实践

假说	机制解释	政策实践
援助促进经济线性增长	援助直接增加资本积累从而推动经济增长	援助广泛投向发展中国家，没有明显的部门偏好
援助对经济增长的促进作用递减	在生产率不变的情况下，投资的边境收益递减	援助主要投向社会基础设施部门
援助只在善治的国家才有效	受援国的制度环境和治理能力决定援助是否能被有效利用	附加政治条件的援助被广泛采用
援助只有在面临危机的国家才有效	援助的作用不是促进增长，而是防止崩溃	援助主要用于社会救助和人道主义

这些援助理念的改变也反映在 ODA 援助领域的变化。如图 8-1 所示，20 世纪 60 年代，在援助带动经济增长的乐观判断影响下，ODA 主要流向了发展中国家的经济基础设施和生产部门。20 世纪 70 年代以后，教育卫生保障等社会基础设施援助在 ODA 中的份额持续增加。2010 年以来，重视贸易和生产的发展型援助理念重新受到重视，经济基础设施和生产部门的援助份额开始增加，但卫生、教育等保障型援助仍然是援助的最大组成部分。而债务减免、人道主义援助等的份额，则在 20 世纪 90 年代后随着发达国家援助意愿减弱而不断下降。

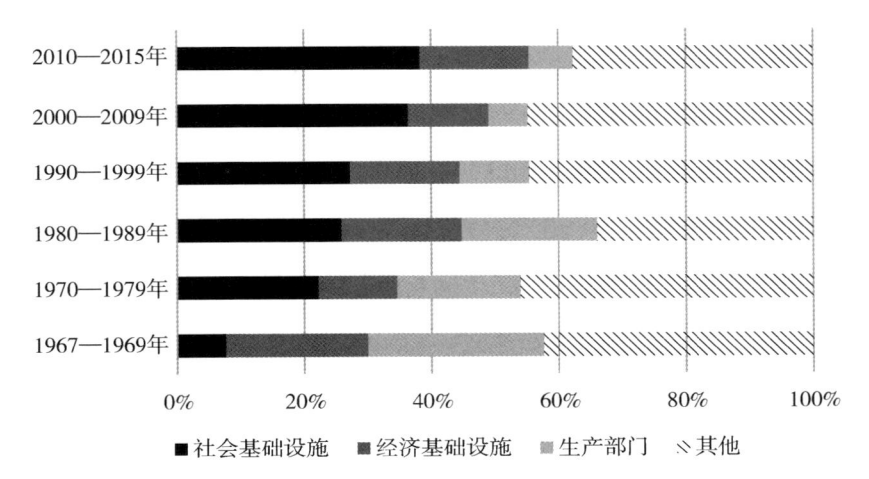

图 8-1 OECD 国家官方发展援助领域变化

资料来源：OECD Statistics, http://wws.stats.oecd.org。

尽管发达国家的援助理念和实践经历了多次调整，现实情况却没有本质变化。大多数的研究都发现援助对发展中国家的经济增长没有显著效果。[①] 最极端的例子是非洲。从20世纪60年代起，许多刚刚独立的非洲国家就成为发达国家援助政策的主要试验场，接受了最多的国际援助，但其经济发展水平同世界其他地区的差距却越拉越大。

本章也对援助有效性的假说进行了检验。检验援助有效性的实证研究很多，两位印度经济学家拉古拉姆·拉詹（Raghuram rajan）和阿文德·萨勃拉曼尼亚（Arvind Subramanian）2008年的研究是其中影响最大的之一。我们因此采用了他们的回归模型和变量，并将数据观察截止期从2000年延伸到2013年。因变量为经济增长率，自变量为国际援助占国民总收入的比例（ODI/GNI）。图8-2 的结果显示，在

[①] Hristos Doucouliagos and Martin Paldam, "The Aid effectiveness Literature: the Sad Result of 40 Years of History", *Journal of Economic Surveys*, Vol. 23, Issue 3, 2009, pp. 433–461; William Easterly, *The Elusive Quest for Growth: Economists' Adventures and Misadventures in the Tropics*, 2001, Cambridge: MIT Press, pp. 37–39; Raghuram Rajan and Arvind Subramanian, "Aid and Growth: What Does the Cross-country Evidence Really Show?", *The Review of Economics and Statistics*, Vol. 90, No. 4, 2008, pp. 643–665.

1960—2013 年，在控制了多个政治经济变量的基础上，发展中国家接受的援助和其经济增长呈现出负相关性，但是这个影响没有统计上的显著性。为了观察不同时期的援助效果，我们也对四个时段（1970—2013 年、1980—2013 年、1990—2013 年、2000—2013 年）进行了分别检测，回归结果依然相似。自变量系数都为负数，但都没有统计显著性（结果略）。这些结果意味着援助没有在任何一个观察时期对发展中国家的经济增长有显著影响。这进一步加深了对援助有效性理论的质疑。

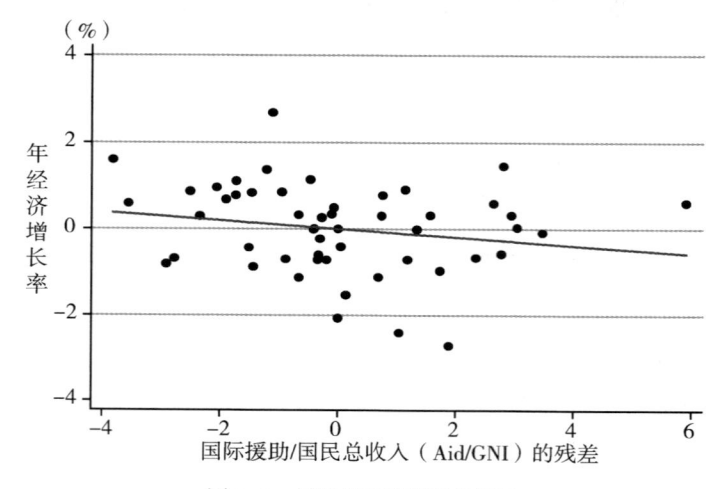

图 8-2 援助与经济增长的关系

注：因变量为经济增长率，自变量为国际援助占国民总收入的比例（ODI/GNI）。控制变量包括期初年份的 GDP、政策指数、人均寿命、金融市场水平、制度水平、贸易收支、族群分布、距离赤道的距离等。使用最小二乘法（OLS）。斜线表示自变量系数。①

---

① 数据来源包括 World Development Indicators, OECD Statistics, Penn World Tables, John L. Gallup, Jeffrey Sachs, Andrew Mellinger, "Geography and Economic Development", 2010; Bruce Bueno de Mesquita, Alastair Smith, Randolph Siverson, and James Morrow, "The Logic of Political Survival Data Source".

第二节　援助失效的宏观和微观原因

尽管历史上不乏援助成功带动经济发展的例子，如韩国、印度尼西亚、博茨瓦纳等，但大多数的实证研究都发现国际援助对推动发展中国家的经济增长基本无效。然而，援助为什么失效却是一个难以直接检验的问题。现有研究发现有三大主要原因。

第一，援助资源不足难以带动经济发展。杰弗里·萨克斯（Jeffrey Sachs）和约瑟夫·斯蒂格利茨（Joseph Stiglitz）认为，援助金额不足是影响援助有效性最根本的原因。[1] 尽管OECD国家提出了把GNI的0.7%用于对外援助的目标，但这个目标在大多数国家却从未实现过。发达国家的实际援助水平目前仅为GNI的0.3%左右。在联合国可持续发展目标实施以来，援助资金不足的问题变得更明显。据联合国贸易与发展会议（UNCTAD）估算，实现SDGs每年所需的额外资金高达2.5万亿美元，而全球援助的总规模仅为2000亿美元左右。[2] 这个庞大的资金缺口对国际援助体系提出了极大的挑战。此外，援助资金并非按照受援国的需求程度来分配的。世界上最贫困的20%的国家是对援助需求量最大的国家，但它们收到的援助金额只占到总体国际援助的2%—5%。[3] 坚持援助有效论的学者认为，只要发达国家兑现援助承诺目标，援助的积极效果就能显现出来。但是，援助的供求差距如此巨大，预期援助能带动经济发展本身就可能不现实。诺贝尔经济学家安格斯·迪顿（Angus Deaton）指出了一个援助悖论：当穷国具备经济发展的条件时，它其实并不需要援助。

---

[1] Jeffrey Sachs, *The End of Poverty: Economic Possibilities for Our Time*, New York: The Penguin Press, 2005, Joseph Stiglitz, *Globalization and its Discontent*, W. M. Norton, 2002.

[2] UNCTAD, "World Investment Report 2014".

[3] Nancy Qian, "Making Progress on Foreign Aid", *Annual Review of Economics*, Vol. 7, No. 1, 2015, pp. 277–308.

而对于不具备发展条件的国家,国际援助是无效的,甚至可能是有害的。[1]

第二,援助形式不合理扭曲了正常的激励机制。对发达援助国来说,不附加任何条件的援助无法构成对受援国的压力,促使他们进行经济改革,提高效率。因此,附加援助条件似乎是保证援助能发挥效果的必要条件。但这些附加条件通常是争议的焦点。对援助国来说,这些附加条件在现实中很少能严格执行,反而削弱了其可信度。[2]而对受援国来说,发达国家的援助条件只从自身利益和价值观出发,剥夺了受援国的政策自主权,也不考虑受援国政府的执行能力,因此往往适得其反。受援国受到附加条件的限制,无法以主人翁的角色去主导本国的经济发展,因此失去了发展经济的内动力。

更糟糕的是,援助甚至可能成为对受援国的"诅咒":长期接受国际援助让受援国变得不思进取,减少政府收税的动力,而收税能力的退化又导致了政府能力的弱化。有些政府甚至滥用援助资金中饱私囊,导致腐败蔓延。[3]也有研究发现,援助资金流入会扭曲受援国的市场机制,导致货币升值,削弱出口竞争力,产生"荷兰病",从而限制了经济发展。[4] 即使是旨在减少冲突伤害的人道主义援助,也可能诱使冲突各方为争夺资源而袭击平民,从而加剧冲突。[5]

---

[1] Angus Deaton, *The Great Escape: Health, Wealth, and the Origins of Inequality*, Princeton: Princeton University Press, 2013, p. 273.

[2] William Easterly, "Can Foreign Aid Buy Growth?", *The Journal of Economic Perspectives*, Vol. 17, No. 3, 2003, pp. 23-48.

[3] Stephen Knack, "Aid Dependence and the Quality of Governance: Cross-Country Empirical Tests", *Southern Economic Journal*, 2001, pp. 310-329; Simeon Djankov, Jose G. Montalvo, and Marta Reynal-Querol, "The Curse of Aid", *Journal of Economic Growth*, Vol. 13, No. 3, 2008, pp. 169-194; Jakob Svensson, "Foreign aid And Rent-Seeking", *Journal of International Economics*, Vol. 51, No. 2, 2000, pp. 437-461.

[4] Robert Bates, *Market and States in Tropical Africa: the Political Basis of Agricultural Policies*, Berkeley: University of California Press, 2005.

[5] Reed Wood and Christopher Sullivan, "Doing Harm by Doing Good? The Negative Externalities of Humanitarian Aid Provision during Civil Conflict", AidData Working Paper, No. 11, 2015.

第八章 全球化与国际援助

　　第三，援助过于碎片化导致目标分散。与国际援助乏善可陈的宏观经济效果相比，援助项目在个体层面的表现却显得中规中矩。世界银行的独立评估集团（IEG）对历年的世行援助项目的评估显示，自 2000 年以来，75%左右的援助项目的最终评估结果都是满意或非常满意。即使是在援助效果最差的非洲，也有 67%的项目评估为满意。①萨克斯也认为，国际援助在推动亚洲的绿色革命、减少肺结核、疟疾等传染病，控制生育增长，减少婴儿死亡率方面都有明显贡献。②援助项目在微观和宏观效果上的巨大的反差，造成了一个令人费解的"微观—宏观悖论"（micro-macro paradox）。③

　　为什么援助项目在个体上的成功没有转化为整体上的积极效果呢？这可能应该归咎于援助碎片化产生的集体行动问题，即最优的个体选择可能导致欠佳的集体结果。总体而言，国际援助的分散化和碎片化特点日益显著。1960 年，一个受援国收到的援助通常来自两个机构，而到了 2006 年，一个受援国平均收到 28 个机构的援助。④ 当援助机构和项目都很分散的情况下，援助机构就会只关注项目本身的实施和收益情况，而不是受援国的整体经济发展。尽管DAC 力图引导援助发展理念和政策，但是限于财政能力，并不能够全面主导和协调国际发展援助计划，其政策并不具备强制性的效力，只能靠成员国自愿遵守。传统的多边援助国际机构（如世界银行、美洲发展银行、亚洲发展银行等）在援助理念和实施程序上比较接近，但受制于国家财政支出体系，大国在使用财政性援助资金的时候，更倾向于以单边或者小多边的方式开展发展援助工作，使多边

---

① World Bank, "IEG Ratings 2000-2016", http://ieg.worldbankgroup.org/data。
② Jeffrey Sachs, *The End of Poverty: Economic Possibilities for Our Time*, New York: The Penguin Press, 2005, pp. 259-262.
③ Peter Mosley, "Aid Effectiveness: the Micro-Macro Paradox", *Institute of Development Studies Bulletin*, Vol. 17, 1986.
④ Stephen Knack and Lodewijk Smets, "Aid Tying and Donor Fragmentation", *World Development*, Vol. 44, 2013, pp. 63-76.

援助比双边援助的规模小得多。随着更多的新兴援助国的加入，援助行动可能会更趋分散化和碎片化。

碎片化的援助项目可能产生三个问题。第一，各援助机构之间的竞争产生了"意大利面碗效应"（spaghetti bowl effect）。①受援国为满足不同机构的援助条件，调整国内政策和机构，产生了很大的制度协调成本。第二，援助领域和目的不一致产生负的外溢效应。在这种情况下，尽管许多援助项目本身的实施中规中矩，但却可能损害了其他行业，从而拖累了整体经济。比如，基础设施的援建可能带动周边经济活动，但也可能让一些当地居民流离失所，对环境造成破坏。第三，差别巨大的援助项目难以形成合力并产生规模效应，推动投资和经济增长。从援助国方面来看，援助项目的评估重点在于项目本身的完成情况，而不是援助对宏观经济的影响。在这样的评价体系下，援助官员的主要动力在于确保项目顺利完成，而不是考虑对受援国的经济发展的总体影响。从受援国方面来看，由于对援助项目的整体规划缺乏控制，只能被动地配合项目实施，缺少动力制定和实施长期规划。

第三节 现行援助模式的困境

一 援助有效性改革

国际援助在理论和现实之间的严重脱节，迫使发达国家对现有的援助模式进行改革，以提高援助有效性。从2002年到2011年，OECD举行了四次关于援助有效性的高层论坛，其中尤以2005年的巴黎会议最为重要。这次会议通过了《巴黎有效援助宣言》，首次提出了援助有效性的四个原则，用于指导发达援助国的援助政策。

---

① "意大利面碗效应"通常是指国际贸易中的一种现象。一个国家签署过多的自由贸易协定后反而会增加规则协调成本。

2011年通过的《釜山宣言》把关注点从"援助有效性"扩大到"发展有效性",希望这些原则成为传统和新兴援助国的共同指导原则。①

这些原则包括四个部分。第一是重视结果（focus on result）,即援助要在消除贫困、减少不平等、实现可持续增长方面有持续的推动作用。第二是国家自主权（country ownership）,即援助资金纳入受援国的公共财政系统进行统一管理和分配,由受援国制定国家发展战略,确定优先领域和具体实施方案。第三是包容性发展伙伴关系（inclusive partnerships for development）,即吸引各种利益相关方都来参与援助,以官方资金拉动民间资金。第四是透明性和共同责任（transparency and mutual accountability）,即增强援助决策和实施的透明性,减少腐败和滥用资源。② OECD根据这些原则制定了具体的评估指标。在2016年发布的评估报告中,受援国在这四个方面都取得了一定进步,其中在国家自主权方面的提升最为明显。③

然而,发达援助国面临的最大现实挑战是：国际援助在发展中国家的资金构成中的比例越来越低。如图8-3所示：1970年,流入发展中国家的FDI仅为ODA的四分之一,贸易出口接近ODA的12倍。到了2015年,发展中国家的FDI流入量已超过ODA的4倍,而贸易出口更高达ODA的43倍。由此可见,国际援助对于发展中国家经济发展的影响正在被逐步边缘化,而贸易外资的重要性则持续上升。把发展的希望寄托在援助身上显然是不够的。将援助和贸易结合起来是援助体制改革的必然选择,而自由贸易有利于经济发展

---

① 关于对这四次会议宣言的分析,参见李小云、王妍蕾、唐丽霞《国际发展援助：援助有效性和全球发展框架》,世界知识出版社2016年版,第3—39页。
② OECD,"Busan Partnership for Effective Development Cooperation",http://www.oecd.org/dac/effectiveness/49650173.pdf.
③ OECD,"Assessing Progress towards Aid Effectiveness",http://www.oecd.org/dac/effectiveness/assessingprogresstowardseffectiveaid.htm.

正是新自由主义的核心理念。

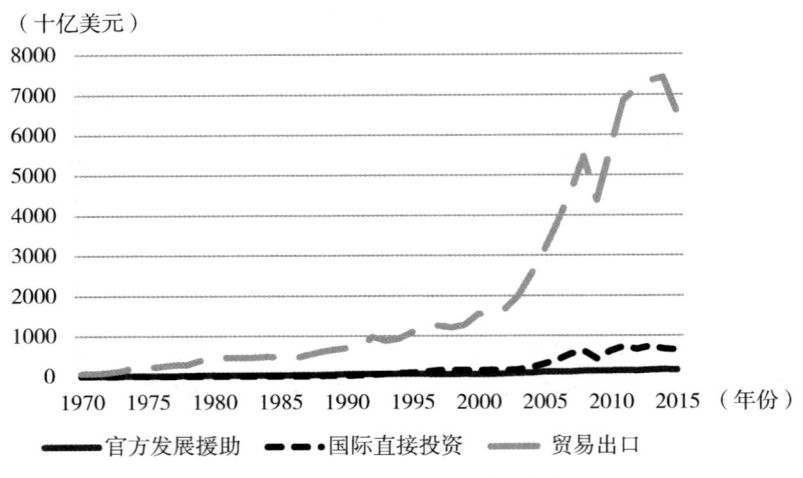

（十亿美元）

图 8-3　发展中国家的资本流入情况

资料来源：World Development Indicators 2017.

正是在这样的背景下，2005 年举行的 WTO 中国香港年会通过了"促贸援助"（Aid-for-Trade）的新倡议，其目的是把援助重点投向同贸易相关的领域，帮助发展中国家改善基础设施建设、降低贸易成本、熟悉国际规则，通过提升贸易能力来带动经济增长。

"促贸援助"倡议推行以来，发达国家用于促进贸易的援助显著增加，已接近 ODA 的 40%。OECD 的研究发现："促贸援助"在带动贸易增长方面的确比传统援助手段更有效。每 1 美元的援助会带来 8—20 美元的出口增长。自从这一计划实施以来，最不发达国家的出口增长一直高于全球平均水平，而且出口结构开始趋向多元，从以传统的初级产品出口为主慢慢过渡到轻工业产品出口为主，出口主要对象也从发达国家向其他发展中国家转移。[①]

但是，"促贸援助"政策在执行中有很大局限，主要表现在两个

[①] Frans Lammersen and Michael Roberts, "Aid for Trade Ten Years on: Keep It Effective", OECD Development Policy Paper, No.1, 2015.

方面。第一，这一政策的主要受益对象是具备一定发展基础的国家。2006—2013年，接受"促贸援助"最多的10个国家中，前8位都是中等收入国家。埃塞俄比亚和坦桑尼亚这两个低收入国家仅分别排在第九和第十位。[1]欠发达国家由于经济基础薄弱，单纯强调减少贸易保护对出口的提升作用不大，很难对其整体经济增长有明显的效果，反而给援助国的出口商提供了更大的机会。[2]第二，"促贸援助"在世界银行等多边发展机构的接受程度较高，但对发达国家的双边援助结构影响很小。而且，在全球贸易增长缓慢，反全球化声音日益升高，发展中国家增加出口的空间被进一步压缩。

由此可见，尽管"促贸援助"对提升受援国的贸易能力有所帮助，但对他们的总体经济增长作用并不明显。一些案例显示，只有在受援国的制度治理水平合适且对援助项目享有决定权的情况下，促贸援助对经济发展的积极效果才能显示出来。[3]对于缺乏经济发展基础的欠发达国家来说，贸易能力的提升是一个长期的过程，不可能通过调整援助资金的分配方向就能改变。而真正能对他们经济发展在较短时间内产生积极效果的是投资，尤其是基础设施方面的投资。欠发达国家的政府也需要有切实的政策红利才能获得对继续改革的支持，从而可以推行更深入的改革。尽管促贸援助加大了投向基础设施和生产能力的援助份额，它的基本管理和使用方式仍然是和其他的ODA类似的。并没有显示出明显优于其他ODA的效果。

二 援助模式的现实困境

援助有效性改革的基本假设是，发展中国家对自身的发展问题

---

[1] OECD/WTO, "Aid for Trade at a Glance 2015: Reducing Trade Costs for Inclusive, Sustainable Growth", 2015, p.88.

[2] A. Hoeffler and V. Outram, "Need, Merit, of Self-Interest – What Determines the Allocation of Aid?", *Review of Development Economics*, Vol.15, No.2, 2011, pp.237-250.

[3] Vinaye Ancharaz, Paolo Ghisu, Christophe Bellmann, "Assessing the Effectiveness of Aid for Trade: Lessons From the Ground", ICTSD, 2015.

比援助国更清楚，因此援助资源的分配会更有效，有利于实现消除贫困、减少贫富差距的宏观目标。同时，援助本身无法提供足够的资源帮助发展中国家实现发展目标，必须利用援助吸引私人资本并带动经贸活动，才能有效地推动发展。这些援助改革措施在一定程度上改变了传统援助模式中由援助国主导、受援国被动参与的局面，把发展的主动权交还给了受援国，同时对他们的政策实施进行监督。但是，由于发达国家在发展理念、发展主体、资源调动方面的局限，现行援助体制并未真正摆脱困境。

第一，在发展理念上，发达国家强调贸易自由化和制度建设对发展的核心作用。在援助政策中，则体现为将援助重点放在社会基础设施和促进贸易自由化，但却对经济基础设施和工业化生产缺乏重视。事实上，非洲国家在20世纪80年代后经历了去工业化的过程。到了21世纪初，非洲的工业化水平甚至比30年前还低。[1] 在经济发展水平很低的情况下，制度建设成本很大，对经济发展的影响在短期内难以体现。而且，如果没有适当的工业基础，单靠贸易自由化无法让欠发达国家实现持续发展，反而可能会加剧发达和发展中国家间不对等的经贸关系。尽管发达援助国已经把提高援助效果作为援助体制改革的核心内容，但援助在理论和实践中的落差、在宏观和微观效果方面的反差，都是国际援助改革中最值得关注的问题。而且，DAC的援助有效性的评估框架并没有对受援国的经济发展指标直接评估，对援助是否真的有利于经济发展这个问题还是没有答案。让援助效果评估更困难的是，由于援助行动和贸易投资等其他经济行为经常交织在一起，想要单独评估援助的效果基本是不可能的。

第二，在援助主体上，尽管发达国家已经认识到新兴援助国的作用在上升，但并没有建立有效的合作关系。发达援助国对新兴援助国倡导的南南合作方式缺乏兴趣，甚至指责这种方式是出于攫取

---

[1] Joseph Stiglitz, "The State, the Market, and the Development", paper submitted to UNU-WIDER Conference, 2015.

资源的自私动机。在援助的界定和评估上也存在很大障碍。ODA概念是根据发达援助国的方式制定的，并没有考虑到新兴国家的发展合作方式通常整合了援助、贷款和投资，具有无偿援助少、优惠贷款多，资金援助少，技术援助多的特点，在资金流向上也同ODA有明显区别。[1]而且，援助有效性的标准仍是围绕传统的ODA来确定的。由于新兴援助国没有采用同样的援助统计标准，也没有定期公布数据，在传统援助国眼里，新兴援助国的援助质量低且缺乏透明度，不能纳入ODA的系统，只能作为其他融资方式单独列出。因此，目前的ODA统计体系显然严重低估了新兴国家在发展金融上的份额。

按照DAC的统计，2005—2015年期间，DAC成员的援助总额仅增加了40%，而新兴援助国的总额增加了6倍，在ODA中的比例也从3%上升到11%（见表8-2）。这一比例远低于新兴国家在其他资本流动中的份额。在ODA之外的其他官方资金（OOF）中，新兴援助国的增长幅度就更惊人。总额增加了9倍，所占比例从总额的10%猛增到81%。[2]与此同时，发展中国家流出的FDI则增长了3.3倍，占全球FDI总额的比例从11%提高到29%。

表8-2　　　　新兴国家在国际资本输出中的份额　　　（单位：%）

资本类别	2005年	2006年	2007年	2008年	2009年	2010年	2011年	2012年	2013年	2014年	2015年	累计增长倍数
ODA	3%	4%	5%	6%	4%	4%	5%	4%	10%	14%	11%	6.0
OOF	10%	2%	5%	0%	0%	1%	1%	2%	0%	30%	81%	9.0
FDI	11%	13%	12%	16%	23%	26%	20%	23%	28%	39%	29%	3.3

资料来源：ODA和OOF根据非DAC成员国援助数据统计。OECD统计网站http://stats.oecd.org，FDI和出口比例根据非OECD成员国数据统计。世界发展指数，www.wdi.org。

---

[1] 比如，庞珣的研究发现：新兴援助国的援助资金倾向于流向政治不稳定、负债程度高、经济开放程度低的国家。参见庞珣《新兴援助国的"兴"与"新"：垂直范式与水平范式的实证比较研究》，《世界经济与政治》2013年第5期，第31—54页。

[2] 根据OECD统计网站数据统计而来，http://stats.oecd.org。

第三，在调动资源上，发达国家提出了应该带动私人资本参与援助，但是对于如何建立官方援助和私人资本的联系，发达国家仍显得模棱两可：一方面希望顺应市场潮流，利用援助带动贸易投资；另一方面则又担心援助被商业利益绑架，滋生腐败和不公平。发达国家的这种矛盾态度在两个重要的国际宣言中反映出来。在2002年联合国的发展筹资会议上通过的《蒙特雷共识》（Monterrey Consensus）中，强调援助国要利用ODA来撬动外资、贸易和国内资源等多种融资方式。而在2005年通过的《巴黎宣言》则强调应该将援助同贸易松绑以提高援助有效性。

发达国家在援助改革上的犹豫很大程度上来自对"捆绑援助"（tied aid）的担心。捆绑援助曾经是发达国家通行的援助方式，通过限定受援国政府的采购合同而使援助国企业获益，通常被用于基础设施或技术合作援助中，主要包括项目捆绑、产品捆绑、来源捆绑三种类型。随着发达国家产业升级换代进入后工业化时期，国内企业的贸易保护需求下降，捆绑援助的做法也逐渐减少。从20世纪90年代开始，在捆绑援助已不再重要的情况下，发达国家开始积极倡导"松绑援助"，要求援助国不对援助贷款的使用附加条件，允许受援国自主进行原料采购和产品出口的选择。同时，发达国家也在制度安排上对捆绑援助进行限制。捆绑贷款比例成了DAC衡量援助质量的两个主要指标之一。援助中的捆绑援助比例越高，援助质量就越低。与之相对的另一个指标是赠款成分。赠款成分越高，援助质量就越高。[1] WTO的规则中将附加使用条件的优惠贷款视作出口补贴，可以被作为违规政策进行处理。在联合国的千年发展目标（MDGs）中，松绑援助也成了衡量全球发展伙伴的重要指标。在这样的制度安排下，捆绑援助的使用大幅下降了。从20世纪末到2008

---

[1] OECD, "Measuring Aid: 50 Years of DAC Statistics 1961-2011", 2011.

年，OECD 国家非捆绑援助的比例从 46% 上升到 82%。[1]

发达援助国对捆绑援助批评主要来自两方面。一种批评因为这种援助方式的目的是援助国利益优先，而不是受援国的发展优先，加剧了援助国和受援国间的不平等关系。同时，捆绑援助容易滋生寻租行为、助长腐败。另一种批评则认为，捆绑援助会降低援助资金使用效率。一个被广泛引用的说法是捆绑援助会造成援助资金的使用成本增加 15%—30%。这个说法的来源是 1991 年 OECD 的一份报告。而事实上，这份报告并未提供具体的证据，只是对 20 世纪 60—70 年代的捆绑援助做的大致估计。[2]

可以看出，发达国家衡量援助质量的标准是基于假设的援助动机来制定的。援助国越"无私"、让渡越大，援助质量就越高。这种动机导向的援助评价方式实质上将捆绑援助变成了"过街老鼠"。发达援助国都力图同捆绑援助划清界限。当英国《金融时报》的社论指责日本仍在广泛使用捆绑援助的方式时，日本政府立即出来澄清，申明日本"强烈支持松绑援助，并且坚守承诺同捆绑援助说再见"[3]。

讽刺的是，尽管发达援助国的捆绑援助比例已大幅下降，这些援助资金的流向和援助国的出口流向却是惊人的合拍。[4]换句话说，援助的主要受益方仍然是援助国的出口企业。尽管他们的出口增长并不是直接来自援助的附加条件，但受援国出于对将来援助的期待，通常会减少从非援助国的进口而增加从援助国的进口。这实际上变成了变相的捆绑援助。

---

[1] OECD, "Untied Aid: the Right to Choose", http://www.oecd.org/development/untyingaidtherighttochoose.htm.

[2] Catrinus Jepma, "The Tying of Aid", OECD Development Centre, 1991, p. 15.

[3] Yutaka Iimura, "Japan's Position on Untied Aid", Ministry of Foreign Affairs, 2000, http://www.mofa.go.jp/j_info/japan/opinion/iimura.html.

[4] Philipp Huhne, Birgit Meyer, and Peter Nunnenkamp, "Who Benefits rom Aid for Trade? Comparing the Effects on Recipient Versus Donor Exports", *Journal of Development Studies*, Vol. 50, No. 9, 2014, pp. 1275-1288.

值得注意的是，尽管理论上解除捆绑可以提高援助资金使用效率，减少裙带关系和限制腐败。但事实上从 DAC 开始倡导解除捆绑以来，国际援助的使用效率问题仍然不高，而援助国和受援国的关系也没有明显改善。更重要的是，援助对受援国的经济增长的影响还是没有明显效果。如此看来，捆绑援助似乎只是发达援助国为援助的低效率找到的替罪羊。

第四节　新型发展合作模式

经济全球化极大地推动了全球范围贸易扩张和资本流动，但也加速了国家间和国家内部的分化。贫富差距不仅在发达与发展中国家之间持续存在，而且在几乎所有国家的内部都扩大了。贫困人口不再是集中于最不发达国家，而是大量存在于中低收入国家中。这是自工业革命以来从未出现过的现象。[1] 与此同时，国际发展合作的参与力量也在发生变化。发达国家在全球经济中的地位逐渐下降，尤其是在经历了金融危机后，经济持续低迷，减弱了他们进行发展援助的动力。部分新兴国家参与国际发展合作的意愿强烈，逐渐从国际援助的接受者变成贡献者。

在金融危机后的全球化时代，实现均衡发展成为更紧迫的全球性的问题。发展的目标已不仅仅是帮助不发达国家摆脱贫困，而是推动处于不同发展阶段的国家共同繁荣。SDGs 确定的 17 个发展目标中，建立发展合作伙伴关系对于其他目标的实现具有关键的意义。2015 年通过的《亚的斯亚贝巴行动计划》也突出地体现了这一点。发达国家的援助改革朝着改变援助国和受援国之间的不平衡关系方向做出了努力，也认识到了基础设施和贸易对经济发展的重要性。

---

[1] Andy Sumner, "Global poverty, aid, and middle-income countries: are the country classifications moribund or is global poverty in the process of 'nationalizing'?", UNU WIDER Working Paper, Helsinki: UNU WIDER, No. 2013/062, 2013.

但是，这种改革仅仅是对现行援助体制的小修补，并未解决资源有限、机制扭曲、碎片化的核心问题。因此，要实现全球均衡发展，改革现有的国际发展合作框架十分必要。那么，新型发展合作模式如何才能解决这三大问题呢？

第一，针对援助资源的限制，新型发展合作模式应该用更包容的发展合作融资概念代替官方发展援助概念，协调传统和新兴援助国之间的分工与合作。首要任务是清楚定义新型发展合作的方式。一些学者已就中国的对外援助方式做出界定。比如，张海冰将中国对非洲援助模式界定为"发展引导型援助"，即通过援助与合作的方式帮助引导受援国实现自主发展，并最终实现受援国与援助国共同发展。[1] 徐秀丽和李小云则提出"平行经验转移"这一概念，认为中国提供的互惠性的基础设施、技术转移和平行的经验分享是这种发展型公共产品物化的代表，而并非干预性援助。[2] 程诚提出"中国特色的官方开发金融"的概念。[3] 这些概念虽各有新意，也突出了中国援助方式同 ODA 的区别，但未能从全球角度提出一个广泛适用的发展合作定义。

本章认为，新型发展合作的定义应该淡化 ODA 定义中强调的官方性和优惠性的特点，突破"援助国—受援国"的传统模式，强调多源性、互惠性和自主性，建立各国间的平等合作和互利共赢的模式，从根本上调动新兴国家和私人部门参与国际发展的积极性。

（1）多源性：传统的 ODA 模式强调官方援助，即只有从政府流出的资金才能被纳入 ODA 的统计范围。但随着非官方援助者的不断增加，强调援助的官方性已不再合适。因此，新型发展合作应以多

---

[1] 张海冰：《发展引导型援助：中国对非洲援助模式研究》，上海人民出版社 2013 年版，第 181 页。
[2] 徐秀丽、李小云：《中国是否重塑国际发展架构》，《国际援助》2015 年第 5 期，第 50—57 页。
[3] 程诚：《中国特色的官方开发金融：中非发展合作的新模式》，《复旦国际关系评论》2016 年第 19 辑，第 1—34 页。

源性取代官方性，扩大援助的统计口径，无论资金是来自政府、国有金融机构、国有企业、私营企业还是民间机构，都应纳入统计范围。

（2）互惠性：传统ODA模式对援助的"优惠程度"有着非常严格的要求，认为只有达到25%赠予成分的贷款才可以被认定为双边ODA援助，达到35%的赠予成分才可以被认定为是多边ODA援助。但是援助的实践经验显示，资金的优惠程度和发展效果之间并没有必然联系，追逐商业利益的国际直接投资反而会带来最具活力的经济增长。因此，新型发展合作不应该只以资金优惠程度来衡量援助质量，而是应该将资金输出国的合理回报结合起来考虑。同时，在新型发展合作中，资金输出和输入国的关系是双向的，援助资金流动应该同双方的经贸关系挂钩。这是考察发展合作程度的重要部分，也会推动援助方和受援方关系的平衡发展。

（3）自主性：传统援助国通常把ODA按指定使用部门细分，但这种方式不仅导致援助的碎片化，而且限制受援国的自主性。从2007年开始，DAC开始引入国家计划援助（Country Programmable Aid，CPA）的概念，指受援国根据国内的发展优先目标可自主决定使用的援助。尽管CPA在一些DAC国家的援助中比例开始上升。而在新兴援助国中，90%的援助资源都是用CPA的形式发放的。初步证据显示CPA对经济增长的提升作用更明显。[1] 新型发展合作体系不能仅从援助国的角度关注援助资金是否投入了预定领域，而是应给受援国更大的自主权，让他们选择最合理有效的资源分配方式。

第二，针对援助机制的扭曲，新型发展合作模式应该在理念上明确发展途径的多样性和援助目标的差异化。发达援助国认为制度环境和治理能力是影响发展最根本的因素，因此在援助中通常会附加条件要求受援国进行制度和政策改革，进行"能力建设"。的确，

---

[1] UNDP, "Towards Human Resilience: Sustaining MDG Progress in an Age of Economic Uncertainty", 2011, p. 166.

历史经验说明，国家能力对经济发展至关重要。但能力建设是一个长期系统的过程，建设成本很高，见效也很缓慢。而发展中国家面临的制度约束不同，发展障碍也差别很大，不能以"能力不足"来一概而论。丹尼·罗德里格（Dani Rodrik）等学者认为，发展中国家真正需要的是各国根据自身不同情况进行成本较小、目的明确的"次优制度"改革。在国家能力参差不齐的情况下，不可能有适用于所有国家的标准发展模式。[1]因此，新发展合作框架应着重帮助发展中国家找到适合自身的持续发展模式，而不是推行具有普适性的最佳发展模式。让欠发达国家在发展中进行能力建设，而不是把能力建设作为经济发展的前提。

同样，多样性和差异化也应该体现在援助目标的设定上。长期以来，发达援助国一直把社会基础设施及服务作为投放援助资金的主要领域。这部分援助是以提高技能、促进健康卫生为主要目标的"保障型援助"（protection assistance），对减少贫困帮助较大，但对经济增长的直接推动作用较小。发达援助国对经济基础设施和生产能力的援助投入较少，而这一类的援助则可以称为"发展型援助"（developmental assistance），对于已有一定经济发展水平的中低收入国家，依靠保护性政策很难发挥效果，更需要推动性政策来带动经济增长，增加就业，从而减少贫困。在发展道路的选择上，扶贫优先还是增长优先并不存在固定的模式，而是一个值得争论的话题。比如，《巴黎宣言》就认为援助的首要目标应该是促进经济增长，然后通过经济增长的红利来实现减贫。新型发展合作应该根据各国的实际情况来平衡投向保障性援助和发展型援助的资源，以提高援助的有效性。

新型发展合作不仅需要在观念上认识到发展道路的多样性，而且应该有更多元的援助评估体系。一方面应对援助的目标进行更明

---

[1] Dani Rodrik, "Second Best Institutions", *American Economic Review: Papers & Proceedings*, Vol. 98, No. 2, 2008, pp. 100-104.

确的划分，评价"发展型援助"的效果应以经济增长、就业等宏观指标为主；评价"保障型援助"则应以减贫效果、项目产出等微观目标为主。另一方面又应该协调不同的援助项目，并把援助和其他经济活动进行有机联系，以解决集体行动问题。从技术上讲，准确评估援助的宏观效果比微观效果要难得多。个体援助项目的执行情况可以用资金、产出、就业等具体指标来直接衡量，而援助的宏观影响则需要在假设的实验条件下进行估算。如"援助前"和"援助后"效果比较，或者在"有援助"和"无援助"情况下的效果比较。这种假设的实验条件通常是很难获取的。而且援助的宏观效果需要较长的时间才能显现出来，进一步增加了评估的难度。

第三，针对援助的过度碎片化，新型发展合作模式应该通过整合援助、贷款、投资等多种融资渠道，创造规模效应，推动欠发达国家实现开放式的工业化。从表面上看，这种三位一体的新型发展合作模式类似于传统的捆绑援助，但事实上存在重大区别。传统的捆绑援助模式通常是通过在援助或优惠贷款协议中附加采购条件，重点在于帮助援助国企业扩大出口，并非着眼于建立长期的互惠合作关系。

三位一体模式中的关键环节是以援助带动投资，而不是用援助绑定出口。这种模式将合作关系从政府之间延伸到企业之间，提升伙伴国家间的经济整合程度，推动两国利益目标重合，减少利益冲突。由于政府作为担保方和协调者，这种模式可以调动援助国投资者参与发展融资的积极性、降低它们的投资风险，有利于建立长期稳定的公私合作关系（PPP）。三位一体模式改变了援助国只注重出口增长的重商主义，而是旨在推动建立紧密的跨国生产分工关系，形成以全球价值链为载体的平衡发展。

开放式工业化也不同于传统的进口替代工业化，而是通过整合区域资源，建立国家间和地区间的产业集群，融入全球价值链。近年来，一种被称为"发展走廊"（Development Corridor）的模式逐渐浮现出来。"发展走廊"概念的核心是通过协调"硬"基础设施（如铁路、公路、港口等）和"软"基础设施（如一站式的注册、税务、金融、贸易等服务），降低发展中国家的贸易成本，形成地区性产业链，带动经济发展。这个概念把铁路公路等基础设施建设不仅看成是连接不发达地区的交通枢纽，更把它们作为加强周边地区互联互通、整合市场的载体。非洲发展银行认为，这种模式可以把交通枢纽变成社会经济发展的引擎。对经济发展有三个主要好处：第一，提升本地的工业化水平和生产规模，参与全球价值链；第二，创造良好的投资环境以吸引外资；第三，加强了同周边市场的互联互通和整合。[1]

中国自身的发展就是广泛采用了以经济特区和开发区为载体，整合资源、促进产业集聚，推动城市发展和服务集聚。在其他新兴市场，经济特区也被广泛证明有助于经济增长、创造就业和提高收入。[2]这种整合援助和贸易投资的模式不仅被新兴国家广泛采用，发达国家的援助战略也在朝这个方向变化。比如，在第五次东京非洲发展国际会议（TICAD V）上，日本明确提出了 2013—2018 年对非洲的总投入为 3.2 万亿日元，其中的 ODA 占 1.4 万亿日元，其余部分为贸易和投资，重点打造十大集群式的经济走廊。[3]美国政府于 2013 年推出了"电力非洲"（Power Africa）方案，投入了 80 亿美元的官方援助资金，吸引了超过 400 亿美元的私人资本，用于非洲的供电网络建设。[4] 英国在 2015 年推出了名为"繁荣基金"（Prosperity Fund）的新援助方案，计划投入 13 亿英镑用于改善中等

---

[1] African Development Bank, "Developing Economic Corridors in Africa: Rationale for the Participation of African Development Bank", *Regional Integration Brief*, 2013.

[2] 林毅夫、王燕：《超越发展援助：在一个多极世界中重构发展合作新理念》，宋琛译，北京大学出版社 2016 年版，第 123 页。

[3] Japan International Cooperation Agency（JICA）, TICAD 20th Anniversary and Trade: Main Report, 2013.

[4] USAID, "Power Africa Annual Report 2016", September 2016, p. 6.

收入国家的商业环境，为英国企业创造更多的投资机会。① 所有的这些政策，都是将带动私人投资作为援助的重点目标，进而建立长期的经贸合作关系。

如何将这些概念性设想付诸实施？发达国家和新兴国家的经济学家都在尝试用新的方式来重新界定发展合作。比如，DAC 推出了可持续发展全方位官方支持的概念（Total Official Support for Sustainable Development，TOSSD），涵盖了所有用于发展目的的公共融资和私人资本。② 林毅夫和王燕则提出了以 ODA 为内核，向外延伸的广义发展融资，包括 ODA、OOF、类 OOF 的非优惠贷款和类 OOF 投资等公共资金。③ 这些提议都是朝着建立全面包容的发展合作概念迈进，但是在一些重点问题上仍然需要做出更明确的界定。比如，从范围上看，发展合作中的私人资本流动到底是仅限于受政府担保的私人资本，还是应该包括所有的投资和贷款？从目的上看，以促进发展为目的的资源是否仅限于投向欠发达国家的资金，还是应该包括流向其他国家，属于为全球提供公共产品（如环境治理、维护和平等）的资金？如何准确量化这些概念仍是一个困难的任务。

建立新型发展合作模式的同时，也需要对评估机制进行改革。现行的援助评价标准有很多。经济增长率和制度建设是评价援助宏观效果的最重要标准，而在微观评估中，项目完成情况、贷款回收率等具体指标更为重要。现行的宏观和微观援助评价方式都有明显的弱点：宏观的援助效果分析都是以国家为单位，考察援助总量或占 GDP 的比例对经济增长的影响。由于因果链条太长，不可控因素太多，很难得出一致性的结果。在援助项目呈现出高度碎片化的情

---

① Foreign & Commonwealth Office, "Cross‐country Prosperity Fund: an Update", https://www.gov.uk/government/publications/cross-government-prosperity-fund-programme/cross-government-prosperity-fund-update, 2017.
② OECD, "Measuring Total Official Support for Sustainable Development", 2015.
③ 林毅夫、王燕：《超越发展援助：在一个多极世界中重构发展合作新理念》，宋琛译，北京大学出版社 2016 年版，第 199—200 页。

况下，援助难以对整体经济形成有效的推动力。而微观评估方式则把关注重点放在项目本身的完成情况和短期效果，缺乏对援助的外溢效应的评估和整体规划，难以协调集体行动。因此，我们需要一个多方位的观察视角，既缩短援助同经济发展之间的因果链条，也避免了用短视的目标来判断援助有效性。

新的发展合作评价体系可分为两类。第一类是静态的综合指标，对合作项目的宏观和微观效果进行全面分析。比如，为配合《巴黎宣言》，全球发展中心（CGD）推出了"发展援助质量"（QuODA）评价标准，包括 30 个指标，分别评估在效率最大化、制度建设、行政负担、透明度等方面的表现。[1]这种综合评价体系比以经济增长为指标的宏观评价体系更为全面。

第二类是以区域为范围的中观评价体系。由于发展合作项目通常集中于一个地区，其外溢效果可能波及项目以外的整个区域，但难以对所在国的整体经济造成显著影响。因此，介于微观项目和宏观经济之间的中观区域就可能是更合适的评估范围。比如，在评价中国对非援助的效果时，就可以将重点放在以工业园区和经济走廊为核心的区域。中国现有的海外工业园总数已超过百家。截至 2014 年底，商务部重点统计的 16 家规模相对较大的园区，已经完成投资总额超过 100 亿元人民币，入驻企业超过 400 家，为当地创造了超过 4 万个就业岗位。[2] 其中在非洲的 6 个园区已在当地创造了 2 万个就业机会。[3] 尤其是在埃塞俄比亚，工业园区的建设大幅提升了两国的贸易关系。从 2003 年到 2013 年，中埃双边贸易增长了 13 倍。[4]

---

[1] Nancy Birsall and Homi Kharas, "Quality of Official Development Assistance Assessment", Center for Global Development, 2010.

[2] 张延龙、曾建中、沈念祖：《中国近 100 家工业园区海外圈地成产能输出重要载体》，《经济观察报》2015 年 6 月 28 日。

[3] Tang, Xiaoyang, "How Do Chinese Special Economic Zones Support Economic Transformation in Africa?", ODI, 2015.

[4] 王毅：《中国与埃塞俄比亚关系：南南合作的卓越典范》，《光明日报》2014 年 12 月 1 日。

自 2005 年以来，埃塞俄比亚的经济增长一直保持在 10% 以上，是世界上经济表现最好的国家。当然，由于许多发展走廊仍处于早期建设阶段，尚未形成规模效益，对当地经济发展的带动作用还未充分发挥出来。

第九章
全球化与新型发展合作

第九章　全球化与新型发展合作

发达国家主导的发展援助体系和发展中国家倡导的南南合作机制深刻影响了 20 世纪中后期国际发展的态势。发展援助体系主导了国际发展的规则和路径，但对发展中国家的经济增长推动作用远低于预期。传统的南南合作在政治外交上得到了发展中国家的广泛响应，但在经济合作上缺乏广度和深度。进入 21 世纪以后，世界经济格局发生了重大变化，中国等新兴经济国家缩小了与发达国家的发展差距，成为国际发展合作的重要贡献者。南南合作在国际发展合作中发挥着比以往任何时候都更为重要的作用。新兴经济国家参与发展合作的方式具备什么样的特点？对其他发展中国家的经济发展产生了怎样的影响？本章将就这些问题进行分析。

第一节　传统发展援助体系和南南合作

一　传统发展援助体系的缺陷

在经历了二战后的经济复苏和高速增长后，欧美发达国家出于战略竞争的考虑，从 20 世纪 60 年代开始有系统地进行对外援助，以增强对发展中国家的影响力，同时也希望提升它们的经济发展水平。新古典经济增长理论认为充分投资是实现经济增长的关键要素，而投资不足是发展中国家经济增长缓慢的主要原因。在《经济增长的阶段论：非共产党宣言》一书中，沃特·罗斯托（W. W. Rostow）认为，发展中国家要实现经济起飞，投资占收入的比重必须从 5% 大幅提高到10%。①国际援助可以补充发展中国家的投资不足，发展工业化，从而实现经济增长。在这种观点影响下，如前章所述，经济合作与发展组织（OECD）于1961年成立了发展援助委员会（DAC），提出了官方发展援助（ODA）的概念，建议发达国家将国民总收入（GNI）的0.7%用于援助发展中国家。发展援助体系由此形成。从1960年到2021年，发达援助国向发展中国家总共提供了超过5万亿美元的ODA，是发展中国家获得外来资本的重要来源。②

然而，援助是否有效一直是国际发展研究领域最有争议的话题之一。尽管在微观层面上，援助项目在救助贫困、减少传染病、降低婴儿死亡率等方面都有积极贡献，③但许多实证研究显示援助效果受国内治理环境的影响很大，总体上对受援国的经济增长没有明显效果。④尤其是接受援助最多的非洲国家非但没有加快经济增长，反而拉大了同其他发展中国家的差距。援助项目在微观和宏观效果上的巨大反差，反映了评价标准不一致导致的"微观—宏观悖论"（micro-macro paradox），⑤也暴露出发展援助体系的几个重要缺陷。

首先，发展援助中的不对等关系降低了受援国解决本身发展问题的自主性和参与感。一些学者认为，发达国家对发展中国家提供

---

① W. W. Rostow, *The Stages of Economic Growth: A Non-communist Manifesto*, New York: Cambridge University Press, 1960.

② OECD, "Net ODA from DAC countries from 1950 to 2021," http://www.oecd.org/dac/financing-sustainable-development/development-finance-data/.

③ Jeffrey Sachs, *The End of Poverty: Economic Possibilities for Our Time*, New York: The Penguin Press, 2005.

④ Craig Burnside and David Dollar, "Aid, Policies, and Growth", *The American Economic Review*, Vol. 90, No. 4, 2000, pp. 847-868; William Easterly, "Can Foreign Aid Buy Growth", *Journal of Economic Perspectives*, Vol. 17, No. 3, pp. 23-48; Raghuram Rajan and Arvind Subramanian, "Aid and Growth: What Does the Cross-Country Evidence Really Show?", *The Review of Economics and Statistics*, Vol. 90, No. 4, 2008, pp. 643-665.

⑤ Peter Mosley, "Aid Effectiveness: The Micro-Macro Paradox", *IDS Bulletin*, Vol. 17, No. 2, 1986, pp. 22-27.

援助反映了一种超越利益的道德观。① 其中一个重要动机是出于"白人的负担",即通过对曾经推行过的殖民政策的补偿,以减轻自己的负疚感。②正因为如此,发达国家制定援助政策往往凭感情用事,而不是从发展中国家的实际出发。③ 这种援助动机意味着发达国家没有将受援国的经济发展作为援助的主要目标,而是更关注援助是否投向了符合援助国价值观的地方。发展援助委员会在近些年的援助体制改革中虽然强调要对援助国增加问责(accountability),给受援国更多的"所有权"(owner ship),但仍然无法从根本上改变援助国和受援国之间不对等的关系。

其次,发达国家对标准发展模式的坚持导致援助目标脱离实际。从早期的线性发展阶段论,到后来的新自由主义理论,西方经济学的主流观点一直认为经济发展有标准模式可以遵循。而且,援助是否有效主要是由受援国的内部治理水平,而不是援助政策决定的。④ 因此,发达国家往往把附加政治条件,要求受援国进行自由化改革成为援助的标准配置。在援助分配时,则体现为将援助重点放在包括教育、卫生和政府能力建设的社会基础设施,而不是对经济增长直接相关的经济基础设施和工业生产领域。发达国家对基础设施和生产部门的援助资金占比从 90 年代的 53% 下降到 21 世纪初的 31%。⑤

但是,这些做法忽视了国家能力和发展道路的差异性。经济发

---

① David Halloran Lumsdaine, *Moral Vision in International Politics: The Foreign Aid Regime, 1949-1989*, Princeton: Princeton University Press, 1993.

② William Easterly, *White Men's Burden Why the West's Efforts to Aid the Rest Have Done so Much Ill and so Little Good*, New York: Penguin Books, 2001.

③ Paul Collier, *The Bottom Billion: Why the Poorest Countries are Failing and What can be Done about It*, New York: Oxford University Press, 2007.

④ Craig Burnside and David Dollar, "Aid, Policies, and Growth", *The American Economic Review*, Vol. 90, No. 4, 2000, pp. 847-869.

⑤ Jonathan Glennie, *The Trouble with Aid: Why Less Could Mean More for Africa*, London: Zed Books, 2008.

展水平和治理能力的提升实际上是一个共同演进（co-evolution）的过程。[①] 对于低收入国家来说，经济发展的最主要障碍是政府能力弱造成的基础设施和生产要素投入不足，而不是私有产权的保护不够。随着经济发展水平的提高，要素投入对经济发展的拉动作用下降，鼓励创新的制度环境就变得更重要。在经济发展水平很低的情况下，发展中国家的治理能力也很弱，很难单纯依靠制度建设来带动经济发展。而且，如果没有适当的工业基础，单靠贸易自由化无法让欠发达国家实现持续发展，反而可能会加剧发达和发展中国家间不对等的经贸关系。的确，这些援助理念影响了欠发达国家的发展战略，拉美和非洲国家在20世纪80年代后经历了去工业化的过程。到了21世纪初，非洲的工业化水平甚至比30年前还低。[②]

最后，援助与贸易投资缺少互动，难以产生规模效应。长期以来，尽管发达国家是发展援助的主力，但许多发展中国家却很少受到商业资本的青睐。在一战前的1913年，流向低收入国家的资本占全球资本的25%。而到了全球化顶峰的1997年，全球仅有5%的资本流入了低收入国家。[③]发展援助也没有帮助发展中国家真正融入国际市场，只能依靠初级产品和资源类产品出口。出口结构单一导致大多数发展中国家难以提升国内产业的生产率，无法实现经济持续增长的目标。由此可见，全球化并没有增加低收入国家获得国际资本的机会，反而让它们更加边缘化。为什么发达国家对低收入国家的投资兴趣缺乏？在发达国家的金融机构和投资者看来，大部分发展中国家的政治经济风险都很高。如果缺乏有效的制度和政策保障，投资者是不

---

① Yuen Yuen Ang, *How China Escapes the Poverty Trap*, Ithaca: Cornell University Press, 2016.

② Dani Rodrik, "Premature Deindustrialization", *Journal of Economic Growth*, Vol. 21, No. 1, 2016, pp. 1-33.

③ Maurice Obstfeld, Alan M. Taylor, "Globalization and Capital Markets", in *Globalization in Historical Perspective*, edited by Michael D. Bordo, Alan M. Taylor and Jeffrey G. Williamson, Chicago: Chicago University Press, p. 176.

愿意冒险投资的。由于无法吸引投资，低收入国家只能依靠援助来维持其经济基本运作，经济发展也就只能长期陷入低水平循环。

二 传统南南合作的不足

南南合作是发展中国家基于团结理念，在共同的反殖民反霸权诉求下形成的广泛合作框架，覆盖政治、经济、社会、文化、环境和技术领域。南南合作的历史也很长。在发达国家的发展援助体系正式建立之前，南南合作框架已经开始形成。1955年的万隆会议不仅标志着南南合作的开始，也对战后国际秩序产生了深远影响。阿米塔夫·阿查亚（Amitav Archarya）认为万隆会议催生了"全球国际关系"（Global IR）的诞生：除了欧美主导的三大主流范式外，全球国际关系还呈现出大量非西方的、地区性的差异性特点。[1]的确，在政治和外交方面，万隆会议通过了确立了团结、平等、互不干涉内政等南南合作原则，有利于协调发展中国家间的政策目标，同时又维护国家主权，因此奠定了良好的合作基础，受到了广大发展中国家的支持。20世纪60年代诞生的不结盟运动和77国集团进一步构筑了发展中国家在政治领域的多边合作的基本框架。

然而，南南合作在经济领域却缺少明确的制度架构。1964年成立的联合国贸易与发展会议（UNCTAD）则成为发展中国家集体发声的平台。1968年，贸发会议的第二次大会上达成普惠制（GSP）协议，发达国家同意给予发展中国家普遍的关税减免优惠。1974年，联合国大会通过了不结盟国家集团提出的《建立国际经济新秩序宣言》的决议草案，确立了包括经济主权原则、合作求发展原则、公平互利原则等15项原则，希望改变发达国家和发展中国家之间不对等的关系。1978年通过的《布宜诺斯艾利斯行动计划》确立了技术合作是南南合作的重点。建立"国际经济新秩序"的倡议引起了发

---

[1] Amitav Archarya, "Studying Bandung Conference From a Global IR Perspective," *Australia Journal of International Affairs*, Vol. 70, No. 4, 2016, pp. 342-357.

展中国家的热烈响应。①但是，20 世纪 80 年代以后，随着全球化和新自由主义的兴起，发达国家对中国等新兴经济国家要求"特殊与差别待遇"的诉求进行了抵制和反制。②

20 世纪 70 年代，由于发达国家普遍陷入经济危机，南南经济合作一度受到重视。1979 年，阿瑟·刘易斯（Arthur Lewis）在接受诺贝尔经济学奖致辞时表示，发达国家的经济增长黄金期不复存在，南南贸易将成为牵引发展中国家经济发展的主要动力。③但是，随后出现的拉美债务危机却中止了南南经济合作的发展势头。1985 年，南南贸易仅占全球贸易总量的 5.1%，降到了历史最低点。④为什么南南经济合作在 20 世纪进展如此缓慢？

一方面，发展中国家内部缺少强烈的经济合作动力。由于发展中国家普遍经济发展水平不高，工业化尚未完成，不具备大规模制造业生产的能力，出口以原材料和初级产品为主。因此，发展中国家的经济互补性弱，合作的共同利益不大。因此，南南合作的重点一直是技术合作和知识交流。尽管中国、印度、巴西等国都有很长的对外援助历史，但援助规模很小，而且重点在于技术援助。

另一方面，国际经济体系也没有为南南合作创造足够的外部空间。在传统的贸易框架下，发展中国家只能靠出口初级产品以换取发达国家的工业品。劳尔·普罗维什（Raul Prebisch）等学者认为这种贸易结构对发展中国家不利，加深他们对发达国家的依赖。⑤

---

① Robert Cox, "Ideologies and the New International Economic Order: Reflections on Some Recent Literature", *International Organization*, Vol. 33, No. 2, 1979, pp. 257-302.
② 徐崇利：《新兴国家崛起与构建国际经济新秩序——以中国的路径选择为视角》，《中国社会科学》2012 年第 10 期，第 186—204 页。
③ Arthur Lewis, "The Slowing Down of the Engine of Growth", *American Economic Review* Vol. 70, No. 4, 1980, pp. 555-64.
④ UNCTAD, "Global Value Chains and South-South Trade: Economic Cooperation and Integration among Developing Countries", October 2015, p. 19.
⑤ Raul Prebisch, "The Economic Development of Latin America and its Principal Problems", Economic Commission for Latin America, 1950, pp. 1-59.

受到依附理论的影响，许多发展中国家都采用了进口替代工业化战略，希望通过补贴和保护来发展资本密集型制造业，建立完整的工业体系，从而减少对发达国家的依赖。① 但是，保护国内市场对发展中国家之间的经贸往来限制更大。②

此外，南南合作也缺少有效的国际协调机构。联合国贸发会议和南方委员会是推动南南经济合作的主要多边机构，但发达国家是这些机构的主要资金提供者，因此在议程设置上没有推动南南合作的强烈愿望，甚至阻挠发展中国家的集体行动。比如，1982年，当77国集团提出建立发展中国家之间的全球贸易优惠制度（GSTP）的方案时，贸发会议中的发达成员国以这个优惠贸易协定具有排他性为理由予以否定。③

20世纪后半期，南北差距巨大而南南国家之间经贸往来有限，南北双方对发展问题的认识也有很大差异。发展援助和南南合作基本在不同的轨迹中运行，呈现出迥异的态势（参见图9-1）。发展援助构成了国际发展的基本体系和规则。在新自由主义的框架下，单一的发展模式和线性的发展过程被认为是实现现代化的标准配方，而附带条件的援助则是帮助发展中国家实现经济发展的最佳方式

反观发展中国家，尽管有寻求不同于发达国家的发展模式和路径的愿望［如南方委员会报告中对自我依靠（self-reliance）和自我主导（self-directed）原则的强调］，④但它们对发展的优先目标差异较大，也没有提出明确的南南合作方案和政策框架。非洲国家的首要任务是摆脱对前殖民宗主国的依赖，实现真正的经济独立自主。

---

① Stephan Haggard, *Pathways from the Periphery: The Politics of Growth in the Newly Industrializing Countries*, Ithaca: Cornell University Press, 1990.

② David Greenaway and Chris Milner, "South-South Trade: Theory, Evidence, and Policy", *World Bank Research Observer*, Vol. 5, No. 1, 1990, pp. 47–68.

③ James Scott, "The International Politics of South–South Trade", *Global Governance*, Vol. 22, 2016, pp. 427–445.

④ The South Commission, *The Challenges to the South*, New York: Oxford University Press, 1990, pp. 10–11.

拉美国家的政策长期在民族主义和自由主义中摇摆。亚洲则把经济增长当成了政府最重要的政策目标。而且由于经济实力整体较弱，参与经济合作缺乏充分的动力和资源。发展中国家对发展目标的不同强调导致南南合作难以有实质进展。

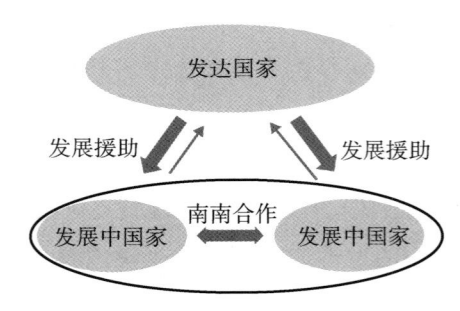

图 9-1 传统的发展援助与南南合作关系

第二节 新型发展合作的特征

一 国际经济结构的新变化

进入 21 世纪以来，随着经济全球化的持续扩张，国际经济结构发生了许多重要变化。这些变化表现在以下几个方面。

第一，南北国家之间总体差距缩小，南南国家之间分化明显。以七国集团（G7）为首的发达国家的经济影响力逐渐下降。从 1980 年到 2018 年，七国集团占世界经济总量的比例从 62% 下降到 46%；发展中国家所占比例则从 24% 上升到 40%。[①]发展中国家的影响力上升不仅反映在经济总量上，也体现在对全球经济增长的贡献上。20 世纪 70 年代末，发展中国家仅贡献了全球经济增长的 18%，目前已

---

① 根据 IMF 世界经济展望数据库中的 GDP（市场汇率）计算。IMF Data Mapper, https://www.imf.org/external/datamapper/datasets/WEO。

达到 70% 左右。[1]

与此同时，发展中国家间的发展分化也在加大。亚洲的新兴市场国家利用出口导向的工业化战略，积极融入国际市场，推动了经济快速持续增长。但是，1980 年以来，除了中国、印度等少数新兴经济国家外，拉美和非洲的大部分发展中国家的经济增长速度却放慢了，同发达国家的收入差距继续拉大。因此，世界经济结构已经由传统的中心—边缘式的单一循环逐渐演变为更复杂的双循环。除了原有的以发达国家为中心的循环外，新兴经济国家同亚非拉其他发展中国家间也形成了一个新的经济循环。[2]

从财富分配来看，全球也不再是富裕的发达国家和贫穷的发展中国家的简单两分。发展中国家之间的发展差异日益明显。世界银行、国际货币基金组织（IMF）和联合国开发署（UNDP）等国际机构都对发展中国家做了进一步分类，但分类标准并不统一。[3]发展较快的新兴经济国家兼具了援助国和受援国的双重身份。一方面，他们已进入中等收入行列，具备了向欠发达国家提供援助的能力和愿望。从目前提供援助的国家数量来看，新兴经济国家已经占据了半壁江山。[4] 另一方面，新兴经济国家仍然深受发展问题困扰。全球 70% 的贫困人口分布在中等收入国家，特别是那些人均收入水平较

---

[1] International Monetary Fund, "World Economic Outlook, April 2017: Gaining Momentum?", 2017, p. 67.

[2] 王跃生、马相东：《全球经济"双循环"与"新南南合作"》，《国际经济评论》2014 年第 2 期，第 61—80 页。

[3] 世界银行将发展中国家分为低收入国家和中等收入国家；IMF 将发展中国家分为低收入发展中国家和新兴及其他发展中国家；UNDP 则把发展中国家按照人类发展指数分为高中低三类。关于这些分类方法的具体标准，参见 Lynge Nielson, "Classification of Countries Based on Their Level of Development: How It Is Done and How It Could be Done", IMF Working Paper, No. 11/31, 2011.

[4] 目前，援助委员会（DAC）的成员包括 28 个发达国家和组织，而向援助委员会报告信息的非成员援助国达到 20 个。包括中国在内的新兴援助国并没有在 DAC 的统计表中，但他们也积极地参与对外援助。

低的中低收入国家。[1]新兴经济国家的双重身份使它们在国际发展上的目标更加谨慎和务实，愿意以合作互惠的方式参与，而不是单纯的无偿援助。

第二，国际资本的构成更多元，流动方向更分散。在20世纪后半期，官方发展援助是低收入发展中国家的资金主要来源，而发达国家则是国际私人资本的主要聚集地和流出地。这种局面正在发生变化。国际私人资本流动加速降低了援助资金的重要性。国际援助在发展中国家的资金构成中的比例越来越低。1970年，流入发展中国家的外国直接投资（FDI）仅为发展援助的四分之一。到了2015年，发展中国家的FDI流入量已超过发展援助的4倍。从1965年到1999年，流入发展中国家的FDI一直占全球FDI的比例几乎不变，为18.5%左右。[2] 2000年以后，流入发展中国家的FDI迅速增加，到2013年，发展中国家吸引的FDI已占到全球FDI总量的61%。[3]由此可见，国际援助在发展中国家经济中的地位正在被边缘化，而外资的重要性则持续上升。新兴经济国家也成了重要的国际资本输出国，2013年流出的FDI已占到全球总量的39%。

第三，全球市场整合改变了发展中国家融入国际市场的方式。在20世纪90年代之前，国际贸易的主要形式是建立在比较优势和规模经济基础上的最终商品贸易。发达国家拥有的资本和技术优势使它们成为国际贸易的主导力量和主要受益者。南南贸易在全球贸易中的份额很小。90年代以后，全球分工逐渐从产品和行业的国际分工转向成生产过程的国际分工。全球价值链逐渐形成并不断延伸。

---

[1] Andy Sumner, "Global Poverty, Aid, and Middle-Income Countries: Are the Country Classifications Moribund or Is Global Poverty in the Process of 'Nationalizing'?", UNU WIDER Working Paper, Helsinki: UNU WIDER, No. 2013/062, 2013.

[2] World Bank, *Capital for the Future-Saving and Investment in an Interdependent World*, Global Development Horizons, Washington, D. C., 2013, pp. 19-20.

[3] Omar Dahi and Firat Demir, "South-South and North-South Economic Exchanges: Does It Matter Who Is Exchanging What and With Whom?", *Journal of Economic Surveys*, Vol. 31, No. 5, 2017, pp. 1449-1486.

几乎没有国家可以在本国境内完成工业品的所有生产过程。价值链贸易已经占到全球贸易总量的60%。①

在这一过程中,发达国家的跨国公司,凭借技术优势和市场规模,占据了全球价值链的高端,但发展中国家也利用比较优势,参与了全球价值链的许多环节。尽管它们参与的环节大都位于价值链低端,但因为专业分工的更加细化,中间产品生产推动了发展中国家间的贸易往来。新兴经济国家和低收入国家之间的发展梯级已经形成。经贸关系中的互补性将上升而竞争性将下降。进入21世纪以后,发展中国家间的贸易关系开始加速发展。2013年,同其他发展中国家的贸易占发展中国家总贸易额的60%左右,成为主要贸易伙伴。② 发展中国家的出口占全球总出口的份额从1995年的28%上升到2016年的44%。南南贸易发展速度更快。1995年时仅占全球贸易的12%,2016年已达到了25%。③

第四,发展中国家的发展理念趋同,发展问题范围扩大。进入21世纪以来,由于联合国千年发展目标(MDGs)和可持续发展目标(SDGs)两大倡议的实施,发展中国家对发展的认识逐渐趋同,发展目标变成了"翻越同一座山"。④经济增长和工业化成了发展的核心特征。基础设施建设在经济发展中的作用也被广泛认同。非洲国家已重新把工业化作为最重要的经济发展目标,制定了详细的工业化目标。这个工业化目标,并非仅限于制造业,而是对整个经济结构进行改造,以期通过融入国际市场来提升经济发展的动力。

---

① UNCTAD, "World Investment Report 2013: Global Value Chains: Investment and Trade for Development", 2013, p. 122.

② UNCTAD, "Global Value Chains and South-South Trade: Economic Cooperation and Integration among Developing Countries", October 2015, p. 19.

③ 根据联合国贸发会议统计数据计算, http://unctadstat.unctad.org/wds/TableViewer/tableView.aspx? ReportId=24397。

④ 林毅夫、王燕:《超越发展援助:在一个多极世界中重构发展合作新理念》,宋琛译,北京大学出版社2016年版。

南北国家的不同发展态势也改变了国际发展问题的范围。对发达国家来说,新兴工业化国家的崛起把国际发展从一个只是"对南方的挑战"(The challenge to the South),即有关减贫和援助的狭义问题,①变成了"南方的挑战"(The challenge of the South),成为有关国际体系和国际规则的全球性问题。②

二 新型发展合作的结构关系

面对21世纪国际经济结构的重要变化无论是传统的发展援助还是南南合作在理论和政策实践上都面临挑战。发展援助的支持者认为全球化带来的贸易加速流动和技术进步会推动发展中国家加速增长,缩小与发达国家的差距。但是,南北经济差距并没有缩小,反而是发展中国家之间的经济表现更趋分化。仅有少数几个新兴经济成功进入了高收入行列。大多数的发展中国家都被困在了"贫困陷阱"或"中等收入陷阱"中。③而这些发展成功国家的经济政策在很大程度上都违背了新自由主义的原则。这些"非正统"的发展经验让"华盛顿共识"变成了"华盛顿迷失"。④在2008年国际金融危机之后,新自由主义原则受到了更广泛的批评和质疑。发达国家本身的政治经济困境,加上令人失望的援助效果,使得传统的发展援助体系难以为继。

与此同时,传统的南南合作方式也面临转型。发展中国家在外交上强调团结互助,但经济发展上却往往是单打独斗,缺少协调。

---

① The South Commission, *The Challenges to the South*, New York: Oxford University Press, 1990.
② Khalil Hamdani, "The Challenge of the South", UNDP Human Development Report Occasional Paper, 2013, 2013/2.
③ Lili Wang and Yi Wen, "Escaping the Middle-Income Trap: A Cross-Country Analysis on the Patterns of Industrial Upgrading", Working Papers, 2018-1, Federal Reserve Bank of St. Louis.
④ Dani Rodrik, "Goodbye Washington Consensus, Hello Washington Confusion", *Journal of Economic Literature*, Vol. 44, No. 4, 2006, pp. 973-987.

第九章 全球化与新型发展合作

许多发展中国家效仿东亚发展模式，制定了产业政策以吸引外资和推动出口。但是，这些国家面对的国际环境已发生了重大变化。一方面，由于 WTO 等机构国际规则对产业政策空间的限制，大部分发展中国家难以实现产业升级和经济赶超。特别是随着全球价值链贸易的扩张，低收入国家参与全球化更加容易，但却面临着发达国家保护主义上升的局面。另一方面，以中国、印度、巴西为代表的新兴经济国家，在国内已形成了较完整的生产体系，同时对进口产品的需求也不断扩大。这些国家不仅是最终产品的生产商，而且正在成为最终产品的消费主力。尤其是在国际金融危机以后，发达国家的需求增长缓慢，新兴工业化国家已具备了一定的规模优势，在全球价值链中生产和消费两端的影响力都迅速上升。[1]

面对国际经济结构的变化，国际发展合作方式由此发生了较大改变，发展援助和南南合作这两个长期分割的模式开始趋同，显现出一些新特征，主要体现在对象国关系、合作领域、方式和渠道方面。图 9-2 展示了新型发展合作中的国家关系情况。表 9-1 总结了新型发展合作与传统模式的主要区别。

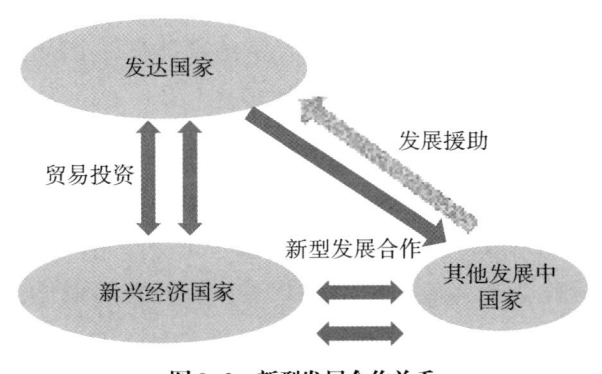

图 9-2　新型发展合作关系

---

[1] Gary Gereffi, "Global Value Chain in a Post-Washington Consensus World", *Review of International Political Economy*, Vol. 21, No. 1, 2014, pp. 9-37.

表 9-1　　发展援助、传统南南合作与新型发展合作方式比较

	传统发展援助	传统南南合作	新型发展合作
主要对象	发达国家同发展中国家	发展中国家之间	新兴经济国家同低收入的欠发达国家
国家关系	单向的援助受援关系	对等的政治伙伴关系	双向的发展伙伴关系
主要领域	社会基础设施	政治外交	经济基础设施和生产领域
主要方式	无偿援助和优惠贷款	技术援助和交流	援助、投资、贸易结合
主要渠道	双边为主	多边为主	双边和多边并重

从主要对象上看，新型发展合作主要是建立在新兴经济国家同中低收入国家之间的发展伙伴关系。由于经济发展阶段的差异，新兴经济国家同中低收入国家之间的经贸往来具有很强的互补性。这种发展伙伴关系既不同于援助国与受援国之间的主次关系。也不仅仅是南南合作中的对等政治伙伴关系，而是在发展合作过程中形成的互利互惠关系。

参与新型发展合作的主要新兴经济国家具有三个特性：（1）经济规模较大，在世界经济中的重要性日益上升；（2）地区大国，要求在区域和全球治理中拥有更大政治话语权；（3）积极参与向其他发展中国家提供援助。基于这些特性，我们根据经济规模，地缘政治影响和援助活跃程度，将三组国家视为主要的新兴经济国家。选择13个国家作为新兴经济国家的代表。它们是阿根廷、巴西、中国、印度、印度尼西亚、科威特、墨西哥、卡塔尔、俄罗斯、沙特阿拉伯、南非共和国、土耳其和阿拉伯联合酋长国。如图9-3所示，这些国家分别属于金砖国家（BRICS）、20国集团（G20）中的非发达国家以及发展援助委员会（DAC）列出的非成员援助国。所有这些国家都处于中等收入甚至高收入水平，并且同时是发展援助的提

供者和受援国。我们将这些国家标记为EE13。EE13占全球人口的一半，GDP总和约占全球总量的30%。"新兴"一词并不意味着所有这些国家都是援助界的新人。事实上，中国、印度和巴西等国在对外援助方面历史很长，而其他国家最近也开始着手制订发展援助计划。然而，它们在援助活动的动机和模式方面与传统援助国大不相同。

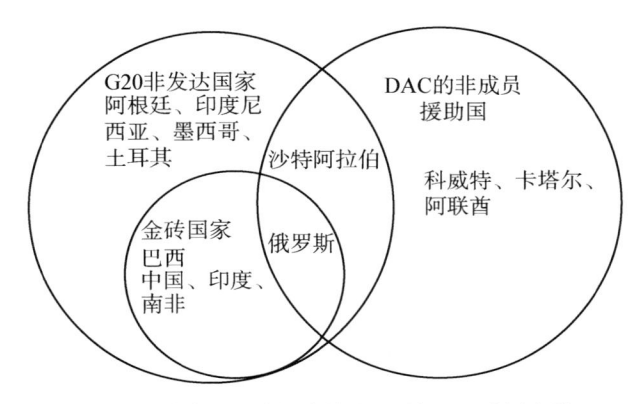

图9-3 参与国际发展合作的主要新兴经济国家[1]

从领域和方式上看，发展援助以无偿援助和优惠贷款为主，主要投向受援国的教育和医疗等社会基础设施领域。传统南南合作尽管也提出推动发展中国家之间的经济和技术合作，但重点仍是在政治外交领域。新型发展合作则是把重点转向以经贸为基础的实质合作，特别是经济基础设施和生产活动。加强官方援助与贸易投资的互动，以工业化发展为基础。

在合作渠道上，发达国家主要通过双边渠道向发展中国家提供援助，占60%左右。但也有相当部分的援助通过世界银行等多边发展银

---

[1] Yu Zheng, "The Emergence of NDA: Conceptual and Operational Framework", In *New Development Assistance: Emerging Economies and the New Landscape of Development Assistance*, edited by Yijia Jing, Alvaro Mendez, and Yu Zheng, Palgrave McMillan, 2019.

行提供。①传统的南南合作奉行多边主义原则，通过联合国贸发会议和南方中心等国际组织协调发展中国家的技术和经济合作。新型发展合作则出现了双边和多边共同发展的趋势。一方面，新兴经济国家更多地通过双边渠道向低收入国家进行发展合作；另一方面，它们也开始利用亚洲开发银行（AIIB）和金砖国家新发展银行（NDB）等多边机构提供发展融资。不少学者提出了关于国际发展合作的新概念，如"超越发展援助""新南南合作""开启南南合作新时代"等。② 但这些概念并未阐明同传统方式的根本区别。参与方的动力不足是传统的发展援助和南南合作都存在一个关键问题。在发展援助机制中，援助方缺少足够的动力提升援助效果，受援国也因没有对援助项目的控制权而缺乏执行动力。在南南合作中，发展中国家的合作互利缺少实质内容而导致合作动力不足。

新型发展合作模式是否比传统的发展援助更有效？从理论上讲，合作结构关系变化会产生新的激励机制，可能影响参与方的合作积极性，进而影响到合作效果。这主要通过以下三个渠道来实现。

第一个渠道是通过国家间合作来划分参与方的责权界限。责权不清是造成传统发展援助体系效果不佳的重要原因。在传统的发展援助体系下，援助方掌控整个援助过程而受援方只是被动接受。这种不对等关系影响模糊了援助方和受援方的责权关系，对双方的参与动力都有负面影响。一方面，援助国的援助政策为本国的政治或战略目标服务，并不是从受援国的实际需求出发。另一方面，由于受援国缺少对援助项目的话语权，可能在项目执行上态度消极，从

---

① 发达国家之间的援助渠道差别较大。美国近 80% 的对外援助是通过双边渠道提供的，而瑞典 80% 的对外援助则是通过多边渠道提供的。参见 Nilima Gulrajani, "Bilateral Versus Multilateral Aid Channels: Strategic Choices for Donors", ODI Report, 2016.

② 林毅夫、王燕：《超越发展援助：在一个多极世界中重构发展合作新理念》，宋琛译，北京大学出版社 2016 年版。李小云、肖瑾：《新南南合作的兴起：中国作为路径》，《华中农业大学学报》2017 年第 5 期，第 1—11 页。潘庆中、李稻葵、冯明：《"新开发银行"新在何处——金砖国家开发银行成立的背景、意义与挑战》，《国际经济评论》2015 年第 2 期，第 134—147 页。

而影响援助效果。

新型发展合作延续了南南合作中的独立、平等、互利的原则，是一种平等伙伴式的合作，而不是援助国与受援国间不对等的合作。这种平等合作，可以更清楚地界定参与方在发展合作中的责权界限，能够更充分地调动各参与方的积极性，在考虑本国利益的同时兼顾合作伙伴国的利益。一方面，资本输出方负责提供发展融资并获取可能的政治或经济回报；另一方面，资本接收方负责融资的具体分配并承担资金使用不当的风险。只有在双方都出于自身意愿参与并且有明确的责权分担时，这种国家间的合作关系才能稳定和持续。

第二个渠道是通过国内外市场合作以增加参与方的共同利益。在传统的南南经济合作框架下，发展中国家经济发展水平接近，比较优势相似，因此他们之间的经贸关系往往是竞争性的，共同利益不大。20世纪90年代以来，信息技术的突飞猛进推动了生产过程的全球分包，全球化由此进入了"第二次分拆"(the second unbundling)。[1]发展中国家不再需要在国内建立全产业链，而是可以选择参与全球生产链条中的一环，因此降低了参与全球化的门槛。这种改变的最大收益是减少了国家发展工业化的前期投入和资源浪费，推动了国内外市场之间的融合。

更加细分的国际市场和生产过程有利于减少发展中国家间的贸易竞争，增加合作空间。同时，部分新兴经济国家崛起，同其他发展中国家拉开了发展差距，比较优势也随之发生了变化。低收入国家同新兴经济国家的贸易互补性超过了它们同欧美等发达国家的贸易互补性。[2]这种贸易互补性让新兴经济国家和低收入国家在全球价值链上的共同利益变得更大，从而增强他们的合作动力和深度。同

---

[1] Richard Baldwin, "Trade and Industrialization after Globalization's Second Unbundling: How Building and Joining a Supply Chain are Different and Why It Matters", NBER Working Paper 17716, Cambridge, MA: National Bureau of Economic Research, 2011.

[2] International Monetary Fund, "New Growth Drivers for Low-Income Countries: The Role of BRICs", Washington, D. C., 2011.

时，融入全球价值链对运输和物流水平等基础设施的要求更高。这也会推动发展中国家之间在基础设施建设方面的合作，从而拓展合作的宽度。

第三个渠道是通过公私合作明确参与方的风险分担。传统的援助理念强调援助的公共产品属性必须同追求商业利润的贸易和投资行为分割开。因此，"捆绑援助"一直被认为是不恰当的援助行为而广受批评。从20世纪90年代开始，发达国家开始倡导"松绑援助"，希望援助国不要要求受援国必须用援助采购援助国的产品和服务，并将捆绑援助的比例作为评价援助质量的重要指标。但在实际运作中，发达国家的援助资金流向和出口流向却是惊人的合拍，说明公共产品和商业利益并没有真正脱钩。[1]尤其是在2005年以来，WTO大力推行"促贸援助"的倡议，公共产品和商业利益在援助框架下的结合趋势变得更加明显。

新型发展合作进一步强调了公私部门之间的优势互补。公私合作是以援助带动投资的"促贸援助"，其最大优势在于风险分担。低收入国家的投资环境通常具有高风险和高潜力的特点。在没有完善的制度和政策保障情况下，这样的投资环境难以吸引国际投资，特别是新兴经济国家的投资。而援助作为投资的先导，则能够降低私人投资者对投资风险的担心。由于政府作为担保方和协调者，这种模式可以调动援助国投资者参与发展融资的积极性、降低了他们的投资风险，有利于建立长期稳定的公私合作关系（PPP）。贸易则能起到推动低收入国家经济增长的作用，并创造更多的就业机会。2000年以来中国在非洲的投资迅速增长，同中国在非洲的历史援助有很大的相关性。一个重要的原因就是：援助项目的实施增强了国家间的互信，建立了个人间关系网络，从而有助于企业评估和降低

---

[1] Philipp Huhne, Birgit Meyer, and Peter Nunnenkamp, "Who Benefits From Aid For Trade? Comparing the Effects on Recipient Versus Donor Exports", *Journal of Development Studies*, Vol. 50, No. 9, 2014, pp. 1275-1288.

投资风险。①因此，援助、投资和贸易这"三驾马车"相互依赖可以改变援助国只注重出口增长的重商主义，推动建立紧密的跨国生产分工关系，形成以全球价值链为载体的平衡发展。

总之，在新型发展合作框架下，国家间关系、国内外市场关系、公私关系都同传统的发展援助和南南合作存在明显区别。这些关系调整更明确地界定了不同参与方之间的责权利险分担关系，从而提升了他们参与合作的动力。

第三节 新型发展合作的实施效果

进入 21 世纪以来，新兴经济国家与其他发展中国家之间的贸易和资本流动迅速增长，显示了新型发展合作的巨大潜力。这种合作方式是否有助于发展中国家的经济发展呢？

从 1960 年到 1999 年，除非洲外的发展中国家年均增长达到了 3.63%，高于历史上的任何时期。而非洲国家的年均增长率仅为 0.13%，同其他发展中国家的差距显著拉大。② 尤其是资源丰富的非洲国家更是陷入了"资源诅咒"的陷阱，经济增长更慢，贫困人口比例更高。③然而，进入 21 世纪以来，非洲国家的经济发展摆脱了近半个世纪的停滞态势，增长开始提速。2000—2016 年年平均增速高达 4.5%，高于全球平均增速（参见表 9-2）。

---

① Pippa Morgan and Yu Zheng, "Tracing the Legacy: China's Historical Aid and Contemporary Investment in Africa", *International Studies Quarterly*, Vol. 63, No. 3, 2019, pp. 558-573.

② Benno Ndulu, Stephen O'Connell, Robert Bates, Paul Collier, Chukwuma Soludo (eds). *The Political Economy of Economic Growth in Africa*, 1960-2000, New York: Cambridge University Press, 2008.

③ IMF 根据国家资源产品占国家总出口的比例，将非洲国家分为资源丰富和资源贫乏两类。资源丰富的国家是指原材料出口占一国总出口的 25% 以上的国家。其余则为资源贫乏的国家。按照这个标准，20 个非洲国家可以被归类为资源丰富的国家。

表9-2 2000—2016年非洲对发达国家和中国的出口年均增长率对比（单位：%）

	GDP年均增长	总出口 发达国家	总出口 中国	初级产品出口 发达国家	初级产品出口 中国	劳动和资源密集型工业产品出口 发达国家	劳动和资源密集型工业产品出口 中国
非洲	4.5	6.8	23.5	7.1	25.6	2.3	33.9
低收入非洲国家	5.8	8.7	36.3	9.0	36.3	7.0	40.3
中等收入非洲国家	4.5	7.4	19.2	7.6	21.2	4.5	35.8
内陆非洲国家	6.1	5.5	26.4	6.2	26.5	4.0	46.5

资料来源：根据联合国贸发会议统计数据计算，http://unctadstat.unctad.org/wds/TableViewer/tableView.aspx。

什么原因让非洲雄狮突然崛起了呢？从常规指标上看，21世纪以来，非洲的出口和外资流入都增加了，同时减少了对国际援助的依赖。但更重要的是，非洲的经贸伙伴和结构发生了重要变化。非洲同新兴经济国家的贸易额大幅上升，远远超过了非洲同发达国家的贸易额。尤其是对金砖国家的贸易额在2007—2012年的5年中翻了一番。[1]

出口对一个国家经济增长的带动作用在很大程度上取决于出口商品的生产率。出口产品的生产率越高，对经济增长的带动作用就越大。[2] 换而言之，如果一国能够通过参与国际贸易提高生产率，其经济发展就能从国际贸易中更多获益。而决定国家出口产品生产率的因素，除了国家的政策选择外，经贸对象也很重要。低收入国家由于同发达国家之间经济发展水平差距太大，出口结构单一，通常集中于农产品和资源等初级产品，生产率较低，对经济发展的带动作用有限。而低收入国家同新兴经济国家之间的发展差距相对较

---

[1] United States Economic Commission for Africa, "Africa-BRICS Cooperation: Implications for Growth, Employment and Structural Transformation in Africa", 2013, https://www.uneca.org/sites/default/files/PublicationFiles/africa-brics_ cooperation_ eng.pdf.

[2] Ricardo Hausmann, Jason Hwang and Dani Rodrik, "What You Export Matters", *Journal of Economic Growth*, Vol.12, No.1, 2007, pp.1-25.

小，容易形成梯级生产链条，从而使贸易结构趋于多样化，更有利于经济发展。的确，IMF 的研究表明，金砖国家同非洲的经贸关系推动了非洲国家的贸易结构多样化，减少了对资源和初级产品出口的依赖，从而增加了出口的附加值，提升了劳动生产率，因此产生了对经济发展的积极的带动作用。①

再来看投资。流入非洲的外资有相当部分来自新兴经济国家。较之于发达国家，新兴经济国家对低收入国家的投资优势更明显。因为新兴经济国家的投资者更容易适应低收入国家缺乏规范的制度环境。② 进入 21 世纪以来，新兴经济国家对低收入国家的直接投资以年均 20% 的幅度增长，而且在投资分布上同发达国家差异较大。例如，美国对非洲的最主要投资领域是采矿，其次是金融服务，制造业仅占很小的比例。而在金砖国家对非洲国家的直接投资中，制造业比例占到 40% 左右，而资源开采等产业仅占 25% 左右。③ 中国对非洲的投资中，制造业和建筑业的比例分别占到了 22% 和 16%，对非洲当地经济和就业的带动作用更大。④

进入 21 世纪以来，尽管非洲对援助的依赖程度下降了，但收到援助的总量仍在增长。新兴经济国家的积极参与提高了援助对经济发展的积极效果。一方面是因为新兴经济国家的援助多投向基础设施等领域，对经济增长的带动作用较大；另一方面，新兴经济国家从受援国角度出发，提供了如何有效利用援助的鲜活案例，向其他发展中国家分享了他们的发展经验。

尽管中国早在 20 世纪 50 年代就开始对非洲提供援助，但同非

---

① International Monetary Fund, "New Growth Drivers for Low-Income Countries: The Role of BRICs", Washington, D. C., 2011.
② Avinash Dixit, "Governance, Development, and Foreign Direct Investment", Max Weber lecture, EUI MWP LS, 2012/01, http：//hdl. handle. net/1814/19936.
③ UNCTAD, "The Rise of BRICS FDI in Africa", Global Investment Trend Monitor, 2013.
④ United States Government Accountability Office, Sub-Saharan Africa: Trends in U. S. and Chinese Economic Engagement, 2013.

洲的经贸关系却是在进入 21 世纪后才大幅提升。2014 年，中非贸易总额达到创纪录的 2160 亿美元，比 2000 年的总额高出近 20 倍。①2016 年，中国对非洲的直接投资存量达到 400 亿美元，比 2000 年的投资存量增加了 80 倍。② 中国对非洲的援助也有大幅增长。③

中非发展合作关系对非洲经济发展有什么影响呢？表 9-2 比较了 2000—2016 年非洲对发达国家和中国的出口增长情况。非洲对中国的出口年均增长 23.5%，远超过对发达国家的出口增长。更重要的是，非洲对中国的出口增长主要来自劳动和资源密集型工业产品，年均增速高达 33.9%。而非洲对发达国家的工业产品出口年均增长仅为 2.3%。其中，低收入和地处内陆的非洲国家的对中国的工业制成品出口年均增长更高达 40% 以上。它们的经济增长也明显高于中等收入的非洲国家。

由此可见，21 世纪以来非洲经济的强劲增长同中非之间三位一体的发展合作密切相关。这种发展合作模式使援助、投资和贸易形成良性互补，产生了显著的正面效应。援助降低了投资风险，投资推动了工业生产及出口，劳动密集型的工业产品出口提高了生产率。麦肯锡公司的调查发现：中国同非洲的"龙狮共舞"产生了三方面的积极影响：为非洲创造了更多就业，加快了技术转移，改善了基础设施。④对于欠发达的非洲国家，这种新型发展合作对经济增长的

---

① 中国商务部统计数据，由霍普金斯大学中国非洲研究项目整理。http://www.sais-cari.org/data-china-africa-trade。
② 中国统计年鉴 2016，http://www.stats.gov.cn/tjsj/ndsj/2016/indexeh.htm。
③ 值得注意的是，一些国外的研究机构对中国对外的援助数据的估计同中国官方数据差异较大，但也都显示了明显的增长趋势。参见 Naohiro Kitano and Yukinori Harada, "Estimating China's Foreign Aid 2001-2013", *Journal of International Development*, Vol. 28, No. 7, 2016, pp. 1050-1074; Axel Dreher, Andreas Fuchs, Bradley Parks, Austin Strange, and Michael Tierney, "Aid, China, and Growth: Evidence from a New Global Development Finance Dataset", *American Economic Journal: Economic Policy*, Vol. 13, No. 2, 2021, pp. 135-174；霍普金斯大学中国非洲研究项目，http://www.sais-cari.org/data-chinese-foreign-aid-to-africa。
④ Irene Yuan Sun, Kartik Jayaram, and Omid Kassiri, "Dance of Lions and Dragons", McKinsey Institute, June 2017.

积极影响尤其明显。

新型发展合作关系到底在多大程度上影响了非洲当地的经济发展？我们可以观察坦桑尼亚和乌干达这两个国家的案例。从地理位置上看，坦桑尼亚是属于东非的沿海国，而乌干达属于中非的内陆国。坦桑尼亚的国土面积是乌干达的四倍。坦桑尼亚是非洲国家中接受中国援助最多的国家之一，乌干达接受中国的援助项目相对较少。但是，这两个国家边境接壤，经济发展水平相似，同属世界银行定义的低收入国家，并且早在20世纪60年代独立之初就同中国建立了外交关系。因此，这两个国家具有较好的可比性。

21世纪以来，中国同坦乌两国的发展合作关系都显著加强了。在贸易关系方面，中国同两国的贸易额都经历了持续的高速增长。2000—2017年，中国从坦桑尼亚和乌干达的商品进口总额分别增加了220倍和150倍；中国对坦乌两国的出口则分别增加了50倍和57倍。尽管中国从非洲进口增长的速度远高于对非出口，但因为从两国进口的基数较低，中国仍然保持着较大的贸易顺差。2017年中国对坦桑尼亚的顺差为148亿美元，对乌干达的顺差为28.4亿美元。

在投资方面，中国对两国的直接投资都有较大幅度的增长。从2003年到2017年，中国对坦桑尼亚的直接投资存量从746万美元增加到12.8亿美元，年均增长90%。中国对乌干达的直接投资存量从133万美元增加到5.8亿美元，年均增长高达109%。这两个增长速度都显著高于同期中国对外直接投资总存量的增速和对非洲的年均增长率。

在发展融资方面，根据"援助数据"（Aid Data）的统计，中国对坦桑尼亚和乌干达的援助在2000—2014年保持增长，平均每年的援助项目都是6个左右，其中坦桑尼亚的援助项目增长趋势比乌干达更为稳定，乌干达的中国援助项目在此间有较大波动。其中，健康、教育和市民社会是中国的发展融资投入最主要的三个领域，占发展融资总数的一半以上。

在此期间，坦桑尼亚和乌干达保持了较高的经济增长速度，贫困人口比例和五岁以下儿童死亡率也显著下降。坦、乌两国的贫困人口比例分别从2000年的超过80%和60%下降到2012年的50%和40%。两个国家的每千人中五岁以下儿童的死亡人数从超过130人下降到不足80人。从这两个指标来看，坦桑尼亚和乌干达人民的生命健康水平都取得了巨大进步。

当然，中国发展融资同当地发展指标的相关性并不能说明两者之间必然存在因果关系。导致坦桑尼亚和乌干达的贫困率下降和健康水平进步的国际国内因素可能很多。但是，中国向两国提供的大量健康援助项目可能对两国的发展减贫发挥了直接作用。比如，一项基于援助项目和居民心理感知等微观数据的量化研究表明：中国发展融资项目增强了非洲当地人民的幸福感和获得感。距离中国融资项目越近的非洲民众，就越可能感受到自身生活水平的提升。[1]

第四节 新型发展合作的挑战

尽管新型发展合作对低收入国家的经济发展有积极效果，但其构架尚未完全形成，也并不是解决全球发展问题的万能药。在发达国家经济低迷、反全球化情绪上升的情况下，新型发展合作的推进面临着不小的挑战。

首先，新兴经济国家参与发展合作的意愿和能力差异较大。新兴经济国家并没有所谓的"白人的负担"，在参与国际发展合作上往往比发达国家更务实。尽管新兴经济国家总体发展水平高于其他发展中国家，但他们同时具有援助国和受援国的双重身份，在参与国际发展合作时首先需要平衡国内发展的需要。在国内经济状况不好或贫富差距较大的情况下，进行国际发展合作往往会面对国内公众

---

[1] 黄振乾：《中国援助项目对当地经济发展的影响：以坦桑尼亚为个案的考察》，《世界经济与政治》2019年第8期，第127—160页。

的质疑和反对。因此，新兴经济国家在援助上的投入波动较大。比如，2013年新兴经济国家的对外援助比2012年翻了一番，而2015年则比2014年减少了近四分之一。[①]同时，新兴经济国家也希望通过出口导向的工业化战略来实现经济持续增长，国内市场的开放程度相对较低，尤其是在面临较高债务风险和金融危机的时候，更容易采取保护主义的政策，减少从其他发展中国家的进口。

其次，新兴经济国家同其他发展中国家的市场融合还没有完全建立。尽管发展中国家间的贸易增长很快，但亚洲是最主要的贡献者。2016年，亚洲新兴经济国家间的贸易占南南贸易总额的61%。[②]而在拉美和非洲，这种基于价值链的南南贸易还没有形成。新兴经济国家同低收入国家的贸易关系基本上是建立在不同的比较优势基础上的。在许多非洲国家，初级产品和能源资源仍是最主要的出口产品。进入21世纪以来，非洲经济增长部分得益于大宗商品的需求旺盛。资源丰富的国家（如尼日利亚、安哥拉等）得益于国际市场资源价格上涨，经济增长更快。然而国际初级产品市场的价格波动对资源丰富国家的经济造成很大冲击，资源诅咒的阴影并未完全消除。目前，中国经济结构的升级换代为非洲发展劳动密集型制造业提供了基础，但非洲仍需要大力改善其基础设施和投资环境，以承接从中国转出的制造业。只有在新兴经济国家和其他发展中国家之间形成联系紧密的产业链，新型发展合作才能创造出双赢的结果。

更重要的是，新型发展合作尚未形成制度化的协调机制。尽管新兴经济国家是新型发展合作的主力，但发达国家的认同和参与仍然关键。从官方发展援助的统计来看，新兴经济国家的援助份额仍

---

① 数据来源于Development finance of countries beyond the DAC, https://www.oecd.org/dac/stats/non-dac-reporting.htm。
② 数据来源于联合国贸发会议统计数据：http://unctadstat.unctad.org/wds/TableViewer/tableView.aspx。

然较低，仅占全部援助总额的 15% 左右，占本国收入的份额也较小。①但是，新兴经济国家的大量援助，因不符合官方发展援助所要求的优惠标准而未被统计在册，因此存在严重低估。一个运转有效的发展合作机制，不仅需要发达国家与新兴经济国家的竞争，更需要它们之间的合作。受新兴经济国家参与发展合作方式的影响，美、英、日等国在新的援助计划中都采取了援助和贸易投资相结合的方式。发达国家也在尝试用新的方式来重新界定发展合作。比如，发展援助委员会提出的可持续发展全方位官方支持（TOSSD）的概念，就扩大了发展援助的范畴，将用于发展目的的私人资本也纳入统计。②但是，发达国家只是把新兴经济国家的参与看作是发展援助的补充。他们提出的"三方合作"倡议基本上仍是基于传统的双边援助机制，而不是新的平等合作机制。

经济可持续发展是所有发展中国家渴望实现的目标，但历史上只有少数国家能够成功实现。在 20 世纪后半期，发展中国家主要受到两种国际发展范式的影响。一方面，发达国家主导的发展援助体系在理论上强调经济发展的标准模式和单一路径，但其实践效果却令人失望，发展中国家靠模仿和复制模式取得成功的可能性越来越小，多样化趋势日益明显。另一方面，发展中国家主导的南南合作范式尽管在政治外交上得到了广泛支持，但经济合作却缺乏广度和深度，进展缓慢。发达国家和发展中国家对于国际发展合作问题上也缺乏共识。

进入 21 世纪以来，随着新兴经济国家的崛起，南北国家之间总体差距缩小，南南国家之间经济发展分化明显。全球市场整合改变了发展中国家融入国际市场的方式，投资和贸易对经济发展的重要

---

① 新兴援助国对欠发达国家提供的援助仅占其国民总收入（GNI）的 0.09%，远低于发达援助国 0.41% 的平均水平。参见 Gulrajani, Nilima and Liam Swiss, "Why Do Countries Become Donors? Assessing the Drivers and Implications of Donor Proliferation", ODI Report, March 2017。

② OECD, "Measuring Total Official Support for Sustainable Development", 2015.

性进一步上升。面临国际经济结构的重大变化，国际发展合作范式显现出一些新特征。新型发展合作结合了发展援助和南南合作的特点，同时又在一定程度上弥补了这两种范式的缺陷。这主要体现在三个层面的结构关系调整。一是国家间的合作，二是国内外市场合作，三是公私合作。这些关系调整可以更明确界定参与方之间的责权利险的分担关系，提升了他们参与发展合作的动力。

尽管新型发展合作范式尚未完全定型，但其在推动低收入国家的经济发展上可能比传统范式更具优势。第一，新兴经济国家同低收入国家之间的发展差距相对较小，经济结构中的互补成分很多，更容易形成在全球价值链上的梯次关系。因此它们之间的关系趋向于更多的互利合作，而不是单向的援助与被援助。同时，新兴经济国家对资源和初级产品的需求不断增长，初级产品的国际价格持续上涨，有助于低收入国家保持贸易收支平衡，而不是形成贸易失衡造成的依附关系。第二，新兴经济国家在发展合作中重视基础设施建设，有利于发展中国家突破经济发展的主要障碍，走上持续发展的道路。第三，新兴经济国家同其他发展中国家之间是一种平等伙伴式的合作。这种平等互利的合作能够更充分地调动各参与方的积极性，在考虑本国利益的同时兼顾合作伙伴国的利益，实现共同发展。如果新兴经济国家能够在整合发展援助与南南合作两种模式中发挥更积极的作用，激励低收入国家更积极地融入全球化，并从中获取利益，全球化的游戏规则将会变得更包容更有持续性。

总之，作为南南合作最重要的参与者和推动者之一，中国参与国际发展合作的发展观、利益观和合作关系都发生了重要变化，[1]对外援助政策也随着经济发展水平的提升和国家身份的演变而调整。[2]

---

[1] 胡美、刘鸿武：《中国援非五十年与中国南南合作理念的成长》，《国际问题研究》2012 年第 1 期，12—28 页。

[2] 任晓、郭晓琴：《解析中国对外援助：一个初步的理论分析》，《复旦学报》（社会科学版）2016 年第 4 期，155—165 页。

尤其是进入 21 世纪以来，中国加强了同发展中国家的经贸往来，在发展合作中将援助、投资、贸易这"三驾马车"开始更紧密结合，对发展中国家（尤其是非洲）的经济发展产生了显著的正面效应，也反映了中国在外交中秉持正确义利观和在新时期南南合作中探索多元发展道路上的一贯实践。①这些变化对于新型发展合作的形成发挥了重要作用，但新型发展合作的长期效果仍有待检验。

---

① 《外交部王毅：正确义利观是中国外交的一面旗帜》，2014 年 1 月 11 日；杜尚泽、李秉新：《习近平提出新时期南南合作四大建议》，《人民日报》2015 年 9 月 28 日。

第十章
全球化与多边主义

第十章　全球化与多边主义

多边主义作为国家间处理国际事务的协调原则已在全球范围内深入人心，但多边主义的实践却经常受到现实政治的影响。进入21世纪以来，关于多边主义面临危机的警告持续不断。2008年国际金融危机后，贸易保护主义和民族主义在全球范围兴起。特朗普就任总统以来，美国奉行"美国优先"的外交和经济政策，频繁利用加征关税和退出国际组织等手段挑战多边主义规则。2020年初，新冠疫情引发多国停航和关闭国门，全球经贸关系受到重创，国际协调机制形同虚设，多边主义的存亡与走向再次成为国际社会的焦点话题。许多研究机构和国际媒体认为，多边主义面临至少三个方面的危机。一是权力危机，表现为大国力量对比变化导致的国际竞争加剧，缺少国际秩序的主导国；二是有效性危机，表现为联合国等国际机构能力有限，难以应对全球性的威胁；三是合法性危机，表现为民族主义和民粹主义在许多国家兴起，全球范围出现了对自由贸易的批判和反思。这些危机相互关联，严重破坏了现有国际经济秩序。[1]

然而，从20世纪以来的国际经济秩序发展来看，危机既可能破坏国际秩序，也可能塑造多边主义。20世纪30年代的政治经济危机催生了第二次世界大战后的国际经济秩序；布雷顿森林体系瓦解使

---

[1] 这些论述主要包括：Alan Beattie, "G20: US and China Tensions Dictate Against Multilateralism", *Financial Times*, November 29, 2018; Richard Gowan and Anthony Dworkin, *Three Crises and an Opportunity: Europe's Stake in Multilateralism*, European Council on Foreign Relations, 2019; Amrita Narlikar, "Why Multilateralism Is Such a Mess and How Can We Fix It", *World Economic Forum*, January 20, 2020, https://www.weforum.org/agenda/2020/01/why-multilateralism-is-in-such-a-mess-and-how-we-can-fix-it/。

美元为中心的固定汇率制解体，但却推动了全球化的加速发展；冷战结束后美国的单边主义盛行，但随后成立的 WTO 推动了多边贸易体系的规范发展；2008 年国际金融危机重创了国际金融体系，但 20 国集团（G20）峰会机制的产生形成了更具代表性的全球治理模式。在经历了各种全球性危机后，多边主义依然表现出很强的韧性和持续性。

多边主义的发展也是一个持续演进的过程。20 世纪的多边主义主要依靠美国意愿推动，全球性国际组织为制度保障，通过经贸互惠的方式广泛扩散，最终形成了以美国为中心的等级化国际秩序。尽管国际秩序的变化引起了单极化、两极化和多极化之间的争论，但美国主导的总体特征保持不变。进入 21 世纪以来，国际权力结构发生了重大变化，全球经济融合的程度也更深。多边主义的演进则逐渐从量变到质变，进一步向去等级化方向转型。这主要体现在三个方面：第一，发展中国家参与全球化的集体意愿成为多边主义的核心动力来源；第二，区域性组织迅速发展，成为多边主义的主要制度安排；第三，嵌入式的发展合作关系成为主要扩散机制。这种去等级化趋势反映了国际权力结构的深刻变化，也给全球治理带来了新挑战。

第一节　危机与等级化多边主义体系

第二次世界大战后的国际经济体系被认为是符合标准定义的"基于普遍性的行为原则协调三个或以上国家间关系"的多边主义。[1] 但是，普遍性行为原则并不等同于平等的行为原则。事实上，20 世纪多边体系的形成和延续都体现了美国主导的等级秩序。彼得·卡赞斯坦（Peter J. Katzenstein）认为第二次世界大战后美国主导的多边主义是一个双重等级安排的"地区性世界"（a world of regions）。第

---

[1] Robert Keohane, "Multilateralism: An Agenda for Research", *International Journal*, Vol. 45, No. 4, 1990, p. 731.

一重等级安排是在美国和德国、日本之间，作为美国控制欧洲和亚洲的支点国家。第二重等级安排则是德国和日本分别同欧洲和亚洲的其他国家之间。①大卫·莱克（David Lake）则将这种等级关系推广到整个国际体系，认为"国际等级创造了国家间不同的功能分工和相互依赖"。尽管主权国家在法律上是平等的，但国家间不同的关系权力（relational authority）决定了国家间的等级秩序，既包括安全等级，也包括经济等级。②约翰·艾肯伯瑞（John Ikenberry）也认同第二次世界大战后形成的多边主义是以美国为中心向外扩散的不均衡的多边主义。并将这种多边主义总结为"有自由主义特色的政治等级秩序"。③美国居于这个等级秩序的核心，七国集团（G7）是多边主义的内核，其他发达国家是中间层，发展中国家则处于最外层（见图10-1左）。从20世纪多边主义的形成和演变过程来看，这个等级化体现在三个主要方面。

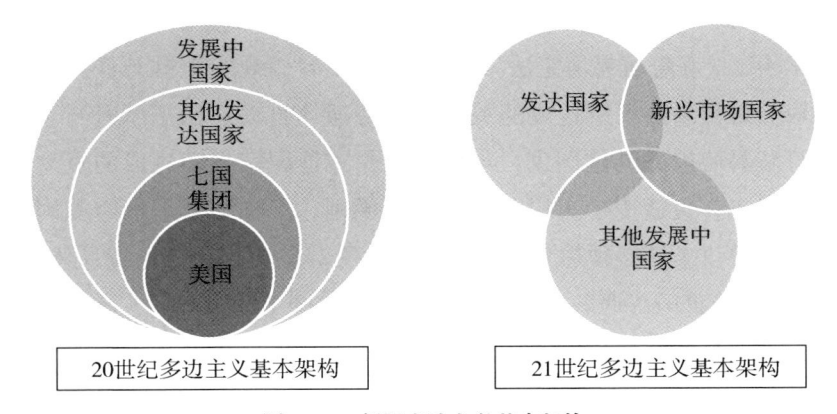

图 10-1　新旧多边主义基本架构

---

①　Peter Katzenstein, *A World of Regions: Asia and Europe in the American Imperium*, Ithaca: Cornell University Press, 2005.

②　David Lake, *Hierarchy in International Relations*, Ithaca: Cornell University Press, 2009, p. 12.

③　John Ikenberry, *Liberal Leviathan: The Origins, Crisis, and Transformation of the American World Order*, Princeton: Princeton University Press, 2011.

一　美国意愿的主导推动

美国作为多边主义体系的发起国，在经济崛起的过程中，是一个保护主义色彩浓厚的国家。即使是在 19 世纪末成为全球经济第一大国之后，美国国内的贸易保护派和自由派仍势均力敌。这就导致了美国的贸易政策长期在保护和开放之间摇摆。

第一次世界大战的爆发中断了全球化的首次"黄金时代"，也打破了美国国内贸易保护派和自由派的平衡，自由贸易派开始占据上风。1919 年，美国总统关税委员会发表了"互惠与商业条约"的报告，建议美国政府在签署贸易协议时实行"无条件最惠国待遇"（unconditional MFN），以取代自建国以来一直实施的"有条件最惠国待遇"。1924 年，在美国和德国达成的贸易协定中，首次加入了"无条件最惠国待遇"的条款。[1]

经济大萧条引发的全球贸易崩溃迫使美国改变贸易保护政策。1934 年，《互惠贸易协定法》（RTAA）出台，规定美国与任何一国政府签订贸易协议所达成的关税减让待遇均自动适用于所有与美国签订贸易协议的其他国家，与此同时，其他国家之间达成的贸易优惠待遇也直接适用于美国。根据这一原则，一个国家一旦与美国签订贸易协议，就必须加入以美国为核心的双边和多边自由贸易体系。"无条件最惠国待遇"为美国的出口企业打开了国际市场，壮大了支持自由贸易的利益集团，从而成为推动第二次世界大战后多边贸易体系的"魔弹"（magic bullet）。[2]

与此同时，危机也促使美国产生了将强权（raw power）转化为合法权力（legitimate authority）的强烈动机。艾肯伯瑞指出，战争是

---

[1] Douglas Irwin, *Clashing Over Commerce: A History of US Trade Policy*, Chicago: University of Chicago Press, 2017.

[2] Michael Bailey, Judith Goldstein and Barry Weingast, "The Institutional Roots of American Trade Policy: Politics, Coalitions, and International Trade", *World Politics*, Vol. 49, No. 3, 1997, pp. 309-38.

塑造国际秩序的关键节点。战争中崛起的霸权国家必须要建立新的国际规则,同时约束自身和其他国家的行为,使国际规则宪法化,以确保自身的长期领先优势。第二次世界大战后形成的多边主义国际体系就是美国利用强权制定规则和约束强权创造合法性的结果。① 查尔斯·金德尔伯格（Charles Kindleberger）等学者认为,维护自由贸易的国际体系需要一个"善意霸权"（benevolent despot）来主动提供制度性公共产品,即多边贸易体系,以解决集体行动中的搭便车现象。② 斯蒂芬·克莱斯纳（Stephen Krasner）和罗伯特·吉尔平（Robert Gilpin）则认为,多边贸易体系并不是霸权国提供的公共产品,而是霸权国实现自身利益最大化的政策。③

由此可见,正是在经济危机和战争的双重压力下,美国的内外权力结构发生了重大转变,使多边主义从最初的理念变成了制度化的政策实践。在国内层面,经济危机促使自由贸易派推动贸易制度的改革,将互惠安排作为贸易谈判的原则,通过制度巩固自由贸易原则,防止贸易保护派卷土重来。在国际层面,美国亟须将战争中获得的强权地位变成合法霸权,通过新成立的国际复兴开发银行（IBRD）、国际货币基金组织（IMF）、关税与贸易总协定（GATT）三大全球性的国际经济组织主导战后国际经济秩序的重建,形成了多边主义的制度框架,协调同西方盟国和非盟国之间的政治经济关系。与此同时,非歧视和最惠国待遇等原则符合主权国家平等的国际规范,得到了其他国家的普遍认同,巩固了多边主义的规范框架。在这些国际组织的协调和国际规则的约束下,全球经济逐渐复苏并

---

① John Ikenberry, *After Victory: Institutions, Strategic Restraint, and the Rebuilding of Order after Major Wars*, Princeton: Princeton University Press, 2000.

② Charles Kindleberger, *The World in Depression, 1929-1939*, Berkeley: University of California Press, 1974.

③ Stephen Krasner, "State Power and the Structure of International Trade", *World Politics*, Vol. 28, No. 3, 1976, pp. 317-347; Robert Gilpin, *U.S. Power and the Multinational Corporation*, New York: Basic, 1975.

走上了稳定增长的道路。

二 国际组织的制度保障

从20世纪70年代初开始，布雷顿森林体系解体、石油危机、美日贸易战等一系列事件发生，标志着多边主义的第一次大危机。1984年，美国退出了联合国教科文组织，并威胁要退出世界粮农组织和联合国贸易与发展会议（UNCTAD）。美国实力相对削弱导致其提供国际公共产品的意愿下降。罗伯特·基欧汉（Robert Keohane）指出，尽管美国霸权衰落后已没有足够的意愿和能力维持多边国际秩序，但具备更强自主性的国际组织可以让多边合作延续下去。这些国际组织促进了国家间的信息分享，增强了国家间的互信，降低了交易成本，从而使互惠安排可以扩散到更多国家。① 约翰·鲁杰（John Ruggie）也认为，霸权国家的国内环境对于建立多边主义的国际体系很重要。但对于多边国际体系的维持，则在很大程度上取决于国际组织的适应和繁衍能力。② 尤其是在国家间权力结构不均衡的情况下，霸权国家需要说服或强迫小国参与合作，而国际组织在这种劝说型博弈（suasion games）情况下发挥的作用最大。③

与此同时，经济衰退让发达国家逐渐放弃了福利保障和市场开放相结合的"嵌套自由主义"（embedded liberalism）理念，④开始转向对内减少政府干预和福利支出，对外强化国际制度以约束国家行为的新自由主义。随着拉美和非洲债务危机的爆发，新自由主义思

---

① [美]罗伯特·基欧汉著：《霸权之后：世界政治经济中的合作与纷争》，苏长和、信强、何曜译，上海人民出版社2006年版。

② John Ruggie, "Multilateralism: The Anatomy of An Lnstitution", *International Organization*, Vol. 46, No. 3, 1992, pp. 561-598.

③ Lisa Martin, "Interests, Power, and Multilateralism", *International Organization*, Vol. 46, No. 4, 1992, pp. 765-92.

④ John Ruggie, "International Regimes, Transactions, and Change: Embedded Liberalism in the Postwar Economic Order", *International Organization*, Vol. 36, No. 2, 1982, pp. 379-415.

想更被转化成"华盛顿共识"的政策工具规范在发展中国家推广,成为支撑多边主义体系的核心原则。

冷战结束使世界格局向单极化发展,美国巩固了其霸主地位,国内新保守主义(neoconservatism)势力上升,在国际事务上表现出单边主义倾向。多边主义又一次面临危机。[①] 然而,艾肯伯瑞认为,来自体系、制度和国内层面的力量继续维系着多边主义。尤其是在制度层面,不仅既有的国际组织表现出很强的自主性,而且新的国际组织,如北美自由贸易协定(NAFTA)、世界贸易组织(WTO)、亚太经合组织(APEC)等进一步强化了多边主义框架。[②]

世界银行和IMF等全球性政府间组织具有较高程度的自主性,但不具备超国家政府的地位。这两个特征使全球性组织通过协调而不是强制国家行为来达成和遵守国际协议,从而保障多边主义的延续。但是,全球性组织并非一个水平化的制度平台。无论是在投票权分配还是在治理架构上,这些组织基本确保了美国主导议程设置权和其主要盟国的发言权。通过这样等级化的制度安排,美国可以将国内政策实践通过多边条约的方式形成具有高度合法性的国际规范。

由此可见,全球性组织是美国建立霸权合法性的制度保障。当美国维护多边主义的能力和意愿都下降时,国际组织的自主性确保了美国主导的国际秩序的持续性。尽管这些组织的成员国规模不断扩大,但美国的核心地位并没有改变。

三 经贸互惠的扩散机制

20世纪多边主义的原则是通过"扩散对等"(diffuse reciprocity),

[①] Robert Cox, "Multilateralism and World Order", *Review of International Studies*, Vol. 18, No. 2, 1992, pp. 161-180.

[②] John Ikenberry, "Is American Multilateralism in Decline?", *Perspectives on Politics*, Vol. 1, No. 3, 2003, pp. 533-550.

让更多的国家都能享受市场开放的红利。① 在扩散对等机制下，各国通过履行国际条约来确保互相给予经贸优惠待遇。从而拉动多边主义的形成。GATT 和 WTO 成员国的无条件"最惠国待遇"原则就是一个扩散对等机制的典型例子。扩散对等机制改变了 20 世纪 30 年代大萧条时期的保护主义趋势，推动了 20 世纪后半期多边贸易协定谈判。

表面上看，扩散对等机制体现了国家间的平等，但事实上，扩散对等只是一种从美国向其他国家的单向扩散。正如同 GATT 贸易谈判的"自行车理论"：贸易谈判如同一辆美国在前、欧盟在后的双人自行车。②尽管 GATT 的多边贸易谈判是按照共识原则进行的，但议程设置权和决策权实际上却被美国和处于内核层的发达国家所控制。小国和发展中国家名义上搭了便车，获得了"特殊与差别待遇"（SDT），但在贸易谈判过程中是处于边缘地位的。③ 因此，GATT 和 WTO 形式上的共识决策实际上是"有组织的伪善"（organized hypocrisy）。④

---

① Robert Keohane, "Reciprocity in International Relations", *International Organization*, Vol. 40, No. 1, 1986, pp. 1–27. "Reciprocity"一词通常译作"互惠"，但在国际法的语境下，Reciprocity 不仅有积极对等，即对等地给予优惠待遇，也有消极对等，即对等地进行报复。基欧汉认为，对等可以分为特定对等（specific reciprocity）与扩散对等（diffuse reciprocity）两种。特定对等强调较严格的交换相等性，通常适用于双边协议，而扩散对等对交换相等性界定较为宽松，并不要求承诺方在当期即实现等价交换。对等可以跨期实现，但这种交换的次序和时间并没有严格界定。关于对等原则在 WTO 条款中的解释，参见崔凡、洪朝伟《论对等开放原则》，《国际贸易问题》2018 年第 5 期，第 1—11 页。

② Sylvia Ostry, "The Uruguay Round *North–South Grand Bargain*: Implications for Future Negotiations", in Daniel L. M. Kennedy and James D. Southwick, eds, *The Political Economy of International Trade Law*, New York: Cambridge University Press, 2002.

③ 从 GATT 东京回合开始，多边贸易谈判利用"绿屋"讨论的非正式方式来寻求在主要国家中达成共识。通常在美国、欧盟、加拿大、日本四方形成共识之后，GATT 再将议案交由所有成员国进行表决。这种分段决策的方式在 GATT 的框架下有利于达成协议，但在 WTO 成立后，成员国数量大增，参与"绿屋"讨论的成员国代表通常多达 25—30 人，且政策目标差别很大，共识更难以达成。参见 Kent Jones, "Green Room Politics and the WTO's Crisis of Representation", *Progress in Development Studies*, Vol. 9, No. 4, 2009, pp. 349–357。

④ Richard Steinberg, "In the Shadow of Law or Power? Consensus-Based Bargaining and Outcomes in the GATT/WTO", *International Organization*, Vol. 56, No. 2, 2002, pp. 339–74.

多边贸易谈判之所以能够持续降低关税，一个重要原因是对等机制产生的巨擘效应（Juggernaut Effect）。① 比如，当欧盟内部国家关税降低后，美国的出口商为了在竞争中不落下风，就游说美国政府降低对欧盟进口商品的关税，由此换来欧盟的对等待遇。在关税普遍降低之后，出口产业经济实力增强，对政府的影响力更大，而进口替代产业受到进口冲击后实力减弱，对政府的影响力下降，更难推动实施贸易保护政策。

从理论上看，扩散对等机制产生的巨擘效应使贸易自由化趋势难以逆转，但在政策实施中却突出了国家内部支持和反对自由贸易的利益集团的矛盾。在国家内部贫富差距持续拉大的情况下，受到进口竞争冲击的部门会用更激烈的手段寻求保护，调动民族主义情绪，从而削弱对多边贸易自由化的国内支持。20世纪以来美国历史上贫富差距最大的两个时期（20世纪30年代经济大萧条和2008年国际金融危机前），也是保护主义情绪高涨的时期。② 由此看来，扩散对等机制并非维系多边主义架构的万能药。由此产生的巨擘效应一旦逆转，就会让保护主义成为主导力量，削弱多边主义架构的经济基础。

20世纪多边主义体系得益于美国国内自由主义势力的壮大和建立合法霸权的意愿以及国际组织的制度保障和经贸互惠的扩散机制。在数次危机中，这三个因素受到了不同程度的削弱，但这些量变并没有发生质变。莱克认为，布雷顿森林体系解体以后，美国的主导

---

① Richard Baldwin and Frédéric Robert-Nicoud, "A Simple Model of the Juggernaut Effect of Trade Liberalization", *International Economics*, Vol. 143, October 2015, pp. 70-79.

② 以收入最高的1%的人口所占全国收入的比例来看，1928年和2007年是美国历史上的两个峰值（1928年为23.95%，2007年为23.50%）。1930年通过的《斯穆特—霍利法案》把美国的关税水平推到历史高位。而2008年国际金融危机后，美国没有大幅提高关税，但非关税壁垒增加了很多。参见 Thomas Piketty, *Capital in Twenty-First Century*, Cambridge: Harvard University Press, 2014, figure 8.8. 其中的数据图表参见 http://piketty.pse.ens.fr/en/capital21c2。

地位并未改变,国际经济秩序的等级化结构总体稳定。[1]

第二节　21世纪多边主义的去等级化转型

进入21世纪以来,多边主义秩序不断受到冲击。自小布什政府开始,美国的外交政策逐渐表现出单边主义倾向。2008年国际金融危机的爆发,暴露出新自由主义思想在国家和全球治理中的缺陷。在应对金融危机的过程中,发达国家在国内舞台上加大了政府对市场的干预,在国际舞台上强调国家利益优先,从而削弱了国际组织和国际规制的协调能力。自特朗普上台以来,美国放弃多边主义的意愿更加强烈。先后退出了《巴黎协定》、《跨太平洋贸易伙伴协定》(TPP)、伊朗核协议、联合国人权理事会和教科文组织、世界卫生组织等,并对许多国家加征关税和实施贸易战,挑战现行世界贸易体系。联合国经费短缺和WTO贸易谈判停滞,让国际组织的合法性和有效性也受到了质疑。

对于国际秩序中的失序和混乱,茱莉亚·莫尔斯(Julia Morse)和基欧汉称为"竞争性多边主义"(contested multilateralism)。他们认为,对现有秩序不满的国家和非国家行为体,在存在外部选择的前提下,可能通过改变现有国际组织的机制(regime shifting)或建立新的竞争性机制(competitive regime creation)等行为,对现有国际秩序进行挑战。但是,这些竞争行为并非对多边主义框架的颠覆,而是对某些具体制度的改变和重叠,从而增加了制度复杂性。[2] 因此,竞争性多边主义既可以解释多边主义的韧性,也可以解释多边主义遭遇的挑战。贺凯认为,竞争性多边主义会使秩序主导者和改

---

[1] 莱克用国家的货币政策自主性和对美贸易依存度来表示经济等级化程度。参见 David Lake, *Hierarchy in International Relations*, Ithaca: Cornell University Press, 2009。

[2] Julia Morse and Robert Keohane, "Contested Multilateralism", *Review of International Organization*, Vol. 9, No. 4, 2014, pp. 385-412.

革者之间产生制度制衡，从而有利于推动国际秩序的和平转变。①迈尔斯·凯勒（Miles Kahler）认为，2008 年国际金融危机反而强化了多边主义的作用。尽管新兴经济体对全球体系颇有批评，但它们的崛起得益于多边全球体系，因此它们倾向于支持狭义上的多边主义，即布雷顿森林体系下给予各国充分自主权的多边安排。②艾肯伯瑞也认为，崛起国家并不会削弱现行的多边国际秩序。"这些国家通往现代化之路必须借道现行的国际秩序，而不是绕道。"③

然而，竞争性多边主义仍然是基于等级化的国际秩序做出的判断。正如江忆恩（Alastair Iain Johnston）所说，世界并不是只有一个美国主导且符合美国利益的多边秩序，而是在不同领域存在不同的多边秩序。④因此，美国主导的等级秩序的危机并非多边主义本身的危机，而更可能是新多边主义的开始。

发达国家和发展中国家之间的关系权力变化是影响多边主义转型最重要的因素。这主要表现在以下三个方面。

首先，美国和其他发达国家在全球经济中的份额和贡献显著下降。自 20 世纪末期以来，以七国集团为首的发达国家的经济增长速度显著放慢。从 1980 年到 2019 年，七国集团占世界经济总量的比例从 59% 下降到 45%；发展中国家所占比例则从 23% 上升到 37%。⑤发展中国家的影响力上升不仅反映在经济总量上，也体现在对全球经济增长的贡献上。20 世纪 90 年代，七个主要新兴市场国家

---

① 贺凯：《亚太地区的制度制衡与竞争性多边主义》，《世界经济与政治》2018 年第 12 期，第 60—83 页。
② Miles Kahler, "The Global Economic Multilaterals: Will Eighty Years Be Enough?", *Global Governance*, Vol. 22, No. 1, 2016, pp. 1-9.
③ John Ikenberry, "The Future of the Liberal World Order", *Foreign Affairs*, Vol. 90, No. 3, 2011, pp. 56-68.
④ Alastair Iain Johnston, "China in a World of Orders: Rethinking Compliance and Challenge in Beijing's International Relations", *International Security*, Vol. 44, No. 2, 2019, pp. 9-60.
⑤ 根据世界发展数据（WDI）的 GDP（2010 美元）计算，https://databank.worldbank.org/source/world-development-indicators#。

(EM7)仅占全球经济总量的10%和经济增长的20%，2010—2015年，EM7已占全球经济的25%，贡献了一半以上的全球经济增长，超过了七国集团的贡献。①

其次，发达国家在国际贸易中的份额持续减少。1995—2016年，发达国家的出口额占全球总出口额的比例从70%下降到53%，发展中国家则从28%上升到44%。发展中国家间的贸易增长尤其迅速。1995年时南南贸易仅占全球贸易的12%，2016年已达到了25%。②正是由于发展中国家的贡献，即使是在2008年国际金融危机的冲击下，国际贸易和资本流动仍然继续增长，尤其是服务贸易加速增长。从2005年到2017年，全球服务贸易年均增长5.4%，超过了货物贸易的4.8%的年均增长率。③

最后，发达国家在国际组织中的主导能力减弱。由于全球资本流动量增加迅速，IMF的资本规模在全球资本流动总规模的比重越来越小（从1998年的27%下降到2016年的6%），对国际金融市场的协调作用持续减弱。同时，新兴市场国家的份额和决策权都显著增加，导致IMF和世界银行倡议行动的权力更加分散，很难被单一国家所主导。④即使是在基于成员国共识的WTO决策机制，也因为发展中成员国的迅速增加而稀释了决策权，使美国和欧盟无法主导多边贸易谈判的议程设置，共识越来越难以达成，降低了国际组织的有效性。

---

① 新兴七国（EM7）包括中国、印度、巴西、俄罗斯、墨西哥、印度尼西亚、土耳其。新兴七国的经济总量占所有新兴国家的80%左右，同七国集团在整个发达国家中的份额相当。参见 Raju Huidrom, Ayhan Kose, Hideaki Matsuoka and Franziska Ohnsorge, "How Important Are Spillovers from Major Emerging Markets?", *International Finance*, Vol. 23, No. 1, 2020, pp. 47-63。

② 根据联合国贸发会议统计数据计算。参见 http://unctadstat.unctad.org/wds/TableViewer/tableView.aspx? ReportId=24397。

③ WTO, World Trade Report 2019: The Future of Services Trade, 2019, p 22, https://www.wto.org/english/res_e/booksp_e/03_wtr19_2_e.pdf。

④ 黄薇：《国际组织的权力计算：以IMF份额和投票权改革为例的分析》，《中国社会科学》2016年第12期，第181—198页。

由此可见，21世纪以来，新兴市场国家成了全球经济和贸易增长的主要贡献者，在国际组织中的影响力也逐步上升。发达国家和新兴市场国家经济地位的消长使多边主义结构产生了质变。发达国家、新兴市场国家、其他发展中国家之间的经贸关系趋于对等，相互融合的程度也在加深，等级化程度明显降低了（参见图10-1右）。

从结构上看，21世纪多边主义的去等级化趋势体现在动力来源、制度保障、扩散机制这三个方面。在动力来源方面，美国的自由主义意愿下降了，而发展中国家的自主开放意愿却大幅提升；在制度保障方面，全球性国际组织的协调能力下降，区域贸易协定（RTA）的兴起成为多边主义的主要制度纽带；在扩散机制方面，国家之间的嵌入式合作关系取代互惠式经贸关系成为多边主义扩散的主要方式。表10-1总结了这些基本要素的差异。正是由于这三个要素同时发生变化，多边主义架构发生了渐进式转型。尽管这个转型过程中仍然存在主导者和改革者之间的激烈竞争，但新多边主义的分散化特点具有更强的灵活性和适应性，从而降低了国际秩序突变和崩溃的可能性。

表10-1　　　　　　新旧多边主义架构的基本组成要素

	20世纪多边主义	21世纪多边主义
动力来源	美国建立合法霸权意愿	发展中国家的自主开放意愿
制度基础	全球性国际组织	区域贸易协定
扩散机制	互惠式经贸关系	嵌入式发展合作关系

第三节　新多边主义的基础架构

一　动力来源

发达国家是20世纪经济全球化的主导者和推动者，发展中国家则是被动的参与者。然而，随着发展中国家同发达国家经济差距的缩小，发展中国家预期贸易开放能带来更多收益，主动开放的意愿增强。对大多数发展中国家来说，参与多边谈判意味着获得国际社会接纳，从而带来更多的贸易投资机会。IMF 的研究估计，加入 WTO 对成员国的国际贸易有显著的提升作用，比国内贸易平均增长72%。其中，成员国之间的贸易平均增长 171%，成员国同非成员国之间的贸易增长则为 88%。不过，参与全球化的边际收益递减随着时间推移而减少。刚融入全球化的国家收益最大，而深度参与全球化的国家则收益不大。① UNCTAD 的研究显示，参与贸易协定的经济提升效果在原本开放程度较低的发展中国家中最明显，同时也有助于缩小区内国家差距。因此，发展中国家加入自由贸易协定不仅推动了经济增长，而且缩小了参与国内部的贫富差距。②

参与全球化也给发展中国家带来了显著的减贫效果。世界银行的数据显示，全球贫困人口数量从 1981 年的 19 亿下降到 2018 年的 6.4 亿，贫困人口比例则从 42% 下降到 8%。尤其是经济开放程度提升最多的东亚和南亚地区，21 世纪以来贫困人口已经减少了 10 亿以上。③

对发达国家来说，自由贸易带来的收益不如预想的大，反而拉大了贫富差距。在全球化的黄金二十年期间（1988—2007 年），发达国家处于中下收入水平的广大人群收入几乎没有增长，而处于收入顶端的 1% 的富人的收入增长幅度超过了社会的其他阶层，在美国更是达到了历史的顶峰。从 1979 年到 2007 年，最富的 1% 同其余 99% 的收入差距增加了 3 倍。④ 贫富差距的拉大削弱了支持贸易开放

---

① Valentin Lang and Marina Mendes Tavares, "The Distribution of Gains from Globalization," 2018, *IMF Staff Working Papers*, 18, p. 54. https://www.imf.org/en/Publications/WP/Issues/2018/03/13/The-Distribution-of-Gains-from-Globalization-45722.

② Alisa DiCaprio, Amelia Santos-Paulino and Maria Sokolova, *Regional Trade Agreements, Integration and Development*, UNCTAD Research Paper, 2017. https://unctad.org/en/PublicationsLibrary/ser_ rp2017d1_ en. pdf.

③ 世界银行，http://iresearch.worldbank.org/PovcalNet/povDuplicateWB.aspx。

④ Branco Milanovic, *Global Inequality: A New Approach for the Age of Globalization*, Cambridge: Harvard University Press, 2016.

的国内政治基础。在大多数欧美发达国家，支持保护主义的利益集团占据上风，继续推动全球贸易开放的动力已大大下降。2014年和2018年两次皮尤全球公众态度调查显示，发达国家和发展中国家民众对于国际贸易的总体支持度相似，但发展中国家民众对于贸易创造就业和提升工资的认同却明显高于发达国家，而美国民众的看法则最为负面。①

正是因为认识到参与全球化的巨大红利，发展中国家开始主动开放市场，接受国际经济规则。即使是在WTO多哈谈判陷入僵局的时候，发展中成员国的关税水平也在持续下降。从1948年开始，通过在GATT框架下的7轮多边贸易谈判，发达国家的平均关税水平从40%降到了4%左右。而发展中国家关税的自主下降幅度至少相当于前几轮成功的多边谈判的成果。如图10-2所示，G20中的发展中国家的制造业进口平均关税从1990年的34%下降到2018年的6%。② 中国的关税水平下降幅度更大，从1992年的41%下降到2018年的7%。与此同时，美国和欧盟的关税水平则从6%分别下降到3%和1.8%。2008年金融危机后，发达国家和发展中国家对贸易自由化的态度分歧更明显。从2009年到2018年，全球一共启动了近15000项贸易干预措施，其中超过60%是发达国家实施的贸易保护措施。③

---

① 2014年的民众调查结果参见 Pew Research Center, "Faith and Skepticism About Trade, Foreign Investment", September 16, 2014, https://www.pewresearch.org/global/2014/09/16/faith-and-skepticism-about-trade-foreign-investment/; 2018年的民众调查结果参见 Bruce Stokes, "Americans, like Many in Other Advanced Economies, Not Convinced of Trade's Benefits", *Pew Research Center*, September 26, 2018, https://www.pewresearch.org/global/2018/09/26/americans-like-many-in-other-advanced-economies-not-convinced-of-trades-benefits/。

② G20发展中国家包括阿根廷、巴西、中国、印度、印度尼西亚、韩国、墨西哥、俄罗斯、沙特阿拉伯、南非共和国、土耳其11个国家。

③ Global Trade Alert, https://www.globaltradealert.org/。

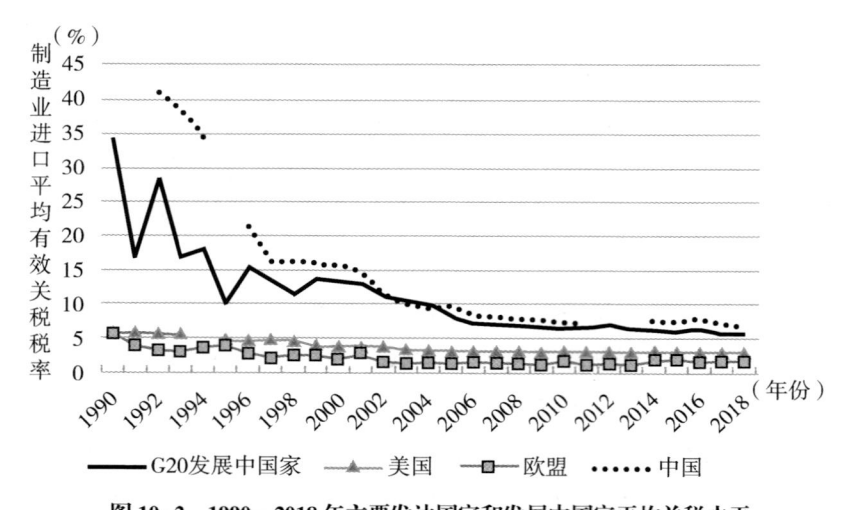

图 10-2　1990—2018 年主要发达国家和发展中国家平均关税水平

资料来源：根据联合国贸发会议关税统计数据计算，https：//unctadstat.unctad.org/wds/TableViewer/tableView.aspx。

20 世纪的国际经济秩序是由少数发达国家主导、发展中国家"搭便车"的国际公共产品。进入 21 世纪后，崛起的新兴市场国家是全球化的主要受益者，它们认同现有的全球治理秩序，成为自由贸易的主动捍卫者，但它们的发展经历并未遵循发达国家倡导的新自由主义政策，在全球治理理念上也不同于传统的多边主义。新兴市场国家一方面更加融入国际市场，另一方面强调政府在经济发展中的协调和引领作用。① 这些国家在对外开放的同时也加强了国内社会保障体系的建设，尤其是对扶贫减困的重视，表现出"嵌套自由主义"的特征，从而可以更大幅度地推动贸易自由化。

---

① Matthew Stephen, "Rising Powers, Global Capitalism and Liberal Global Governance: A Historical Materialist Account of the BRICs Challenge", *European Journal of International Relations*, Vol. 20, No. 4, 2014, pp. 912-38.

二 制度基础

支撑多边主义的第二个要素是制度化。世界银行、IMF 和 WTO 这三大全球性经济组织是维系 20 世纪多边主义的制度核心。然而，21 世纪以来，它们作为多边主义制度保障的作用已经被严重削弱，主要体现在三个方面。

第一，全球性组织所秉持的新自由主义理念在实践中受到很大挑战。从 20 世纪 80 年代末开始，世界银行和 IMF 向陷入债务危机的拉美和非洲国家提供救援贷款，并要求受援国实施全面私有化、市场化和自由化的结构调整方案。但到 20 世纪末，这些改革政策广受批评。世界银行和 IMF 只好放弃了"华盛顿共识"，代之以新的减贫战略。2008 年国际金融危机的爆发，更暴露了过度金融自由化和监管缺失对全球经济造成的灾难性后果。

第二，全球性组织的制度安排难以解决效率低下的问题。随着成员国数量的持续增加，国家间利益分歧加大，全球性组织在代表性和决策效率之间的矛盾越来越突出，导致决策能力也越来越弱。WTO 在多边贸易体系中的中心地位更是受到了严重挑战，自成立以来还没有成功完成任何多边贸易谈判。WTO 的贸易争端解决机制也经常受到质疑。因为进入法律程序的争端大多数发生在贸易实力相近的国家之间，而实力弱小的国家则很少通过法律程序来解决同大国之间的贸易争端。[1]

第三，全球性组织的资源和目标不匹配限制了其发挥协调作用。作为全球最大的多边开发银行，世界银行肩负帮助发展中国家实现可持续发展目标（SDG）的任务，但其融资能力却远远无法满足发

---

[1] Thomas Sattler and Thomas Bernauer, "Gravitation or Discrimination? Determinants of Litigation in the World Trade Organization", *European Journal of Political Research*, Vol. 50, No. 2, 2011, pp. 143-67.

展中国家的需求。①而金融危机的频繁发生使IMF也面临越来越大的资金缺口，其维持金融稳定的目标难以实现。2008年国际金融危机后，IMF将80%的紧急贷款分配给欧洲国家，而仅有3%给了非洲国家。这和IMF救援发展中国家的主要目标背道而驰，也动摇了新兴经济体对IMF推动的全球金融治理改革的信心。②

在全球性国际组织面临困境的同时，以区域贸易协定为主的地区性组织取得了长足发展。区域贸易协定最初只是作为全球性国际组织对发展中国家的特殊安排而出现。20世纪70年代末，发展中国家推动建立国际经济新秩序的努力得到了回应，统一的多边贸易框架逐渐松动。1979年东京回合谈判通过了《关于发展中国家差别和更优惠待遇、互惠和更充分参与的决定》（"授权条款"），允许发达国家单方面向发展中国家提供普惠制待遇，而发展中国家之间的优惠减让可以不给予发达国家。在发展中国家整体经济体量还很小的情况下，"授权条款"仅仅是互惠多边主义的例外安排。此外，WTO章程也允许成员国同其他国家签订货物和服务贸易的区域协定，前提条件是这些贸易协定的市场开放承诺应该是高于WTO成员国的承诺。

作为临时性安排，区域贸易协定成为多边贸易谈判的替代品。1982年，当GATT的多边谈判遭遇暂时挫折时，美国提出了"双轨制"的贸易开放方法。一方面，美国继续寻求在多边框架下推动贸易开放；另一方面，美国寻求在一些"志趣相投"的国家中推动更大幅度的贸易开放，即所谓的GATT+模式。美国随即分别同加勒比

---

① 联合国贸发会议2015年估计，为达到SDG的目标，发展中国家每年的总融资需求为2.5万亿美元，而世界银行的融资能力仅为670亿美元。参见The World Bank, "Demand for World Bank Group Financing Rises to Nearly 64 Billion in Fiscal Year 2018", https://www.worldbank.org/en/news/press-release/2018/07/19/demand-for-world-bank-group-financing-rises-to-nearly-64-billion-in-fiscal-year-2018。

② Ngaire Woods, "Global Governance After the Financial Crisis: A New Multilateralism or the Last Gasp of the Great Powers?", *Global Policy*, Vol. 1, No. 1, 2010, pp. 51-63.

国家、以色列、加拿大达成了双边自由贸易协定。1993年，美国又同加拿大和墨西哥形成了《北美自由贸易协定》（NAFTA）。

"双轨制"贸易开放模式一开始就引起了广泛争论。区域贸易协定到底是多边主义的垫脚石（building block）还是绊脚石（stumbling block）？① 自由派经济学家贾格迪什·巴格沃蒂（Jagdish Bhagwati）认为，区域贸易协定在增加区域内贸易的同时会减少区域外贸易，因此总体上不会促进贸易增长。过多的区域贸易协定甚至可能导致贸易规则混乱，产生更高的协调成本。这就是所谓的"意大利面碗效应"（spaghetti bowl effect）。② 此外，排他性的区域贸易协定会对域外国家设置更多的贸易壁垒，谈判区域贸易协定会分散国家参与多边贸易谈判的精力和动力。这些因素都可能限制多边贸易自由化的推进。③ 时任IMF首席经济学家的安妮·克鲁格（Anne Krueger）也认为，区域贸易协定对自由贸易的影响难以判断。④

尽管有这些担心，"双轨制"的贸易开放模式推动了区域贸易协定的迅速扩张。尤其是在WTO成立以后，各国的贸易谈判优先目标太分散，导致基于共识原则的多边谈判难以推进，反而给区域贸易协定创造了更大的成长空间。在GATT运行的46年中（1948—1994年），全球总共有25个区域贸易协定。从1995年到2019年，全球新增了277个区域贸易协定，总数达到了303个。⑤ 更重要的是，发展中国家参与自由贸易协定比发达国家更为积极。1990年，发达国

---

① 关于这个争论的文献综述，参见贺平《地区主义还是多边主义：贸易自由化的路径之争》，《当代亚太》2012年第6期，第129—153页。

② Jagdish Bhagwati, "U. S. Trade Policy: The Infatuation with Free Trade Agreements", in Jagdish Bhagwati and Anne Krueger, eds., *The Dangerous Drift to Preferential Trade Agreements*, Washington, D. C.: American Enterprise Institute for Public Policy Research, 1995.

③ Nuno Limao, "Preferential Trade Agreements as Stumbling Blocks for Multilateral Trade Liberalization: Evidence for the United States", *American Economic Review*, Vol. 96, No. 3, 2006, pp. 896–914.

④ Anne Krueger, "Are Preferential Trading Arrangements Trade-Liberalizing or Protectionist?", *Journal of Economic Perspectives*, Vol. 13, No. 4, 1999, pp. 105–24.

⑤ https://rtais.wto.org/UI/charts.aspx.

家之间的自由贸易协定占全球区域贸易协定总数的32%。到了2019年，发达国家之间的贸易协定仅占全球区域贸易协定总数的16%。发展中国家参与了84%的贸易协定。其中，完全由发展中国家参与的贸易协定占47%，发达国家和发展中国家之间的贸易协定占37%（图10-3）。由此可见，发展中国家是区域一体化的主要参与者和支持者，而推动经济发展则是这些自由贸易协定最重要的目标。

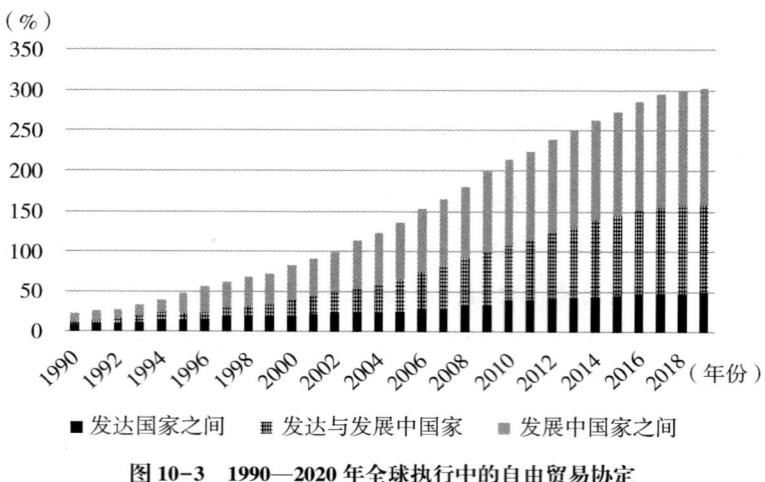

图10-3　1990—2020年全球执行中的自由贸易协定

资料来源：根据WTO的区域贸易协定（RTA）数据库整理，参见http://rtais.wto.org/UI/PublicMaintainRTAHome.aspx。

到了21世纪初，经济学家们形成了基本共识：区域贸易协定不是多边主义的绊脚石，而是垫脚石。① 2011年的《世界贸易报告》指出，WTO同区域贸易协定的关系正在从共存（coexistence）发展到共生（coherence）。②这主要体现在以下几方面。

---

① Anne Krueger, "An Enduring Need: Multilateralism in the Twenty-First Century", *Oxford Review of Economic Policy*, Vol. 23, No. 3, 2007, pp. 335-346.

② WTO, "World Trade Report 2011: The WTO and Preferential Trade Agreements: From Coexistence to Coherence", 2011, https://www.wto.org/english/res_e/booksp_e/anrep_e/world_trade_report11_e.pdf.

首先，区域贸易协定推动国际市场进一步整合。区域贸易协定创造了国家间良性竞争的环境，产生了开放的"多米诺骨牌"效应，推动了深度区域一体化，产生了贸易净增长的效果。[1] 2008年国际金融危机后，国家间的贸易纠纷甚至显著减少了。1995—2008年，WTO年均收到28起贸易纠纷裁决申请，2009—2019年，WTO年均收到19起贸易纠纷裁决申请。[2]

其次，区域贸易协定不仅降低了区域内的贸易障碍，也降低了域内国家对域外国家的关税水平。随着价值链贸易成为最主要的国际贸易形式，区域贸易协定在推动降低关税的同时，更强调开放和非歧视的规则协调，以减少中间产品贸易的交易成本，符合多边主义的基本原则。近年来，环大西洋贸易投资伙伴（TTIP）、全面与进步跨太平洋伙伴关系协定（CPTPP）、区域全面经济伙伴关系协定（RECP）等的谈判都在进行中，进一步模糊了全球化和区域化的界限。这些超级区域贸易协定（mega-RTA）对成员国在贸易投资自由化方面的要求都高于WTO的规定。

最后，从全球治理角度看，区域组织具有"低成本制度"的优势。较之于全球性组织，区域组织的组织成本较低、结构更灵活，决策也更快速。[3]随着发展中国家参与全球治理意愿和能力加强，多边国际体系中的利益代表更趋多元化，依靠共识决策就更困难。而在区域贸易协定中，成员国数量较少且谈判目标更集中，集体决策效率变得更高。尤其是在国家间差异很大的时候，区域组织的优势就越明显。阿米塔夫·阿查亚（Amitav Acharya）认为，崛起的新兴国家在文化和政治上都同西方国家差异很大。而且全球治理的问题

---

[1] Caroline Freund and Emanuel Ornelas, "Regional Trade Agreements", *Annual Review of Economics*, Vol. 2, 2010, pp. 139-166.
[2] 根据WTO贸易纠纷数据库信息计算，参见 https://www.wto.org/english/tratop_e/dispu_e/dispustats_e.htm。
[3] Kenneth Abbott and Benjamin Faude, "Choosing Low-Cost Institutions in Global Governance", *International Theory*, Vol. 13, No. 3, 2021, pp. 397-426.

更复杂，参与方也更多元。因此，基于区域组织的碎片化的多边主义是全球治理的必然选择。①理查德·鲍德温（Richard Baldwin）认为，国际贸易的治理结构将会成为 WTO 框架和规范下的全球价值链的数个区域贸易协定共治的局面。②张宇燕认为，多边机制和诸边机制是共同推动经济全球化的两条腿。③此外，在 WTO 框架下，绝大多数的区域贸易协定都没有启用自己的争端解决机制。④ WTO 争端解决机制的停摆意味着区域贸易争端解决机制的重要性上升，尤其是对于发生在同一区域内国家之间的贸易争端。总之，无论是从全球治理的宏观层面还是从贸易流动的微观层面，区域组织都已经成为多边主义的主要制度安排。

三 扩散机制

21 世纪以来，随着国家间互嵌程度增加，合作扩散变成了国家的内生需要。这种嵌入式合作关系体现在两个主要领域：全球价值链和国际发展合作。

在传统的商品贸易中，不同国家的企业通过契约形式来实现交易，合作关系必须依靠外部机制的协调来确保互惠。而在价值链贸易中，企业通过跨国生产环节的分工合作进行交易，合作关系具有更高的相互依存度和持续性。在 20 世纪 80 年代，区域内的价值链就已经在北美、欧洲和亚洲出现，形成了"北美工厂"、"欧洲工厂"和"亚洲工厂"，并逐渐开始跨区域扩展。

---

① Amitav Acharya, "The Future of Global Governance: Fragmentation May Be Inevitable and Creative", *Global Governance*, Vol. 22, No. 4, 2016, pp. 453-60.

② Richard Baldwin, "The World Trade Organization and the Future of Multilateralism", *Journal of Economic Perspectives*, Vol. 30, No. 1, 2016, pp. 95-116.

③ 张宇燕：《全球化、区域化和平行体系》，《世界经济与政治》2020 年第 1 期，第 1 页。

④ Ana Cristina Molina and Vira Khoroshavina, "How Regional Trade Agreements Deal with Disputes Concerning Their TBT Provisions?", WTO Staff Working Paper, ERSD-2018-09, 2018. https://www.wto.org/english/res_e/reser_e/ersd201809_e.pdf.

WTO 的数据显示，自 2000 年以来，北美和欧洲区域内的贸易份额下降，而它们同亚洲之间的贸易份额都在上升，尤其是同中国的价值链贸易增加迅速。①

表 10-2 显示了不同区域价值链中的国家对中、美、德、日四个制造业大国的进口依赖程度。美、德、日三国在其区域内价值链中的影响力明显高于其他区域价值链。中国则在所有的区域价值链中都有较大影响力，因为大多数国家的制造业生产对中国进口都有较高程度的依赖。亚洲地区最高的是韩国，16.4%的制造业生产依赖从中国的进口。在北美地区最高的是墨西哥，对中国进口的依赖达到制造业产量的 14.3%。而美国的制造业生产则有 6.5%需要从中国进口。欧洲地区的制造业生产对中国进口的依赖相对较低，但也通常在 4%以上。巴西、俄罗斯、南非共和国对中国进口的依赖也明显高于其他制造业大国。这意味着，中国同发达国家之间逐渐从以比较优势为主的贸易关系变成紧密合作的生产关系。更加细分的国际市场和生产过程有利于减少国家间的贸易竞争，增加合作空间。此外，除北美价值链外的所有国家对中国进口的依赖程度都超过了美国，这也体现了国际贸易的去等级化趋势。

表 10-2　2015 年各区域价值链对主要制造业国家的进口依赖程度

		美国	德国	日本	**中国**
北美价值链	美国		1.0	1.2	**6.5**
	加拿大	14.1	1.2	1.2	**7.2**
	墨西哥	15.1	1.7	2.3	**14.3**

---

① WTO, "Global Value Chain Development Report 2019: Technological Innovation, Supply Chain Trade and Workers in a Globalized World", p. 1, https://www.worldbank.org/en/topic/trade/publication/global-value-chain-development-report-2019.

续表

		美国	德国	日本	中国
欧洲价值链	德国	1.6		0.9	**4.6**
	英国	2.6	3.9	0.6	**4.8**
	法国	2.4	5.7	0.6	**4.1**
	意大利	1.1	4.9		**4.6**
	西班牙	1.2	4.5	0.6	**4.6**
	土耳其	1.1	2.1		**5.0**
	荷兰	1.8	5.0	0.7	**3.7**
	捷克	2.4	8.2	0.9	**5.2**
亚洲价值链	中国	1.5	0.9	1.9	
	日本	1.4	0.7		**6.3**
	韩国	2.9	1.8	4.4	**16.4**
	印度	2.1	0.9	0.9	**7.2**
	澳大利亚	1.8	1.0	2.2	**7.1**
	印度尼西亚	0.9	0.5	2.1	**7.4**
其他区域核心国家	巴西	2.2	1.0	0.5	**4.6**
	俄罗斯	1.0	1.9	0.8	**5.7**
	南非共和国	1.3	1.8	0.6	**3.8**

注：表中的数字表示了横坐标的国家制造业生产从纵坐标国家进口中间产品的百分比。

资料来源：Richard Baldwin，"Supply Chain Contagion Waves: Thinking ahead on Manufacturing 'Contagion and Reinfection' from the COVID Concussion"，*VOX CEPR Policy Portal*，2020，https：//voxeu.org/article/covid-concussion-and-supply-chain-contagion-waves.

价值链贸易的扩张推动了全球市场的深度融合，也降低了扩散对等机制的重要性。首先，价值链贸易降低了发展中国家融入国际市场的门槛，也放大了贸易保护的成本。中间产品在多次进出口中可能被重复征收关税，也会影响使用了进口中间产品的本国产品的出口竞争力。因此许多发展中国家为抢先占据价值链的下游环节而选择单方面开放市场。① 区域贸易协定的达成也产生了多米诺骨牌效应。一旦有几个国家贸易自由协定达成，没有参与的域内国家就会担心经济竞争力下降而寻求参与，② 或是出于战略竞争的考虑建立新的自由贸易协定。③ 其次，对等机制适用于传统比较优势基础上的商品贸易，因为一个国家的进出口部门可以清楚界定。而在全球价值链贸易中，融入价值链环节的部门可能同时参与进出口，对贸易开放的偏好难以明确界定，对等机制难以产生巨擘效应。最后，价值链贸易可以把发展水平差异很大的国家联系起来，具有更大的包容性。而传统贸易中的对等安排通常是在发展水平相当的发达国家之间实现。尽管发展中国家在 WTO 框架下可以获得特殊和差别待遇（SDT），但这个待遇只是例外安排，而非常规安排。而且随着发展中国家经济实力的增强，发展中国家的特殊待遇已经成为 WTO 争论的焦点。

21 世纪之前，国际发展是个权责利错配的领域：贫困是专属发展中国家的问题，由发达国家设定发展议程，对发展中国家提供援助和政策指导，但政策后果则完全由发展中国家承担。这种单向援助政策的有效性受到广泛质疑。接受援助最多的非洲国家的贫困人口反而大幅增长。21 世纪以来，贫困和不平等成为内嵌于所有国家的全球性问题。低收入国家继续面临严重的贫困问题；许多中等收入国家出现了去工业化，经济增长减速，减贫效果难以持续改善。④ 联合国开发署估计，全球有高达 23% 的人口处于健康、教育和生活水平的多维贫困

---

① OECD, WTO, UNCTAD, "Implications of Global Value Chains for Trade, Investment, Development and Jobs", Paper Prepared for the G20 Leaders Summit, September 2013, https://unctad.org/en/PublicationsLibrary/unctad_oecd_wto_2013d1_en.pdf.

② Richard Baldwin, "A Domino Theory of Regionalism," NBER Working Paper, No. w4465, 1993, https://www.nber.org/papers/w4465.pdf.

③ John Ravenhill, "The 'New East Asian Regionalism': A Political Domino Effect," *Review of International Political Economy*, Vol. 17, No. 2, 2010, pp. 178-208.

④ Dani Rodrik, "Premature Deindustrialization", *Journal of Economic Growth*, Vol. 21, No. 1, 2016, pp. 1-33.

(MPI)中。其中2/3分布在中等收入国家，1/3位于低收入国家。[①]发达国家的贫富差距持续扩大，相对贫困人口也在增加。在过去10年中，全球财富增加了80%（从200万亿美元增加到360万亿美元），但拥有不足1万美元财富的人口总数却高达30亿，几乎没有减少。[②]

联合国先后推出千年发展目标（MDG）和可持续发展目标（SDG），聚焦减贫、健康、教育等共同发展目标，然后由各国自主决定实现路径和时间表。这种更灵活的多边方案赋予发展中国家更多的自主权，减贫效果也更显著。全球极度贫困人口从1990年的19亿减少到2015年的8.36亿，极度贫困率则从36%下降到10%，[③]但是距离SDG提出的在2030年前全面消除贫困的目标还很远。国际援助的规模也远远不能满足发展中国家减贫需求。发达国家的官方发展援助（ODA）总投入每年仅为150亿美元左右。而根据联合国贸发会议的估计，为实现SDG的17项目标，光是发展中国家就需要每年至少投入2.5万亿美元。[④]

在这种情况下，单靠互惠式的经贸关系已无法解决全球可持续发展问题。在经济增长缓慢、失业率上升、社会福利难以维持的情况下，跨国公司和外来移民往往成为国内问题的替罪羊。全球不平等加剧可能导致整个国家的保护主义和民族主义情绪上升，从而更容易引发国家间的矛盾和冲突。因此，全球治理的关键问题不仅是通过互惠机制来创造财富，而且是通过发展合作机制来平衡财富分配问题。

在发展合作框架下，传统的经贸和援助关系的界限被打破了，政府之间、市场之间、公私之间的相互联系更加紧密，具有更强的

[①] UNDP, "The 2019 Global Multidimensional Poverty Index", 2019, http://hdr.undp.org/en/2019-MPI.

[②] Credit Suisse Group, "Global Wealth Report", 2010 and 2019, https://www.credit-suisse.com/about-us/en/reports-research/global-wealth-report.html.

[③] 联合国：《千年发展目标报告》，2015，https://www.un.org/zh/millenniumgoals/pdf/MDG%202015%20PR%20Overview_Chinese.pdf。

[④] UNCTAD, "World Investment Report 2014: Investing in the SDGs: An Action Plan", 2014.

自发扩散机制。首先，发展合作是国家间的平等互利合作。资本输出方负责提供发展融资并获取可能的政治或经济回报；资本接收方负责融资的具体分配并承担资金使用不当的风险。在传统的援助体系下，援助方和受援方之间的不对等关系模糊了援助方和受援方的责权关系，对双方的参与动力都有负面影响。只有在双方都出于自身意愿参与并且有明确的责权分担时，这种国家间的合作关系才能稳定和持续。其次，更加细分的国际市场和生产过程有利于减少发展中国家间的贸易竞争，增加合作空间。尤其是低收入国家同新兴市场国家之间的贸易互补性超过了它们同发达国家的贸易互补性，合作潜力更大。① 最后，发展合作强调了公私部门之间的合作，以官方援助带动私人投资，具有风险分担的优势。尤其是2005年以来，WTO大力推行"促贸援助"的倡议，公共产品和商业利益在援助框架下的结合趋势变得更加明显。

第四节 多边主义转型下的全球治理挑战

全球化时代的互联互通形成了各国间高度相互依赖的关系，也放大了各种地区性事件的"蝴蝶效应"。一个国家发生的危机可以迅速蔓延到其他国家，促使各国必须采取联手行动进行治理。然而，如同国家治理中经常面临的三元悖论（impossible trinity），全球治理体系也存在三元悖论。② 衡量全球治理的效果有三个主要目标：代表性、制度化和执行力。代表性是治理合法性的前提，制度化是治

---

① International Monetary Fund, "New Growth Drivers for Low-Income Countries: The Role of BRICs", Washington, D. C., 2011, https://www.imf.org/external/np/pp/eng/2011/011211.pdf.

② 比如蒙代尔提出的国际金融治理中的三元悖论，即资本流动、货币独立和汇率稳定的三个政策目标之间的取舍。罗德里克提出的全球化三元悖论，即国家主权、国内民主和超级全球化之间目标之间的取舍。参见 Dani Rodrik, *The Globalization Paradox: Why Global Markets, States, and Democracy Cannot Coexist*, New York: Oxford University Press, 2011。

理稳定性的基础，决策力是治理效率的保障。理想的全球治理应该具有充分代表性、高制度化和强执行力。但是，如图10-4所示，这三个目标在现实世界中是无法同时实现的。制度化和执行力强的治理模式代表性低；代表性和制度化高的模式执行力弱；代表性和执行力高的模式制度化水平低。任何全球治理模式最多只能实现两个目标。

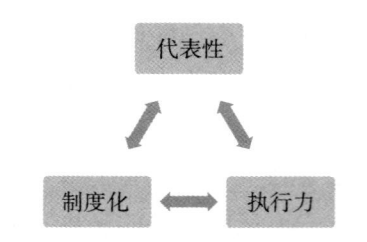

图10-4　全球治理体系的三元悖论

在第二次世界大战后的多边主义架构中，作为世界霸权的美国牵头建立多边国际组织，逐渐形成了制度化的国际规范。这一阶段的全球治理具有很强的决策力，也建立了一定程度的制度化，但缺少广泛代表性。20世纪70年代以后，七国集团（G7）成为国际事务的核心决策圈，扩大了全球治理的代表性。WTO的成立则标志着国际组织的制度化程度提升，但全球治理决策力的分散导致了治理效率的下降。在21世纪的新多边主义架构中，动力来源、制度基础和扩散机制的变化对全球治理体系会产生怎样的影响呢？

随着发展中国家参与全球治理的意愿和能力的增强，多边体系的代表性持续扩大，这也意味着全球治理政策具有更高的合法性。2008年国际金融危机后形成的G20协调机制，标志着新兴市场大国被接纳为全球事务的共同决策国。

然而，代表性扩大也意味着全球治理体系面临着执行力和制度化的两难选择。一方面，国家间的政策偏好差异使共识更难形成。在对待多边主义的态度上，发达国家和发展中国家既存在不同的核心利益，也有长期的共同利益。美国强调的是以美国为主导、现行国际组织为枢纽的多边主义。欧洲国家强调的则是以欧盟的架构和决策方式为模板、基于规则的多边主义。中国和其他发展中国家的立场则是发展中国家拥有更多话语权和影响力的多边主义。尽管这三种多边主义立场存在利益冲突，但并非零和游戏。中国和许多发展中国家都是现行国际经济体系中的受益者，而发展中国家参与全球化，则拓展了欧美国家的海外市场，降低了发达国家的生产成本和消费成本。尽管多边合作符合发达国家和发展中国家的长期共同利益，但合作方式的转型则可能造成短期利益分配冲突。在国际贸易关系中，发展中国家的出口增加会对发达国家的低技术劳动力造成冲击。在全球治理领域，发展中国家的话语权上升就意味着发达国家无法垄断议程设置。

另一方面，制度化机制是可持续多边合作的保障，但制度化水平越高，国家在行动自主性上所受的约束就越多。高制度化的政策刚性也会强化国家间的政策偏好差异。詹姆斯·费伦（James Fearon）认为，国际合作的障碍不仅存在于合作执行过程中，也存在于设定议程的谈判中，尤其是在确立制度的合作谈判中。国家对利益分配结果期待越高，在初始谈判中就越不愿退让，达成协议的难度就越大。[1]

多哈谈判的停滞就反映了WTO的代表性和制度化同时提升后的结果：成员国数量大幅增加造成谈判议题分散，而制度的约束力增强又使成员国在谈判中不愿妥协，最终无法形成共识。WTO的贸易争端机制更成为国家间竞争的焦点。由于裁决结果较之于GATT机制具有更强的约束力，争端解决程序的公平性就变得更重要。这种强制度安排挑战了美国在国际组织中的特权地位，使美国陷入了维护其特权地位和遵守国际规范的两难境地。美国不仅通过拖延和拒绝缴纳国际组织会费等方式对国际组织的决策施加影响，还以国际法挑战了美国主权和国内法律为由，反对WTO的争端解决机制。实

---

[1] James Fearon, "Bargaining, Enforcement, and International Cooperation", *International Organization*, Vol. 52, No. 2, 1998, pp. 269-305.

际上，在 WTO 中有关中美之间贸易争端的裁决中，裁决结果明显有利于美国。美国在几乎所有发起的争端案中都取得有利的结果，而中国发起的争端案中只有 1/3 的裁决结果有利于中国。①尽管如此，美国仍不满意未能在 WTO 贸易争端裁决中取得更多特权。

G20 峰会作为全球经济治理平台，尽管讨论议题不断扩大，但其框架一直以临时体系出现，其公报也不具备法律约束性和执行力。但这一低制度化特征却让 G20 机制避免了集体决策中的僵局，反而推动了国家间的合作。进入 21 世纪后，金融危机爆发的频率显著增加，对全球经济的破坏程度也更大。② 政府间的相互协调和合作在应对危机时尤为重要。2008 年国际金融危机后，发达国家和新兴国家都认识到它们难以在危机中独善其身，因此都更支持通过多边机制协调，以增强防范系统性风险的能力。③ 2009 年，G20 同意在 1999 年七国集团建立的金融稳定论坛（FSF）的基础上成立更制度化的金融稳定委员会（FSB），承担全球改革金融监管体系的角色。金融稳定委员会增加了发展中大国的代表，改变了发达国家对国际金融规则的垄断权。尽管美国财政部前部长蒂莫西·盖特纳（Timothy Geithner）希望金融稳定委员会成为继世界银行、IMF、WTO 之后的第四根全球经济治理的支柱，但金融稳定委员会并没有成为正式的国际组织，其制定的金融规则也没有广泛的约束力。④不过，本着尊

---

① Jeffrey Scott and Euijin Jung, "In US-China Trade Disputes, the WTO Usually Side with the United States", *Peterson Institute of International Economics*, March 12, 2019, https://www.piie.com/blogs/trade-and-investment-policy-watch/us-china-trade-disputes-wto-usually-sides-united-states.

② Luc Laeven and Fabian Valencia, "Systemic Banking Crises Revisited", IMF Working Paper 206, 2018, https://www.imf.org/en/Publications/WP/Issues/2018/09/14/Systemic-Banking-Crises-Revisited-46232.

③ International Monetary Fund, "Crisis Program Review", 2015, https://www.imf.org/en/Publications/Policy-Papers/Issues/2016/12/31/Crisis-Program-Review-PP5010.

④ Stephany Griffith-Jones, Eric Helleiner and Ngaire Woods, "Financial Stability Board: An Effective Fourth Pillar of Global Economic Governance?", The Centre for International Governance Innovation Special Report, 2010, https://www.cigionline.org/publications/financial-stability-board-effective-fourth-pillar-global-economic-governance.

重差异、努力趋同的公开协调原则,金融稳定委员会牵头完成了G20的新的金融规制框架改革。[1]

自20世纪90年代以来,正式和非正式国家间组织发展态势迥异,正式的国家间组织数量增加缓慢,仅从320个增加到340个;非正式的国家间组织的数量则增加了5.5倍,从20个增加到125个。[2]全球治理呈现出低成本制度化的特征。[3]低制度化的国际组织对于具有合作意愿但不愿意让渡主权的国家来说有更大的吸引力。尤其是发展中国家之间的合作,更愿意采用基于自愿原则的非制度化方式,具有更大的灵活性,对参与方的约束力也较低。此外,低制度化也给非政府组织、跨国公司等非国家行为体更多机会参与国际合作,并同国家行为体形成跨国公私伙伴关系。

由此可见,多边主义的转型增强了发展中国家的代表性和发言权,但是单纯强调国际合作的制度化机制并不一定能提升全球治理的效果。在国际环境不确定性上升的情况下,国家希望保持更多的行动自主性,因此低制度化机制反而更可能推动多边合作。

低制度化下的全球治理机制如何能有效执行呢?如果国家间缺乏普遍信任关系(generalized trust),国家间合作只能基于对具体情况进行一事一议的谈判,制度化的合作机制难以形成。[4]在制度约束力不强的情况下,全球治理的效果将有赖于各国对国际规范的普遍

---

[1] Financial Stability Board, "Implementation and Effects of the G20 Financial Regulatory Reforms, the 5th Annual Report", 2019, https://www.fsb.org/wp-content/uploads/P161019.pdf.

[2] 非正式国家间组织(IIGO)的定义是指三个或以上国家间在没有正式的条约协定和制度安排(如秘书处)的情况下,基于明确的共同期望举行经常性的高层会谈。参见 Felicity Vabulas and Duncan Snidal, "Cooperation Under Autonomy: Building and Analyzing the Informal Intergovernmental Organizations 2.0 Data Set", *Journal of Peace Research*, 2020, https://ora.ox.ac.uk/objects/uuid:7f69ce81-449e-4067-9dce-69437424c650.

[3] Kenneth Abbott and Benjamin Faude, "Choosing Low-Cost Institutions in Global Governance", *International Theory*, Vol.13, No.3, 2021, pp.397-426.

[4] Brian Rathbun, "Before Hegemony: Generalized Trust and the Design and Creation of International Security Cooperation", *International Organization*, Vol.65, No.2, 2011, pp.243-273.

认同和自愿遵守。多边主义转型和国际规范建立能否同步主要取决于三个因素。

第一，新多边主义机制是否符合大多数国家的共同利益。这既包括长期共同利益，也包括短期利益分配。共同长期利益决定各国是否愿意参与合作，而短期利益分配则会影响各国在合作谈判中的态度。即使新多边机制从长期来看符合大多数国家的共同利益，但如果需要在短期内打破原有的利益分配关系，就可能会遭到既得利益者的反对，初始谈判就会很困难。但如果只是在原有的框架中实行增量的渐进式改革，并没有显著改变已有的利益分配关系，就可能获得更多国家的支持，初始谈判的障碍就会小得多。因此，开放、包容、发展导向可以成为多边主义规范的三个主要原则。开放和包容是减少国家间冲突的基本原则，而发展导向则是寻求国家间共同利益的原则。

第二，国际规范的引领国是否带头遵守规范。通常来说，国家遵守国际规范有三种原因：一是被强制；二是符合自身利益；三是认同规范的合法性。[①] 其中，合法性认同是国家遵守国际规范的主要原因，也是守成国和崛起国之间争夺国际主导权的焦点。阎学通指出，国际主导权包含了国际权力和国际权威两个要素，国际权力可以完全基于实力，但国际权威则须以道义为基础。[②] 自改革开放以来，中国一直在学习和接受国际规范，也通过若干社会化机制，改变了自身的政策偏好。[③]进入 21 世纪以后，中国在掌握了国际游戏规则的基础上，开始尝试塑造一些国际规范，以获得更多的议题设置能力，但在遵守国际规范上也面临更严格的审视。比如，中国已

[①] Ian Hurd, "Legitimacy and Authority in International Politics", *International Organization*, Vol. 53, No. 2, 1999, pp. 379-408.

[②] 阎学通：《道义现实主义的国际关系理论》，《国际问题研究》2014 年第 5 期，第 102—128 页；阎学通：《无序体系中的国际秩序》，《国际政治科学》2016 年第 1 期，第 1—32 页。

[③] Alastair Iain Johnston, *Social States: China in International Institutions 1980-2000*, Princeton: Princeton University Press, 2008.

成为其他贸易大国在 WTO 发起贸易争端的主要对象。① 在美、欧、日、印四个贸易大国参与的贸易争端案中，90%都涉及中国。②对于崛起国来说，在履约成本较高的情况下带头遵守国际规范，有利于增加国家间的互信，塑造国际权威。

第三，引领国所倡导的新规范是否有广泛的国内政策基础。在一个高度相互依存的时代，国家治理和全球治理的界限更加模糊。国际规范是国内制度的外延，而国际规范也影响着国家治理的发展。唐世平认为，稳固的国内支持是主导国际秩序变迁的必要条件。③而取得广泛的国内支持则需要全面考虑不同利益集团的诉求，量力而行地提出全球治理方案。④ 比如，只有在国内发展中体现了包容发展和共同富裕的理念，中国倡导的发展合作模式才具有国际感召力。门洪华认为，推进国家治理体系和治理能力的现代化建设是中国应对全球治理危机的基础性举措。只有在国内形成共识，内外政策一致，国际规范才具有可信性和持续性。

卡尔·波兰尼（Karl Polanyi）在《巨变：当代政治与经济的起源》一书中预测，在经历了 20 世纪 30—40 年代的政治经济大危机后，全球会有更高层次的国际合作机制来调节国际经济秩序。⑤ 的确，危机打破了国际均势，改变了国际权力结构，提升了各国对合作的需求。第二次世界大战后美国主导的多边国际经济体系随即诞生。尽管 20 世纪后半期发生了数次危机，美国的霸权地位并未发生

---

① 2003—2019 年，涉及中国的 WTO 贸易争端案共有 65 件。其中，中国作为被告的有 44 件，为作为原告的争端案的 2 倍。参见 https：//www.wto.org/english/tratop_e/dispu_e/dispu_by_country_e.htm。

② Mark Wu, "The 'China, Inc.' Challenge to Global Trade Governance", *Harvard International Law Journal*, Vol. 57, No. 2, 2016, pp. 261-324.

③ 唐世平：《国际秩序变迁与中国的选项》，《中国社会科学》2019 年第 3 期，第 187—203 页。

④ 门洪华：《应对全球治理危机与变革的中国方略》，《中国社会科学》2017 年第 10 期，第 36—46 页。

⑤ 【匈牙利】卡尔·波兰尼：《巨变：当代政治与经济的起源》，黄树民译，社会科学文献出版社 2013 年版。

根本改变，其等级化的多边主义架构得以延续。21 世纪以来，随着新兴市场国家的快速崛起，发达国家的主导力持续下降。2008 年国际金融危机更是加速了国际权力结构的转型，原有的等级化多边主义架构发生了变化。在新的多边主义架构中，新兴经济国家成为主要动力来源，区域性国际组织提供了基本制度保障，发展合作关系成为主要扩散机制。

全球治理面临着代表性、制度化和执行力的三元悖论。多边主义的去等级化转型意味着全球治理架构具有更广泛的代表性，但执行力和制度化水平之间的矛盾也更加突出。在国际环境不确定性上升的大背景下，推动低制度化的多边合作将是提升全球治理执行力的折中选择。

多边主义转型面临的最大挑战是如何避免国际社会失序。一方面，由于霸权地位的下降和国内保守主义势力的上升，美国不再有意愿和能力来提供全球公共品。特朗普执政以来甚至主动破坏国际合作，美国逐渐失去了对全球治理议题的主导权和号召力。尽管法、德等国提出了建立"多边主义联盟"（alliance for multilateralism）的倡议，呼吁重建基于规则的全球秩序，但在欧盟内部都无法形成共识。[1] 新兴市场国家尽管经济合作加强，但在政治理念上的分歧却在加大。另一方面，低制度化的地区性组织主要关注区域内的贸易和投资自由化，对跨区域国家行为的协调和约束能力有限。尤其是在 WTO 的争端解决机制停摆后，还没有形成有效的替代机制。新冠疫情造成的全球大危机是对全球治理的又一次重大考验。随着疫情的蔓延，国家间合作防疫的要求越来越强烈。20 国集团特别峰会发表声明，呼吁全球合作以共同抗疫。[2] 欧洲政要们也联合发文强调，

---

[1] The Guardian, "British in U-Turn over Franco-German 'Alliance for Multilateralism'", September 23, 2019, https://www.theguardian.com/world/2019/sep/23/uk-to-snub-franco-german-alliance-for-multilateralism.

[2]《二十国集团领导人应对新冠肺炎特别峰会申明》，2020 年 3 月 27 日，http://www.xinhuanet.com/world/2020-03/27/c_1125773916.htm。

"我们比任何时候都更需要全球合作和多边主义"。①但是，在美国宣布退出世界卫生组织后，建立正式的全球公共卫生合作机制已是困难重重。

避免多边主义的失序需要有符合大多数国家的共同利益的改革，也需要建立国际规范以解决国际合作中的信任问题。崛起国要想建立新的国际规范，一方面需要有强于主导国的改革能力，另一方面则需要通过切实履行新规范来建立信誉，从而争取广泛的国际支持。遵守国际规范是改革的前提。中国作为多边主义转型过程中最重要的参与者和支持者，应充分考虑到建立新国际秩序的难度和变数。失序难以避免，但失序本身也是一种动态的秩序。因此，中国应保持足够的耐心和合理的预期，在维护现有国际秩序和推动转型中找到平衡。在量力而行地承诺国际责任的基础上，中国应争取同其他国家尤其是发达国家找到利益交会点，在现行的国际经济框架中寻求渐进增量改革，从而共同维护国际秩序，推动多边主义的顺利转型。受新冠疫情影响，全球经济或将出现大幅度萎缩，加剧全球的贫困问题，将至少导致7100万人在2020年陷入绝对贫困中。②实现全面消除贫困目标的希望不大，全球可持续发展目标亟须重新定位。中国应基于自身的减贫治理经验提出更多倡议，强调建立开放、包容、发展导向的多边主义，通过扩散发展合作而不仅是经贸互惠，提升全球治理的有效性和公平性。

---

① "Europe and the need for multilateralism", *La Monte*, April 14, 2020, https://www.inetecomomics.org/perspectives/blog/europe-and-the-need-for-multilateralism.

② World Bank, "Projected Poverty Impacts of Covid-19", June 8, 2020, http://pubdocs.worldbank.org/en/461601591649316722/Projected-poverty-impacts-of-COVID-19.pdf.

第十一章
反全球化与新全球化

第十一章　反全球化与新全球化

1992年的美国总统大选，独立候选人亿万富翁罗斯·佩罗对即将实施的"北美自由贸易协定"（NAFTA）进行了强烈的批评。他认为NAFTA一旦实施，就会发出"巨大吸食声"（giant sucking sound），把美国人的工作机会吸到墨西哥。尽管佩罗在1992年的总统大选中惨败，但这个"巨大吸食声"的隐喻却流传开了，成为反全球化者宣泄情绪时的流行词语。

2016年，另一位反全球化的亿万富翁在美国总统大选中笑到了最后。靠商业起家的特朗普却对自由贸易协议持完全敌对的态度，对已经实施了20多年的NAFTA大加鞭挞，甚至威胁要在美墨边境筑起高墙，彻底解决"巨大吸食声"的问题。特朗普在竞选中提出了"美国优先"的民粹主义口号，成功获得了中下层白人选民支持。

与此同时，在欧洲（另一个现代国际经贸体系的缔造者）反全球化情绪也在迅速升温。难民问题、安全威胁、财政紧缩、民主倒退等多重危机让欧洲一体化的前景岌岌可危。英国"脱欧"更是对全球化的一记重击。在世界的其他地区，贸易保护手段的使用也明显增加。尤其是从特朗普上台到新冠疫情暴发前的三年中（2017—2019年），全球共出台了近3000个贸易保护政策，远远超过了2008年以后历年的水平贸易保护水平。[①]

然而，如果用系统衡量全球化程度的指标KOF全球化指数来看，在20世纪70、80年代，全球化程度缓慢提升（图11-1）。从1990年

[①] Simon Evenett and Johannes Fritz, "Going It Alone? Trade Policy After Three Years of Populism: The 25th Global Trade Alert Report", Centre for Economic Policy Research, December 22, 2019. https://www.globaltradealert.org/reports.

到 2008 年，全球化程度迅速上升。2008 年国际金融危机以后，全球化的进展幅度显著放慢，但是在新冠疫情暴发前并没有发生逆转。[①]

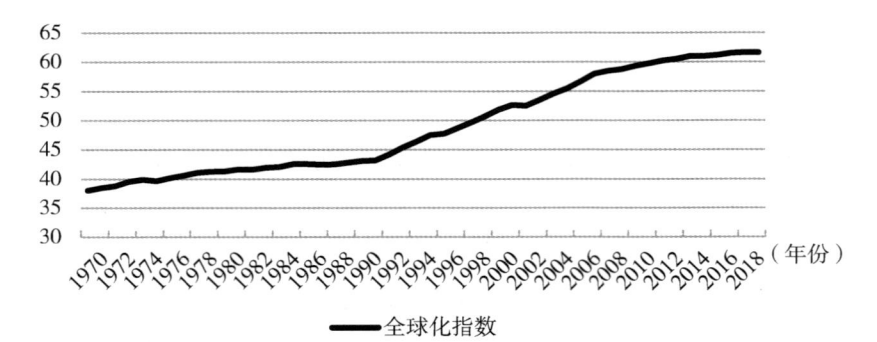

图 11-1　1970—2019 年 KOF 全球化指数变化情况

资料来源：KOF Globalization Index 2021，https://kof.ethz.ch/en/forecasts-and-indicators/indicators/kof-globalisation-index.html.

第一节　"双向运动"和"三元悖论"

全球化会逆转吗？卡尔·波兰尼的经典著作《巨变：当代政治与经济的起源》从历史角度给我们提供了一个答案。[②]这部出版于1944 年的专著被认为是研究资本主义兴衰最重要的作品之一。从1815 年拿破仑战争结束到 1914 年的第一次世界大战爆发，欧洲大陆经历了长达百年的和平繁荣局面。尤其是在 1870 年以后，由于运输和通信成本的大幅下降，跨国贸易、资本和人员流动都显著增加，全球经济一体化达到了空前的程度，在某些指标（如移民等）甚至超过了今天的全球化。由此开启了全球化的"黄金时代"。

[①] KOF 全球化指数是衡量全球化程度的最常用指标，包括经济、金融、政治、社会和文化五个方面。参见 Gygli, Savina, Florian Haelg, Niklas Potrafke, and Jan Egbert Sturm, "The KOF Globalisation Index - Revisited", *Review of International Organizations*, Vol. 14, No. 3, 2019, pp. 543-74。

[②] ［匈牙利］卡尔·波兰尼：《巨变：当代政治与经济的起源》，黄树民译，社会科学文献出版社 2013 年版。

为什么持续百年的经济繁荣局面会突然中断，并陷入了长达30年的危机和战乱中？波兰尼认为这个看似偶然的危机其实是基于自由主义原则的全球经济的必然产物。一方面，资本的扩张要求打破国家的界限，整合全球市场；另一方面，人的行为并不完全是遵循市场原则的。全球化的冲击会让个人生活变得更脆弱，对社会保护的需求更大。政府需要利用货币和信贷政策避免出现通胀和通缩的危险，同时还应该干预劳动力市场，救助失业工人。因此，自由市场的资本主义只是乌托邦。经济运行不可能独立于社会制度，而必须是相互嵌入（embeddedness）的双向运动（double movement）。市场整合力量最强大的时候，正是社会整合需求最大的时候。而一旦市场力量与社会政策脱节，资本扩张的进程就将中断，社会就会陷入动荡和衰退。

一　全球化的三次回潮

波兰尼的理论指出了全球化的悖论。全球化的扩张如同一个不断拉伸的橡皮筋，拉得越长就绷得越紧，最后结果不是弹回就是断裂。尽管书中讨论的只是20世纪初的历史，而后来的学者却能不断从书中找到分析现实问题的灵感。1996年，哈佛大学的杰弗里·威廉姆斯（Jeffrey Williamson）在经济历史协会的主席发言中指出，19世纪末全球化的发展过程孕育着"自身毁灭的种子"，因为全球化制造的赢家和输家之间的矛盾最终会变成反全球化的强大力量。[1] 由于大量人口是从欧洲大陆流动到美洲新大陆，导致了欧洲劳动力成本上升和美洲的劳动力成本下降。因此，欧洲的地主阶层和美洲的原住民劳工阶层是这一时期全球化的输家。

在经历了两次世界大战之间的全球化逆转时期，全球经济在布雷顿森林体系下开始重新整合。尽管20世纪70年代爆发的经济危

---

[1] Jeffrey Williamson, 1996, "Globalization, Convergence, and History", *Journal of Economic History*, Vol. 56, No. 2, 1996, pp. 277–306.

机导致了布雷顿森林体系的崩溃和全球经济的萧条，但全球化进程并没有由此逆转，反而在金融资本扩张和信息技术进步的带动下进一步推进，在广度和深度上都达到了前所未有的程度。

正如波兰尼所强调的"双向运动"在市场力量强大时将难以平衡，史无前例的全球化对各国政府的社会整合能力提出前所未有的挑战。全球化这个橡皮筋是否已经拉到头了呢？《纽约时报》的专栏作家托马斯·弗里德曼把全球化的强大影响力形象地比作"金色紧身衣"。一个国家一旦套上这件紧身衣，接受了全球化的游戏规则，就会经历相似的经济增长和政府权力消退的过程。而拒绝套上"金色紧身衣"的国家则会遭到全球资本的抛弃而陷入经济衰退。强调放松政府监管、推行金融贸易自由化的"华盛顿共识"正是弗里德曼所说的"金色紧身衣"。

20世纪90年代是全球化的鼎盛时期，弗里德曼代表的新自由主义观点大行其道。一个戏剧性的场面也在这个时期出现了。一批被称为"发展型国家"的东亚经济体长达30年的经济高速增长受到了关注。世界银行于1993年推出了名为《亚洲经济奇迹》的报告，为其"非正统"经济发展模式正名。不料，1997年亚洲金融危机爆发，政府主导的经济发展模式被贴上了"裙带资本主义"的标签，遭到了大肆批评。奉行新自由主义的国际货币基金组织（IMF）对深陷债务危机的韩国、印度尼西亚和泰国进行救援，并且提出了缩减政府支出、放松政府管制等教科书般的结构改革要求。然而，剧情却又一次反转。多数亚洲国家的经济基本面并无大恙，短期内迅速恢复并继续强劲增长，而IMF僵化的救援条件却遭到了广泛批评。随后爆发危机的巴西、阿根廷、土耳其等国，尽管早已接受了"华盛顿共识"的结构改革方案，但在危机的冲击下，其经济体制显得越发脆弱。

在主流经济学家中，对全球化的质疑与批评之声也开始出现。1995年，哈佛大学的理查德·弗里曼教授发表了《你的工资是由北京来定的吗?》一文，引发了对全球化下劳工问题的讨论。① 他指出，自20世纪80年代以来，发达国家对蓝领工人的需求在下降。这在美国表现为蓝领工人的实际工资水平下降，在欧洲则表现为蓝领工人的失业率上升。与此同时，发达国家从发展中国家的进口不断增加。在全球化时代中，发达国家蓝领工人的工资到底是由本国的就业环境决定的，还是发展中国家蓝领工人的数量决定的？这个问题在当时似乎还只是杞人忧天。两个人口众多的发展中国家都还没有全面参与全球化：中国在苦苦寻求进入WTO的门票，印度则刚刚开始了经济改革。

在亚洲金融危机爆发前几个月，任职于哈佛大学的丹尼·罗德里克出版了一本影响巨大的小册子《全球化是否走得太远?》，提出了对全球化的负面影响的担心。② 他认为经济全球化会不可避免地对社会整合造成冲击。冲击来自三个方面。第一是高技能和低技能工人间的差距拉大。第二是国家间的不同观念和制度的碰撞加剧。第三是政府提供社会保障的压力增大。而各国政府对这些冲击的应对方式无非两种。第一种是简单的"膝跳反应"，即简单的贸易保护政策。第二种则需要政府在开放市场和提供社会保障中找到平衡，既能享受经济全球化的红利，又能保护受到全球化伤害的输家。但是，由于资本的高流动性，政府很难对资本多征税，而只能通过提高收入所得税的做法来提供更多的社会保障。但这种做法又会进一步加剧普通民众的负担。

在目睹了2008年金融危机对全球经济的摧残后，罗德里克于2011年又出版了《全球化的悖论》一书，对他之前关于全球化的观点进行了更全面的阐释。"当处于全球体系边缘的国家遭受危机时，我们指责是他们自己的政策出了问题。当处于全球体系中心的国家

---

① Richard Freeman, "Are Your Wages Set in Beijing?", *Journal of Economic Perspectives*, Vol. 9, No. 3, 1995, pp. 15-32.
② Dani Rodrik, *Has Globalization Gone Too Far?*, Washington, D. C.: Peterson Institute of International Economics, 1997.

遭遇危机时，我们怀疑是整个系统出了问题。"①他重申了全球化中的核心矛盾是有国家边界的政府力量和无国家边界的市场力量间的不平衡。一个和谐的全球化需要这两股力量的平衡。如果政府力量过于强大，保护主义会盛行。如果市场力量过于强大，全球经济将更加动荡，弱势群体将得不到充分的保护。他更效仿蒙代尔的金融政策"三元悖论"，提出了全球化的"三元悖论"，即经济全球化、政治民主和国家主权三个目标不能同时实现。超级全球化不仅需要市场一体化，也需要政治和社会一体化。一国政府或者让渡主权，实现全球治理，或者利用强制手段改变国内制度，套上"金色紧身衣"。如果政府既不能让渡主权给全球政府，也不能改变国内制度以适应全球化，那么就只能增加对市场一体化的监管。

世界银行前首席经济学家斯蒂格利茨也对新自由主义的观点表示怀疑。在获得2001年诺贝尔经济学奖之后，他对新自由主义的批评更猛烈了。他在2003年出版的《全球化及其反对者》和2006年出版的《让全球化运转》书中断言：经济全球化并没有给所有参与的国家和社会带来福祉，而是扩大了国家之间和国家内部的分配不均，由此产生了众多的全球化反对者。发达国家担心就业机会被发展中国家抢走，而发展中国家则抱怨不公平的国际规则限制了它们经济发展的空间。当然，这不是全球化本身有什么问题，而是全球化的游戏规则错了。而这个错误的游戏规则就是IMF推行的"华盛顿共识"政策套餐。要使全球化重新运转起来，就必须由各国根据自身情况管理经济。②

显然，罗德里克和斯蒂格利茨的观点都受到了波兰尼的很大影响。在2001年为再版的《巨变：当代政治与经济的起源》一书所做的"前言"中，斯蒂格利茨写道："如果波兰尼现在还在写作的话，

---

① Dani Rodrik, *Globalization Paradox: Democracy and the Future of the World Economy*, New York: W. W. Norton, 2011.

② Joseph Stiglitz, *Globalization and Its Discontents*, New York: W. W. Norton, 2003; Joseph Stiglitz, *Making Globalization Work*, New York: W. W. Norton, 2006.

他一定会认为全球化今天面临的挑战在于是否能够改变（市场和社会间的）不平衡状态，如果还不是太晚的话。"而波兰尼的"双向运动"和罗德里克的"三元悖论"更是异曲同工。在他们看来，全球化这根橡皮筋已经越绷越紧，各国都需要对他们的国内政策进行调整。罗德里克的分析重点是发达国家的劳动力市场和福利政策，而斯蒂格利茨则把关注的重点放在了发展中国家。他们提出的解决方案被称为"无需全球政府的全球治理"（global governance without global government）。尽管全球化的广度和深度都发生了很大变化，但其内在的动力和阻力并未改变。只要市场整合的推力和社会整合的拉力冲突持续存在，全球化就不会是一个持续向前的过程。正所谓"天下大势，分久必合，合久必分"。

二 全球化逆转的证据？

历史经验显示，全球化逆转是可能的，甚至可以说是必然会发生的。那么历史会是简单的重复吗？当今世界是否已经出现了全球化逆转的迹象呢？

我们可以先从贸易、资本、人员这三个基本指标的跨国流动趋势来判断。贸易产出增长比率是经济学家衡量全球化的重要指标。国际贸易增长乏力可能是最值得担心的指标。从历史上看，全球贸易通常比世界经济的增速高50%，在全球化最鼎盛的20世纪90年代甚至比世界经济的增长速度快一倍。而在公认的全球化倒退的两次世界大战期间，全球贸易出现了断崖式的下降。在1929—1933年间，全球贸易持续下降了40个月，总额萎缩了三分之二，导致了全球贸易体系的崩溃。[1] 经济史学家查尔斯·金德尔伯格在《世界大萧条》一书中用一张类似蜘蛛网的小图绘出了全球贸易螺旋式下降的过程。而这张图就是著名的"金德尔伯格螺旋"（图11-3）。

---

[1] Kevin O'Rourke, "Two Great Trade Ollapses: the Interwar Period and Great Recession Compared", IMF Economic Review, Vol. 66, No. 3, 2018, pp. 418-439.

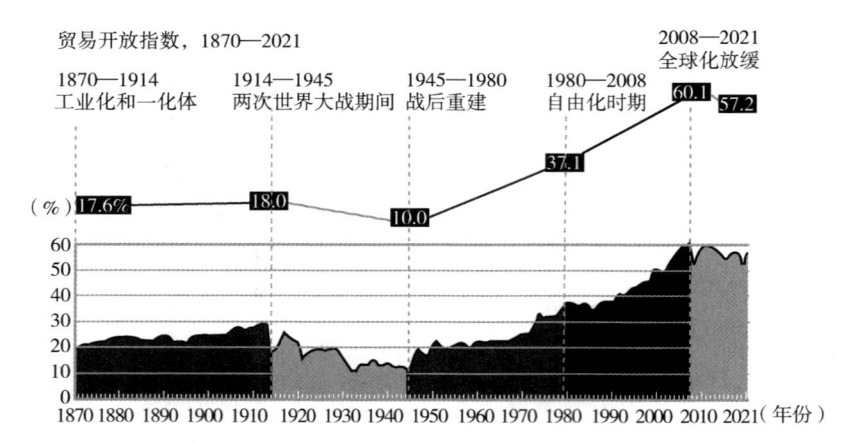

图 11-2　1870 年以来全球贸易开放度变化

资料来源：Douglas Irvin, "Globalization Is in Retreat for The First Time Since the Second World War", Peterson Institute for International Economics, October 28, 2022, https://www.piie.com/research/piie-charts/globalization-retreat-first-time-second-world-war。

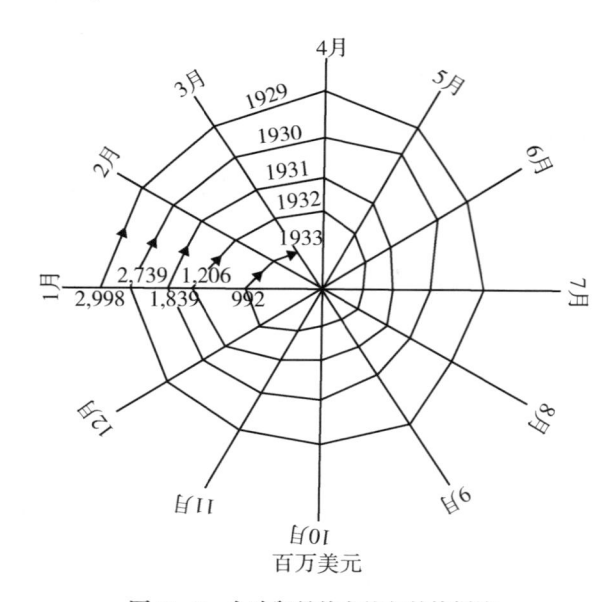

图 11-3　全球贸易的金德尔伯格螺旋

资料来源：Charles Kindleberger, *The World in Depression, 1929-1939*, 1975, p.172。

第十一章　反全球化与新全球化

2008年国际金融危机是全球化的分水岭。2008年之前，全球贸易年均增长速度为7.6%，而2009—2018年，全球贸易的年均增长速度下降到了3.5%。2019年的全球贸易增长进一步放慢到1.2%，低于全球经济的增长速度。①以全球贸易量同GDP的比例衡量的经济开放程度在2008年达到61.1%的历史顶峰，到了2020年则已经下降到51.6%。不过，全球贸易体系并没有在危机冲击下崩溃。全球贸易额在2008年金融危机爆发后的12个月内下降了18%，然而，到了2010年秋季，全球贸易已经基本恢复到金融危机爆发前的水平。2020年，新冠疫情暴发后，各国实施的关闭边界、封城、社交距离等措施，中断了本已高度融合且相互依赖的全球市场，全球货物贸易额下降了7.4%。然而，到了2021年10月，全球货物贸易额已经恢复到疫情前的水平。②

再来看国际资本流动，这是受金融危机影响最大的一项指标。在全球化的鼎盛时期，国际资本流动经历了高速增长，到2007年达到全球GDP的22%的最高点。2008年金融危机后，国际资本流动经历了断崖式下降，到了2019年已不到全球GDP的5%。③这个趋势似乎是全球化逆转的一个重要证据，但这在很大程度上是市场压缩投机泡沫和规避银行风险的必然结果。金融危机后，各国监管机构对银行过度放贷的风险保持警觉，国际市场对跨境贷款的需求大幅下降。与此同时，国际直接投资（FDI）则在波动中保持了较强的韧性。2015年，全球FDI流量突破2万亿美元，超过了金融危机前的水平。2020年，新冠疫情暴发使全球FDI流量暴跌到1万亿美元以

---

① WTO, "WTO Lowers Trade Forecast As Tensions Unsettle Global Economy", October 1, 2019.
② IMF, "World Economic Outlook: War Sets Back the Global Recovery", Chapter 4: Global Trade and Value Chains During the Pandemic, April 2022, p. 87.
③ Bank for International Settlement, "Changing Patterns of Capital Flows", CGFS Papers No. 66, 2021, https://www.bis.org/publ/cgfs66.pdf.

下，而2021年就又迅速反弹到1.6万亿美元。①

人员流动也是衡量全球化的重要指标。2020年全球移民的数量为2.81亿，比1990年增加了1.28亿，占全球人口总数的3.6%。②在英、美两个最主要的移民接收国，移民占全国人口的比例已经达到或接近历史最高水平。然而，这个看上去最好的指标却变成了全球化最主要的威胁之一。在美国，非法移民问题在总统选举中可能被总统大选结果所决定。在美国，非法移民问题在总统大选辩论的焦点。在欧洲，潮水般涌入的难民成了欧盟内部矛盾加剧的导火线。英国脱欧就是最明显的标志。不少对全球化前景悲观的观察者认为，全球化逆转的标志不是拒绝贸易，而是拒绝移民。

多边自由贸易体系的谈判进展缓慢似乎也似乎成为全球化逆转的又一个标志。1999年在WTO的部长年会上，反全球化力量首次集体亮相，在会场外游行示威。原计划于当年启动的新一轮贸易谈判被迫推迟到了2001年的多哈。而这个以发展为主题的多哈回合谈判从一开始就举步维艰，发达国家和发展中国家甚至无法在需要讨论的议题上达成一致。在2015年的内罗毕会议上，美国和欧盟提出放弃多哈回合，用新的议题和方法另起炉灶。而中国和印度等国则认为多哈谈判还是应该继续。尽管多哈回合还没有被正式宣布死亡，但事实上已是"植物人"了。

然而，在多边贸易谈判无法推进的同时，双边和地区性的自由贸易谈判却是风生水起。在关税及贸易总协定（GATT）实施的近50年时间里，全球共签订了124个自由贸易协定。而WTO成立20年以来，已有超过400个自由贸易协定签署并实施了。亚洲是经济一体化推进最迅速的地区。在1997年亚洲金融危机前，亚洲地区签署的自由贸易协定不到世界总数的10%，而现在已占到了40%。平

---

① UNCTAD, "World Investment Report 2022".
② UN Migration, "World Migration Report 2020", 2019, https://publications.iom.int/system/files/pdf/wmr_2020.pdf.

均每年有 5 个自由贸易协定签署。金融危机非但没有中断或减慢这个过程，反而让各国认识到抱团取暖的重要性，从而推进了各国签订自由贸易协定的速度。而印度和中国是签订自由贸易协定最积极的国家。

全球化的逆转通常会和贸易保护主义相伴相随。这就是罗德里克所说的"膝跳反射"式应对。20 世纪 30 年代的经济大萧条期间也是贸易保护主义最盛的时候。2008 年的国际金融危机爆发后，继续推进贸易自由化似乎已失去了动力，贸易保护主义的阴影一度笼罩着主要国家的经济政策。但"膝跳反应"式的贸易保护政策并没有变成全球性的现象。或许是《斯姆特霍利关税法》这个反面教材的影响足够久远，各国在考虑贸易保护手段时都担心重蹈贸易战的覆辙。但更重要的原因是来自贸易结构的变化。传统的贸易保护措施包括关税和非关税壁垒，都是基于国家边界实施的保护性政策。但全球价值链贸易的扩张，使国家间的相互依赖关系更强，你中有我，我中有你，传统贸易保护政策的有效性和针对性已经显著下降了。一个针对中国进口的电子产品的惩罚性关税伤害到的不仅是中国的出口商，也可能是美国和欧洲的部件生产商。为保护本国企业而实施的贸易保护措施到头来却可能对他们造成更大的伤害。所以，尽管一些政客们出于争取选票的考虑会高喊保护国内市场和产业，但真正的政策实施却会很小心。比如，奥巴马在 2008 年的总统竞选中强烈批评了自由贸易，但上台后就改变策略，开始大力推动签署《跨太平洋伙伴关系协定》（TPP）。

然而，特朗普的上台打破了美国贸易政策的平衡。他先是宣布退出了 TPP 协议，随后开始四面出击，对太阳能光伏、洗衣机、钢铁和铝产品进口增加关税，引起了加拿大、欧盟各国、墨西哥、韩国等主要贸易伙伴国的不满和报复。当然，特朗普的最主要目标是中国。从 2018 年 4 月开始，美国政府宣布对 1300 多种中国产品加增 25% 的关税，中国旋即宣布了反制措施，从而拉开了中美经贸摩擦的帷幕。

这场持续了4年多的经贸摩擦到底带来了什么后果？首先是让美国的关税水平飙升。2017年之前，美国仅对2%的进口商品征收关税，平均税率为1.7%。到了2019年末，美国对15%的进口商品征收关税，平均税率增加到13.8%。① 尽管特朗普政府采取了极端的保护主义手段，美国的贸易赤字反而进一步扩大了，就业机会也在进一步减少。2016年，美国的货物贸易逆差为7000亿美元；到了2021年，货物贸易逆差超过了1万亿美元。② 而且，几乎百分之百的关税成本都由美国消费者承担了。③ 总体来看，作为经贸摩擦始作俑者的美国并没有从中获得任何好处。《纽约时报》感叹，"为特朗普的关税政策买单的不是中国，而是美国的消费者"。④

在国际金融危机之后，国际贸易和资本流动的速度显著放慢了，各国的贸易保护措施也使用得更频繁，似乎说明全球化趋势正在逆转。但是，全球贸易体系在一系列极端事件的冲击下展现出很强的恢复能力。而且，从历史上来看，在冷战结束到国际金融危机的二十年期间，在信息技术革命和新自由主义理念的双重动力推动下形成的超级全球化（hyperglobalization）并非发展的常态，本身就难以持续。而2008年以来的低增长时期更符合历史趋势。因此，从这个意义上说，经济全球化并没有发生逆转，而是进入了必然的缓行期（Slowbalization）。而新冠肺炎疫情并不是去全球化的动力，它只是为

---

① Benn Steil and Benjamin Della Rocca, "Tariffs and the Trade Balance: How Trump Validated His Critics", April 21, 2021, https://www.cfr.org/blog/tariffs-and-trade-balance-how-trump-validated-his-critics.

② Economic Policy Institute, "US Trade Deficit Hit Record Highs in 2021", February 15, 2022, www.epi.org.

③ Mary Amiti, Stephen J. Redding, David E. Weinstein, "Who's Paying for the US Tariffs? A Longer-Term Perspective", America Economic Association Papers and Proceedings, Vol. 110, May 2020, pp. 541-546.

④ Jeanna Smialek and Ana Swanson, "American Consumers, Not China, Are Paying for Trump's Tariffs", *The New York Times*, January 6, 2020.

去全球化策略提供了合理性。

第二节 全球化的福祉分配

毋庸置疑，全球化提升了世界的总体福祉。新冠疫情前的三十年间，超过10亿人摆脱极端贫困——人均每日生活费达2.15美元以上。1990—2010年，全球价值链参与度最高的30个发展中国家的人均GDP的年均增长速度为3.3%，而参与程度最低的30个国家的年年均增速仅为0.7%。①这个结果显示参与全球化能为发展中国家带来显著收益。

然而，全球化引起争议的关键不是创造了多少财富，而是如何分配财富。全球化下国内的财富分配是否更加公平呢？长期以来，库兹涅茨曲线为全球化的支持者描绘了乐观的前景：虽然贫富差距会在经济增长的早期阶段增大，但经济增长最终会缩小社会贫富差距。这个猜想在全球化时代却并未得到证实。事实上，20世纪80年代以来，贫富差距在大多数国家都扩大了。托马斯·皮凯蒂在《二十一世纪资本论》一书中对贫富差距扩大做了有力解释。从历史上看，资本的收益率持续高于收入增长率，导致社会贫富差距不断拉大。而在全球化时代，由于资本的跨国避税能力更强，各国政府不得不更多地依靠收入所得税来支撑福利支出，贫富差距可能会进一步增大。联合国的《世界社会报告》指出，1990年以来，世界超过70%的人口深陷愈演愈烈的收入和财富不平等困境，顶层1%的富人获得的财富是底层50%的近20倍。②

正是由于全球化下的财富分配不均，对全球化的质疑和反对从

---

① UNCTAD, "World Investment Report 2013: Global Value Chains: Investment and Trade for Development", 2013, p. 151.
② United Nations Department of Economic and Social Affairs (UNDESA), "World Social Report 2020: Inequality in a Rapidly Changing World".

未消失，即使是在全球化理念鼎盛的 20 世纪 90 年代。那么，到底谁是全球化的赢家和输家？在《全球不平等》一书中，世界银行前经济学家布兰科·米拉诺维奇仔细考察了全球化 20 年，即从冷战结束前夕的 1988 年到国际金融危机爆发时的 2008 年，不同群体的收入变化情况。①处于全球收入排位 40%—60% 区间的群体获利最大，20 年中平均收入增加了 80%。这个群体是"全球新兴的中产阶级"，主要位于亚洲的新兴经济体中。而最大的输家则是发达国家的中低收入阶层，他们的收入在 20 年中几乎没有增长。如果把中美这两个发展水平不同的国家放在一起来比较，就会有更惊人的发现。美国的中下层（收入后 20% 的人群）同中国的中上层（收入前 20% 的人群）之间的差距从 1988 年的 6.5 倍缩小到 2011 年的 1.3 倍。如果中国、印度等新兴国家继续缩小同发达国家的差距，到 2050 年，全球不平等将会主要表现为美国的富人和穷人以及中国的富人和穷人之间的差距。这种场景将同马克思在《资本论》中描绘的场景非常相似。

但是，确定全球化的赢家和输家并不像划分白领、蓝领这样简单。"赢家通吃"的现象几乎出现在所有的国家。处于收入顶端的 1% 的富人的收入增长幅度超过了社会的其他阶层，在美国更是达到了历史的顶峰。从 1979 年到 2007 年，最富的 1% 同其余 99% 的收入差距增加了 3 倍。正是因为收入分配的严重不均，无论是发达国家还是发展中国家，反全球化的力量才显得如此强大。在金融危机爆发前的 2007 年，尚有 42% 的美国民众认为全球化对美国经济有利，而到了危机爆发后的 2008 年，这个比例就迅速下降到了 25%。②

北美自由贸易协定（NAFTA）实施 20 多年来的表现似乎印证了

---

① Branco Milanovic, *Global Inequality*: A New Approach of Globalization, Cambridge: Harvard University Press, 2016.

② *The Globalization Paradox*: Why Global Markets, States, and Democracy Cannot Coexist, New York: Oxford University Press, 2011.

佩罗"巨大吸食声"的预言。NAFTA 启动前一年，美国对墨西哥有 10 亿美元的贸易顺差。而到了 2014 年，美国对墨西哥贸易逆差高达 540 亿美元。更严重的是，2000 年以来，美国减少了 500 多万个制造业工作机会。如果说全球化损害了发达国家中蓝领工人的利益，那么发展中国家的工人从全球化中受益了吗？令人意想不到的是，墨西哥也并非自由贸易的赢家。加入 NAFTA 后，其人均收入的年增幅仅为 1.2%，不仅在 NAFTA 三国中最低，更远低于同属拉美新兴市场的巴西、智利、哥伦比亚等国。而且国内的制造业就业机会根本没有净增加。那消失的就业都去哪儿呢？

"中国"可能是很多人的答案。的确，中国大概是全球化中最大的获益国。出口和外资是中国经济高速增长的主要推动力。这是一个容易招来嫉恨的结果。特朗普时期的美国的贸易代表莱特希泽就认为，给予中国永久正常国家待遇（PNTR）是美国自二战以来签订的对劳工最不利的贸易协定，造成了美国 5000 亿美元的贸易逆差和至少 200 万产业工人失业。因此，他呼吁对美国的贸易政策进行调整，走介于自由贸易和保护主义之间的中间道路。这样既能有顺畅的贸易流动，也不会导致体面的就业机会的流失。[1]但是，把美国消失的制造业就业都归咎于中国显然是夸大其词。三位美国经济学家的研究显示，美国减少的 500 多万个制造业就业机会中，只有 21% 是由于同中国的贸易竞争造成的，而剩下的几乎全是因为自动技术的广泛应用和生产率提高造成的减员。[2] 比如，电商巨头亚马逊已经开始使用机器人代替人工分拣货物。尽管亚马逊声称此举不会造成就业减少，但在不远的将来，全社会可能都会问同一个问题：你的工作是否会被机器人取代？

---

[1] Robert E. Lighthizer, "How to Make Trade Work for Workers: Charting a Path between Protectionism and Globalism", *Foreign Affairs*, Vol. 99, No. 4, 2020, pp: 78-92.

[2] David Autor, David Dorn and Gordon H. Hanson, "Why Obama's Key Trade Deal with Asia Would Actually Good for American Workers", *Washington Post*, March 12, 2015.

的确，特朗普执政时期兴起的民粹主义有很深的社会根源。特朗普的票仓来自教育程度较低的中年白人，而他们则是全球化时代最为失意的一群人。20世纪90年代中期以来，美国已经进入了"绝望致死"（Death of Despair）的时期。1999—2013年，美国没受过大学教育的中年白人的自杀率上升了78%，吸毒和酗酒过量死亡的人数更是增加了323%。因绝望而死的数量迅速上升，直接导致了美国的人均寿命自1019年大流感以来首次下降。①

国家内部的贫富差距拉大也许不是一个令人意外的发现，因为贸易和投资自由化本身就会产生赢家和输家。但新自由主义者通常相信，全球化总体上会为所有国家都带来广泛的福祉。贸易、资本和人员的跨国流动会有助于减少发展中国家的贫困人口，控制发达国家的通货膨胀，缩小发达国家和发展中国家间的收入差距。这个观点的确在早期的全球化中得到了印证。在1870—1914年的第一轮全球化中，欧洲大陆的穷国和富国之间的差距逐渐缩小。这个历史经验让经济学家们对全球化产生了乐观的预期，认为全球化带来的贸易加速流动和技术进步必然会推动发展中国家迅速增长，缩小与发达国家的差距。因此，20世纪80年代开始的新一轮全球化被认为是对发展中国家来说充满机遇的时代。

然而，新自由主义的理论很丰满，而现实主义的考虑却很骨感。作为消费者享受到的全球化好处和作为就业者遭受到的全球化打击，两者孰轻孰重，是不难判断的事。购买便宜进口货带来的好处虽然总量很大，但对于个体消费者来说几乎可以被忽略。然而被外国竞争者抢走工作带来的损失却会让人刻骨铭心。况且，全球化下的输家比预想的要多得多，而政府的社会调和能力也比预期要低得多。就连新自由主义大本营的IMF都开始对新自由主义政策进行反思。在名为《过度贩卖的新自由主义》的文章中，IMF的学者承认，新

---

① Anne Case and Angus Deaton, "The Epidemic of Despair: Will America's Mortality Crisis Spread to the Rest of the World", *Foreign Affairs*, Vol. 99, No. 2, 2020, pp: 92-102.

自由主义政策的确加剧了贫富分化，危及了全球化的持续扩张。[1]

第三节　通往新全球化之路

以 2008 年金融危机为分水岭，新自由主义全球化因为一系列政治经济局势变化而陷入阻滞，被迫放缓步伐。乌克兰危机和新冠疫情的暴发进一步为"去全球化"趋势推波助澜。如何才能修复全球化呢？不平等加剧不仅在许多国家内部造成了严重的政治经济后果，也成了地缘政治关系紧张的重要原因。2013 年，世界银行把消除贫困和共享繁荣作为新的双目标。2015 年，联合国提出了 2030 年可持续发展的 17 个目标（SDG），把"消除各种形式的贫困"作为首要目标。这些举措是修补全球化漏洞的有益尝试。但贫富差距扩大是全球性的问题，而不只是集中在低收入国家。

在通往共享繁荣的道路上，所有国家都需要在增长和分配这两个目标之间谋求平衡。发展中国家普遍存在资源紧张、贫困和人口快速增长的挑战，实现共享繁荣尤为困难。由于国家制度环境的差异性很大，面临的贫富差距问题表现也不同，寻求并推广全球"最佳实践"的做法不切实际。社会契约并没有标配的一揽子方案，也没有放之四海而皆准的处方。但是一些有效的政策方向，如加强基础设施和教育投入、保护低技能劳工的权利、严格监管金融部门等措施仍应该成为各国应对全球化的重点考虑。

因此，各国都应该对其国内政策重新审视和评估，重新缔造社会契约，并制定更合理的全球治理的游戏规则，让全球化的分配更公平合理。这个社会契约包括三个层面。

首先是国家内部的社会契约。一个有效的社会契约应当包括三

---

[1] Jonathan D. Ostry, Prakash Loungani and Davide Furceri, "Neoliberalism: Oversold?", IMF Finance and Development, June 2016.

个部分：一是稳定的政治环境，以实现长期可预期的经济治理；二是前瞻性战略，以适应数字技术进步和清洁能源过渡；三是系统的干预措施，以减少经济不平等和社会排外主义。

过去几十年间，大多数发展中国家贫困程度有所缓解，但不平等程度却在上升。即使是创造了增长奇迹的亚洲发展模式，也受到了国内外环境变化的制约，难以保持持续快速增长的势头。尽管如此，在经历了1997年金融危机之后，东亚经济迅速反弹，适应变化的国际环境。尽管东亚经济体在提供社会保护上采取了最低限度的做法，但与其他收入水平相似的发展中地区相比，在过去10年里，近80%的东亚国家呈现出包容性增长的势头。[1]

中国经验大体相仿。改革开放40多年来，中国在脱贫攻坚上成效显著，约8亿人摆脱极端贫困，脱贫人口数占全球总数的四分之三。然而，收入不平等也随之迅速加剧。不过，过去10年间，随着中产阶级结构转型和增长，中国经济在包容性增长方面取得进展。无论是从基尼系数还是百分位数来衡量，收入不平等都略有下降。中国在消除贫困和实现包容性增长方面的成就得益于经济和社会政策的组合。这个政策组合具有一些东亚模式的共同特征，也体现了自身的独特性，包括了增长导向的产业政策、大规模公共基础设施投资和国家主导的扶贫政策。

重振国家社会契约是实现可持续全球化的重要一步，但重建区域和全球层面的社会契约同样重要。在过去几十年里，尽管历经挑战，亚洲仍在包容性增长上成效卓著。如今，亚洲正处于历史性转型中。麦肯锡全球研究院预计，到2040年，亚洲的经济总量将超过全球GDP的50%，占世界总消费的40%。[2] 尽管前景令人振奋，但

---

[1] Yu Zheng, "The Third Way of Inclusive Growth in China", *Asian Review of Political Economy*, Vol. 1, No. 1, 2022, pp. 1-16.

[2] McKinsey Global Institute, "Asia's Future is Now", July 2019, https://www.mckinsey.com/featured-insights/asia-pacific/asias-future-is-now.

未来依然道阻且长。亚洲地区要想维系成功，就需要继续加强区域社会契约，解决一系列广泛而棘手的难题。

与此同时，全球化的主导力量正在发生变化。发达国家在全球经济中的地位逐渐下降，尤其是在金融危机后，下降速度更加明显。部分新兴国家推动全球化意愿强烈，开始在全球舞台上发挥更大的作用。在全球化处于十字路口的关键时刻，发展中国家应该成为推动全球化持续公平发展的核心力量。然而，发展中国家的影响力上升也给全球治理机制带来了新的挑战。由于代表性的扩大，国家之间的共识更加难以形成，造成了国际组织的合法性危机。一直致力于制度化建设的全球治理机制遭遇了严重的合法性危机。比如，WTO 的多哈谈判进行了 20 年还无法在议题问题上达成共识。贸易争端解决机制也因美国的不满而接近停摆。IMF 和世界银行在进行了数轮投票权调整后，依然面临着分配政治的困扰，继续改革的呼声并没有平息。发展援助过程中的委托代理关系并没有解决。全球治理机制遭遇了严重的合法性危机。

全球治理机制会不会就此分崩离析？这是一个值得讨论的问题。如果从形式上来看，全球治理很难再有统一的协调主体和决策机制，而是存在多个区域和议题中心。去中心化是全球治理的一个趋势，但这样的趋势的确可能产生新的协调问题。21 世纪全球社会契约，应让全球经济相互依存的效益最大化，同时让全球冲突风险最小化。全球发展应成为全球社会契约的核心支柱，原因有二。在目标上，全球发展是关乎全体国家和人民共同利益的当务之急。在手段上，全球发展则高度重视多边机构，促进全球增长和可持续发展，来保护我们的共同利益。

习近平主席指出，"想人为切断各国经济的资金流、技术流、产品流、产业流、人员流，让世界经济的大海退回到一个一个孤立的小湖泊、小河流，是不可能的，也是不符合历史潮流的"。他提出的"以义为先、义利兼顾"的正确义利观，为大国在经济全球化进程中承担应尽责任和义务提供了指引。[①] 在后疫情时代，所有国家都面临经济复苏、贫富差距、气候变化等全球性挑战。这些问题的解决离不开共同的使命感。我们需要认识到全球相互依存的关系，并重新编织将我们的社会联系在一起的纽带。只有在国家、区域和全球层面重建社会契约，我们才能恢复对于彼此的信任，在国内以及国家间谋得团结，进而增强新全球化的包容性与可持续性。

[①] 张宇燕、冯维江、田旭、徐秀军：《习近平经济思想关于经济全球化的重大理论创新》，《习近平经济思想研究》2022年第七期。

参考文献

中文文献

1. ［埃塞俄比亚］阿尔卡贝·奥克贝：《非洲制造：埃塞俄比亚的产业政策》，社会科学文献出版社2016年版。
2. 保罗·科利尔（Paul Collier）：《最底层的10亿人》，中信出版社2008年版。
3. 蔡昉、都阳、王美艳：《户籍制度与劳动力市场保护》，《经济研究》2001年第12期，第41—49页。
4. 程诚：《中国特色的官方开发金融：中非发展合作的新模式》，《复旦国际关系评论》2016年第19辑，第1—34页。
5. 程大中：《中国参与全球价值链分工的程度及演变趋势：基于跨国投入产出分析》，《经济研究》2015年第9期，第4—16页。
6. 崔凡、洪朝伟：《论对等开放原则》，《国际贸易问题》2018年第5期，第1—11页。
7. 樊茂清、黄薇：《基于全球价值链分解的中国贸易产业结构演进研究》，《世界经济》2014年第2期，第50—70页。
8. 国务院新闻办公室：《中国的农村扶贫开发白皮书》，《农民日报》2001年10月16日，第1版。
9. 韩震：《知识形态演进的历史逻辑》，《中国社会科学》2021年第6期。

10. 贺凯：《亚太地区的制度制衡与竞争性多边主义》，《世界经济与政治》2018 年第 12 期，第 60—83 页。

11. 贺平：《地区主义还是多边主义：贸易自由化的路径之争》，《当代亚太》2012 年第 6 期，第 129—153 页。

12. 胡美、刘鸿武：《中国援非五十年与中国南南合作理念的成长》，《国际问题研究》2012 年第 1 期，12—28 页。

13. 黄承伟、王猛：《"五个一批"精准扶贫思想视阈下的多维贫困治理研究》，《河海大学学报》2017 年第 10 期；

14. 黄仁宇：《明代的漕运》，九州出版社 2019 年版。

15. 黄薇：《国际组织的权力计算：以 IMF 份额和投票权改革为例的分析》，《中国社会科学》2016 年第 12 期，第 181—198 页。

16. 黄振乾：《中国援助项目对当地经济发展的影响：以坦桑尼亚为个案的考察》，《世界经济与政治》2019 年第 8 期：127—160 页。

17. ［匈牙利］卡尔·波兰尼：《巨变：当代政治与经济的起源》，黄树民译，社会科学文献出版社 2013 年版。

18. ［美］拉尔夫·奥斯丁：《非洲经济史：内部发展与外部依赖》，赵亮宇、檀森译，上海社会科学院出版社 2019 年版。

19. 李春顶、石晓军、费太安：《主动反倾销的生产率促进效应：中国证据及其解释》，《财贸经济》2013 年第 7 期。

20. 李辉、唐世平、金洪：《帝国的光环：美国金融危机的历史制度解释》，《世界经济与政治》2014 年第 3 期，129—154 页。

21. 李小云、王妍蕾、唐丽霞：《国际发展援助：援助有效性和全球发展框架》，世界知识出版社 2016 版。

22. 李小云、肖瑾：《新南南合作的兴起：中国作为路径》，《华中农业大学学报》2017 年第 5 期，第 1—11 页。

23. 李小云、徐进：《消除贫困：中国扶贫新实践的社会学研究》，《社会学研究》2020 年第 6 期。

24. 李智彪：《非洲工业化战略与中非工业化合作战略思考》，《西亚非洲》2016 年第 5 期，第 107—137 页。
25. 梁志：《"经济增长阶段论"与美国对外援助开发政策》，《美国研究》2009 年第 1 期。
26. 廖凡：《构建更加公平的国际贸易体制——对 WTO 互惠原则的再思考》，《国际贸易》2007 年第 6 期。
27. 林毅夫、王燕：《超越发展援助：在一个多极世界中重构发展合作新理念》，宋琛译，北京大学出版社 2016 年版。
28. 林毅夫、张鹏飞：《后发优势、技术引进和落后国家的经济增长》，《经济学季刊》2005 年第 5 卷第 1 期。
29. 林毅夫、蔡昉、李周：《论中国经济改革的渐进性道路》，《经济研究》1993 年第 9 期。
30. 林毅夫：《新结构经济学》，北京大学出版社 2012 年版。
31. [美] 罗伯特·基欧汉：《霸权之后：世界政治经济中的合作与纷争》，苏长和、信强、何曜译，上海人民出版社 2006 年版。
32. 罗长远、张军：《附加值贸易：基于中国的实证分析》，《经济研究》2014 年第 6 期，4—17 页。
33. 马克思：《雇佣劳动与资本》，中共中央马克思恩格斯列宁斯大林著作编译局编译，人民出版社 2018 年版。
34. 马士：《东印度公司对华贸易编年史》（第一卷），区宗华译，广东人民出版社 2016 年版。
35. [美] 迈克尔·曼：《社会权力的来源》，刘北成、李少君译，上海人民出版社 2007 年版。
36. 门洪华：《应对全球治理危机与变革的中国方略》，《中国社会科学》2017 年第 10 期，第 36—46 页。
37. 潘庆中、李稻葵、冯明：《"新开发银行"新在何处——金砖国家开发银行成立的背景、意义与挑战》，《国际经济评论》2015 年第 2 期，第 134—147 页。

38. 庞珣：《新兴援助国的"兴"与"新"：垂直范式与水平范式的实证比较研究》，《世界经济与政治》，2013年第5期，第31—54页。
39. ［美］乔尔·米格代尔：《强社会与弱国家：第三世界的国家社会关系及国家能力》，张长东等译，江苏人民出版社2009年版。
40. 任晓、郭晓琴：《解析中国对外援助：一个初步的理论分析》，《复旦学报》（社会科学版）2016年第4期，155—165页。
41. ［美］塞缪尔·亨廷顿：《变化社会的政治秩序》，张岱云等译，上海译文出版社1989年版。
42. ［美］斯文·贝克特著：《棉花帝国：一本资本主义全球史》，徐轶杰、杨燕译，民主与建设出版社2019年版。
43. 宋念申：《发现东亚》，新星出版社2018年版。
44. 孙中山著，牧之、方欣、守义选注：《建国方略》，辽宁人民出版社1994年版。
45. 唐钧：《从社会保障到社会保护：社会政策理念的演进》，《社会科学》2014年第10期，第56—62页；
46. 唐世平：《国际秩序变迁与中国的选项》，《中国社会科学》2019年第3期，第187—203页。
47. 唐世平：《社会流动、地位市场与经济增长》，《中国社会科学》2006年第3期，第85—97页。
48. ［法］托马斯·皮凯蒂：《21世纪资本论》，巴曙松译，中信出版社2014年版。
49. 汪晖、陶然：《中国尚未完之转型中的土地制度改革：调整与出路》，《国际经济评论》2010年第2期，第93—123页。
50. 汪三贵、胡骏：《从生存到发展：新中国七十年反贫困的实践》，《农业经济问题》2020年第2期。
51. 王华峰，《乾隆朝"一口通商"政策出台原委析论》，《华南师范大学学报（社会科学版）》2018年第4期，第169—177页。

52. 王浦劬、汤斌:《论国家能力生产机制的三重维度》,《学术月刊》2019 年第 4 期。
53. [美] 沃尔特·沙伊德尔:《不平等社会:从石器时代到 21 世纪,人类如何应对不平等》,颜鹏飞等译,中信出版集团 2019 年版。
54. 王绍光:《国家治理与基础性国家能力》,《华中科技大学学报》2014 年第 3 期。
55. 王小林:《改革开放 40 年:全球贫困治理视角下的中国贫困治理》,《社会科学战线》2018 年第 5 期。
56. 王雨磊、苏杨:《中国的脱贫奇迹何以造就?——中国扶贫的精准行政模式及其国家治理体制基础》,《管理世界》2020 年第 4 期。
57. 王跃生、马相东:《全球经济"双循环"与"新南南合作"》,《国际经济评论》2014 年第 2 期。
58. 王直、魏尚进、祝坤福:《总贸易核算法:官方贸易统计与全球价值链的度量》,《中国社会科学》2015 年第 9 期,108—127 页。
59. 吴国宝:《东西部扶贫协作困境及其破解》,《改革》2017 年第 8 期。
60. 吴松弟:《近代中国进出口贸易和主要贸易港的变化》,《史学集刊》2015 年第 3 期。
61. 习近平:《共担时代责任,共促全球发展》,《人民日报》2017 年 1 月 18 日,第 3 版。
62. 谢岳:《中国贫困治理的政治逻辑:兼论对西方福利国家理论的超越》,《中国社会科学》2020 年第 10 期。
63. 徐步:《逆全球化风潮与全球化的转型发展》,《国际问题研究》2017 年第 3 期。
64. 徐崇利:《新兴国家崛起与构建国际经济新秩序—以中国的路径

选择为视角》,《中国社会科学》, 2012 年第 10 期。

65. 徐秀丽、李小云:《中国是否重塑国际发展架构》,《国际援助》2015 年第 5 期。

66. [英] 亚当·斯密著:《国富论》, 杨敬年译, 陕西人民出版社 2006 年版。

67. [美] 亚历山大·格申克龙:《经济落后的历史透视》, 张凤林译, 商务印书馆。

68. 阎学通:《道义现实主义的国际关系理论》,《国际问题研究》2014 年第 5 期。

69. 阎学通:《无序体系中的国际秩序》,《国际政治科学》2016 年第 1 期。

70. 阎学通:《新冠疫情为全球化提供合理性》,《国际政治科学》2020 年第 3 期, 第 1—4 页。

71. 燕继荣:《反贫困与国家治理:中国"脱贫攻坚"的创新意义》,《管理世界》2020 年第 4 期。

72. 叶成城、黄振乾、唐世平:《社会科学中的时空与案例选择》,《经济社会体制比较》2018 年第 3 期。

73. 尹伟华:《中国制造业参与全球价值链的程度与方式——基于世界投入产出表的分析》,《经济与管理研究》2015 年第 8 期。

74. [美] 约翰·罗尔斯:《正义论》, 何怀宏、何包钢、廖申白译, 中国社会科学出版社 1988 年版。

75. 张海冰:《发展引导型援助:中国对非洲援助模式研究》, 上海人民出版社 2013 年版。

76. 张宇燕:《中国对外开放的逻辑》,《中国社会科学报》2018 年 11 月 30 日。

77. 张宇燕:《全球化、区域化和平行体系》,《世界经济与政治》2020 年第 1 期。

78. 张宇燕、冯维江、田旭、徐秀军:《习近平经济思想关于经济全球化的重大理论创新》，《习近平经济思想研究》2022 年第七期。
79. 张长东：《国家治理能力现代化研究——基于国家能力理论视角》，《法学评论》2014 年第 3 期；
80. 张仲礼：《中国绅士研究》，上海人民出版社 2019 年版。
81. 郑功成：《中国社会保障 70 年发展（1949—2019）：回顾与展望》，《中国人民大学学报》2019 年第 5 期。
82. 中国财政科学院、联合国开发计划署驻华代表处：《中国扶贫可持续筹资报告》，联合国开发计划署，2016 年。
83. 仲伟民：《茶叶与鸦片：十九世纪经济全球化中的中国》，中华书局 2021 年版。
84. 左才、曾庆捷、王中远：《告别贫困：精准扶贫的制度密码》，复旦大学出版社 2020 年版。

英文文献

1. Kenneth Abbott and Benjamin Faude, "Choosing Low-Cost Institutions in Global Governance", *International Theory*, Vol. 13, No. 3, 2021.
2. Daron Acemoglu and James Robinson, *Why Nations Fail: The Origins of Power, Prosperity, and Poverty*, New York: Crown Publishing Group, 2012.
3. Daron Acemoglu and Simon Johnson, "Unbundling Institutions", *Journal of Political Economy*, Vol. 113, No. 5, 2005.
4. Daron Acemoglu, Simon Johnson, and James Robinson. "Institutions As a Fundamental Cause of Long-run Growth", in *Handbook of Economic Growth*, Volume 1A, Edited by Philippe Aghion and Steven N. Durlauf.
5. Daron Acemoglu, Camilo García-Jimeno, and James Robinson, "State Capacity and Economic Development: A Network Approach", *American Economic Review*, Vol. 105, No. 8, 2015.

6. Amitav Acharya, "The Future of Global Governance: Fragmentation May Be Inevitable and Creative", *Global Governance*, Vol. 22, No. 4, 2016.
7. Amitav Acharya, "Studying Bandung Conference From a Global IR Perspective", *Australia Journal of International Affairs*, Vol. 70, No. 4, 2016.
8. Sabina Alkire and James Foster, "Counting and Multidimensional Poverty Measurement", *Journal of Public Economics*, Vol. 95, No. 7-8, 2011.
9. Robert Allen, "Engels' Pause: Technical Change, Capital Accumulation, and Inequality in the British Industrial Revolution", *Explorations in Economic History*, Vol. 46, 2009.
10. Robert Allen, "Class Structure and Inequality during the Industrial Revolution: Lessons from England's Social Tables, 1688-1867", *The Economic History Review*, Vol. 72, No. 1, 2018.
11. Robert Allen, *The British Industrial Revolution from a Global Perspective*, London: Cambridge University Press, 2009.
12. James Alt, Jeffrey Frieden, Michael Gilligan, Dani Rodrik, and Ronald Rogowski, "The Political Economy of International Trade: Enduring Puzzles and an Agenda for Inquiry", *Comparative Political Studies*, Vol. 29, No. 6, 1996.
13. Mary Amiti, Stephen J. Redding, David E. Weinstein, "Who's Paying for the US Tariffs? A Longer-Term Perspective", *America Economic Association Papers and Proceedings*, Vol. 110, May 2020.
14. Alice Amsden, *Escape from Empire: The Developing World's Journey Through Heaven and Hell*, Cambridge: The MIT Press, 2007.
15. Alice Amsden, *The Rise of "The Rest": Challenges to the West from Late-Industrializing Economies*, Oxford: Oxford University Press, 2001.

16. Yuen Yuen Ang, *How China Escapes the Poverty Trap*, Ithaca: Cornell University Press, 2016.
17. Channing Arndt, Andy McKay and Finn Tarp (Eds), *Growth and Poverty in Sub-Saharan Africa*, Oxford and New York: Oxford University Press, 2016.
18. H. W. Arndt, "The Trickle-down Myth", *Economic Development and Cultural Change*, Vol. 32, No. 1, 1983.
19. Giovanni Arrighi, *Adam Smith in Beijing: Lineages of the Twenty-first Century*, London and New York: Verso, 2007.
20. Aqib Aslam, Emine Boz, Eugenio Cerutti, Marcos Poplawski-Ribeiro and Petia Topalova, "The Slowdown in Global Trade: A Symptom of a Weak Recovery?", *IMF Economic Review*, Vol. 66, No. 3, 2018.
21. Yoko Asuyama, "Skill Distribution and Comparative Advantage: A Comparison of China and India", *World Development*, Vol. 40, No. 5, 2012.
22. Anthony Atkinson, "On the Measurement of Poverty", *Econometrica*, Vol. 55, No. 4, 1987.
23. David Autor, David Dorn and Gordon Hanson, "The China Shock: Learning from Labor-Market Adjustment to Large Changes in Trade", *Annual Review of Economics*, Vol. 8, 2016.
24. David Autor, David Dorn and Gordon Hanson, "The China Syndrome: Local Labor Market Effects of Import Competition in the United States", *American Economic Review*, Vol. 103, No. 6, 2013.
25. David Autor, David Dorn, Lawrence Katz, Christina Patterson, and John Van Reenen, "The Fall of the Labor Share and the Rise of Superstar Firms", *Quarterly Journal of Economics*, 2020.
26. Luis B'ertola and Jeffrey Williamson, "Globalization in Latin America before 1940", in *The Cambridge Economic History of Latin America*

Volume II: *The Long Twentieth Century*, edited by Victor Bulmer-Thomas, John Coatsworth, and Roberto Cortes Conde, New York: Cambridge University Press, 2008.

27. Michael Bailey, Judith Goldstein and Barry Weingast, "The Institutional Roots of American Trade Policy: Politics, Coalitions, and International Trade", *World Politics*, Vol. 49, No. 3, 1997.

28. Paul Bairoch, "Free Trade and European Economic Development in the 19th Century." *European Economic Review*, Vol. 3, No. 3, 1972.

29. Paul Bairoch, "International Industrialization Levels from 1750 to 1980", *Journal of European Economic History*, Vol. 11, 1982.

30. Richard Baldwin and Frédéric Robert-Nicoud, "A Simple Model of the Juggernaut Effect of Trade Liberalization", *International Economics*, Vol. 143, 2015.

31. Richard Baldwin, "The World Trade Organization and the Future of Multilateralism", *Journal of Economic Perspectives* Vol. 30, No. 1, 2016.

32. Richard Baldwin, "Unilateral Tariff Liberalization", *The International Economy*, Vol. 14, 2010.

33. Abhijit Banerjee and Esther Duflo, *Poor Economics, A Radical Rethinking of the Way to Fight Global Poverty*, New York: Public Affairs, 2011.

34. Pranab Bardham, *India and China: Governance Issue and Development*, Princeton: Princeton University Press, 2012.

35. Pranab Bardhan and Dilip Mookherjee, "Decentralizing Anti-poverty Program Delivery in Developing Countries", *Journal of Public Economics*, Vol. 89, No. 4, 2005.

36. Robert Barro, "Economic Growth in a Cross Section of Countries", *Quarterly Journal of Economics*, Vol. 106, 1991.

37. Robert Bates, *Market and States in Tropical Africa: the Political Basis of Agricultural Policies*. Berkeley: University of California Press, 2005.
38. Robert Bates, John H. Coatsworth, and Jeffrey G. Williamson, "Lost Decades: Post-independence Performance in Latin America and Africa." *Journal of Economic History*, 2007.
39. William Baumol, "Productivity Growth, Convergence and Welfare: What the Long Run Data Show?", *American Economic Review*, Vol. 76, 1988, pp. 1072–85.
40. Ivan Berend, *An Economic History of Twentieth-Century Europe: Economic Regimes from Laissez-Faire to Globalization*, New York: Cambridge University Press, 2006.
41. Sheri Berman, "The causes of populism in the West", *Annual Review of Political Science*, Vol. 24, 2021, pp. 71–88.
42. Marianne Bertrand, Matilde Bombardini, Raymond Fisman and Francesco Trebbi, "Tax-Exempt Lobbying: Corporate Philanthropy as a Tool for Political Influence," *American Economic Review*, Vol. 110, No. 7, 2020, pp. 2065–2102.
43. Timothy Besley and Torsten Persson, "The Origins of State Capacity: Property Rights, Taxation and Politics," *American Economic Review*, Vol. 99, No. 4, 2009, pp. 1218–1244.
44. Timothy Besley and Torsten Persson, *Pillars of Prosperity: The Political Economics of Development Clusters*, Princeton: Princeton University Press, 2011.
45. Jagdish Bhagwati, "Immiserizing Growth: A Geometric Note", *Review of Economic Studies*, Vol. 25, No. 3, 1958, pp. 201–206.
46. Jagdish Bhagwati and Anne Krueger (eds.), *The Dangerous Drift to Preferential Trade Agreements*, Washington, D.C.: American Enter-

prise Institute for Public Policy Research, 1995.

47. Jagdish Bhagwati, *In Defense of Globalization*, New York: Oxford University Press, 2007.

48. Nancy Birdsall, Dani Rodrik and Subramanian, "How to Help Poor Countries", *Foreign Affairs*. July/August, 2005.

49. Milanovic Blanco, *Global Inequality: A New Approach for the Age of Globalization*. Cambridge: Belknap Press, 2016.

50. Carles Boix, *Democratic Capitalism at the Crossroads: Technological Change and the Future of Politics*. Cambridge: Cambridge University Press, 2019.

51. Adam Bonica, Nolan McCarty, Keith T. Poole, and Howard Rosenthal, "Why Hasn't Democracy Slowed Rising Inequality?", *Journal of Economic Perspectives*, Vol. 27, No. 3, 2013, pp. 103-123.

52. Michael Bordo, Alan Taylor and Jeffrey Williamson (eds.), *Globalization in Historical Perspective*, Chicago: University of Chicago Press, 2003.

53. Robert Bork, *Antitrust Paradox: A Policy at War with Itself*, Basic Books, 1978.

54. François Bourguignon, and Christian Morrisson, "Inequality among World Citizens: 1820-1992", *American Economic Review*, Vol. 92, No. 4, 2002, pp. 727-44.

55. David Brady, "Theories of the Cause of Poverty", *The Annual Review of Sociology*, Vol. 45, 2019, pp. 155-175.

56. Loren Brandt and Eric Thun, "The Fight for the Middle: Upgrading, Competition, and Industrial Development in China", *World Development*, Vol. 38, No. 11, 2010, pp. 1555-1574.

57. Chad Brown, "Trade disputes and the implementation of protection un-

der the GATT: an empirical assessment", *Journal of International Economics*, *Vol*. 62, 2004.

58. Bruce Bueno de Mesquita and Alastair Smith. "A Political Economy of Aid", *International Organization*, Vol. 63, No. 2, 2009, pp. 309-340.

59. Victor Bulmer-Thomas, *The Economic History of Latin America Since Independence*, New York: Cambridge University Press, 2003.

60. Craig Burnside and David Dollar, "Aid, growth, the incentive regime, and poverty reduction", *The World Bank: Structure and Policies*, Vol. 3, No. 210, 2000.

61. Craig Burnside and David Dollar, "Aid, Policies, and Growth", *American Economic Review*, Vol. 90, No. 4, 2000, pp. 847-869.

62. Marc Busch and Eric Reinhardt, "The Evolution of GATT/WTO Dispute Settlement", *Trade Policy Research*, 2003, pp. 143-83.

63. John Campbell and John Hall, "Small States, Nationalism and Institutional Capacities: An Explanation of the Difference in Response of Ireland and Denmark to the Financial Crisis", *European Journal of Sociology* Vol. 56, No. 1, 2015, pp. 143-174.

64. Eliana Cardoso and Albert Fishlow, "Latin American Economic Development: 1950-1980", *Journal of Latin American Studies*, Vol. 24, 1992, pp. 197-218.

65. Anne Case and Angus Deaton, "The Epidemic of Despair: Will America's Mortality Crisis Spread to the Rest of the World", *Foreign Affairs*, Vol. 99, No. 2, 2020, pp: 92-102.

66. Ha-Joon Chang, *Kicking Away the Ladder: Development Strategy in Historical Perspective*, London: Anthem Press, 2002.

67. Darin Christensen and Erik Wibbels, "Labor Standards, Labor Endowments, and the Evolution of Inequality", *International Studies Quar-*

terly, Vol. 58, No. 2, 2014, pp. 362-379.
68. Gregory Clark, *A Farewell to Alms: A Brief Economic History of the World*, Princeton: Princeton University Press, 2008.
69. Italo Colantone, and Piero Stanig, "The Trade Origins of Economic Nationalism: Import Competition and Voting Behavior in Western Europe", *American Journal of Political Science*, Vol. 62, No. 4, 2018, pp. 936-953.
70. Paul Collier and Anke Hoeffler, "Aid, Policy and Growth in Post-Conflict Societies", *European Economic Review*, Vol. 48, No. 5, 2004, pp. 1125-1124.
71. Paul Collier, *The Bottom Billion: Why the Poorest Countries are Failing and What Can be Done about It*, Oxford: Oxford University Press, 2007.
72. Paul Collier, *The Future of Capitalism: Facing the New Anxieties*, Harper, 2019.
73. Robert Cox, "Ideologies and the New International Economic Order: Reflections on Some Recent Literature", *International Organization*, Vol. 33, No. 2, 1979, pp. 257-302
74. Robert Cox, "Multilateralism and World Order", *Review of International Studies*, Vol. 18, No. 2, 1992, pp. 161-180.
75. Melvyn Crauss, *The New Protectionism: The Welfare State and International Trade*, New York: New York University Press, 1978.
76. Omar Dahi and Firat Demir, "South-South and North-South Economic Exchanges: Does It Matter Who Is Exchanging What and With Whom?", *Journal of Economic Surveys*, Vol. 31, No. 5, 2017, pp. 1449-1486.
77. David Greenaway and Chris Milner, "South-South Trade: Theory, Evidence, and Policy", *World Bank Research Observer*, Vol. 5,

No. 1, 1990, pp. 47-68.

78. Deborah Davis, "Demographic Challenges for a Rising China", Dædalus, *Journal of the American Academy of Arts and Sciences*, 2014, pp. 26-38.

79. Angus Deaton and Nancy Cartwright, "Understanding and Misunderstanding Randomized Controlled Trials", *Social Science & Medicine*, Vol. 210, 2018, pp. 2-21.

80. Angus Deaton, *The Great Escape: Health, Wealth, and the Origins of Inequality*, Princeton: Princeton University Press, 2013, p. 273.

81. Bradford DeLong, "India since independence: an analytic growth narrative", *In Search for Prosperity: Analytic Narratives of Economic Growth*, edited by Dani Rodrik, Princeton: Princeton University Press, 2003.

82. Kapur Devesh, Ravi Ramamurti and Deependra Moitra, "India's Emerging Advantage in Competitive Services", *The Academy of Management Executive*, Vol. 15, No. 2, 2001, pp. 20-33.

83. Simeon Djankov, Jose G. Montalvo, and Marta Reynal-Querol, "The curse of aid", *Journal of economic Growth*, Vol. 13, No. 3, 2008, pp. 169-194.

84. David Dollar and Aart Kraay, "Growth is Good for the Poor", *Journal of Economic Growth*, Vol. 7, No. 2, 2002, pp. 195-225.

85. Richard Doner and Ben Ross Schneider, "The Middle-Income Trap: More Politics than Economics", *World Politics*, Vol. 68, No. 4, 2016, pp. 608-644.

86. Hristos Doucouliagos and Martin Paldam, "The Aid Effectiveness Literature: The Sad Result of 40 Years of History", *Journal of Economic Surveys*, Vol. 23, Issue 3, 2009, pp. 433-461.

87. Axel Dreher, Andreas Fuchs, Bradley Parks, Austin Strange, and Mi-

chael Tierney, "Aid, China, and Growth: Evidence from a New Global Development Finance Dataset", *American Economic Journal: Economic Policy*, Vol. 13, No. 2, 2021, pp. 135-174.

88. Margarida Duarte and Diego Restuccia, "The Role of the Structural Transformation in Aggregate Productivity", *Quarterly Journal of Economics* Vol. 125, No. 1, 2010, pp. 129-173.

89. William Easterly, *The Elusive Quest for Growth: Economists' Adventures and Misadventures in the Tropics*, Cambridge: MIT Press, 2001, pp. 37-39.

90. William Easterly, "The Lost Decades: Developing Countries' in Spite of Policy Reform Stagnation", *Journal of Economic Growth*, Vol. 6, No. 2, 2001, pp. 135-157.

91. William Easterly, *White Men's Burden Why the West's Efforts to Aid the Rest Have Done So Much Ill and So Little Good*, New York: Penguin Books, 2001.

92. Lawrence Edwards and Rhys Jenkins, "The Impact of Chinese Import Penetration on the South African Manufacturing Sector", *Journal of Development Studies* Vol. 51, No. 4, 2015, pp. 447-463.

93. Sebastian Edwards, "Economic development and the effectiveness of foreign aid: a historical perspective", *Kyklos*, Vol. 68, No. 3, 2015, pp. 277-316.

94. David Eltis and Lawrence Jennings, "Trade between West Africa and the Atlantic World in the Pre-colonial Era", *American Historic Review*, Vol. 93, No. 4, pp. 936-959.

95. Emily Erikson, *Between Monopoly and Free Trade: the English East India Company, 1600 - 1757*, Princeton: Princeton University Press, 2014.

96. Gosta Esping-Andersen, *The Three Worlds of Welfare Capitalism*,

Cambridge: Polity Press, 1990.

97. Peter Evans, *Embedded Autonomy: States and Industrial Transformation*, Princeton: Princeton University Press, 1995.

98. James Fearon, "Bargaining, Enforcement, and International Cooperation", *International Organization*, Vol. 52, No. 2, 1998, pp. 269–305.

99. Jesus Felipe and Aashish Mehta, "Deindustrialization? A Global Perspective", *Economics Letters*, Vol. 149, 2016, pp. 148–51

100. Niall Ferguson. *Empire: The Rise and Demise of the British World Order and the Lessons for Global Power*, New York: Basic Books, 2004.

101. Gary Fields, "Rural–Urban Migration, Urban Unemployment and Underemployment, and Job Search Activity in LDCs", *Journal of Development Economics*, Vol. 2, No. 2, 1975, pp. 165–188.

102. Ronald Findlay and Kevin O'Rourke, *Power and Plenty: Trade, War, and the World Economy in the Second Millennium*, Princeton: Princeton University Press, 2007.

103. Augustin Fosu (Eds.), *Achieving Development Success: Strategies and Lessons from Developing Countries*, New York: Oxford University Press, 2013.

104. Richard Freeman, "Are your wages set in Beijing?", *Journal of Economic Perspectives*, Vol. 9, No. 3, 1995, pp. 15–32.

105. Caroline Freund and Emanuel Ornelas, "Regional Trade Agreements," *Annual Review of Economics*, Vol. 2, 2010, pp. 139–166.

106. Eli Friedman and Ching Kwan Lee, "Remaking the World of Chinese Labor: A 30-Year Retrospective", *British Journal of Industrial Relations*, Vol. 48, No. 3, 2010, pp. 507–533.

107. Francis Fukuyama, *Political Order and Political Decay: From the In-*

dustrial Revolution to the Globalization of Democracy, New York: Farrar Straus Giroux, 2014.

108. Gary Gereffi, "Global Value Chain in a Post-Washington Consensus World", *Review of International Political Economy*, Vol. 21, No. 1, 2014, pp. 9-37.

109. Amory Gethin, Clara Martínez - Toledano, and Thomas Piketty, "Brahmin Left Versus Merchant Right: Changing Political Cleavages in 21 Western Democracies, 1948-2020", *Quarterly Journal of Economics*, Vol. 137, No. 1, 2022, pp. 1-48.

110. Robert Gilpin, *U. S. Power and the Multinational Corporation*, New York: Basic, 1975.

111. Jane Gingrich, *Making Markets in the Welfare State: The Politics of Varying Market Reforms*, New York: Cambridge University Press, 2011.

112. Jonathan Glennie, *The Trouble with Aid: Why Less Could Mean More for Africa*, London: Zed Books. 2008.

113. Peter Gourevitch, *Politics in Hard Times: Comparative Responses to International Economic Crisis*, Ithaca: Cornell University Press, 1986.

114. Richard Gowan and Anthony Dworkin, *Three Crises and an Opportunity: Europe's Stake in Multilateralism*, European Council on Foreign Relations, 2019.

115. Gene Grossman and Elhanan Helpman, "Protection for Sale", *American Economic Review*, Vol. 84, No. 4, 1984, pp. 833-850.

116. Bishnupriya Gupta, "Falling behind and catching up: India's transition from a colonial economy", *Economic History Review*, Vol. 72, No. 3, 2019, pp. 803-827.

117. Bjorn Gustafsson, Shi Li and Terry Sicular, *Inequality and Public Policy in China*, New York: Cambridge University Press, 2008.

118. Stephan Haggard and Robert Kaufman, *Development, Democracy, and Welfare States: Latin America, East Asia, and East Europe*, Princeton: Princeton University Press, 2008.

119. Stephan Haggard and Salvia Maxfield, "The Political Economy of Financial Internationalization in the Developing World", *International Organization*, Vol. 50, No. 1, 1996, p. 35.

120. Stephan Haggard, *Developmental States*, New York: Cambridge University Press, 2018.

121. Stephan Haggard, *Pathways from the Periphery: The Politics of Growth in the Newly Industrializing Countries*, Ithaca: Cornell University Press, 1990.

122. Peter Hall and David Soskice (Eds.), *Varieties of Capitalism: The Institutional Foundations of Comparative Advantage*, New York: Oxford University Press, 2001.

123. Alisha Holland and Ben Ross Schneider, "Easy and Hard Redistribution: The Political Economy of Welfare States in Latin America," *Perspectives on Politics*, Vol. 15, No. 4, 2017, pp. 988-1006.

124. Miles Kahler and David Lake (Eds.), *Politics in the New Hard Times: The Great Recession in Comparative Perspective*, Ithaca: Cornell University Press, 2013.

125. David Halloran Lumsdaine, *Moral Vision in International Politics: The Foreign Aid Regime, 1949-1989*, Princeton: Princeton University Press, 1993.

126. Jonathan Hanson, "Forging then taming leviathan: state capacity, constraints on rulers, and development", *International Studies Quarterly*, Vol. 58, No. 2, 2014, pp. 380-392.

127. Nobuya Haraguchi, Charles Fang Chin Cheng, and Eveline Smeets, "The Importance of Manufacturing in Economic Development",

World Development, Vol. 93, 2017, pp. 293-315.

128. Ricardo Hausmann, Jason Hwang and Dani Rodrik, "What You Export Matters", *Journal of Economic Growth*, Vol. 12, No. 1, 2007, pp. 1-25.

129. Sebastian Heilmann, "Policy Experimentation in China's Economic Rise", *Studies in Comparative International Development*, Vol. 43, No. 1, 2008, pp. 1-26.

130. Joel Hellman, "Winners Take All: The Politics of Partial Reform in Postcommunist Transitions", *World Politics*, Vol. 50, No. 2, 1998, pp. 203-234.

131. Cullen Hendrix, "Measuring State Capacity: Theoretical and Empirical Implications for the Study of Civil Conflict", *Journal of Peace Research*, Vol. 47, No. 3, 2010, pp. 273-285.

132. Albert Hirschman, *The Passions and the Interests: Political Arguments for Capitalism before Its Triumph*, Princeton: Princeton University Press, 1977.

133. Albert Hirschman, *The Strategy of Economic Development*, New Haven: Yale University Press, 1958.

134. Albert Hirschman, "The Political Economy of Import-Substituting Industrialization", *Quarterly Journal of Economics*, Vol. 82, No. 1, 1968, pp. 1-32.

135. Eric Hobsbawm, *Industry and Empire: the Making of Modern English Society*, New York: Pantheon Books, 1968.

136. A. Hoeffler and V. Outram, "Need, Merit, of Self-interest – what Determines The Allocation of Aid?", *Review of Development Economics*, Vol. 15, No. 2, 2011, pp. 237-250.

137. Evelyne Huber and John Stephens, *Development and Crisis of the Welfare State: Parties and Policies in Global Market*, Chicago: University

of Chicago Press, 2001.

138. Philipp Huhne, Birgit Meyer, and Peter Nunnenkamp, "Who Benefits From Aid For Trade? Comparing the Effects on Recipient Versus Donor Exports", *Journal of Development Studies*, Vol. 50, No. 9, 2014, pp. 1275-1288.

139. Raju Huidrom, Ayhan Kose, Hideaki Matsuoka and Franziska Ohnsorge, "How Important Are Spillovers from Major Emerging Markets?", *International Finance*, Vol. 23, No. 1, 2020, pp. 47-63.

140. Samuel Huntington, "Political Development and Political decay", *World Politics*, Vol. 17, No. 3, 1965, pp. 386-473.

141. Ian Hurd, "Legitimacy and Authority in International Politics", *International Organization*, Vol. 53, No. 2, 1999, pp. 379-408.

142. Alastair Iain Johnston, "China in a World of Orders: Rethinking Compliance and Challenge in Beijing's International Relations", *International Security*, Vol. 44, No. 2, 2019, pp. 9-60.

143. Alastair Iain Johnston, *Social States: China in International Institutions 1980-2000*, Princeton: Princeton University Press, 2008.

144. John Ikenberry, *After Victory: Institutions, Strategic Restraint, and the Rebuilding of Order after Major Wars*, Princeton: Princeton University Press, 2000.

145. John Ikenberry, *Liberal Leviathan: The Origins, Crisis, and Transformation of the American World Order*, Princeton: Princeton University Press, 2011.

146. Jean Imbs and Romain Wacziarg, "Stages of diversification," *American Economic Review*, Vol. 93, No. 1, 2003, pp. 63-86.

147. Douglas Irwin, *Clashing Over Commerce: A History of US Trade Policy*, Chicago: University of Chicago Press, 2017.

148. Williamson, Jeffrey, "Globalization, Convergence, and History",

Journal of Economic History, Vol. 56, No. 2, 1996, pp. 277-306.

149. Rob Jenkins, *Democratic Politics and Economic Reform in India*, Delhi: Cambridge University Press, 1999.

150. Nathan Jensen, *Nation-States and the Multinational Corporation: A Political Economy of Foreign Direct Investment*, Princeton: Princeton University Press, 2006.

151. Yijia Jing, Alvaro Mendez, and Yu Zheng, *New Development Assistance: Emerging Economies and the New Landscape of Development Assistance*, Palgrave McMillan, 2020.

152. Chalmers Johnson, *MITI and the Japanese Miracle: The Growth of Industrial Policy, 1925-1975*, Stanford, C.A.: Stanford University Press, 1982.

153. Kent Jones, "Green Room Politics and the WTO's Crisis of Representation", *Progress in Development Studies*, Vol. 9, No. 4, 2009, pp. 349-357.

154. Vijay Joshi and I. M. D. Little, *India Macroeconomics and Political Economy 1964-1991*, Oxford and New York: Clarendon Press.

155. Miles Kahler, "The Global Economic Multilaterals: Will Eighty Years Be Enough?", *Global Governance*, Vol. 22, No. 1, 2016, pp. 1-9.

156. Nicholas Kaldor, *Strategic Factors in Economic Development*, Ithaca: Cornell University Press, 1967.

157. Terry Karl, *The Paradox of Plenty: Oil booms and Petro-states*, Berkeley: University of California Press, 1997.

158. Peter Katzenstein, *A World of Regions: Asia and Europe in the American Imperium*, Ithaca: Cornell University Press, 2005.

159. Alan Winters, Shahid Yusuf, eds., *Dancing with Giants: China, India, and Global Economy*, Washington, D.C.: World Bank, 2007.

160. Robert Keohane, "Multilateralism: An Agenda for Research", *Inter-

national Journal, Vol. 45, No. 4, 1990, p. 731.

161. Robert Keohane, "Reciprocity in International Relations", *International Organization*, Vol. 40, No. 1, 1986, pp. 1-27.

162. Charles Kindleberger, *Manias, Panics, and Crashes: A History of Financial Crises*, Hoboken, NJ: John Wiley & Sons, Inc., 2005.

163. Charles Kindleberger, *The World in Depression, 1929-1939*, Berkeley: University of California Press, 1974.

164. Naohiro Kitano and Yukinori Harada, "Estimating China's Foreign Aid 2001-2013", *Journal of International Development*, Vol. 28, No. 7, 2016, pp. 1050-1074.

165. Naomi Klein, *No Logo: Taking Aims at the Brand Bullies*, Knopf Canada, 2000.

166. Stephen Knack and Lodewijk Smets, "Aid tying and donor fragmentation", *World Development*, Vol. 44, 2013, pp. 63-76.

167. Stephen Knack, "Aid Dependence and The Quality of Governance: Cross-country Empirical Tests", *Southern Economic Journal*, 2001, pp. 310-329.

168. Jakob Svensson, "Foreign aid and rent-seeking", *Journal of International Economics*, Vol. 51, No. 2, 2000, pp. 437-461.

169. Atul Kohli, *Democracy and Discontent: India's Growing Crisis of Governability*, New York: Cambridge University Press, 1991.

170. Atul Kohli, "State, business, and economic growth in India", *Studies of Comparative International Development*, Vol. 42, 2007, pp. 87-114.

171. Andrew Kohut and Richard Wike, "Assessing Globalization: Benefits and Drawbacks of Trade and Integration", *Harvard International Review*, Vol. 30, no. 1, 2008, pp. 70-74.

172. Christopher Kollmeyer, "Explaining Deindustrialization: How Afflu-

ence, Productivity Growth, and Globalization Diminish Manufacturing Employment", *American Journal of Sociology*, Vol. 114, No. 6, 2009, pp. 1644-1674.

173. David Kotz, *The Rise and Fall of Neoliberal Capitalism*, Cambridge: Harvard University Press, 2015.

174. Aart Kraay and David Mckenzie, "Do Poverty Trap Exist? Assessing the Evidence", *Journal of Economic Perspectives*, Vol. 28, No. 3, 2014, pp. 127-148.

175. Stephen Krasner, "State Power and the Structure of International Trade", *World Politics*, Vol. 28, No. 3, 1976, pp. 317-347.

176. Anne Krueger, "An Enduring Need: Multilateralism in the Twenty-First Century", *Oxford Review of Economic Policy*, Vol. 23, No. 3, 2007, pp. 335-346.

177. Anne Krueger, "Are Preferential Trading Arrangements Trade-Liberalizing or Protectionist?", *Journal of Economic Perspectives*, Vol. 13, No. 4, 1999, pp. 105-124.

178. Marcus Kurtz and Sarah Brooks, "Embedding Neoliberal Reform in Latin America", *World Politics*, Vol. 60, No. 2, 2008, pp. 231-280.

179. Simon Kuznets, "Economic Growth and Income Inequality", *American Economic Review*, Vol. 19, No. 1, 1955, pp. 1-28.

180. Rafael La Porta, Florencio Lopez-de-Silanes and Andrei Shleifer, "The Economic Consequences of Legal Origins", *Journal of Economic Literature*, Vol. 46, No. 2, 2008, pp. 285-332.

181. David Lake, "International Political Economy: A Maturing Interdiscipline", *The Oxford Handbook of Political Economy*, edited by Barry Weingast and Donald Wittman, New York: Oxford University Press, 2007.

182. David Lake, *Hierarchy in International Relations*, Ithaca: Cornell U-

niversity Press, 2009.

183. Lawrence Lau, Yingyi Qian and Gerald Roland, "Reform without Losers: An Interpretation of China's Dual-Track Approach to Transition", *Journal of Political Economy*, Vol. 108, No. 1, 2000, pp. 120-143.

184. Joel Lazarus, "Participation in Poverty Reduction Strategy Papers: Reviewing the Past, Assessing the Present and Predicting the Future", *Third World Quarterly*, Vol. 29, No. 6, 2008, pp. 1205-1221.

185. Keun Lee, Wonhyu Shin, and Hochul Shin, "How Large or Small is The Policy Space? WTO Regime and Industrial Policy", *Seoul Journal of Economics*, Vol. 27, No. 3, 2014, pp. 307-348.

186. Mark Levinson, *Outside the Box: How Globalization Changed from Moving Stuff and Spreading Ideas*, Princeton: Princeton University Press, 2020.

187. Theodore Levitt, "The Globalization of Markets", *Harvard Business Review*, May 1983.

188. Brian Levy and Sahr Kpundeh eds., *Building State Capacity in Africa*, Washington, D. C. : World Bank Institute, 2004.

189. Arthur Lewis, "Economic Development with Unlimited Supplies of Labor", *The Manchester School*, Vol. 22, 1954, pp. 139-191.

190. Arthur Lewis, "The Slowing Down of the Engine of Growth", *American Economic Review*, Vol. 70, No. 4, 1980, pp. 555-564.

191. Quan Li and Adam Resnick, "Reversal of Fortunes: Democratic Institutions and Foreign Direct Investment Inflows to Developing Countries", *International Organization*, Vol. 57, No. 1, 2003, pp. 175-211.

192. Robert Lighthizer, "How to Make Trade Work for Workers: Charting a Path between Protectionism and Globalism", *Foreign Affairs*, Vol. 99, No. 4, 2020, pp. 78-92.

193. Nuno Limao, "Preferential Trade Agreements as Stumbling Blocks for Multilateral Trade Liberalization: Evidence for the United States", *American Economic Review*, Vol. 96, No. 3, 2006, pp. 896-914.

194. Justin Yifu Lin and David Rosenblatt, "Shifting patterns of economic growth and rethinking development", *Journal of Economic Policy Reform*, Vol. 15, No. 3, 2012, pp. 171-194.

195. Thomas Macaulay, *The History of England from the Accession of James the Second*, Chapter *XVIII*, 2000.

196. Lisa Martin, "Interests, Power, and Multilateralism", *International Organization*, Vol. 46, No. 4, 1992, pp. 765-92.

197. McKinsey Global Institute, *Globalization in Transition: The Future of Trade and Value Chains*, 2019.

198. McKinsey Global Institute, *Poorer than Their Parents? Flat or Falling Incomes in Advanced Economies*, 2016.

199. Allen Meltzer and Scott Richards, "A Rational Theory of the Size of Government", *Journal of Political Economy*, Vol. 89, No. 5, 1981, pp. 914-927.

200. Blanco Milanovic, "Towards an explanation of inequality in premodern societies: the role of colonies, urbanization, and high population density", *Economic History Review*, Vol. 71, No. 4, 2018, pp. 1029-1047.

201. Branco Milanovic, *Global Inequality: A New Approach for the Age of Globalization*, Cambridge: Harvard University Press, 2016.

202. Branko Milanovic, Peter Lindert, Peter and Jeffrey Williamson, "Pre-industrial Inequality", *The Economic Journal*, Vol. 121, No. 551, 2011, p. 265.

203. Pippa Morgan and Yu Zheng, "Tracing the Legacy: China's Historical Aid and Contemporary Investment in Africa", *International*

Studies Quarterly, Vol. 63, 2019, pp. 558-573.

204. Mike Morris and Judith Fessehaie, "The Industrialization Challenge for Africa: Towards a Commodities Based Industrialization Path", *Journal of African Trade*, Vol. 1, No. 1, 2014, pp. 25-36.

205. Julia Morse and Robert Keohane, "Contested Multilateralism", *Review of International Organization*, Vol. 9, No. 4, 2014, pp. 385-412.

206. Layna Mosley, *Global Capital and National Governments*, New York: Cambridge University Press, 2003.

207. Kaivan Munshi and Mark R. Rosenzweig, "Traditional Institutions Meet the Modern World: Caste, Gender and Schooling Choice in a Globalizing Economy", *American Economic Review*, Vol. 96, No. 4, 2006, pp. 1225-1252.

208. Jonas Nahm and Edward Steinfeld, "Scale-Up Nation: China's Specialization in Innovative Manufacturing", *World Development*, Vol. 54, 2014, pp. 288-300.

209. Naren Prasad and Megan Gerecke, "Social Security Spending in Times of Crisis", *Global Social Policy*, Vol. 10, No. 2, 2010, pp. 218-247.

210. Deepak Nayyar, *Catch up: Developing Countries in the World Economy*, New York: Oxford University Press, 2013.

211. Benno Ndulu, Stephen O'Connell, Robert Bates, Paul Collier, Chukwuma Soludo (eds), *The Political Economy of Economic Growth in Africa, 1960-2000*, New York: Cambridge University Press, 2008.

212. Richard Newfarmer, John Page, and Finn Tarp, *Industries without Smokestacks: Industrialization in Africa Reconsidered*, Oxford: Oxford University Press, 2018.

213. Irfan Nooruddin and Nita Rudra, "Are Developing Countries Really Defying the Embedded Liberalism Compact?", *World Politics*, Vol. 66, No. 4, 2014, pp. 603-640.
214. Akbar Norman and Joseph E. Stiglitz, *Efficiency, Finance, and Varieties of Industrial Policy: Guiding Resources, Learning, and Technology for Sustained Growth*, New York: Columbia University Press, 2017.
215. Pippa Norris and Ronald Inglehart, *Cultural Backlash: Trump, Brexit, and Authoritarian Populism*, New York: Cambridge University Press, 2019.
216. Douglass North and Barry Weingast, "Constitutions and commitment: The Evolution of Institutions Governing Public Choice in Seventeenth Century England", *Journal of Economic History*, Vol. 49, No. 4, 1989, pp. 808-832.
217. Douglass North, *Institutions, Institutional Change, and Economic Performance*, New York: Cambridge University Press, 1990.
218. Nathan Nunn, "The Long-term Effects of Africa's Slave Trade", *Quarterly Journal of Economics*, Vol. 123, 2008, pp. 139-176.
219. Kevin O'Rourke, "Two great trade collapses: the interwar period and great recession compared", *IMF Economic Review*, Vol. 66, No. 3, 2018, pp. 418-439.
220. Thomas Philippon, *The Great Reversal: How America Gave up on Free Markets*, Cambridge: Harvard University Press, 2019.
221. Paul Pierson, *The New Politics of the Welfare State*, Princeton: Princeton University Press, 2001.
222. Karl Polanyi, *The Great Transformation: The Political and Economic Origins of Our Time*, Boston: Beacon Press, 2001.
223. Raul Prebisch, "The Economic Development of Latin America and its

Principal Problems", *Economic Commission for Latin America*, Vol. 7, 1950, pp. 1-59.

224. Adam Prezworski, "Institutions matter?", *Government and Opposition*, Vol. 39, No. 4, 2004, pp. 527-540.

225. Jennifer Pribble, Evelyne Huber, and John D. Stephens, "Politics, Policies, and Poverty in Latin America", *Comparative Politics*, Vol. 41, No. 4, 2009, pp. 387-407.

226. Nancy Qian, "Making Progress on Foreign Aid", *Annual Review of Economics*, Vol. 7, No. 1, 2015, pp. 277-308

227. Raghuram Rajan and Arvind Subramanian, "Aid and Growth: What Does the Cross-Country Evidence Really Show?", *The Review of Economics and Statistics*, Vol. 90, No. 4, 2008, pp. 643-665.

228. Dennis Rasmussen, *The Infidel and the Professors: David Hume, Adam Smith, and the Friendship that Shaped Modern Thought*, Princeton: Princeton University Press, 2017.

229. Brian Rathbun, "Before Hegemony: Generalized Trust and the Design and Creation of International Security Cooperation", *International Organization*, Vol. 65, No. 2, 2011, pp. 243-273.

230. Martin Ravallion and Shaohua Chen, "China's (Uneven) Progress Against Poverty", *Journal of Public Economics*, Vol. 82, No. 1, 2007, pp. 1-42.

231. Martin Ravallion, "The Idea of Antipoverty Policy", Anthony Atkinson and François Bourguignon eds., *Handbook of Income Distribution*, Volume 2B. Amsterdam: North Holland, 2015, pp. 1967-2061.

232. John Ravenhill, "The 'New East Asian Regionalism': A Political Domino Effect", *Review of International Political Economy*, Vol. 17, No. 2, 2010, pp. 178-208.

233. Carmen Reinhart and Kenneth Rogoff, *This Time is Different*, Princeton: Princeton University Press, 2009.
234. Stephanie Rickard, "Welfare versus Subsidies: Governmental Spending Decisions in an Era of Globalization", *Journal of Politics*, Vol. 74, No. 4, 2012, pp. 1171-1183.
235. Dani Rodrik, "Premature Deindustrialization", *Journal of Economic Growth*, Vol. 21, No. 1, 2016, pp. 1-33.
236. Dani Rodrik, *Has Globalization Gone Too Far?* Washington, D. C.: Peterson Institute of International Economics, 1997.
237. Dani Rodrik, *One Economics, Many Recipes: Globalization, Institutions, and Economic Growth*, Princeton: Princeton University Press, 2007.
238. Dani Rodrik, *The Globalization Paradox: Why Global Markets, States, and Democracy Cannot Coexist*, New York: Oxford University Press, 2011.
239. Sherwin Rosen, "The Economics of Superstars", *American Economic Review*, Vol. 71, No. 5, 1981, pp. 845-858.
240. Michael Ross, "Is Democracy Good for the Poor?", *American Journal of Political Science*, Vol. 50, No. 4, 2006, pp. 860-874.
241. W. W. Rostow, *The Stages of Economic Growth: A Non-Communist Manifesto*, New York: Cambridge University Press, 1960.
242. Robert Rowthorn and Raomana Ramaswamy "Growth, Trade, and Deindustrialization", *IMF Staff Papers*, Vol. 46, No. 1, 1999, pp. 18-41.
243. Tirthankar Roy, *India in the World Economy: From Antiquity to the Present: From Antiquity to the Present*, New York: Cambridge University Press, 2012.
244. Tirthankar Roy, *The Economic History of India, 1857-2010.* New

Delhi: Oxford University Press, 2012.

245. Nita Rudra, "Globalization and the Decline of the Welfare State in Less-Developed Countries", *International Organization*, Vol. 56, No. 2, 2002, pp. 411-445.

246. Nita Rudra, *Globalization and the Race to the Bottom in Developing Countries: Who Really Gets Hurt?*, New York: Cambridge University Press, 2008.

247. John Ruggie, "International Regimes, Transactions, and Change: Embedded Liberalism in the Postwar Economic Order", *International Organization*, Vol. 36, No. 2, 1982, pp. 379-415.

248. John Ruggie, "Multilateralism: The anatomy of an Institution", *International Organization*, Vol. 46, No. 3, 1992, pp. 561-598.

249. Jeffrey Sachs, *The End of Poverty: Economic Possibilities for Our Time*, New York: The Penguin Press, 2005.

250. Thomas Sattler and Thomas Bernauer, "Gravitation or Discrimination? Determinants of Litigation in the World Trade Organization", *European Journal of Political Research*, Vol. 50, No. 2, 2011, pp. 143-67.

251. Gygli, Savina, Florian Haelg, Niklas Potrafke, and Jan Egbert Sturm, "The KOF Globalization Index - Revisited." *Review of International Organizations*, Vol. 14, No. 3, 2019, pp. 543-74.

252. Armin Schafer and Wolfgang Streeck, *Politics in the Age of Austerity*, Cambridge UK: Polity Press, 2013.

253. Andrew Schrank and Marcus Kurtz, "Credit Where Credit is Due: Open Economy Industrial Policy and Export Diversification in Latin America and the Caribbean", *Politics and Society*, Vol. 33, No. 4, 2005, pp. 671-702.

254. James Scott, "The International Politics of South-South Trade",

Global Governance, Vol. 22, 2016, pp. 427-445.

255. Amartya Sen, "Equality of What?" in McMurrin Sterling ed., *The Tanner Lectures on Human Values*, Vol. 1, Cambridge: Cambridge University Press, 1980, pp. 195-220.

256. Amartya Sen, "Poverty: An Ordinal Approach to Measurement", *Econometrica*, Vol. 44, No. 2, 1976, pp. 219-31.

257. Paul Shaffer, Ravi Kanbur, and Richard Sandbrook eds, *Immiserizing Growth: When Growth Fails the Poor*, Oxford and New York: Oxford University Press, 2019.

258. Hans Singer, "The Distribution of Gains between Investing and Borrowing Countries", *American Economic Review*, Vol. 40, No. 2, 1950, pp. 473-485.

259. Howard Stein, "Deindustrialization, adjustment, the World Bank and IMF in Africa", *World Development*, Vol. 20, No. 1, 1992, pp. 83-92.

260. Richard Steinberg, "In the Shadow of Law or Power? Consensus-Based Bargaining and Outcomes in the GATT/WTO", *International Organization*, Vol. 56, No. 2, 2002, pp. 339-74.

261. Matthew Stephen, "Rising Powers, Global Capitalism and Liberal Global Governance: A Historical Materialist Account of the BRICs Challenge", *European Journal of International Relations*, Vol. 20, No. 4, 2014, pp. 912-38.

262. Joseph Stiglitz and Justin Yifu Lin, *The Industrial Policy Revolution I: The Role of the Government beyond Ideology*, Palgrave MacMillan, 2013.

263. Joseph Stiglitz, *Globalization and Its Discontents*, New York: W. W. Norton, 2003.

264. Joseph Stiglitz, *Making Globalization Work*, New York: W. W. Nor-

ton, 2006.

265. Nikita Sud, "Governing India's Land", *World Development*, Vol. 60, 2014, pp. 43-56

266. Adam Szirmai, "Industrialization as an Engine of Growth in Developing Countries, 1950-2005", *Structural Change and Economic Dynamics*, Vol. 23, No. 4, 2012, pp. 406-420.

267. Louise Tillin and Jane Duckett, "The Politics of Social Policy: Welfare Expansion in Brazil, China, India and South Africa in Comparative Perspective", *Commonwealth and Comparative Politics*, Vol. 55, No. 3, 2017, pp. 253-277.

268. Felicity Vabulas and Duncan Snidal, "Cooperation Under Autonomy: Building and Analyzing the Informal Intergovernmental Organizations 2.0 Data Set", *Journal of Peace Research*, 2020.

269. Leif Van Neuss, "Globalization and Deindustrialization in Advanced Countries", *Structural Change and Economic Dynamics*, Vol. 45, 2018, pp. 49-63.

270. Robert Wade, "Industrial Policy in Response to the Middle-income Trap and the Third Wave of the Digital Revolution", *Global Policy*, Vol. 7, No. 4, 2016, pp. 469-480.

271. Robert Wade, "What strategies are viable for developing countries today? The World Trade Organization and the shrinking of 'development space' ", *Review of International Political Economy*, Vol. 10, No. 4, 2003, pp. 621-644.

272. Robert Wade, *Governing the Market: Economic Theory and the Role of Government in East Asian Industrialization*, Princeton, NJ: Princeton University Press, 1990.

273. Barry Weingast, "The economic role of political institutions: market-preserving federalism and economic development", *Journal of Law,*

Economics, and Organization, Vol. 11, No. 1, 1995, pp. 1–31.

274. Lindsay Whitfield, "The State Elite, PRSPs and Policy Implementation in Aid-Dependent Ghana", *Third World Quarterly*, Vol. 31, No. 5, 2010, pp. 721–737.

275. Martin Whyte (eds.), *One Country, Two Societies: Rural-Urban Inequality in Contemporary China*, Cambridge: Harvard University Press, 2010.

276. Jeffrey Williamson, "Globalization, convergence, and history", *Journal of Economic History*, Vol. 56, No. 2, 1996, pp. 227–306.

277. Martin Wolf, *Why Globalization Works*, New Haven: Yale University Press, 2004.

278. Adrian Wood and Jorg Mayer, "Has China De-Industrialized Other Developing Countries?", *Review of World Economics*, Vol. 147, No. 2, 2011, pp. 325–50.

279. Ngaire Woods, "Global Governance After the Financial Crisis: A New Multilateralism or the Last Gasp of the Great Powers?", *Global Policy*, Vol. 1, No. 1, 2010, pp. 51–63.

280. Mark Wu, "The 'China, Inc.' Challenge to Global Trade Governance", *Harvard International Law Journal*, Vol. 57, No. 2, 2016, pp. 261–324.

281. Tim Wu, *The Curse of Bigness: Antitrust in New Gilded Age*, New York: Columbia University Press, 2018.

282. Gang Zhao, *The Qing Opening to the Ocean: Chinese Maritime Policies, 1684–1757*, Honolulu: University of Hawaii Press, 2013.

283. Yaohui Zhao, "Leaving the Countryside: Rural-to-Urban Migration Decisions in China", *American Economic Review Papers and Proceedings*, Vol. 89, No. 2, 1999, pp. 281–286.

284. Yu Zheng, *Governance and Foreign Investment in China, India, and*

Taiwan: *Credibility*, *Flexibility and International Business*, Ann Arbor: University of Michigan Press, 2014.
285. Yu Zheng, "The Third Way of Inclusive Growth in China", *Asian Review of Political Economy*, Vol. 1, No. 1, 2022. pp. 1–16.

后　　记

这本书是我八年来关于全球化和国际发展这两个主题的思考和研究的总结。我对国际发展问题的关注和兴趣经历了一个地域时空的转变。在 20 年前开始写博士论文时，研究中国如何对外开放是一个热门的话题。彼时，中国还是一个刚刚进入中等收入国家行列的后发国家，正在努力追赶创造了东亚奇迹的"四小龙"和"四小虎"。尽管世界银行发布的《东亚奇迹》报告称赞了东亚新兴经济体在实现包容式增长上的成就，但并不情愿承认政府在经济发展中扮演的重要角色。在新自由主义占据主流的西方学术界看来，东亚和中国的发展模式尽管有成功之处，却是和西方现代化理论的叙事大相径庭，属于昙花一现的历史偶然。

2008 年的金融危机爆发之时，我刚好在纽约附近开始了"青椒"的生活，目睹了曾经风光无限的华尔街巨头们轰然崩塌，欧美经济陷入了低迷，中产阶级的日子越发艰难，频繁对政府的无为表达不满和愤怒。西方学术界也开始反思市场导向、反政府干预的全球化模式的可持续性，重新重视政府干预和产业政策在经济发展中的作用。

2015 年加入复旦大学后，我开始更多关注中国以外的发展中国家。我发现，在许多发展中国家，经济发展的困境并非在于缺乏对西方现代化模式的理解，而是在于本土的社会经济关系和舶来的"最佳实践"之间的冲突。的确，现代发展知识体系主要是基于西方国家早期发展经验的建构。尽管这一"悬置性"的知识体系主导了二战后的国际发展叙事，但并未成功指导绝大多数发展中国家实现现代化。与此同时，中国和少数新兴经济体在开放和创新的过程中摸索出了自己的现代化道路。这样的现代化经验具有鲜明的本土特色，但也有助于理解发展中国家复杂多样的发展问题和政策选择背后的普遍逻辑。

当我2017年第一次踏上非洲大陆的时候，对国际发展有了更复杂的理解。非洲给我一种似曾相识的感觉，和经历过的改革开放初期的中国有些相似：很穷、很乱，也很有生机。这让我有更强烈的兴趣观察这些后发国家的发展差异。能够同时以亲历者和观察者的身份来研究国际发展是幸运的。因为只有亲身经历过筚路蓝缕的发展艰辛，才可能具有同理心，避免用优越者心态高高在上地对后发国家指手画脚。

中国经济发展的意义不只在于让14亿国人过上更好的生活，而是给了其他发展中国家一种示范效应。这种示范效应并非另一种标准化的"最佳实践"，而是一种可以自我发掘适合国情的现代化道路的希望。的确，在全球化的大背景下，世界并没有变得更"平"，国家间的发展差异反而更突出了，国家内部的分配不平等也在拉大。这些趋势改变了传统的地缘政治和经济格局，也产生了新的政治矛盾和社会冲突。要想理解现代化道路的多样性，就不能只关注西方世界，而是需要从广大的发展中国家中寻求答案。

当然，本书的目的并非想证明东西方的发展模式孰优孰劣，而是希望能从更理性的视角来看待发展过程的波折起伏。历史上，没有一直保持发展领先的国家，赶超和被超越是经济发展的常态。中国从唐宋以后直到清朝中叶，历经千年，经济发展并没有落在欧洲国家的后面。18世纪是世界历史的分水岭。中国经历了康雍乾盛世，达到了传统经济发展的最高峰，但却未能进入现代化之门，而是被完成了工业革命的欧美列强所超越。21世纪的今天，中国再次站在重要的历史关头，不仅需要对过去几十年的发展成就进行全面总结，也需要对未来现代化道路中的困难和挑战保持警觉。这是本书写作的一个重要目的。

在这本书的写作即将完成之时，我有幸获得了国家社会科学基金重大项目的资助，将继续研究后疫情时代全球化的演变。历史上，巨变时代的绝大多数经历者往往身处其中而浑然不觉。而过去三年的疫情，几乎可以肯定会改变一个时代。这一改变给世界和中国带来的长期影响，将是我今后几年的研究重点。

本书的完成，首先要感谢复旦大学国际关系与公共事务学院的领导和同事们的支持和帮助，特别是陈志敏、刘季平、苏长和、徐以骅、唐世平、张建新、陈明明、刘建军、熊易寒、李辉、包刚升、敬乂嘉、张怡、刘春荣等。本书的阶段性成果也以论文形式发表过。感谢《中国社会科学》《世界经济与政治》《中国社会科学评价》《文化纵横》《复旦政治学评论》等期刊编辑的细心审稿和建议，特别是张萍、袁正清、郑涛。在这些文章的写作过程中，我受益于和很多同行朋友的交流和讨论，包括程大中、郝睿、黄梅波、黄琪轩、姜璐、李小云、李巍、牛海彬、唐敏、唐晓阳、田野、汪段泳、王泺、王正毅、魏英杰、谢岳、徐秀丽、张春、赵剑治、朱天飚等，以及五角场学派的各位师友。我也感谢我所指导的学生们，他们在课堂和组会讨论中给了我很多灵感和启发，以及程文君在资料准备上的协助。本书的顺利出版，还要感谢中国社会科学出版社赵剑英社长的支持和白天舒编辑的细致编辑工作。

最后，也是最需要感谢的，是一直陪伴和关爱我的家人。正是在夫人小葳和女儿楠溪的督促下，这本并不厚重的书才得以最终完成。